Zhejiang Cultural Industry
Development Report 2020

# 2020年
# 浙江省文化产业发展报告

主 编 李 军

副主编　王自亮　高　颖　于小涵

浙江工商大学出版社 | 杭州
ZHEJIANG GONGSHANG UNIVERSITY PRESS

**图书在版编目(CIP)数据**

2020年浙江省文化产业发展报告 / 李军主编. — 杭州：浙江工商大学出版社，2021.6

ISBN 978-7-5178-4534-8

Ⅰ. ①2… Ⅱ. ①李… Ⅲ. ①文化产业－产业发展－研究报告－浙江－2020 Ⅳ. ①G127.55

中国版本图书馆 CIP 数据核字(2021)第 109432 号

# 2020 年浙江省文化产业发展报告

2020NIAN ZHEJIANGSHENG WENHUA CHANYE FAZHAN BAOGAO

主　编　李　军

副主编　王自亮　高　颖　于小涵

出 品 人　鲍观明

策划编辑　郑　建

责任编辑　郑　建

封面设计　浙信文化

责任印制　包建辉

出版发行　浙江工商大学出版社

　　　　　(杭州市教工路 198 号　邮政编码 310012)

　　　　　(E-mail:zjgsupress@163.com)

　　　　　(网址:http://www.zjgsupress.com)

　　　　　电话:0571 - 88904980,88831806(传真)

排　　版　杭州朝曦图文设计有限公司

印　　刷　杭州高腾印务有限公司

开　　本　710mm×1000mm　1/16

印　　张　16.25

字　　数　355 千

版 印 次　2021 年 6 月第 1 版　2021 年 6 月第 1 次印刷

书　　号　ISBN 978-7-5178-4534-8

定　　价　69.00 元

# 目　录

## 第四篇

## 第五篇

# 前　言

　　2020年，浙江省全面贯彻落实习近平总书记关于文化建设的重要论述，进一步推进文化浙江建设。文化事业与文化产业发展取得显著成效，文化企业做大做强，产业结构持续优化，文化与旅游、科技和金融逐步融合，区域文化产业发展各有特色，呈现出多层次、大格局发展的整体态势。

　　为详细刻画浙江省文化产业的发展特征，深刻总结"十三五"时期浙江文化产业的成果经验，准确把握浙江省文化产业的发展趋势，浙江省文化产业创新发展研究院（智库）组织管理学、传播学、艺术学、设计学等学科专家，考察调研2019年浙江文化产业发展的基本情况，编写了《2020年浙江省文化产业发展报告》。本报告以提纲挈领的总报告的形式开篇；接着从区域报告和业态报告入手，分析浙江省文化产业的区域差异和行业特色；随后，对浙江省的龙头文化企业展开个案剖析；最后，考虑到政策对文化产业发展具有实质性的牵引作用，本报告对近年来浙江省文化产业的政策进行了梳理探讨，尤其关注数字文化产业政策领域。

　　总报告重点概述了浙江省文化产业发展的动向与特点。首先，浙江省文化产业位居全国第一梯队，稳中有升；其次，在发达的民营经济的基础上，龙头文化科技企业带动着文化产业构建产业链；最后，新技术促发着文化产业的新型业态不断涌现，特别要指出的是，数字文化产业和丰厚文化内容的融合将进一步引领文化产业的发展。

　　区域报告对浙江省11个地级市发展概况进行了分述。杭州和金华的发展特征突出表现在着力发展数字化战略。杭州是浙江省文化产业的发展高地，在数字经济、文旅融合、博览会和文创产业园区等方面都起到带头的作用。文创领域投资热度明显高于国内同级别城市，主要得益于杭州自2007年起就将文创产业提升到城市战略高度的举措。和杭州相似，金华借助数字优势，初步形成影视制作、网络娱乐、文化贸易、传统文化、时尚制造5大特色产业，通过文创空间推动地区整体文化产业集聚发展。

　　宁波、温州、衢州和湖州重点发展文化资源与文化遗产。宁波的文化资源开发较早，文化遗产数量多，拓宽了文化旅游的内涵，以象山影视城为代表的7个文化产业园区被评为浙江省重点文化产业园区。温州建设瓯江山水诗路文化产业带，深化产业数字化"大融合"，高水平规划文旅融合发展策略。衢州近年来成功打造了廿八都旅游风情小镇、森林运动小镇等国家级特色小镇，全力推进"古城双修"，把南孔文化复兴和南孔古城复兴作为衢州文旅融合发展的核心工程。湖州拥有世界文化遗产"南浔古镇"、世界丝绸之源"钱三漾"、世界农业文化遗产"桑基鱼塘"等一系列金字招牌,进一步打造文旅融合示范市。

嘉兴和丽水在政策方面的表现比较突出。嘉兴开展大运河文化带建设的立法保护和规划研究,制定实施《嘉兴市大运河世界文化遗产保护条例》,编制《大运河(嘉兴段)文化带建设规划纲要》;丽水出台《关于加快把文化产业打造成千亿级产业的实施意见》《丽水市红色旅游发展专项规划》等系列政策文件和发展规划,为当地的文旅深度融合发展提供有力支撑。

台州、绍兴和舟山聚焦全方位发展。台州启动了文旅惠民、文旅产业发展、文旅精品打造、数字化转型、文化遗产保护利用、文旅品牌培树、文旅市场平安创建、文旅铁军锻造等"八大工程"。绍兴的重心集中在传统经典、文化旅游、创意设计、影视演艺等 4 大重点产业,培育发展数字内容、文化会展 2 大新业态,形成"4+2"的文化产业体系。舟山构建现代文广旅体公共服务体系和产业体系,持续做好"舟山群岛——中国海上花园城市"的整体品牌营销。

在业态报告部分,本报告分别选取了影视产业、动漫产业、文旅产业、创意设计产业、新媒体产业、演艺娱乐产业、文化会展业、文化制造业、对外文化贸易和公共文化服务 10 大业态领域,它们均在全国处于领先地位。例如:在影视产业方面,浙江省是全国影视制作生产、宣推发行、传播交流的重要基地之一,无论是影视企业的数量、规模,还是浙产电影或电视剧的产量、质量和影响力均居于全国前三位;在动漫产业方面,2019 年 1—8 月,浙江省电视动画片制作时长在全国占比 19.55%,居全国首位,在动画片数量增加的基础上,更注重动画片质量的提升。

在案例分析部分,本报告选取了阿里巴巴、华策影视、美盛文化、中南卡通、咪咕数媒、思美传媒和浙数文化等企业,这些数字化要素比较充分的龙头企业将在引领构建文化产业链上发挥重大作用。在文化浙江的建设方面,本报告分析了唐诗之路、大运河(浙江)文化带与之江文化产业带。这三大文化带的打造亦是浙江省大花园建设的重要组成部分,是浙江对中共十九大报告"区域协调发展战略"在文化与旅游发展层面的回应,为省内城市和地区之间文旅产业的融合与协同发展提供了有价值的平台。

在政策研究部分,本报告回顾了《关于加快把文化产业打造成为万亿级产业的意见》这一重磅文件,并通过比较研究和定性研究的方法,分析了近年来浙江省数字文化产业政策的动向。

总结过去是为了探明当下,展望未来。一方面,根据国际普遍认可的经济发展与文化需求之间的逻辑关系,当人均 GDP 超过 5000 美元时,社会将进入文化消费的快速发展阶段;另一方面,国家层面或省级层面的政策支持也促使文化产业形成了强大的引领动力。因此,当自下而上的民间需求与自上而下的政策推动相遇时,文化产业大发展的窗口便顺势打开。而对浙江省来说,深厚的历史文化积淀、发达的民营经济、高效的政府服务与前沿的科学技术这4大要素进一步成为文化产业发展的高速引擎。本报告从上述要素出发,力争在将横截现状与纵深发展相结合、将区域开拓与行业发展相结合、将文化事业与产业经济相结合、将数字技术与政策指引相结合的基础上呈现出浙江省文化产业的总体格局。因编者力有不逮,还有其他方面的原因,书中肯定有不少疏误,还望各位专家学者和广大读者指正。

最后,由衷感谢浙江省委宣传部和浙江省文化产业促进会的相关领导,在本报告的调研编纂过程中得到了他们的支持、帮助和指教,使得本报告能顺利付梓出版,十分感谢省社科联领导和相关处室在本发展报告策划和编撰过程中,所给予的鼓励、支持与帮助,也很感谢浙江工商大学出版社的领导、编辑和相关人员对本书出版的支持与帮助。

第 一 篇

# 2020 年浙江省文化产业发展总报告

# 引　言

　　浙江是一个文化大省,有丰富的文化资源,近年来在产业化的道路上纵深发展,文化产业增加值占 GDP 的比重不断提高,形成了有着突出号召力和影响力的文化软实力。

　　浙江省是全国最早意识到文化产业的重要性,并最先把经济体制改革成就引入文化产业领域的省份之一。2018 年,全省文化产业增加值突破 4000 亿元,占全省 GDP 比重高达7.5%。事实上,自 2013 年以来,该占比均超过 5%。从发展动力上看,一方面,自上而下的政府层面政策推动和制度建设是浙江省文化产业发展的重要促进因素;另一方面,自下而上的经济基础的提升及相应的文化消费能力和文化消费意识的提高与转变,是浙江省文化产业发展的又一激励因素。

　　根据近年来中国人民大学发布的《中国省市文化产业发展指数》,浙江省文化产业综合指数在 2015—2017 年居全国第 4 位。特别值得一提的是,2018 年,全省在文化产业生产力和驱动力方面上升较快,综合指数排名首次跃升至全国第 2 位,仅次于北京。2019 年,浙江省再次位居全国第 2,综合指数得分为 82.48,以微弱差距次于北京(综合指数得分为82.67)。杭州、宁波、浙报传媒、咪咕数媒和大丰实业相继成为国家级文化和科技融合示范基地。

　　浙江省在数字文化产业的政策引导以及区块发展方面也有明显的进步。广播影视、新闻出版、动漫游戏、文化创意与设计服务、文化休闲娱乐、文化产品流通、文化产品及装备制造等重点领域发展水平位居全国前列,文化产业与相关产业全方位、深层次、宽领域的融合发展格局基本建立,全省文化产业发展主要指标位居全国前列。

## 一、浙江省文化产业发展动向

　　作为有丰富文化资源的大省,浙江省文化产业的发展起步较早,既有雄厚的整体实力,也有突出的代表企业。近年来,浙江省在产业链重构、数字化转型、新业态涌现等方面取得显著进步。

### (一)位居全国第一梯队且稳中有升

　　近年来,浙江省文化产业发展迅速,和北京、上海、广东、江苏等地一并位居全国第一梯队。2018 年,浙江省 5705 家规模以上文化企业营收达 10091 亿元,比上年增长 12.3%。文化服务业支撑作用明显,营业收入达 5696 亿元,占规模以上文化及相关特色产业营业收入的 56.4%,比上年增长 17.0%,拉动规模以上文化及相关特色产业营业收入增长 9.2 个百分点。文化制造业、文化批发零售业和文化建筑业营业收入分别为 3077 亿元、1301 亿元和 17 亿元,分别增长 6.4%、7.4% 和 52.9%,合计拉动规模以上文化及相关特色产业营业收入增长 3.1 个百分点。新闻信息服务业和内容创作生产服务业的拉动作用明显:新闻信息服务业营业收入达 2375 亿元,比上年增长 17.8%,拉动规模以上文化及相关特色产业企业营业收入增长 4.0 个百分点;内容创作生产服务业营业收入达 2083 亿元,增长 15.1%,拉动规模以上文化及相关特色产业企业营业收入增长 3.0 个百分点。文化类土木建筑、创意设计服务、文化商务及专业技术服务、文化传播渠道、文化辅助生产和中介服务等 5 个行业均保持两位数百分比增长,分别增长 52.9%、16.6%、15.0%、11.5% 和 10.5%,合计拉动规模以上文化及相关特色产业企业增长 4.1 个百分点。

2019 年末,浙江省共有公共图书馆 103 个,文化馆 101 个,文化站 1375 个,博物馆 360 个,隶属文化部门艺术表演团体 58 个。广播人口覆盖率为 99.73%,且电视人口覆盖率为 99.82%。浙江省有:影视制作机构 3291 家,其中上市公司 26 家;电视剧制作 45 部共 1928 集,动画片制作 70 部共 23405 分钟,影片制作 87 部,电影票房收入 50.2 亿元,比上年增长 2.5%;图书出版社 15 家,公开发行报纸 107 种,出版期刊 235 种;规模以上文化制造业增加值 737 亿元,比上年增长 4.4%;规模以上文化、体育和娱乐业营业收入 383 亿元,比上年减少 11.4%。

**(二)龙头文化科技企业构建创新产业链**

从协同视角看,文化创新产业链的形成涵盖了产业层的技术拉动文化、企业层的文化驱动技术和资源层的文化技术互动等文化科技融合机制。浙江省阿里巴巴、网易、咪咕数媒、华策影视等一批龙头文化科技型企业快速发展:阿里云成为亚洲最大的云服务商;咪咕数媒营业收入突破 70 亿元,打造灵犀智能重点项目。以数字化、网络化为代表的新兴文创产业——数字内容产业发展态势良好。2018 年,杭州市数字内容产业增加值达 2098 亿元,同比增长 15.8%,占全市 GDP 比重达 15.5%。

以浙江省博物馆为代表的各类文化机构通过文化资源数字化,丰富了文化资源的传播方式,推进了现代公共文化服务体系建设。如西湖博物馆推出"全景漫游虚拟西湖"VR 体验项目,金华市博物馆数字博物馆上线,丽水数字博物馆项目通过验收。

在游戏产业方面,以杭州为代表,既有电魂、美盛、乐港、边锋等具有强大研发实力的公司,以及掌盟、古川、渡口网络、泛城等研发与发行一体的游戏企业,也有顺网游戏、同城游、真趣等游戏服务平台,形成了研发、发行、平台等多元化游戏企业创新产业链。

**(三)技术促发文化产业新业态不断涌现**

互联网为文化产业创新提供了便捷、经济、多渠道的技术平台,以创意和新技术为特征的文化产业新内容、新业态层出不穷,促使数字内容产业快速增长。浙江省在《关于加快把文化产业打造成为万亿级产业的意见》中提出,实施文化新兴业态促进计划,在文化领域推广应用科技前沿技术,用科技提升文化产业发展;树立"互联网+"理念,积极推广应用数字技术、网络技术,实施"文化+互联网"产业推进工程,打造基于互联网的文化产业发展生态;支持基于移动互联网,以阅读、信息、社交等服务为主要内容的热门软件应用;适应智能互动、虚拟现实等发展趋势,加强内容和技术装备协同创新,推进文化信息生产、传输、接收等技术和装备的更新换代。

浙江省文化产业主要集中于影视动漫、数字出版、游戏娱乐、数字传媒等产业及相关系列新业态,数字趋势明显,综合实力强,在全国文化产业版图上具有突出的竞争优势。以世界互联网大会、世界阅读大会、国际动漫节为契机,乌镇、互联网乐乐小镇、白马湖国际会展中心等成为文化产业新载体。浙江省文化产业涌现出短视频、电子竞技等新业态,一方面,互联网平台与传统媒体向短视频市场集体发力;另一方面,网络游戏行业集中度增加,电子竞技火热发展。

各类文化产业新业态出海意愿提升。例如,浙江省最早的动漫企业中南卡通,自2007年开始连续13年被评为"国家文化出口重点企业",近期获得"2019—2020年度国家文化出口重点企业"的称号,其出品的《天眼归来》也获得"2019—2020年度国家文化出口重点项目"。中南卡通在2005年走出国门,现已初步形成覆盖制作、授权、发行、播映等关键环节的国际业务生态链,截止到2019年10月,累计出口国产原创动画片总时长超8000小时,进入93个国家和地区的播映系统,并与海内外新媒体播出平台建立了紧密的战略合作关系。

### (四)数字文化产业异军突起

在跨界转型、产业融合的时代背景下,数字文化产业作为一种技术诱发型产业模式,是先进文化生产力的表征,以其全新的文化内容和商业形态引领文化产业的发展,激发文化产业新业态。浙江省对文化强省建设、数字经济与文化产业伴生发展的高度重视,是文化科技融合的有效助力。

2018年,浙江省文化厅印发《推动数字文化产业发展三年行动计划(2018—2020年)》,提出通过3年努力,培育2个以上辐射带动全省数字文化产业发展核心区域和产业集群,培育30个以上具有引领性和示范性的龙头企业,培育20个以上国内外知名品牌。推出一批新产品、新业态、新模式,认定一批数字文化产业示范基地,扩展特色数字文化产业链,力争数字文化产业创作与生产能力明显提升,产业结构明显优化,核心竞争力明显增强,形成特色鲜明、技术先进、布局合理、链条完善的数字文化产业发展格局,数字文化产业规模、质量、创新能力领跑全国,成为浙江万亿级文化产业发展的重要增长极,成为国内一流的数字文化产业示范省。加速推动浙江省数字文化产业高质量发展,进一步理顺文化科技融合机制,不仅是文化领域供给侧结构性改革的重要举措,也是发挥浙江省既有优势,推进"八八战略""数字经济"一号工程再深化的关键步骤。

## 二、浙江省文化产业发展动向

从发展趋势看,近年来,浙江省文化产业政策频频出台,文化科技融合再上台阶,文化产业区域组团发展激发文化产业集群的活力和效能,成为文化产业发展的新动向。

### (一)科技助力文化产业巨大发展空间

科技创新从某种程度上改变了文化产业的结构,丰富和更新了文化产业的内容,催生出文化产业新兴业态。我国文化产业在 2004—2017 年的增速是 GDP 增速的两倍,2017 年,我国数字文化产业增加值为 1.03 万亿元～1.19 万亿元,总产值为 2.85 万亿元～3.26 万亿元。预计到 2020 年,产值规模将达到 8 万亿元[①]。截至 2018 年底,我国网络视频用户规模达 7.25 亿人次,占整体网民的 87.5%。其中短视频呈现爆发式增长态势,用户规模达到 6.48 亿人次。网络游戏、网络直播和网络文学用户规模均超过 4 亿人次。动漫游戏、网络文学、网络音乐、网络视频等数字文化产品拥有广泛的用户基础。

近年来,浙江省通信技术、人工智能等新兴科技的出现为文化产业的发展提供了新的路径:即将商用的 5G 将利用超高速率和超大容量把人们推向万物互联时代[②]。5G 具有低延时、高可靠、低功耗的特点,已经不再是一个单一的无线接入技术。相较于 4G,5G 带来的变化不仅是速率的提升,更是媒介生态的革命,将会触发数字创意产业的业态创新与生态蜕变。5G 商用后,浙江省文化资源的数字化发展将会再上新台阶。5G 将为数字化文化资源建立高速信息通路,促进数字化生产要素与产品的高效流通,推动文化科技的深度融合,构建全新的基于数字化的广泛连接的数字创意生态系统。虚拟现实、增强现实、8K 视频等数字化技术也将轻易突破文化资源的形态与空间局限。

### (二)迎来前所未有的政策红利期

政策层面,文化产业得到了国家政策的敏锐聚焦。自 2016 年数字创意产业首次被纳入《"十三五"国家战略性新兴产业发展规划》以来,2017 年,文化部出台首个专门针对数字文化产业的文件《关于推动数字文化产业创新发展的指导意见》;同年,《文化部"十三五"时期文化科技创新规划》提出加快构建文化科技创新体系;2019 年,科技部等六部门发布《关于促进文化和科技深度融合的指导意见》,进一步要求全面提升文化科技创新能力,推动文化事业和文化产业更好更快地发展。

浙江省涉及文化产业的政策最早始于 2004 年的《关于深化文化体制改革加快文化产业发展的若干意见》,近年来重点发布了《关于加快把文化产业打造成为万亿级产业的意见》《关于进一步提升工业设计发展水平的意见》等文件。值得一提的是,将数字文化产业作为

---

① 国务院发展研究中心东方文化与城市发展研究所、中国社会科学院中国文化研究中心,《数字文化产业发展趋势报告》,2019。

② 深圳大学文化产业研究院、国家文化创新研究中心:《文化科技蓝皮书:文化科技创新发展报告(2018)》。

整体对象推进治理的文件仅有 2018 年 10 月浙江省文化厅的《推动数字文化产业发展三年行动计划》,这也是全国最早出台的数字文化产业专项行动方案。

在文化科技融合层面,早在 2012 年出台的《上海推进文化和科技融合发展行动计划(2012—2015)》是全国文化科技融合首份专项规划,随后深圳、江苏、南京、武汉等地相继出台关于文化科技融合的实施意见,从平台、技术、政策等层面为文化科技融合指明了方向。而 2019 年科技部等六部门的发文,则体现了国家对促进文化和科技融合的高度重视,是全面提升科技对文化发展支撑作用的一项战略部署,也对浙江省的顶层政策体系设计提出了目标。

### (三)区块创新拓展文化产业集群效能

近年来,浙江省文化产业的整体布局有了一些新的动向。2017 年,浙江省文化厅批准成立以金华经济技术开发区互联网乐乐小镇为核心区域的浙江(金华)数字创意产业试验区。作为浙江省首个数字创意产业试验区,金华开发区将培育网络游戏、网络视听、网络文艺、虚拟现实、动漫产业等 5 个重点行业;建设金华北大科技园、联冠信息经济产业园、漂牛文化产业园等 13 个重点文化产业园区,以及比奇网络、齐聚科技等数字内容重点企业;建设企业孵化器、加速器、众创空间等服务平台,共同形成创业生态体系,助推产业基地发展。2018 年,金华开发区数字文化产业实现营收 101.92 亿元,产业规模位列金华市区首位,其中,营收超 5 亿元的数字文化企业有 2 家,超亿元的有 10 家。开发区数字文化产业发展生态圈渐次成型,尤其是以网络游戏、网络视听、网络影视等为特色的数字文化产业发展强劲,占金华市区 90% 的份额,成为金华市创建浙江(金华)数字创意产业试验区的显著成果。

之江文化产业带也是浙江省文化产业的重大战略规划,2018 年,省政府发布《之江文化产业带建设规划》,以杭州市的上城、江干、西湖、滨江、萧山、富阳等 6 个沿钱塘江分布的主城区为核心,重点发展数字文化产业、影视文化产业、艺术创作产业和动漫游戏产业等优势产业。产业带的规划定位,是打造国内领先、国际知名的"一带四基地",即以之江文化产业带为空间形态,集成数字文化产业基地、影视产业基地、艺术创作产业基地、动漫游戏产业基地等产业功能。之江文化产业带近期将重点实施 32 个重大文化产业项目,计划总投资逾 1000 亿元,包括网易杭州研发中心三期、华数数字电视产业园、中国(浙江)影视产业国际合作实验区杭州总部、浙江国际影视中心等多个项目。到 2022 年,之江文化带的文化产业年度增加值力争达到约 800 亿元;预计到 2035 年,"之江文化产业带"将成为浙江省文化产业发展的主引擎、全国文化产业发展的重要增长带,树立文化产业强势崛起和文化驱动产业转型的国际典范。

## 三、浙江省文化产业发展的阻碍因素

### (一)传统关键技术创新不足

通过调研发现,文化产业领域高频使用的核心软件如 Photoshop、CAD、C++ 均非自主研发,关键技术能力相对薄弱,技术发展落后于产业需求;中小企业科研投入动力不足,可支配资源有限;博物馆数字化程度处于初级阶段[①],与公众认知存在脱节;高端技术人才匮乏。尚未充分形成引领和促进文化发展的科技支撑体系。

### (二)技术与文化深度融合机制尚未形成

数字技术领域与文化创意领域合作偏少,缺乏有效的"文化+科技"融合机制以及对相关机制与路径的研究,导致技术与文化内容各行其道,没有充分产生融合创新的化学反应。其他相关领域的科技进步对文化内容生产虽有推动但力度不足。例如,区块链技术对直播行业的监管,5G 技术对数字媒体升级的预判等,尚有很大的研究空间。

### (三)出口贸易与品牌效应有待提升

我省对外文化贸易仍处于起步阶段,出口总量增速快但规模小,在与国际文化产业市场对接中缺乏全方位的资源整合与协调,"走出去"的市场要素有待培育;缺少具有高附加值的国际知名文化品牌;文化产业贸易统计口径不清。

此外,还存在中小企业数字化意识不强、国际化比重低、数字版权保护机制不完善等问题。

## 四、浙江省文化产业创新路径与发展前瞻

结合当前数字化的技术支撑趋势以及发展现实,未来浙江省文化产业的创新路径包括融合文化科技、拓展增量市场、提升内容创作、发挥政策优势以及开拓全产业链等方面。

### (一)"科技+"与"文化+"协同创新

文化产业是"互联网+"及其数字化技术在文化领域的广泛应用,其在本性上是技术思维,而文化产业的核心是创意、文化价值和版权,其在本性上是文化思维,是文化与技术的时代性融合。因此,发展浙江省文化产业需要"科技+"与"文化+"协同创新,是两者在本性上的相互切近,既需要平台的整合与垂直分发能力,也需要文化的集成与价值的提炼与创新。

《浙江省促进新一代人工智能发展行动计划(2019—2022 年)》提出,浙江省拟培育 10 家以上有国际竞争力的人工智能领军企业,结合浙江省在云计算(阿里云、网易云)、区块链(趣链公司)、大数据(阿里巴巴、海康威视)等领域的技术优势,如能与浙江省具有比较优势的文化产业业态,如影视(华策、佳平)、动漫(中南、玄机)、游戏(网易、电魂、浙数边锋、新业态电竞)、艺术电商(微拍堂)、数字原创(作家村)、数字阅读(咪咕)、视频直播(金华)、广告(思美)和文化制造(大丰)等广泛合作充分助力,理顺文化科技融合机制,将是保持和提高浙江省文化产业竞争优势的关键举措,并有助于促进与旅游业等国民经济社会发展各产业门类的进一步深度融合。

---

① 浙江省博物馆 2018 年工作总结和 2019 年工作思路中几乎没有数字化内容,http://www.zhejiangmuseum.com/zjbwg/ZPMbrief/affairdetail.html? id=18648.

### （二）局部饱和推动增量市场拓展

虽然文化产业拥有巨大的市场空间，但当前用户规模已经十分庞大，增速正在减缓，新客户开拓成本不断提升，部分领域在未来将出现饱和趋势。面对此状况，一方面可以深度挖掘客户价值，比如提高付费用户比例、增加人均消费等；另一方面，探索和拓展增量市场，包括海外市场，寻求新的市场机会。

对于增量市场的拓展，一是从单一的内容输出到多元化的市场拓展，不仅将数字内容产品和服务输出到其他国家、地区（即传统的版权销售），而且采取包括构建平台渠道、投资收购、战略合作在内的多元化方式拓展新兴市场，比如在网络游戏领域，除产品出海外，资本出海越来越成为重要的海外市场模式。网易在2018年收购了国外某游戏工作室、游戏构架公司以及游戏开发商等股权。二是减少文化折扣。增量市场的拓展，意味着需要解决文化折扣问题。面对不同文化背景的用户，数字文化产品和服务的价值可能出现降低的现象，这也是文化产业增量市场开拓的重要阻碍因素。要讲好中国或浙江故事，同时也要进行适当的国际化处理，让文化作品被其他国家、地区受众所理解和接受。

### （三）提升文化产品优质内容

文化产业本质上是内容资源驱动的产业。内容资源是文化产业的源头，通过内容创作、改编、运营、融合等获取商业价值。伴随着内容的海量生产，未来内容资源的重要性不会降低而将大大提高，特别是优质内容资源，将成为文化企业间竞争的焦点。文化企业在内容资源方面的投入越来越大，"强内容"已成为越来越多文化企业的核心战略。例如，华策影视提出头部精品战略，打造强大的创意支持团队，注重精品力作的规模化运作。从需求侧来看，随着人们物质生活水平、审美水平的提高，精神文化需求也在不断增长，需求层次在不断提升，这要求文化产品和服务有好的内涵和创意。

关于优质内容资源的竞争，一是内容创新，具体表现在内容创作、内容形式等多方面。传统内容资源的数字化转型不是将传统载体上的内容照搬至互联网、移动互联网平台，而是根据互联网思维，借助数字技术，进行改造加工，转化为更为生动有趣、符合受众阅读习惯与偏好、给受众带来更好体验感的内容。越来越多的用户不仅是内容的消费者，还是内容的创造者，用户创造的内容正深刻改变着文化产业。二是更精准地对接受众需求。大数据的用户行为分析以及AI技术，将有助于实现更加个性、及时、精准的内容作品创作以及消费推送和响应。

### （四）发挥政策利好，重视政策风险

当前，文化产业拥有良好的政策环境，得到了各级政府的大力支持。未来，文化产业的政策利好将长期存在，政策利好将助推要素资源向文化产业集聚，推动文化企业快速发展。比如从杭州市新一轮文化产业发展布局来看，《之江文化产业带建设规划》提出深入实施"互联网＋"战略，实现大数据、云计算、人工智能等数字技术在文化产业领域的深度应用，为杭州建设全国数字内容产业中心提供强力支撑，具体包括建设之江数字文化产业园，推进国家

数字出版基地建设,打造数字传媒全国高地,创建国家音乐产业示范基地四大发展方向,以及"一带一核五级多组团"的之江文化产业带开发格局,将在未来几年有效推动杭州市文化产业实现持续较快发展。

但政策风险也同时存在。一是监管政策力度可能加大。政府对数字内容的监管越来越健全和严格。在此背景下,包括网络视频、网络游戏、网络文学、网络直播等在内的各种数字文化产品和服务,需要减少和消除肤浅、低俗内容,增加正能量内容供给。二是优惠政策可能减少。随着文化产业发展水平的不断提高,文化产业将更多地基于市场机制实现资源要素的优化配置,政策利好将逐步弱化,部分领域的优惠政策或将减少甚至消失。比如动漫产业,多年来依托政府对动漫产业的扶持政策发展迅速,但随着国内动漫企业的成长,未来浙江省对动漫产业的扶持力度可能逐步降低,并且放松对境外动漫作品的播放限制。

**(五)打造基于优势产业的全产业链**

越来越多的文化企业,特别是大型文化企业,依托其雄厚的实力,开始布局全产业链发展战略,涉及水平整合、垂直整合、国际化拓展、多业态融合等,控制产业环节,延伸产业链,实现数字文化内容价值的深度开发,同时规避其本身的高市场风险。比如,阿里巴巴近年来推出的新零售战略,使核心电商业务和大文娱板块之间的连接不断被打通,将视频、直播、游戏等娱乐功能整合到购物软件,将文娱业务接入扩展到电商平台,为消费者创造更多的价值,从而获取更大的商业利益。从区域层面来说,这种全产业链发展应是基于优势产业,打造共生共赢的区域产业生态,其未来的发展将依托互联网平台与 IT 技术进行产业链拓展,从而构建区域影响力和竞争力。

基于优势产业的全产业链发展,一是布局新兴技术领域。新一轮数字技术,包括物联网、大数据、云计算、虚拟现实、人工智能、区块链等新兴技术革新正处于加速更迭加深创新的重要时期。技术创新不断创造出新的可能,带来文化产业特定领域的革新。数字文化企业要保持和提升市场竞争力,必须紧跟技术前沿并尽可能获得技术领先优势。二是打造核心竞争力。在全产业链发展战略下,突出自身优势,围绕优势领域、核心业务进行拓展和延伸,在寻求外部合作、开拓新兴领域时,要注重与自身业务的协同效应。

(于小涵　章军杰)

第 二 篇

# 浙江省文化产业发展区域报告

近年来,文化产业已在众多产业中后来居上,尤其是在发达国家,出现了大批实力强劲的大企业,成为文化产业成熟的重要标志。我国文化产业的实力还处于起步阶段,但已有了很好的机遇,受到了各方面的关注,正处于一个快速发展的良好时机,拥有非常广阔的发展空间。浙江省作为全国文化和经济大省,文化产业的发展处于全国领先地位,各级政府在完善文化产业政策,加强文化市场建设和管理,推动有关文化产业发展方面做了大量工作,积极发展文化事业和产业,增强文化产业的整体实力和竞争力。与此同时,经济发展和人民生活水平的提高,也为浙江文化产业的发展奠定了坚实的基础。人们开始追求文化含量更高的生活和消费。

下文分区域对2019年浙江省10个地区文化产业发展情况做一概述。

## 2019 年杭州市文化产业发展报告

近年来,杭州市按照习近平总书记"四个杭州""四个一流"的指示要求,深入贯彻中央关于文化和旅游融合发展的决策部署,大力实施文化兴盛行动,推动文化和旅游深度融合。据初步核算,2019 年,杭州地区生产总值为 15373 亿元,比上年增长 6.8%,其中,第三产业增加值为 10172 亿元,增长 8.0%;住宿和餐饮业增加值为 234 亿元,增长 4.0%;第三产业利用外资为 57.9 亿美元,增长 3.8%。至 2019 年末,共 126 家世界 500 强企业来杭投资 219 个项目。2019 年,全市服务业增加值突破万亿元,达到 10172 亿元,对 GDP 增长贡献率达 72.9%;文创产业实现增加值 3735 亿元,增长 15.6%;规上高技术服务业营业收入占全省的 80%以上。

2019 年末,全市拥有文化馆(不含省)14 个,公共图书馆(不含省)15 个,博物馆、纪念馆 75 个,全国重点文物保护单位 48 处。全年制作电视剧 7 部共 357 集,网络电视剧 6 部,网络电影 13 部,网络动画片 2 部。全年放映电影 274 万场次,电影票房收入 15.8 亿元。年末有线电视注册用户数为 298.1 万户。"杭州刺绣"等 24 个非遗代表性项目入选首批浙江省传统工艺振兴目录。2019 年,杭州市旅游休闲产业增加值为 1191 亿元,比上年增长 12.1%;旅游总收入达 4005 亿元,增长 18.3%;旅游总人数为 20813.7 万人次,增长 15.1%,其中接待入境过夜游客 113.3 万人次,增长 5.7%。年末各类旅行社共计 895 家,增长 5.5%。全市有星级宾馆 126 家,其中五星级 23 家;A 级景区 103 个,其中 5A 级 3 个。

## 一、杭州文化产业发展成果

### （一）文旅融合

杭州坚持以文促旅、以旅彰文,把文化作为旅游最好的资源,把旅游作为文化最大的市场,深入挖掘整合文化资源,大力推进旅游业转型提升,加快推进文旅融合发展。

1.资源开发融合

（1）注重文化遗产保护传承

实施西湖、西溪、运河及良渚古城遗址保护工程,加快大运河文化带（杭州段）和之江文化产业带建设。目前,杭州有世界文化遗产 3 处,人类非遗代表作 4 项,国家级非遗代表性项目 44 项,数量居全国同类城市前列。2019 年 7 月 6 日,杭州良渚成功申遗,为杭州文旅资源开发带来了更为难得的机遇。

（2）完善重大文旅设施

规划建设了一批大型公共文化设施和旅游基础设施,积极推进中华版本传世工程杭州分馆"文润阁"、中国京杭大运河博物馆、南宋皇城考古遗址公园、世界旅游联盟总部、杭州博物院等重大文旅项目,全力打造历史文化集中展示地和世界级特色旅游目的地。

（3）串联精品文旅线路

围绕大运河、"三江两岸"、千岛湖等山水资源,统筹推进钱塘江水上旅游开发,以钱塘江为主轴打造世界级黄金旅游线;围绕西湖沿线历史遗迹和红色景点等人文资源,开发爱国文化、修身文化、廉政文化旅游产品。2019 年 3 月,推出首条爱国主义"红色公交专线",串联"最美浙江人"展示馆、五四宪法纪念馆、岳王庙、西湖博物馆等站点。

2.产业发展融合

（1）旅游＋演艺

着力打造"中国演艺之都",大力发展旅游演艺产业,打造出《宋城千古情》《最忆是杭州》《遇见大运河》等演艺精品。

（2）旅游＋文创

依托联合国教科文组织全球创意城市网络"工艺和民间艺术之都"建设,推动传统工艺活化利用,积极推动传统工艺向旅游产品转化,推出了万事利丝绸、王星记扇子、朱炳仁铜雕等一批新时代文旅产品。

（3）旅游＋会展

充分发挥 G20 峰会效应,大力推进"国际会议目的地城市"建设。成功举办全国双创周、世界环境日、中国国际动漫节、云栖大会、杭州文博会等重大活动,不断扩大影响力。

（4）旅游＋大数据

运用大数据、云计算、移动互联网等技术,建设"城市大脑"文旅系统,打造"跟着城市大脑游杭州"应用平台,实现"千人千面"的个性推荐和"心有灵犀"的消费体验。开发杭州数字文旅小程序,打造数字专线、数字专列等系列数据衍生应用场景。

3.国际化融合

（1）构建对外传播体系

紧抓"后峰会、亚运会、现代化"的重大战略机遇，在国际市场上组织开展"最忆是杭州"系列城市形象推广活动，积极拓展境外重要客源市场，并依托"外宣厨房"平台加大杭州形象推介力度。

（2）承办重大国际活动

承办亚洲美食节、中美旅游高层对话、世界旅游联盟·湘湖对话等重要国际会议，连续10年参与"欢乐春节"活动，选派优秀艺术团组赴海外开展文化交流活动，传播中国声音，讲好杭州故事。

（3）组织城市主题活动

积极推进西湖文化景观与意大利维罗纳老城的文化交流工作，开展"杭州国际日"活动，整合全市社会资源成为国际旅游访问点，策划多种生活文化国际推广活动。

**（二）数字经济**

自 2017 年"数字经济"首次被写入《政府工作报告》及党的十九大报告提出建设数字中国，数字经济开始登上各大城市博弈的新舞台，成为衡量城市发展潜力的参考指标之一。纵观全国城市数字经济发展脉络，杭州如今已成为数字经济时代的"先行者"，为浙江省乃至全国的"新经济"发展提供了鲜活的"杭州样本"和"杭州经验"。

早在 20 世纪初，杭州就做出了"实施一号工程，建设天堂硅谷"的战略部署。2014 年 7 月，杭州立足新的实践，进一步做出实施"一号工程"的重大决策部署，核心内容正是发展数字经济、推动智慧应用。2018 年 12 月，杭州基于对形势的客观判断和对现实的理性思考，提出打造"全国数字经济第一城"的新目标。

经过多年发展，杭州数字经济表现亮眼，数字经济占 GDP 的比值已超过 25%，对经济增长的贡献率超过 50%，既有质效又有速度。2019 年前三季度，杭州数字经济核心产业实现增加值 2706 亿元，增长 15.9%，增速高于地区生产总值 9.2 个百分点。从杭州新开设企业数量看，2019 年 1—6 月，属于数字经济核心产业的信息技术服务类新设企业有 4382 家，同比增长 47.1%，保持高速增长态势。根据第一财经与阿里研究院联合发布的《中国主要城市数字经济发展报告》数据显示，杭州超越 4 个一线城市，在数字基础设施、数字商业以及数字政务服务 3 项指数上位列第一，已是名副其实的"数字经济第一城"。

杭州继续稳健、有力地打造"全国数字经济第一城"，将数字经济打造成为杭州经济高质量发展的强大引擎。一方面，杭州集聚了像阿里巴巴、海康威视、新华三等一批数字经济龙头企业，形成了电子商务、云计算、大数据、数字安防等产业集群，为数字基础设施、数字商业以及数字政务的开展奠定基础；另一方面，杭州还有中策、娃哈哈、吉利、西子、万向、恒逸等传统骨干企业打造的云上工厂、智造样板、"ET 工业大脑"。目前，杭州累计实施工厂物联网项目 1167 项，实施智能制造试点示范项目 114 项，推广工业机器人 6648 台，上云企业超过8.9 万家。

用理念先行引导数字经济布局,使产业与数字经济持续融合。如杭州制造业在面临发展问题时,提出"新制造业计划",即通过实现规模以上工业企业、十百千亿企业、国家级高新技术企业数量和工业投资总量、工业技改总量、新引进项目投资额"六个倍增",使杭州制造业整体达到全国先进水平,使杭州成为具有世界影响力的制造业强市。其中,实施大规模技术改造,推动企业数字化水平整体提升一个等级便是重点举措之一。

数字经济赋予杭州金融新的坐标和使命。当前,以数字经济为标志的新一轮科技不断推动"新金融"迭代升级,金融科技已成为全球金融创新的新热点。2019 年 10 月 29 日,由中国互金协会和世界银行共同支持建设的全球数字金融中心正式花落杭州。这一冠以"全球"高帽的机构落户,是肯定杭州金融科技实力的最佳注脚。未来,它也将不断提升杭州在全球数字金融领域的地位和影响力,助力杭州深化数字金融改革创新,推动数字经济、金融业的跨越发展。

产业兴荣促进杭州数字经济发展。杭州要大力打造以集成电路、生物医药、航空制造等为代表的重点产业,积极推动电子商务、云计算、大数据、物联网、人工智能等优势产业提升发展,加速构建区块链、量子技术、虚拟现实、卫星及商用航天航空等未来产业先发优势,把短板拉长、优势变强,让数字经济更具核心竞争力。日前,杭州市政府与阿里巴巴集团签订战略合作协议,双方将立足各自特色优势,围绕打造"全国数字经济第一城",在数字基础设施、数字技术创新、数字赋能产业、数字金融服务、数字城市建设等方面深化战略合作,合力构建新时代数字经济生态体系,全力打造政企命运共同体。

### (三)5G 技术

自 5G 技术试用以来,杭州一直着力聚焦"数字产业化、产业数字化、城市数字化"发展"数字经济第一城",成为全国 5G 技术的领头羊、开拓者和导航标,为 5G 时代的到来做好准备。城市大脑和 5G 应用也是杭州在数字经济领域率先布局的生动体现。杭州在全国率先提出的建设"城市大脑",成为支撑杭州可持续发展的基础设施。

5G 作为新一代的移动通信技术,是未来数字经济时代重要的基础建设。2019 年,杭州前瞻性地发布《杭州市 5G 产业发展规划纲要(2019—2022 年)》(征求意见稿)、《杭州市加快5G 产业发展若干政策》《杭州市 5G 基站站址布点规划(示范区部分)》等,以政策和规划的形式为 5G 商用做准备,加速杭州培育新业态、新经济,打造"5G 第一城"新名片。截至 2019 年上半年,杭州建成 5G 基站 2562 个,开通站点 1893 个,数量居中国第一。进入 5G 时代,杭州将在万物互联的背景下高水平推进"三化融合",用 5G 技术赋能制造业、传统贸易和城市治理,在打造"全国数字经济第一城"方面持续发力。

1.在网络建设上,杭州的 5G 铺设速度惊人

以中国移动为例,在全国 5 个试点城市中,杭州排名第一。杭州移动不仅建成了全国首个 5G 连续覆盖体验区,还建成了全球首个 4.9GHz 频段的连续体验线路。除此之外,杭州还在机场高速上打造了国内最长的 5G 连续覆盖的高速公路段,实现国内第一个 8Gp/s 峰值速率展示,建成了国内规模最大、网络最完整的 5G 终端测试实验室。杭州已实现在主要

城区及主要科创产业园区的 5G 信号覆盖,面积超过 500 平方千米,此外还将面向商用,进一步提升 5G 用户感知,打造 4G、5G 融合精品区域。

2. 在应用创新上,杭州更是不断创下"全国首纪录"

全国首次大型 5G 高清视频钱江潮直播,杭州汽轮机 5G 智能制造等全国首批 5G 工业互联网项目,全国首个 5G 智慧医疗项目浙大二院 5G 远程急救,全国首个在景区开放道路上实现的 5G 智能网联驾驶应用,全国首个商业变现 5G 应用杭州丝绸城 AR 试衣镜等,都成为杭州的骄傲。

3. 5G 生态在杭州率先创立

杭州在 5G 发展中格外注重生态链的建设,目前中国移动 5G 联合创新中心、浙江首个 5G 开放实验室已经落地杭州滨江,华为、海康威视、诺基亚、吉利等产业链企业将利用实验室的 5G 网络和一体化设备做 5G 产品可行性预验证,加快新业务孵化和上市。与此同时,杭州移动还联手产业链上下游伙伴共同参与萧山中国(杭州)5G 创新谷、余杭中国(杭州)5G 创新园的建设,促进建立完整的 5G 产业生态体系、未来 5G 技术的策源地、5G 全球高端人才和资源的集聚地。在杭州及各区县市范围内,移动 5G 已经面向媒体娱乐、智能制造、智慧医疗、智慧交通、智慧教育、智慧商贸、智慧城市、智慧金融、能源环保和智慧农业等重点垂直领域推进,已经实施的创新应用超百项。

### (四)区块链

杭州是一个既有传统互联网繁荣的沃土,又有不安于现状的创新基因的城市。所以,杭州积极拥抱区块链,投身新技术是一种必然趋势。如今,杭州已经与雄安新区,及国外的韩国首尔、瑞士楚格、爱沙尼亚和圣马力诺等城市一起,并称全球六大区块链智慧城市。杭州区块链有三层结构互相支撑,榫卯相接形成了强大合力。

首先,杭州市政府在顶层设计方面给予了强大的政策支持,政府引导基金和多个产业园区建设,双管齐下。《2019 中国区块链产业园发展报告》对全国 22 个区块链产业园综合竞争力进行排名,中国杭州区块链产业园和杭州西溪谷区块链产业园处于第一梯队,得分均在 95 分以上。其中,杭州区块链产业园的综合得分排名全国第一。

其次,以浙大为代表的高校与科研机构,不断供给人才和研究成果。浙江大学在教学、科研等方面下足了工夫,培养了许多高层次区块链人才。许多区块链知名项目,如趣链、云象、复杂美等的创始人,均来自浙大。浙江大学发起成立了全国区块链高校联盟。浙大区块链俱乐部联合清华区块链协会组建了全国高校技术社区,带动了高校学生参与区块链的热潮。

最后,杭州加速底层区块链应用的落地,积极将区块链技术用于提升政府工作效率和水平。杭州司法区块链为全国首创。多个涉及确权、维权的联盟链都将陆续加入杭州互联网法院司法区块链,形成一个丰富的链上生态。区块链赋予杭州新的生命力,带来新的城市增长点。杭州将致力发展成为中国乃至世界区块链中心。

### （五）文创产业

#### 1.2019 杭州文博会

杭州每年最负盛名的两场文化盛宴是上半年的国际动漫节和下半年的杭州文博会。自2007年以来，杭州已连续成功举办了12届文博会，杭州文博会不仅已成为杭州打造全国文化创意中心的重要载体，而且跃居为国内四大综合性文化会展活动之一。第13届（2019）杭州文化创意产业博览会于2019年9月19—23日在白马湖国际会展中心举办。来自全球53个国家及地区的400多个文创机构、企业参展。主会场共设置国际及文博主题展区、港澳台展区、创意生活展区、"一带一路"匠心视界展区、设计创新展区、创意新农展区、两岸文创生活馆、创意市集等8大展区，展示面积约7万平方米。其中，境外国际展区面积较上届扩大一倍，约占主会场总展览面积的50%，首次设立英国国家主题展区，吸引了英国130余家知名文创企业、机构参展。本届文博会还设置了中国网络作家村、杭州创意设计中心、桐庐分水笔业国际博览中心等若干分会场。展会期间，还举办了22场主题论坛（发布）活动。

第13届（2019）杭州文化创意产业博览会适应新形势，续写新篇章，以习近平新时代中国特色社会主义思想为指导，深入贯彻落实党的十九大精神，贯彻落实中央及省、市委的重大决策部署，坚持国际化、专业化、产业化、品牌化的办展方向，以"一主多副、全民体验"的办展格局，秉承"精、专、特"的办展思路，精耕"思想的文博会"品牌，进一步提升2019杭州国际文博会的创新力、品牌力、影响力，进一步拓宽国际文创交流合作新渠道，着力把杭州打造为国际文化创意中心。

2019年，杭州文博会成立了国内首个城市文博会联盟。该联盟由杭州文博会发起，成员来自上海、宁波、温州等13个城市；共举办了23场高峰论坛、行业指数发布活动；参加人数达28.6万人次，其中观众平均观展时间较往年延长了1倍；完成现场成交及签约项目金额达167.5亿元，其中项目融资逾150亿元，绩效再创新高。展会关注度进一步提升，仅微博、抖音的粉丝关注度就突破了2.2亿次。根据现场调查，参展机构满意率达97%，观众满意率达99%。文博会结束当天，有73%的参展商就预定了下届展位。

#### 2.2019 杭州茶文化博览会

2019杭州茶文化博览会于2019年3月30日举办，主题为"香约杭州，茶润天下"。本届茶博会继续本着亲民惠民、文化传承、安全节俭的原则，按照国际化、品牌化、创新化的发展方向，凸显"杭为茶都"的品牌形象，加大茶文化的挖掘和展示，讲好"杭州茶故事"，弘扬茶文化，打造茶经济，推动茶旅游。共设主体项目版块、茶文化版块、区县（市）版块等3大内容版块共18个项目。2019年杭州茶博会注重资源整合，统筹发展，强化传播。萧山、余杭、富阳、临安、桐庐、淳安、建德都做好资源"整合"文章，推出系列主题活动，如：2019年杭州茶博会闭幕式暨临安第八届茶俗文化旅游活动、建德苞茶文化旅游活动等，各项活动都有不同程度提升；茶都品牌促进会的"青春茶联盟全民饮茶日共同品茶活动""中法茶文化交流""社区茶文化推广活动"等活动走国际线路，在国际社区推广茶文化，邀请杭州外籍人士参与活动，从而达到足不出国也能将茶文化更加广泛地传播的效果。

3.2019 杭州西博会和美博会

第四届世界休闲博览会、第二十一届杭州西湖国际博览会于 2019 年 10 月 18—20 日举办。杭州西博会始终秉承国际化、市场化、品牌化、专业化、信息化的宗旨,让杭州走向世界,成为一场举世瞩目的国际盛会。从 2000 年恢复举办以来,历届西博会贸易成交额已超过2000 亿元,引进外资逾 172 亿美元,引进国内投资约 2000 亿元,吸引参展人员和游客逾 2 亿人次。

在"后峰会、前亚运"的关键时期,杭州城市特色愈加鲜明,发展活力更为蓬勃。当下,杭州会展业迅速崛起,西博会作为"龙头"更是成为推动城市会展产业发展的驱动利器,加速杭州推进国际会议目的地与国际重要的旅游休闲中心建设。

2019 年 9 月,第二十届中国(杭州)美食节、首届中国(杭州)国际美食博览会在杭州国际博览中心举行。作为第四届世界休闲博览会、第二十一届中国杭州西湖国际博览会五大项目之一,也是西博会转型升级后的第一个产业实践项目,杭州美博会邀请了超过 1500 位行业专家、企业家莅临,吸引超过 3500 位采购商,接待超过 10000 名专业观众。美博会还将依托杭州的城市特色,以发展"数字经济"作为核心,搭建一个全国餐饮产业链交流合作新平台。

### (六)创意产业园

文化创意园区已不仅是以文化为主题的生产集聚空间,也是文化休闲与消费活动的空间,更是革新与创意的空间。2018 年 9 月 6 日,杭州发布加快建设国际文化创意中心的实施意见,通过详细的保障和政策措施,力争实现文创产业增加值年均递增 15% 左右,且到 2022年,文创产业增加值达到 5000 亿元以上;构建在国际有较高知名度、在全国具有引领示范意义的之江文化产业带,培育 6 个以上百亿元产业能级的文化创意产业集群等。

从杭州提出"迈向创意之城"和打造全国文化创意产业园基地后,各类文化创意园不断涌现,西湖创意谷、之江文化创意产业园、西溪创意产业园、西湖数字娱乐产业园、运河天地文化创意园、白马湖生态创意城、下沙大学科技园、杭州创新创业新天地、创意良渚基地、湘湖文化创意产业园等 10 大文化创意产业园成为杭州文化创意产业的发展基地,各园区拥有深厚的产业文化,发展建设规模不断增大,产业构成和空间集聚不断完善和扩大。2019 年 9月 20 日,由杭州市文化创意产业发展中心和清科集团共同主办的 2019 杭州文化创意产业投融资论坛暨《2019 杭州文创产业投资发展报告》发布会在杭州隆重开幕。作为第十三届杭州文博会的重点商务论坛之一,此次论坛吸引了 200 多位文创企业领袖、头部创投机构及金融机构的重要嘉宾齐聚杭州,汇聚了金融界与文化产业界的高端资源,透视行业发展动向和趋势,以资本之力推进文化创意产业的转型发展,共绘文化创意产业发展蓝图。

在对文创行业发展概况及投融资情况进行系统分析的基础上,《2019 杭州文创产业投资发展报告》(下文简称《报告》)综合选取了在城市文创发展上具有代表性的 15 个观察城市,通过文创产业指数、文创人才指数、文创消费指数、文创投资指数 4 个评价维度和 20 个评价指标的研究,对中国城市文创发展综合指数进行评价,为各个城市文创产业的高端化、集聚化和生态化发展,提供参考、借鉴。杭州属第二梯队城市,其城市文创发展综合指数位列全国第四。《报告》指出,"整体来看,除北京、上海外,广州、杭州两个城市在文创产业发展方面的领先优势已经显现,其中,杭州的文化创意产业增加值、文化创意产业增加值占 GDP 的比重表现较好"。另外,《报告》还指出,"整体来看,除北京、上海外,深圳、杭州地区的文创领域投资较为活跃,且在 5 项指标上的排名均居观察城市前列。其中,杭州文创领域投资热度明显高于同级别城市,这主要得益于杭州自 2007 年起就将文创产业提升到城市战略高度"。在重点城市细分领域投资方面,杭州排在北京、上海之后,位列第三。

文创行业仍然处于快速发展阶段,而文化创意产业正逐渐成为中国经济发展的新增长点。未来,文创产业必定是投资行业重点关注的对象。近年来,杭州紧紧围绕"一城一窗"和国际文化创意中心建设目标,深入实施"文化兴盛"战略,大力推进之江文化产业带、大运河文化带等项目建设,取得了显著成就。市有关部门研究制定了推进文创金融融合发展的政策,深化政、银、企合作,通过各项举措有效地缓解了文创企业"融资难"的问题。2018 年,6 家金融和投资机构被杭州市委宣传部、市金融办联合认定为"杭州市文化创意产业金融特色服务机构"。2019 年,杭州的文创产业通过各种交流与合作,正在不断扩大自身的影响力。在第十三届杭州文博会(2019)杭州文化创意产业投融资论坛上,市文创产业发展中心与杭州联合银行、杭州银行科技文创金融事业部、邮储银行杭州分行、南京银行杭州分行等 4 家合作银行分别签订战略合作协议。各合作银行将合计给予杭州文创企业和重点文创项目意向授信 150 亿元。杭州文投与杭州市文创引导基金子基金签署战略合作协议。杭州文创引导基金将参股湖畔宏盛、浙大联创、元禾原点和华新致远等 4 家子基金管理机构发起设立的子基金,共同为杭州文创产业的发展注入资金"活水"。同时,市文创引导基金与西湖区产业基金达成战略合作协议,双方将在多领域建立全面合作伙伴关系,有力推动西湖区文创产业高质量、快速的发展。

杭州强有力的扶持政策、浓厚的发展氛围,还有不断涌现出来的文创小微企业,赋予杭州"全国文化创意中心"新的生命力。作为一个充满机遇和不断发展变化的城市,杭州还将持续创新文化金融服务的新机制、新举措,进一步推进文化金融融合发展,更好地为文创企业提供优质的金融服务。杭州文化产业借助一大批优秀企业的力量,一定会大有发展;中国文化产业也一定会更加繁荣兴旺。

## 二、杭州市文化产业发展中有待改进之处

1.需进一步加强资源整合和协调

杭州文旅资源的归口管理部门较多,给资源整合带来了一定的难度。比如在推进文博与旅游融合、打造博物馆之城以及打造世界级遗产群落等工作中,各级管理层面有待进一步加强整合。

2.需进一步挖掘文化资源

高质量、高品质的文化旅游产品开发还不够,依然存在结构性短缺的问题,尤其作为历

史文化名城，对吴越文化、南宋文化、良渚文化和西湖文化、大运河文化、钱塘江文化以及革命文化、红色文化的挖掘提炼还远远不够，虽然有《宋城千古情》《最忆是杭州》等影响力较大的演艺产品，但在优质文化旅游产品开发上，还不能满足大众旅游时代个性化、品质化的需求。

3.需进一步改善文旅设施

杭州标志性、枢纽性的文化地标的数量仍然不足，在音乐厅、博物馆、美术馆建设方面的短板较为突出；现有文旅设施的服务保障能力、活动组织能力和国际化水平有待提升；在小剧场建设方面，尤其是沉浸式的演出剧场还不够多。

## 三、杭州市文化产业发展工作思路

未来杭州的全域旅游之路，是一条迈向国际品质的全域旅游发展之路。杭州将坚定文化自信，增强文化自觉，坚持高质量发展的方向，着力打造优质文旅产品和服务，推动新时代文化与旅游的深度融合。

### （一）抓好发展规划

牢牢把握"后峰会、前亚运、现代化"的发展机遇，利用好大运河文化带、之江文化产业带等重大战略以及良渚古城遗址申遗成功的重要影响，加强产业政策体系建设，研究制定全市文旅融合高质量发展的实施意见和文旅融合三年行动计划。

文旅融合是杭州建设成为国际重要的旅游休闲中心的主抓手，未来将围绕生态、文化、商务、运动、养生五大休闲业态，努力推出主题化、多元化、个性化、特色化、示范性强并能满足各类小众群体的休闲产品。重造"旅游＋会议＋展览"的会议目的地城市，希望使杭州到2020年稳居中国国际会议城市第三名，在国际大会与会议协会（ICCA）发布的国际会议目的地排行榜力争进入全球前80名。以万村景区化、游风情小镇创建为抓手，推进农旅结合，打造一大批各具特色的乡村度假型、现代农业型、生态环境型、民族风情型、运动休闲型等农业旅游目的地，形成全体验、全链条、全时空的旅游产品体系。

### （二）抓好平台建设

以省级旅游风情小镇、"旅游＋"产业融合示范基地创建为载体，加快文旅产业基地、特色产业集群建设。深化"互联网＋文化旅游消费"模式，加强杭州文化旅游消费平台建设，举办文化消费季和文化消费节活动，持续推进国家文化消费示范城市试点工作。要进一步优化杭州的内部发展环境，使良好的内部发展环境成为杭州旅游发展的新竞争力。优化市场监管环境；优化城乡综合环境，更好地促进旅游创业就业；优化旅游人才环境。

### （三）抓好产品供给

发挥西湖、大运河、良渚古城遗址三大世界文化遗产的综合带动效应，精心打造以世界文化遗产为主线的精品旅游线路。旅游龙头产品的打造是建设国际重要的旅游休闲中心的核心，更是创建全域旅游示范区的核心。未来杭州全域旅游的发展需要立足城市与乡村，放眼国际，以发展乡村民宿为抓手推进乡村旅游提质增效，大力发展研学旅游、红色旅游、文化旅游,推出更多研学、寻根等文化旅游线路和产品。围绕城市发展趋势打造旅游产业,和国际著名旅游目的地同步发展。特别是加大旅游大项目投入,建设面向国际面对高端消费的沉浸式、体验式的旅游产品。强力推进运河、湘湖、富春江旅游区创建国家 5A 级景区进程,加快世界旅游联盟总部、建德梅城、江南秘境等重大旅游项目建设。

**(四)抓好内涵提升**

深入实施"城市记忆"工程,加大杭州优秀传统文化挖掘研究,统筹全市文保单位、历史建筑、历史街区、工业遗存、历史文化名镇名村保护,建设"博物馆之城"。加大"城市书房"、图书馆主题馆分馆集群、地铁书屋等建设力度,使其成为市民游客看书、休憩的驿站,打造富有杭州特色的公共文化品牌。全力提升杭州旅游营销品质。在形象品牌上,以深入挖掘杭州城市优势特色内涵为立足点,以国际视野和全球格局为标准和起点,全面、系统、持续地做好杭州旅游品牌营销。

**(五)抓好对外交流**

杭州坚持以旅游国际化服务于国际化城市建设发展战略,围绕建设"独特韵味别样精彩世界名城",以产品、营销、服务、观念、功能、环境等全方位的国际化提升旅游产业发展的层级与品质,打造文旅融合 IP 品牌,积极融入长三角一体化发展战略,推进杭州都市圈文化旅游交流合作,整合资源开展国内、国际文化旅游营销推广,以旅游国际化为先导带动城市国际化发展,创新构建国际导向、协同国内发展的市场开发机制。

**(六)抓好服务提升**

旅游公共服务与城市公共服务是打造国际重要的旅游休闲中心的基础,更是创建全域旅游示范区的必备条件。需进一步深化拓展"城市大脑"文旅系统功能,协同推进公共文化服务和旅游公共服务的功能融合,推动公共服务进景区、进乡村。积极探索在乡村旅游、民宿经济发展较为成熟的乡镇和农村,拓宽农村礼堂等公共设施的功能布局,打造集书房、电影、剧场于一体的综合体,构建主客共享的文化旅游新空间。深入推进旅游大数据中心建设,按照"创新、融合、共享、开放"的要求,依托信息技术应用和大数据集成,打造面向旅游数据资源深度开发利用的杭州旅游大数据决策系统,使其成为支撑杭州"城市大脑"建设的重要基础设施。

(郦青)

# 2019 年宁波市文化产业发展报告

## 一、宁波市发展文化产业的基础和优势

1. 宁波有深厚的文化底蕴

宁波人文积淀丰厚,历史文化悠久,属于典型的江南水乡兼海港城市。早在 7000 年前,

宁波先民们就在这里繁衍生息,创造了灿烂的河姆渡文化。公元前 2000 多年的夏代,宁波的名称为"鄞",春秋时为越国境地。宁波连续 5 次蝉联全国文明城市,2016 年获评当选为"东亚文化之都"。

2. 宁波有良好的区位条件

宁波是世界第四大港口城市,是中国内地综合发展水平前 15 强中心城市,也是长三角五大都市圈中心城市之一。它是中国大运河南端出海口、"海上丝绸之路"东方始发港,其中最具代表性的宁波港被国际港航界权威杂志——英国《集装箱国际》评为"世界五佳港口"。2017 年,宁波市在中国地级市中,全面小康指数排名第六。

3. 宁波有优良的人才与教育资源

宁波被认为是中国著名的院士之乡。截至 2019 年末,全市共有各级各类学校 1975 所,在校学生总数为 137.3 万人。其中,在甬高校有 15 所,在校学生有 20.6 万人;中职高校有 36 所,在校学生有 6.7 万人;高校留学生规模达到 2500 人,比上年增长 56%。两院院士多达 110 多名;名人中包括王阳明、余秋雨等。

## 二、宁波市文化产业发展成果

### (一)文旅融合深入推进

2019 年是文旅融合深入推进的一年。文化产业和旅游产业是兼具经济效益、社会效益、生态效益的阳光产业,推动文化与旅游深度融合,必将发挥 1+1>2 的效果,从而实现文化和旅游的共生共荣。国家明确提出,完善文化和旅游融合发展体制机制。2019 年 3 月,文化和旅游部印发《关于促进旅游演艺发展的指导意见》,着力将旅游演艺培育成更好的文旅融合载体;同年 7 月,文化和旅游部印发的《曲艺传承发展计划》提出,鼓励和引导曲艺项目进入城市和乡村旅游演艺市场,拓展更大的发展空间。随着文化和旅游部进一步完善激发文化和旅游创新创造活力的管理体制和生产经营机制,加快文旅融合体制机制建设,文旅融合不断深化,文旅产业正成为投资重点、消费热点和开发亮点。

近年来,宁波积极推进文化与旅游融合发展,让旅游有景更有魂,这已形成社会各界共识,融合覆盖面持续扩大,融合程度日益加深,产业规模加快扩张,新业态、新产品、新企业层出不穷,融合基础良好,发展前景广阔。2019 年,全市实现旅游总收入 2330.9 亿元,比上年增长 16.2%;接待国内游客 1.4 亿人次,增长 12.2%;实现国内旅游收入 2303.1 亿元,增长 16.4%;住宿设施接待入境过夜游客 76.2 万人次,实现入境旅游收入 4.0 亿美元。2019 年末,全市共有星级酒店 102 家,其中,五星级 21 家;共有 4A 级以上景区 34 处,其中 5A 级 2 处。宁海县成功创建首批国家全域旅游示范区。在会展业方面,2019 年,全市举办各类会展项目 330 个,比上年增加 11 个。其中,展览项目有 198 个,展览面积达 213 万平方米,展览面积在 2 万平方米以上的展会数量达 26 个。宁波成功举办首届中国—中东欧国家博览会暨国际消费品博览会。全球云计算大会(宁波站)更名为全球云计算大会(中国站),宁波是中国唯一举办地。宁波获 2019 年度"中国最具影响力会展城市"荣誉称号。

目前,宁波拥有浙江唯一的国家级文化生态保护实验区——象山海洋渔文化生态保护实验区;建立了完整的国家、省、市、县四级名录体系,现有国家级非物质文化遗产代表性项目 25 项,省级非物质文化遗产代表性项目 96 项,国家级代表性传承人 15 位,省级代表性传承人 78 位;国家级传统工艺振兴目录项目 5 个,省级 12 个;省、市级非物质文化遗产代表性项目 390 项,其中,省级非物质文化遗产传承教学基地、宣传展示基地、生产性保护基地、高校非遗研究基地等 57 个,市级非物质文化遗产小镇(实验)7 个。歌剧《呦呦鹿鸣》获中宣部第十五届精神文明建设"五个一工程奖"。甬剧电影《典妻》荣获第二届中国戏曲电影展"优秀戏曲电影奖"。奉化南渡广济桥和余姚通济桥入选第八批全国重点文物保护单位,2019 年末市域范围内的全国重点文物保护单位增至 33 处。奉化何家遗址和西门口汉唐遗址入选 2019 年度"浙江考古重要发现"。

1. 机构整合情况

早在 2016 年,宁波市下属的鄞州区、余姚市、海曙区等区县市开始启动文化部门与旅游部门机构合并、职能整合工作,率先推进文化和旅游产业融合发展。2019 年 1 月 5 日,市文化广电旅游局正式挂牌。目前,各区县(市)文化和广电旅游体育局已完成机构合并工作。

2. 资源开发情况

宁波文明发祥早,文化遗产数量多,这些内涵丰富的文化遗产拓宽了宁波文化旅游的内涵,带动了全市旅游业的发展。如宁海的"十里红妆"是国家级非遗项目。宁波演艺集团创排的舞剧《十里红妆·女儿梦》曾获"全国五个一工程奖",为文化产业和旅游产业的发展创造条件。2018 年 5 月,宁海十里红妆文化园正式对外开放。十里红妆文化园是宁海十里红妆小镇的核心区块,规划建设小镇客厅、婚俗文化产业园、宁海非遗文化产业园、霞客旅游文化街、宁海民间藏珍展览园、水文化主题乐园、文峰创意园等项目,让游客尽享宁海的山水风光。同时,宁波还将十里红妆传统婚庆、红妆文化创意等特色产业与徐霞客旅游文化相结合,深入探索文旅深度融合的多元发展模式;北仑博地影秀城的旅游剧场《甬秀·港通天下》成为很多外地游客来宁波的"打卡热点";三江夜游、阿拉的海、东海半边山等近几年新推出的海丝文旅产品受到市场欢迎;2019 年春节期间,全市各地策划推出一批文博休闲游等线路,整合了天一阁、宁波博物馆、保国寺博物馆等诸多文博资源,受到市民、游客的热烈欢迎。尤其是天一阁·月湖景区,从 2018 年 10 月荣升为国家 5A 级景区以来,陆续策划举办了一系列参与性强的文化体验活动,2019 年上半年接待游客达到 162 万人次,同比增长 25%。

3. 活动提升情况

近年来,宁波市东亚文化之都活动年、亚洲艺术节、宁波文博会等重大文化节庆活动和宁波旅游节、尼斯嘉年华等重大旅游节庆活动相继举办,以及各区县(市)举办的"中国开渔节""中国开游节"等节庆活动,既展示了宁波形象,又讲述了宁波故事,提升了文化旅游的热度和影响。群众性文化活动遍地开花,不但吸引了本地市民,而且吸引了外地游客前来参与,有效地拉动了假日经济。2018 年,宁波于文博会期间探索并推出了 4 条非遗旅游路线;宁波市惠民文化消费季期间,专门举办文化旅游季活动,向社会发布了 10 条文化旅游线路。

2018年,宁波市命名了首批7个非遗特色小镇,既加强了当地非遗保护,又带动了旅游发展和乡村振兴。宁波首个乡村文旅中心在象山墙头镇溪里方村文化礼堂宣告成立,探索推进乡村文旅融合。

**4.项目互融情况**

宁波文旅融合项目涉及文物、文博、文创、街区、博物馆、文化艺术、演艺场馆等细分产业。2018年,宁波市文化招商小分队共引进58个文化项目,项目估算总投资561.8亿元;精选旅游招商项目88个,总投资654.83亿元;协议签约项目47个,协议总投资达到553.8亿元;在建旅游项目252个,实际完成投资290.83亿元。宁波湾滨海华侨城文化旅游项目、熊出没旅游小镇和华强方特产业基地等协议签约;河姆渡文化园、石浦二期、前童古镇二期等项目达成签约意向;奉化佛教名山、民国风情街、滨海旅游休闲区等开工建设。其中文旅融合项目各占签约和在建项目的一半以上。象山影视城民国城、中国海影城等项目建成营业,三期项目动工建设,突出影视文化元素,打造影视文化旅游新概念,吸引大量影迷和游客前往观光体验。2018年,象山影视产业区经营性收入首次突破25亿元,实现税收1.4亿元;景区门票、商贸和影视拍摄等经营性综合收入达1.2亿元;驻影视城拍摄剧组162个,同比增长14%;落户企业792家,同比增长102%,带动周边乡镇影视产业发展;品牌价值进入2018年宁波品牌百强榜前十名,为90.7亿元,位列旅游类品牌第一名;通过国家5A级景区省级资源评估初审,象山星光影视小镇被评为省级特色小镇创建对象优秀小镇。

**(二)夜间经济特色发展**

经济的维度无处不在,自然包括夜晚。商务部一项数据显示,我国60%的消费发生在夜间,大型商场每天18时至22时的销售额超过全天的一半。2018年,我国夜间经济市场规模超过22万亿元,2020年突破30万亿元。在全国上下大力发展夜间消费的大背景下,宁波各级部门正在加大力度,全面提升宁波夜间消费的热度。

2019年前3季度,全宁波市社会消费品零售总额为3149.7亿元,增长7.4%;餐饮业营业额为432.8亿元,增长13.2%;重点监测的23家商业综合体共实现营业额105.8亿元,增长21.6%。由这3组数据可见,如今宁波的消费市场总量庞大,餐饮业增长势头喜人,商业综合体已是引流"吸金"的"巨无霸"。高质量发展夜间经济,需要依托餐饮、商业综合体,也需要开拓创新、开放融合。

**(三)文创产业与文化创意产业园**

文创产业是发展新动能的源泉,文化创意产业园区是文创产业的发展基地与空间载体,其作为文化产业集聚化和规模化的发展形势,是各地发展文化产业的重要抓手,是推进文化创新、文化产业与相关产业融合发展的空间载体。我国已初步形成六大文化创意产业聚集区,朝着"高、精、尖"产业转型升级。通过构建数字文化产业园区生态系统,将文化产业与新兴科技、产业政策、历史文化、城市社区交汇融合,推动文化创意的设计开发和落地应用,开发文化科技融合的衍生产品和服务,促进文化产业与新媒体、新技术的融合发展,有益于实现文化创新生产力的提速换挡。

2016 年上半年,宁波出台了《宁波市级文化创意产业园区认定及管理办法》,截至 2018 年,共评定两批共 20 家市级文化创意产业园区和 31 家市级培育文化创意产业园区。根据宁波市政府 2018 年的《政府工作报告》,宁波文创产业增加值占地区生产总值比重已提高到 7％,且逐年增加趋势明显。可见,文创产业不仅成为了新的经济增长点,而且在推动传统产业转型、促进产业结构调整方面发挥了重要作用。2019 年 1 月 18 日,浙江省聚焦数字经济推进文化产业高质量发展暨文化产业促进会年会召开,会上公布了 2017—2018 年度浙江省重点文化产业园区名单并进行现场授牌。宁波共有 7 家园区入选,分别为宁波国家广告产业园区、宁波和丰创意广场、宁波市国家大学科技园、宁波市象山影视城文化产业区、民和文化产业园、博地文化创意园区、明月湖文化创意产业园。

1. 宁波国家广告产业园区

自 2013 年 4 月被国家工商总局和财政部确定为国家级广告产业试点园区以来,宁波国家广告产业园区相继荣获"宁波市文化产业最佳推动奖""宁波市第一批文化产业示范园区""宁波市首批市级文创产业园区""宁波大学生广告创业基地"等荣誉称号,并于 2017 年 4 月被国家工商总局正式认定为国家级广告产业园区。截至 2018 年底,宁波入驻广告及关联企业 700 多家,实现文创产业经营产值 41.9 亿元。

2. 宁波和丰创意广场

目前,宁波和丰创意广场总入驻企业 165 家,其中集聚的文化创意企业共 116 家,涵盖了广告策划、网络传媒、影视动漫、建筑及景观设计、软件设计、电子信息、工业设计等多个产业领域,侧重向智能产品、机器换人项目、互联网＋、装备制造等方向延伸。和丰创意广场创业创新生态系统进一步优化,已逐步发展成为宁波智造创新平台和有一定国际影响力的工业设计集聚区,2018 年实现文创产值 9 亿元。

3. 宁波市国家大学科技园

宁波市国家大学科技园(宁波慧谷),是由镇海区政府与宁波大学、宁波工程学院、浙江纺织服装职业技术学院、中科院宁波材料所合作共建的创业创新平台,2010 年 1 月被评为"国家级大学科技园"。园区已引进启迪控股、腾讯云、洛可可、木马设计、太火鸟等城市经济类企业 1000 余家,引进宁波新材料初创产业园、清华校友创业创新基地、西电宁波产业园、中欧国际应用能源创新研究院等协同创新平台 8 个;引进国家"千人计划"人才 8 名、省"千人计划"人才 13 名、市"3315 计划"人才 14 名、"市 3315 计划"团队 6 个,集聚各类文创人才10000 余人。2018 年,园区实现文创产值 32.14 亿元。

4. 宁波市象山影视城文化产业区

宁波市象山影视城文化产业区以宁波打造以"影视之城"为契机,以"围绕电影、回归电影"为发展思路,在做精做强影视文化产业上"苦练内功",向大格局、大基地、大产业阔步迈进,积极打造集影视旅游、休闲度假、影视制作、艺术众创与影视创作基地、剧本交易基地、影人生活基地、影视金融平台等功能于一体的中国知名影视旅游特色小镇。

2018年以来,实现营业收入25.19亿元,税收1.47亿元;实现景区总收入1.2亿元,门票收入近7000万元,接待游客量逾280万人次,引进落户企业792家;接待《长河落日》《长安十二时辰》《王者天下》《大唐御使传奇》等拍摄剧组162家,各项经济指标跻身全国影视基地前三甲,通过国家5A级景区省级资源评审,品牌价值达90.7亿元,进入2018年宁波品牌百强榜前十名,位列文旅类品牌第一名。

5.民和文化产业园

民和文化产业园是宁波"十三五"规划重点项目、宁波市文化产业发展三年行动计划重点工程项目、宁波市2015年度"十大文创产业创新项目"、宁波市级文化产业园、国家文化部重点支持项目、国家文化科技金融融合示范园区之一。截至2017年底,846家文创类企业快速集聚,22部文艺精品孕育而生。园区实现核心文化营业收入27.28亿元,税收1.37亿元。据初步统计,园区2018年文创产值达43亿元。

6.博地文化创意园区

博地文化创意园区已形成以影视为引擎,以幻海灯光秀、港通天下秀为文化核心,以影视基地的明星效应、IP场景、影视观光为动力,以酒店及商业集群为配套的体验模式,融合旅游、商业、电竞的产业思维,将目光锁定在青年、亲子、休闲等主力客群。自2017年9月开业以来,实现营收16000万元,其中文创产业占比70%左右,解决1200多人劳动就业问题。第31届电视剧飞天奖、第25届电视文艺星光奖颁奖典礼等活动在园区的成功举办,逐步提升了博地文创园区的知名度。

7.明月湖文化创意产业园

明月湖文化创意产业园已入驻八戒网浙东总部等相关企业600余家。园区集文化创意研发、生产制作、创业孵化等功能于一体,延伸释放宁大科技学院、中科院宁波工业技术研究院慈溪生物医学工程研究所、中科院慈溪应用技术研究与产业化中心、慈溪中学、慈中书院等科教资源,形成一个智力资源集中、文化氛围浓厚、生活环境优雅的大教育功能区,使之成为创新人才集聚的洼地,实现"学在新城"。

## 三、宁波市文化产业发展中存在的问题

### (一)文旅融合发展存在的问题

1.文旅元素整合不足

文化与旅游要素渗透是产业融合的必备条件,需要政府主管部门对不同产业之间的要素进行整合,但目前宁波市在这方面的整合能力还比较落后,主要表现在:文化基础设施建设没有统筹考虑旅游功能,许多文保单位的文物价值很高,但在对外开放前较少考虑游客需要,旅游配套设施不足,或者在开发建设时对本身丰富的文化元素的挖掘不足,造成景区景点文化氛围不浓。

2.文旅项目开发缺乏创意

当前,宁波市许多旅游项目仍以观光旅游为主,文化旅游在开发过程中缺少理念创新。

有的地方在文化资源的开发利用上存在着严重的商业化倾向,打着文化的旗号,实际上缺乏创意和特色;有的文化休闲项目开发过程中缺乏对旅游要素的必要考虑,游客在体验过程中感觉到诸多不便。而且文化旅游项目的主要资金来自政府投入,民营资本介入很少,融资渠道较为单一,市场化运作程度比较低。

3. 文创产品特色不明

文创产品的开发既需要熟悉地域文化和景区特色,又需要拥有先进的产品设计理念,但由于缺乏政府对文创产品研发投入的政策引导和扶持,宁波市文创产品生产研发不足,以至于市场上销售的文创产品结构单一,缺乏创新和特色,且在知名度、市场竞争上没有任何优势可言,雷同现象严重,很难激起旅游者的购买兴趣。与此同时,宁波很多非物质文化遗产具有很高的艺术价值,但由于缺乏进一步的研发,不能推向广大旅游市场,不但在旅游市场上缺乏有效宣传载体,而且在非物质文化遗产的传承方面也缺乏发展后劲。

**(二)文化创意产业园区存在的问题**

1. 园区规划不够明确,同质化发展现象严重

宁波大多数文化创意产业园区没有明确的 5—10 年甚至更长时期的发展思路,功能定位、空间布局和发展重点不够清晰,园区政策扶持机制还不够完善。一哄而上的园区建设和"招商引资"的简单复制,导致文化创意产业园区的同质化竞争日趋激烈,一些文化创意、设计类小公司及艺术家个人工作室被迫搬离或减少办公面积,约半数园区成为休闲娱乐商业街区,真正从事文化创意设计的不足 1/3。

2. 产业链不够健全,产业集聚效应弱化

宁波文化创意产业园区大部分尚未形成较为清晰的产业链,园区缺乏资源整合和上下游产业链协作,入驻的企业往往从事同一业务、生产同一产品,缺乏差异化定位,这种"撮合性"现状导致园区难以真正形成集内容、技术研发、推广策略、中介服务等多产业为一体的产业链,制约其自身的规模发展。另外,文化创意产业园区之间缺乏有效的合作交流,尚未形成一种相互合作、共同创建、协同创新的园区集群,不利于区内区外资源整合,企业外部获利空间狭小。

3. 公共服务水平不高,知识产权保护力度较差

首先,园区运营模式较为陈旧、单一,租金作为园区主要收入,"二房东"现象普遍。其次,园区公共服务缺乏内涵,只重视物业管理,轻视对园区内初创企业或小微企业的孵化、融资等服务;缺少创业创新、中介咨询、文化投融资、培训与交流展示平台的建设;忽视园区文化、创意软环境建设。最后,园区对知识产权保护力度不够,企业的创意成果很容易被其他企业模仿、复制、抄袭。很多企业不会自主创新,只会模仿其他企业的创意产品,导致产品趋同,最终使园区丧失蓬勃的生命力,走向衰败。

4. 文化创意人才严重匮乏,产品原创动力不足

园区各行业的高学历与高技能人才普遍缺乏。宁波对文化科技人才的引进政策与杭州、深圳、广州、上海等城市相比,存在较大差距。目前,宁波文化创意产业园区的政策倾向吸引企业入驻,忽略对创意人才的服务力度,导致产业园从本质上很难得到大幅提升。

5. 监督机制不够健全,考核指标体系尚未建立

2016 年,宁波出台的《宁波文化创意产业园区认定及管理办法》第二十条规定,"市文改办将会同市有关部门每年对市级产业园区建设管理工作进行督察考核",但完善的文化创意产业园区标准评价指标体系尚未建立,制度缺乏具体实施细则,落地性较差,以至于对园区的考核及关停、整改、摘牌等机制缺位,在一定程度上放任了园区的"自由生长"行为。

### (三)"月光经济"方面

《国务院办公厅关于加快发展流通促进商业消费的意见》已发布,明确提出活跃夜间商业和市场。上海出台了《关于上海推动夜间经济发展的指导意见》,北京也计划推出《夜京城消费指南》,济南、青岛、西安、长沙等城市也拟出台或已出台了与夜间经济相关的政策文件。而宁波在 2019 年 10 月发布的建设国际消费城市实施方案里,依旧没有出现与夜间经济直接相关的内容。

## 四、文化产业发展工作思路

### (一)文旅融合发展

文化和旅游的融合发展必将催生新业态、新消费、新动能。下一步,宁波将从实际出发,遵循"宜融则融、能融尽融"的原则,以改革创新为动力,积极探索文化和旅游融合发展规律,促进文化资源保护利用与旅游发展相结合,实现文化产业和旅游业融合发展新突破,建设海上丝路文化旅游名城和国际性文化休闲旅游目的地,打造国家文化和旅游消费试点示范区、文化和旅游融合发展示范区、文化与金融合作示范区。到 2020 年,全市文化产业占 GDP 的比重达到 8%,旅游产业总收入超过 2600 亿元,旅游总人数超过 1.6 亿人次,旅游产业增加值占 GDP 的比重达到 7.5%。文旅融合发展重点要做好"五篇文章"。

1. 做好规划编制文章,在顶层设计上"融"起来

整合现有的文化艺术研究院和全域旅游发展研究院,建立宁波文化旅游智库,适时组建文化旅游研究院,提高文旅融合发展的谋划水平,为文旅融合顶层设计及决策提供强大智力支持,着力做好"三个一":一是编制一个规划,加强顶层设计,系统梳理全市文化家底,开展文化旅游资源普查,建立文化旅游资源目录,启动编制宁波文化旅游融合发展规划和年度实施计划;二是构建一个机制,筹备召开全市文化和旅游融合发展大会,成立市领导领衔、多部门参与的文化和旅游融合工作领导小组及办公室,统筹指导全市文化和旅游融合发展;三是出台一套政策,抓紧调研制定《推进宁波市文化和旅游融合发展的实施意见》和相关配套政策文件,保障文化和旅游真融合、深融合。

2. 做好资源整合文章,在高质量发展上"融"起来

文化资源是旅游业发展最丰富、最深厚、最具魅力的元素,要依托宁波丰厚的文化资源,深化供给侧结构性改革,推动旅游业提质增效、转型升级,着力做到"特、新、精"。首先,在"特"上下功夫,打造"五名五大"支撑体系。整合自然、人文、社会等资源要素,深入挖掘红色

文化、藏书文化、港口文化、海洋文化、佛教文化、名人文化、甬商文化、茶瓷文化等八大文化基因,集聚形成"名城、名镇、名村、名街、名居"和"大港、大佛、大儒、大海、大山"全域旅游支撑体系。其次,在"新"上下功夫,打造一批新地标、新业态、新产品。构建宁波特色博物馆体系,推动新建天一阁新馆、河海博物馆、非遗展示馆等一批新的文化地标。培育文化体验游、乡村民俗游、休闲度假游、工业遗产游、研学知识游、邮轮游艇游等文化旅游新业态,开发书香之旅、影视之旅、音乐之旅、创意之旅等文化旅游新线路,集中力量招引一批创新式、体验型、特色化、高科技的文化旅游新业态项目,迎合消费升级、消费分层的需求。开发"宁波印象"系列文创商品、农副产品和传统工艺品,打造雪窦山佛教名山、海丝之路文化旅游带等一批具有核心竞争力的国际化旅游产品,让文化遗产"活"起来。最后,在"精"上下功夫,打造文化和旅游融合示范区。聚焦东方文明之都建设,实施"文化宁波2020"计划,高标准建设一批全域旅游示范县、高等级景区度假区、旅游特色小镇、景区村庄,重点提升天一阁•月湖文化景区、保国寺•苏湖文化景区等十大核心文化旅游景区品质。

3. 做好品牌建设文章,在拉动消费上"融"起来

继续深入推进国家文化消费试点城市建设,将文化消费和旅游消费同谋划、同部署、同落实,争取成为文化和旅游消费试点示范城市,着力构建四大品牌体系。一是打造一批具有国内外重大影响的品牌文旅节庆活动。全力办好宁波文博会、中国—中东欧国家旅游合作交流周、象山开渔节、宁海开游节、宁波旅游节、宁波国际旅游展、宁波文化消费季等品牌文化旅游节庆赛事,以及"一人一艺"全民舞蹈大赛、甬剧艺术节等传统文化赛事,提升宁波服装节、中东欧博览会等展会文化旅游功能,让更多人参与体验文化旅游娱乐服务,提高人民获得感和幸福感。二是打造一批兼具竞争力和影响力的品牌文化旅游企业。鼓励宁波市文化旅游核心企业做大做强,培育发展一批文化上市企业、国家文化出口重点企业、规模型出入境旅行社、酒店业高端品牌、国际化旅游集团,扶持推动一批中小文化企业向"专、精、特、新"方向发展。三是打造一批特色鲜明的品牌文化旅游空间。充分利用博物馆、艺术馆、美术馆、农村文化礼堂等公共文化场所和历史文化街区、古镇古村等传统文化空间,集中建设一批文化创意产业园区和文化场馆,打造一批旅游演艺品牌、非遗景区、文博景区和文创基地,凸显宁波市文化旅游消费新亮点。积极参与大运河文化带、浙东唐诗之路和佛道名山旅游带建设规划,整合古港遗迹资源开发海丝旅游精品线路。四是打造一批多元化的品牌文化旅游产品。实施"文化旅游工艺品创意工程",举办特色文化旅游工艺品创意设计大赛,研发制作"看得见山,望得住水,记得住乡愁"的文化旅游商品,使具有地域标志性文化符号的纪念品成为游客来甬的"必购品"。做大做强博地影秀等文化演艺项目,策划包装一台集文化、旅游、艺术之大成的文化旅游演艺精品剧目和一批高品质、高科技的旅游演艺产品,建立"文化+旅游"的双向互促发展模式。

4. 做好开放创新文章,在对外交流上"融"起来

发挥文化旅游外交优势,扩大对外文化交流,推动文化与国际贸易、旅游相结合,形成全方位、多层次、多领域的对外文化交流新格局,着力实施"三大"文化旅游对外交流推广计划:

一是实施宁波文化旅游世界名城巡展计划。有计划地在纽约、伦敦、巴黎、东京等大城市,以主题图片展出、实物展览、文化演艺等形式,展示宁波文化旅游形象,打响"海丝之路活化石"国际品牌。二是实施沪杭甬联动计划和宁波—保加利亚千名游客互访计划。适应长三角一体化等战略,以深圳文博会、境外宁波周、甬港经济合作论坛、浙江·台湾合作周等活动为载体,推动宁波市民与长三角等主要客源市场和港澳台地区互访旅游稳定增长。发挥文化和旅游部与宁波市政府合作共建的保加利亚索非亚中国文化中心作用,开展宁波—保加利亚千名游客互访活动,密切加深宁波与保加利亚等"一带一路"沿线国家文化旅游合作。三是实施宁波文化旅游立体营销推广计划。以"海丝古港,微笑宁波"为主题,加强城市旅游形象策划,推出"四个一"系列形象推广载体,即一个标识、一句口号、一部宣传片、一组特色宣传品(旅游纪念品)。增加宣传投入,在央视、抖音等具有影响力的媒体平台进行视频广告的宣传投放,塑造和传播宁波文化旅游品牌。利用官方微信、旅游网站、文化网站等,精准投放广告信息,精细开发和培育市场。引导文化旅游企业围绕旅游景区、度假区、旅游目的地,创作影视、动漫、图书、演出等文艺作品,进行营销宣传。

5. 做好服务发展文章,在形成合力上"融"起来

文化产业和旅游产业涉及面广、关联度高,党委、政府重视,社会各界参与,人民群众期盼;因此,要切实优化政府职能,以文促旅、以旅彰文,把省委提出的"三服务"要求落到实处。一是建立联系重点文化企业和旅游企业的制度。坚持工作重心下移,建立领导定期下基层和文化旅游企业调研走访制度,根据省委要求建立问题清单、落实清单和责任清单的"三张清单"制度。二是建立文化旅游与其他产业融合发展制度。深化文化旅游与金融、科技、体育、商贸等的合作,推动解决文旅企业融资难、技术水平低等难题,以金融赋能、科技赋能、文创赋能,有效提升文旅产业和企业的能力和活力。三是建立文旅产业项目化管理制度。探索文化和旅游两个领域的产业项目同步规划、同步申报、同步立项、同步建设,实施文化和旅游两个市场的共同培育和统一管理,形成文化旅游发展合力。

### (二)文化创意产业园的发展

1. 加强统筹规划,推进全面布局战略

首先,市政府联合市文改办、市文广新闻出版局等部门建立统一协调机构,对文化创意产业园区的建设和布局进行统一规划,充分利用国家"一带一路"文化"桥头堡"的地理和文化优势,重点发展工业设计、软件设计、动漫设计、品牌和广告等生产性创意产业,推进宁波制造业的转型升级,助推宁波"中国制造2025"试点示范城市建设。其次,快速融入长三角文化创意产业链生态圈,力争引领产业发展潮流,向长三角及全国市场提供具有充分竞争力的高端文化创意产品,从而提升宁波的城市竞争力。最后,宁波文化创意产业在向"一带一路"沿线国家提供充满中华文化气息的文化创意产品和服务的同时,积极参与全球的文化贸易竞争,向全球提供富有创意的中国优质文化产品,不断提高宁波在全球文化贸易中的地位。

2. 明确园区的主导产业,打造多元产业链

一方面,制定园区品牌化发展战略,确定特色鲜明的主导产业,根据产业关联度培植产

业集群,形成产业链条;利用各个园区的资源禀赋及优势条件,着力打造包含"文创＋制造＋信息""文创＋影视＋旅游""文创＋艺术＋会展",且以服务制造业、工艺美术业、休闲旅游业、影视演艺业及会展业为辅助的"主园＋分园"多节点支撑的重点产业园区。另一方面,优化企业空间布局和合作关系,积极推进园区内及园区间的企业联盟和战略合作,实现优势互补和良性互动,协同推进技术创新与进步,促进产业升级。对于产业集中度高的园区给予税收、土地供应、基础设施建设等方面的优惠政策,从而激励其他园区效仿。

3.创新公共服务环境,发挥高层次人才的引领作用

第一,制定推进宁波文创产业发展的统领性政策文件,明确文化创意产业"高精尖"发展的目标与任务。提供"一站式"政策服务平台,及时对接并反馈企业需求,增强服务平台的综合效能。第二,规范引导文创产业行业组织发展,支持宁波文化产业促进会、宁波市互联网协会、宁波版权协会等联盟建立宁波文创产业专家咨询委员会,发挥信息与咨询服务、教育与培训服务、知识产权保护、举办展览等项目的作用。第三,创新文创人才引进和激励机制,构建多层次人才培养体系。实施"一人一策",大力引进创意领军人物和创意团队;出台"文化创意产业职业经理人发现培养计划",重点培养一批高素质的文创企业职业经理人队伍;加大国内外交流与合作,定期举办大型文化科技及设计艺术展览,打造艺术家、设计师及园区管理人才的交流平台,通过多种途径培养园区人才的创新思维和创新精神。

4.构建园区绩效评价体系,制定准入及退出机制

目前,已建和在建的文化创意产业园区发展良莠不齐,政府应正确引导文化创意产业园区实现良性发展,促进园区之间公平竞争。应根据实际需要,通过建立评价流程和指标体系与测评方法,形成一套动态评估体系,在评估中引入第三方评估机构,而评估数据由市主管部门每年年底发布于《宁波市创意产业园区发展年度报告》。同时,借助水平高、专业性强的研究机构或组织,每年对文化创意产业园区发展情况进行评估,发布文化创意产业园区实力排行榜,对发展良好的园区进行奖励并授牌,根据文化创意产业发展和园区实际发展需求,构建有效的园区进退机制,促使文化创意产业园区走上规范有序发展的轨道。

**(三)推动夜间经济发展的对策举措**

"宁波首先要做的就是提高站位。在新时代,用传统的方法发展夜经济并不现实,而树立'高质量发展夜经济'的目标,才能满足人们对于高品质生活的需求。"夜经济要与夜间文化协调发展,与夜间旅游融合发展,不仅要满足市民的夜间文化需求和消费需求,也要满足游客的文化需求和消费需求。夜经济高质量发展将以节事庆典作为引流,将夜间旅游、夜间休闲、夜间文化等活动进行创新,做到"新老三样"一把抓,实现品牌化和常态化。"老三样"是指夜市、演出和景区,宁波发展夜经济不能只停留在这三样;"新三样"是指节事、场馆、街区,这正是宁波目前所欠缺的部分;"再三样"是书店、古镇和乡村,这是宁波未来夜间文化发展的方向。宁波将研究不同年龄、文化背景、消费层次的人群,尤其是年轻人的夜间消费需求,打造接地气的夜间消费产品,同时,建立标志性的夜间项目,将整个城市点亮。

(郦青)

# 2019 年温州市文化产业发展报告

## 一、温州市发展文化产业的基础和优势

### (一)深厚的文化底蕴

温州迄今已有 2200 多年的建城史,是著名的历史文化名城。温州是东瓯王国的故地,中国山水诗的发祥地,中国重商经济学派的发源地,中国南戏的故乡和中国数学家的摇篮。中国最早见于著录的窑口——瓯窑,发现于温州;中国最早成熟的民族戏曲形式——南戏,在温州登台首秀,一演就是 900 年;与朱熹理学、陆九渊心学鼎足而立的永嘉学派,在温州生根发芽、开花结果,是中国民营经济蓬勃发展的文化基因。

千年的文化史也为温州积淀了深厚的文化艺术底蕴,特别是在非物质文化遗产方面,各级遗产名录中温州就占有 336 个,其中包括永嘉昆曲、乐清细纹刻纸、泰顺木拱桥营造技艺、瑞安木活字印刷技术等 4 项"人类非遗项目名录"。

深厚的文化底蕴让温州充满独特的城市魅力。近年来,温州更是收获了"全国文明城市""国家历史文化名城"等诸多国字号金名片。

### (二)良好的区位条件

温州文化呈现出变化发展、复杂多元的特点,既有强烈的时代色彩,又有鲜明的地域特征。温州地处我国的沿海地区,植被丰富,气候温润,河网密布,域内群山环抱,是风景优美的山水城市。改革开放之后,作为先行区的温州更是迅猛发展,"温州模式"横空出世,引领风骚。

现在,温州是我国黄金海岸线中部的重要港口城市,也是浙江省三大中心城市之一。温州同时还是长三角一体化发展的 27 个中心城市之一,是连接长三角与海西区的交汇城市,被国务院定位为"我国东南沿海重要的商贸城市和区域中心城市",辐射浙南、闽北、赣东3000 万人口。温州还将全力打造长三角联动海西区的桥头堡,将实现 2 小时通达长三角、海西区城市群核心城市,1 小时通达全省四大都市区和浙南、闽北、赣东主要城市。另外,温州机场已成为千万级机场,成为重要的交通枢纽,在地区发展中扮演着越来越重要的角色。这些优越的区位条件都为温州市文化产业的发展提供了巨大的机遇和无限的可能。

### (三)较好的产业基础

温州历史悠久,拥有丰富的本土文化资源。在当今国家大力扶植文化产业发展的大背景下,随着市政府的大力支持和高度重视,温州的本土文化资源更是得到了很好的保留和完善,呈现出百花齐放的景象。同时,温州作为浙江沿海重要经济城市,在文化产业方面也投入了大量的人力物力,其文化产业因此得以稳固地发展。近年来,温州打造了一批文化平台、文化地标、文旅产品和文旅新业态,包括在文化设施建设上面投资了大量资金,建造了妇

女活动中心、少年活动中心、博物馆、科技馆、国际会展中心、展览馆和图书馆等文化设施;开展各种文化活动,丰富小区文化,奏响城市的品牌文化。

另外,温州文化产业始终把发展文化创意产业作为重中之重,如今温州的文化创意产业已经逐步成长起来,以工业设计、广告创意、文化传播为依托的文化创意产业取得了较大的进步。这些举措为温州日后在文化产业上的进一步发展打下了坚实稳定的基础。

## 二、温州市文化产业发展成果

### (一)文旅融合

1. 建好"一条诗路",打好"五张文化旅游牌"

(1)一条诗路——瓯江山水诗路文化产业带

温州是瓯江山水诗路的核心区,也是浙东唐诗之路的南翼干线,联结两条"诗路",是全省诗路文化带的南部枢纽。按照省委省政府"大花园"建设的决策部署,温州自 2018 年以来先后承办"对话瓯江山水·共谋产业发展"系列活动和全省"瓯江山水诗路建设"专题座谈会,精心编制《温州市山水诗路文化产业带发展规划》,重点谋划推进 86 个重大文化旅游项目,总投资达 548.57 亿元,其中,10 亿元以上项目 16 个,50 亿元以上项目 2 个。

(2)五张文化旅游牌:红色文化旅游牌、名人文化旅游牌、文化体验旅游牌、文化观光旅游牌、文化夜景旅游牌

①红色文化旅游牌。温州红色文化资源丰富,有洞头先锋女子民兵连、中国工农红军第十三军军部旧址、中共闽浙边临时省委等。

②名人文化旅游牌。温州文化名人辈出,有温州人文始祖东瓯王、永嘉大师玄觉、状元名臣王十朋、永嘉学派集大成者叶适、南戏鼻祖高则诚、明朝帝师刘基、嘉靖首辅张璁,一代经学大师孙怡让、新文化运动巨擘郑振铎、一代词宗夏承焘、新中国文物考古事业奠基人夏鼐,曾任永嘉太守的王羲之、谢灵运,还有以姜立夫、苏步青、谷超豪为代表的数学家群体。温州依托名人故居和名人博物馆,从市民和游客体验出发,设计推出历史追寻、文化溯源、温商寻根等不同类型的人文旅游线路。

③文化体验旅游牌。温州是非遗大市,有世界非遗名录 4 项,国家级非遗项目 34 项、省级非遗产项目 145 项、市级非遗产项目 747 项。近年来,温州做足瓯菜、瓯剧、瓯塑、瓯窑的"瓯"字系列文章,将南戏等中华优秀传统文化融入景区街区,建成一批非遗景区村,打造一批非遗文化体验基地。

④文化观光旅游牌。温州的生态本底良好、人文民俗多元、地域特色鲜明,有中国历史文化名镇 2 处、名村 4 处,省级历史文化街区 5 处,历史文化名镇 8 处、历史文化名村 16 处、省级传统村落 63 处。

⑤文化夜景旅游牌。温州城市的消费休闲文化是很有特色的,夜游、夜憩、夜宴、夜赏、夜娱有很大的发展空间。这几年,结合"大建大美",深入推进城市旅游化改造,丰富"一江两岸夜温州"、五马历史文化街区、塘河沿线景观、三垟湿地等中心城区"两线三片"改造提升,

特别是瓯江两岸山体灯光秀,拿下两项吉尼斯世界纪录,分别是世界最大山体灯光秀、世界最大光瀑布。

2.文化产业提质增效,深化文化旅游融合发展

目前,鹿城区智慧旅游体系建设不断深化,形成集导游导览、互动分享、电子商务、信息收集发布等功能于一体的智慧旅游体系。通过加强智慧景区、智慧饭店、智慧乡村的建设,实现主要景区(点)、饭店无线网络全覆盖,逐步完善电子门票、触摸屏、电子讲解、景区管控平台等智能配套设施。其中,江心屿景区智慧旅游服务标准化通过国家验收,已形成了以景区管控指挥中心为总平台,融合景区安保监控系统、电子门票智能管理系统、360°全景区游览、"挥屏"互动体验系统等项目,旅游信息发布系统、智慧旅游平台客户端(鹿城旅游 APP)等子系统的智慧旅游项目网络。

为打造独具鹿城特色的文旅品牌,当地将实施各项要素保障,开展十大名菜、十大美食街区、十大名店等培育行动,构建特色餐饮体系;布局一批中高端商务酒店,计划到 2022 年,星级酒店达 20 家以上;开发地方特色文旅商品,策划江心屿碧波湖实景演绎、白鹿洲公园光影秀等表演节目。该区计划 3 年内实施重大旅游项目 30 个、总投资超 300 亿元,其中,10 亿元以上项目 6 个,50 亿元以上项目 1 个。到 2022 年,鹿城区争取实现文化产业增加值超 100 亿元、旅游业增加值超 156 亿元、旅游收入超 390 亿元,使旅游经济各项指标走在全市前列。

### (二)数字文产

1.数字经济核心制造业

温州将数字经济作为重点培育的五大战略性新兴产业之首,突出抓智能制造和企业上云,深化产业数字化"大融合"。以工业互联网、工业技术软件化、数字化车间、无人工厂、智能制造等为工作载体,以示范试点为抓手,大力推进制造业与互联网融合发展;建立行业云、园区云、特色云协同发展的云服务体系,推进万企上云和工业互联网平台建设。全市产值亿元以上数字经济核心制造业企业突破 100 家,其中产值 5 亿元以上企业 12 家,10 亿元以上企业 4 家,并成功入选全国数字经济百强城市。

数字经济已然成为作为制造大市的温州产业转型升级的"主路径"。2019 年,温州继续深入推进企业数字化智能化改造,全方位拓展数字化应用场景,力争全年实施智能化诊断服务项目 1000 个、智能化技改项目 1000 个,新增应用工业机器人 1900 台以上、上云企业 10000 家以上,工业设备联网率达到 43%。随着梯次培育和精准服务的深入实施,温州数字经济产业规模不断壮大,2018 年,累计入选省级制造业与互联网融合发展试点示范企业 17 家,入选国家两化融合管理体系贯标试点企业 10 家,入选国家两化融合管理体系贯标企业 3 家,入选省级制造业"双创"平台试点示范企业 5 家,数字核心产业制造业工业增加值达 103.26 亿元,占全市工业增加值的 11.2%。

2.温州数字影视文创园

文创园于 2019 年 12 月 2 日在鹿城区签约落地,这表明温州在影视文化领域迈出了重

要一步,为加快推动鹿城区新旧动能转化和高质量发展提供强力支持。

该项目集影视创作、影视制作、电影论坛、电影节等于一体,结合"塘河文化产业带"建设,着力打造温州影视文化新地标和区域文旅融合发展项目新样板。近年来,温州先后推出《温州一家人》《温州两家人》等热播剧,且举办了国际微电影节等大型影视活动,使多部电影陆续开机,影视产业呈现一派生机盎然的景象。鹿城区现有影视制作企业 37 家、影院 26 家,鹿城出品的影视作品的社会美誉度、市场认可度都较高,特别是《红日亭》《美丽童年》《温州三家人》等本土出品影视作品"叫好又叫座",极大提升了鹿城影视产业发展的竞争力。

温州数字影视文创产业园项目今后将充分挖掘本土题材,讲好温州故事,展现鹿城之美,以一个项目带动一个行业、激活一条产业链,加快文化产业基地和区域性特色文化产业群建设,大力构筑文化产业新高地。该园区计划用 3—5 年时间,培育一批有实力的头部影视公司,初步预估前 3 年园区产值达 1 亿元,年税收达到 500 万元以上。

### (三)5G+文化

"温州全景城市新名片"项目以温州主城区 VR 全景为核心,以 12 个县市区子项目为支撑,将搭建一个在 5G 传播技术支撑下的 VR 全景城市框架。其建设目标是在打造 5G 时代城市形象的全新维度上,创建一个基于 5G 技术包容城市各种业态的城市全景新架构,从而为未来 10 年 5G 的快速建设和发展,创造一个崭新的市场需求。

"移动 5G 融媒体+应用实验室"正式上线了首个 5G 应用"温州全景城市新名片",其中包括"温州全景城市新名片——5G+VR 温州文化礼堂"以及"温州全景城市新名片——5G+VR 智慧党建"两个子项目。泰顺大安非遗体验旅游节"多彩非遗寻梦大安"暨庆祝中国农民丰收节系列活动开幕式在泰顺大安举行。中国移动温州分公司与温州市文化广电旅游局达成"5G 助力温州文旅融合"战略合作,联合温州市非遗保护中心、温州日报等单位,首次启用"5G+4K"的高清"非遗"直播模式,创新采用"5G+文旅"非遗推广新模式,以温州市非遗体验基地建设工作为切入点,振兴乡村、精准扶贫,带动美丽乡村建设和旅游发展,迈出了 5G 融入温州文化旅游产业的新步伐,全力推动温州建设成为国际化休闲度假旅游城市。

### (四)科技赋能

近年来,温州出台新动能 21 条、科技创新"新十条"、人才 40 条等系列政策激励企业。通过科技创新,更多传统企业登上了高质量发展的新平台,如正泰集团工业互联网平台"正泰云"上线。"正泰云"利用大数据、边缘计算、AI 等技术,赋能正泰服务行业,目前已成为国内聚焦能源电力垂直领域的行业云先行者之一。温州在技术改造、技术创新、"两化融合"、小微企业创业园等相关政策中优先支持"隐形冠军"和"专精特新"培育企业发展。2019 年,温州新认定的省科技型中小企业 1896 家,较 2018 年同期增长 156.69%。温州市通过加快创新平台建设、强化科技企业培育、促进科技金融融合等举措,全力推进自创区建设,为经济发展注入创新动能。

温州市按照"生态创廊、产城融合"的总体定位,重点打造环大罗山科创走廊这一自创区核心亮点区块,推动眼视光国家重点实验室等高等级科研机构提质扩量,建设智能装备、生命健康等创新型产业集群,优化人才宜居环境,完善公共服务配套设施,力争将科创走廊打造成为辐射浙南闽北赣东区域的科创新高地、科技生态深度融合的示范区。2018 年,支持奖励在温高校科研院所承担的企业研发项目共 53 项,研发投入达到 10 亿元,占全市研发投入总额的 10% 左右,居全省第 2 位。此外,温州市将企业申报科技计划项目及享受财政科技补助与 R&D 经费投入直接挂钩,落实企业研发费用补贴,共补助 5.93 亿元,惠及 1400 多家企业,带动企业研发投入近 60 亿元。

### (五)区块链技术

在区块链产业方面,温州市政府印发了《温州市数字经济五年倍增实施方案》,提出要抢抓区块链技术发展的窗口机遇期,推动温州区块链应用产业链发展。重点瞄准区块链在金融、产品防伪溯源、信用体系建设、智慧城市、智能制造等方面的应用,利用区块链分布式去中心化的特点,打造区块链应用产业体系:

一是联合知名专家教授、本地高校和区块链企业,筹建温州区块链研究院;

二是在浙南科技城、鹿城等地,布局区块链产业园,集聚区块链和"区块链十"相关企业,形成温州市区块链发展高地;

三是瞄准杭州、深圳等先发先行区域,利用温州市现有产业优势、金改优势、温商优势,招引培育一批优秀的区块链企业;

四是充分调动温州市"币圈"的资本优势,以及在外温商的产业基金,组织、引导相关企业组建"温州区块链产业应用发展基金",推进区块链技术数字产业化。

力争到 2022 年,全市打造 2—3 个区块链产业基地。

### (六)文博文创

2019 年 3 月 21 日,2019 温州国际时尚文化产业博览会在温州国际会展中心拉开帷幕,11 个县(市、区)竞相绽放"文创"之花,借助展会平台,通过"文化十创意"来打响区域文化产业品牌。各县(市、区)均拿出精挑细选的展品亮相于本届文博会。此外,传统非遗也是温州特色文化的一大亮点。2019 年,洞头馆特别展示的海陶产品,通过创意设计后,每一件产品都让参观者感受到山、海、火碰撞后的艺术效果;泰顺馆的泰顺县三艺木偶剧团、季氏木偶工作室、云岚牧场等带来泰顺木偶戏和文创精品;平阳馆以"礼"为主题并贯穿整个馆区;文成馆以"影视展映展示十体验"为主题。

2019 年 6 月 1 日,浙江省温州市多家博物馆文物"点阅"服务启动仪式在温州博物馆举行。随后,温州博物馆、瓯海博物馆、龙湾区文博馆、瑞安市博物馆等 4 家国有博物馆和非国有的衍园美术馆同时开放"点阅"平台。这是一项旨在拓宽广大人民群众参与渠道、共享文物保护利用成果、探索文物活态利用的创新举措,也是温州全市博物馆共同迎接 2019 年"文化与自然遗产日"的重头活动。让收藏在博物馆里的文物"活"起来,在文物展示、利用手段和利用形式上实现突破,是推行点阅服务的初衷。

### （七）夜间经济

据《第一财经周刊》2019 年 4 月发布的"夜生活指数"显示,温州的夜生活指数位居全国第 27,全省第 2。2019 年 7 月,温州市政府发布了《温州城市经济新业态培育行动方案》,明确指出要精心布局集"夜游、夜憩、夜宴、夜赏、夜娱"于一体的都市夜景与休闲业态,建设具有温州特色、彰显温州特质的"月光经济"休闲街区样板。2019 年 8 月,鹿城区推出服务"月光经济"的十大保障措施,涵盖执法保障、环卫保洁、城市亮化、宣传引导等各个方面,启动"外摆位"试点申报,计划打造一批休闲街区和产业带,根据各街镇实际情况,启动特定时段、特定区域精细化规范化的"外摆位"试点工作。

### （八）城市品牌

录属于人民日报社的《中国城市报》于 2019 年 11 月 25 日整版公布了《2019 中国城市品牌评价百强榜(地级市)》,该榜单由中国城市报社、人民日报文化传媒等单位联合组成中国城市品牌评价项目组,按照国家标准《品牌评价城市》(GB/T35779—2017)和国家相关部委数据,对全国 293 个地级市进行标准化分析,最终计算出各城市品牌影响力指数。温州以 550.63 的城市品牌影响力指数位列全国第 2。

### （九）文物保护

文物古建筑因为历史悠久,显得弥足珍贵;也因年代久远,更需倍加呵护。温州是国家历史文化名城,全市现有全国重点文物保护单位 29 处,省级文物保护单位 114 处,市(县、区)级文物保护单位 723 处。在第 8 批全国重点文物保护单位中,温州有 4 处被列入,分别为永嘉县坦头窑遗址、乐清市雁荡山龙鼻洞摩崖题记、鹿城区英国驻温州领事馆旧址和苍南县矾山矾矿遗址。同时,根据温州第 3 次全国文物普查数据显示,古建筑类数量大约占普查总数的 2/3。

### （十）创意产业园区

1.温州广告产业园区

温州是继杭州、宁波之后浙江省第三个获批国家级广告产业园区的地区。温州国家广告产业园区,将充分发挥"国家级"金名片的溢出效应,继续挖掘温州广告产业文化等特色资源,成为聚集温州优势特色产业、辐射浙南闽北赣东区域的"创意倍增加速器",多措并举,促进温州广告产业向专业化、规模化、品牌化、国际化、集团化发展。

2.国家级跨境电子商务综合试验区

中国(温州)跨境电商综合试验区获批设立国家级跨境电商综合试验区,以谋划建设温州"跨境电商＋传统制造业"创新发展示范区、世界华商回归创新创业示范区、跨境电商全球供应链创新示范区和进口商品全渠道销售示范区为发展目标,按照先行先试、风险可控、重点突破、逐步完善的思路,争取通过 5 年的努力,使 4 大示范区建设取得积极成效,形成全面开放的新格局,主要产品有瓯海眼镜、鹿城鞋类、永嘉教玩具、瑞安汽摩配和龙湾制笔、瓯海鞋类、瑞安鞋类、瑞安箱包、平阳宠物用品、平阳皮革皮件、平阳按摩器具。

## 三、温州市文化产业发展工作思路

### （一）紧盯十大主攻点，推动文旅深度融合

1. 以抓项目为主攻点，高水平规划文旅融合发展

在项目的谋划和招引方面，精心做好高水平规划，紧盯产业发展龙头企业、领军企业，市县联动、通盘考虑，规划好一批在谋的大项目，推动一批在建文旅融合项目落地开放，形成若干个对外界有强大吸引力、有较高知名度且让人"慕名而来"的核心旅游产品。

2. 以挖内涵为主攻点，全力打响温州文旅核心品牌

2019年，温州提出打响"诗画山水，温润之州"的文旅品牌，围绕"一条诗路五张牌"，深挖文化内涵，使"诗画山水，温润之州"越叫越响亮、越来越深入人心。其中，"一条诗路"就是全力规划好、建设好"瓯江山水诗路"，五张牌分别是红色文化旅游牌、名人文化旅游牌、文化体验旅游牌、文化观光旅游牌和文化夜景旅游牌。

3. 以办节会为主攻点，助力提升城市知名度、美誉度

节庆活动是城市旅游的重要组成部分，也是做好文旅营销的重要方法。一方面，要突出影响力抓节会，积极借鉴国内外先进地区的做法，每年有针对性地谋划和承办好一批具有国际影响力的知名旅游节事活动；另一方面，要突出本地特色抓节会。

4. 以造IP为主攻点，打造独具温州魅力的文化符号

做亮温州的文旅IP，主要聚焦3件事：一要善于"大张旗鼓"地讲故事；二要善于"锦上添花"地抓营销；三要善于"无中生有"地造IP。

5. 以促均衡为主攻点，构建全域旅游新格局

通过"大干交通、干大交通"，把温州各县（市、区）的旅游资源整合、统筹起来，形成全域旅游一张网。中共温州市委提出"一核两带三区"的国际化休闲度假旅游城市的空间布局，通过交通建设，形成都市旅游和乡村旅游均衡发展、区域联动的新态势。

6. 以创产品为主攻点，激活温州文旅发展新动能

文化和旅游要真正实现融合发展，关键落在旅游产品上。通过新的产品打造方式和提升方式，打造大众喜闻乐见的文旅产品。

7. 以打品牌为主攻点，不断提升温州文化旅游影响力

坚持"虚实结合"，一手做实产业发展的文章，另一手做大推广营销的文章。温州市委提出打响"诗画山水，温润之州"的主题品牌，不断提升品牌辨识度和吸引力。

8. 以拓市场为主攻点，全面提升文化旅游针对性

用好互联网技术，让互联网为文旅融合插上腾飞的翅膀。一方面，要大力推进城市智慧旅游建设，以"一部手机游温州"为目标，全面打通信息孤岛，为游客提供一体化智慧旅游服务。另一方面，要借助互联网技术精准分析市场，加大与第三方旅游平台的"大数据"合作，立足"市内、国内、国际"三大市场，构建最广泛的旅游合作"朋友圈"。

9.以优服务为主攻点,推进旅游市场规范化

把"以人为本"的服务理念落实到旅游业发展的各个方面,持续提升景区的软硬件水平。把热点旅游区域、热门项目、网红景点等作为监管的重点,定期开展日常监督、暗访检查。

10.以大融合为主攻点,健全文旅融合工作机制

建立健全"一盘棋"工作机制。建立跨区域联动机制,加强与长三角地区其他城市在市场、信息、政策等方面的合作。建立保障激励机制。

**（二）推动文化繁荣发展**

深化"温州学"的研究。巩固全国文明城市创建成果,持续提升市民文明素养和城市文明水平,争取进入中国最具幸福感城市行列。实施 15 个乡镇综合文化站、185 个村居综合文化服务中心提升项目,新建一批城市书房、文化礼堂、百姓书屋、文化驿站,加快市非遗馆、市美术馆的建设,确保国家公共文化服务体系示范区创建通过中期评估。加强瓯越优秀传统文化保护传承与开发,推进五马—墨池、庆年坊等历史街区的保护提升。举办市民文化节和全民阅读节,打造"书香社会,墨香温州"。实施文化产业发展计划,高水平建设瓯江山水诗之路文化产业带,积极培育新型文化业态和文化消费品牌。鼓励和支持《温州三家人》等优秀作品和文艺精品的创作生产,不断提升全体温州人对家乡的认同感、归属感和自豪感。

**（三）不断改善民生福祉**

启动创建国家公共文化服务体系示范区。新增文化礼堂 706 个,建成城市书房、百姓书屋和文化驿站 50 个,世界温州人博物馆、南怀瑾书院、温州道德馆建成并投用。

**（四）促进文旅产业高端化发展**

提升发展医疗康养、教育培训、健身休闲、家政服务等生活性服务业。大力推进全域旅游发展,加强品牌度假酒店等旅游配套设施建设,引进培育文旅农旅融合特色项目 30 个、10 亿元以上重大旅游项目 5 个,打响"温州游"10 大精品线路品牌。推动文成刘伯温故里创建 5A 级景区、楠溪江景区通过 5A 级景观质量评估,支持洞头、泰顺创建国家级旅游度假区,推进雁荡山、江心屿、大罗山等景区整治提升,加快发展邮轮经济,实现全市旅游总人次、总收入均增长 15% 以上。

**（五）针对短板出台对策**

结合温州文创产业的发展现状和短板所在,可以从大数据化、互联网＋、文化创意＋、园区经济、人才培育、知识产权保护等六方面着手补短板。

整合大数据资源,助力文化创意产业创新发展。文化创意产业最突出的特征是强调人的创造力,其资源种类和数量异常庞大,因此,要充分利用大数据技术,构建基于行业的产业价值链大数据平台,有效整合行业产业链各个环节的资源（内容创意、生产制造、营销推广和消费者等）,实现文化创意产业资源的"大数据化"。利用"互联网＋",实现文化创意产业线上线下有效互动。

"互联网＋"为文化创意产业插上了腾飞的翅膀,其核心就是商业模式的互联网化。针

对现阶段文创产业存在的基地定位不清晰、产业上下游关系链模糊、产品之间缺乏差异化互补性等问题,可采用众包模式予以解决。该模式以消费者和市场为导向,生产目的明确,在建设文创产业基地时可有的放矢,避免同质化竞争。现阶段在文创产业中存在大量的发包方和接包方,急需有中介机构发挥桥梁的纽带作用。

利用"文化创意+",促进文化创意产业跨界融合发展。着力发展"文化+创意""文化+科技""文化+金融"等新兴产业,实现由"温州制造"向"温州创造"转变。特别要加大文化与资本的结合力度,推动产业结构优化升级。

以发展园区经济为重点,优化集群化发展模式。发展园区经济,要有效整合企业、高校、科研机构资源,加强政产学研协同创新,搭建有利于文化创意产业发展,集信息服务、人力开发与成果转化为一体的创新服务平台。企业通过平台直接牵手国内外高等院校、科研机构和研发中心等,开展问题诊断、技术对接、委托开发、联合攻关、知识产权服务等有效合作。如针对温州民营经济发达、民间资本活跃等特点,可开辟文化创客园,构建面向人人的"众创空间"等创业服务平台,将优秀的创意设计以最快最好的方式转化为产品并迅速推向市场。

引育文创人才,保障产业持续健康地发展。一方面,要主动对接大企业和知名院所,依托高层次专业技术创新平台,并通过实施重大科研项目,引进和培养文化创意产业的领军人才。另一方面,要联合高等院校及科研机构,建立专业人才实训基地,在重点文化创意园区建立人才联合培训平台。

注重知识产权保护,健全文化创意产业评价体系。尽快制定文化创意产业知识产权保护法规,同时,要充分发挥政府的宏观调控能力,加强对文化创意产业的管理,加快制定文化创意产业的准入制度,科学设计标准,建立一套可操作的文化创意产业评估体系,促进文化创意产业科学发展。

(郦青)

# 2019 年绍兴市文化产业发展报告

## 一、绍兴文化产业发展成果

文旅融合高质量发展是中共中央、浙江省委省政府推进文化和旅游工作的重大战略决策。绍兴市委高度重视文旅融合工作,提出重塑城市文化体系的战略目标,努力把绍兴历史文化资源的厚度转化为文化产业事业发展的高度,并在发展规划、项目安排、政策激励、要素保障等方面都取得了新的进步,以此来推动文旅融合高质量发展。近年来,绍兴坚持"以文促旅、以旅彰文、文旅融合"的工作思路,以"融合、转化、创新、服务"四大工作理念为牵引,紧紧围绕"重塑城市文化体系、打造最佳旅游目的地和争创文旅融合样板地"三大目标,充分发挥地处长三角的区域优势,全面谋划打造"一廊三带"文态的空间布局,深度推进全市文旅融合发展。

2019 年,绍兴全年旅游总收入达 1307 亿元,比上年增长 10.4％;其中,国内旅游收入达 1302 亿元,增长 10.4％。接待游客 11488 万人次,增长 5.5％;其中,接待国内游客 11473 万人次,增长 5.5％。2019 年末,A 级景区共 81 处,其中,5A 级景区 1 处,4A 级景区 18 处,3A 级景区 34 处,2A 级景区 27 处,1A 级景区 1 处,省 3A 级景区村庄 118 家。

**(一)城市品牌和文旅融合**

2019 年,绍兴大力发展传统经典、文化旅游、创意设计、影视演艺 4 大重点产业,培育发展数字内容、文化会展 2 大新业态,形成"4＋2"的文化产业体系,打造文商旅融合发展的千亿级产业集群;大力实施文化产业项目"百千计划",加大招商引资力度,高标准推进兰亭文化旅游度假区等重大产业平台、产业项目和文创园区建设,加快完成 100 个重点项目、1000 亿元投资;大力实施重点文化企业引育工程,积极引进领军型、旗舰型文化企业,做大做强骨干文化企业,扶持一批"专、精、特、新"的中小文化企业,形成一支数量充足、结构合理、人才荟萃、富有活力的文化企业梯队。

1.抓平台,创新工作载体

围绕重塑城市文化体系的建设目标,绍兴市委市政府积极创新工作载体,重点打造文创大走廊、古城保护利用平台和兰亭文化旅游度假区 3 大平台。

第一个是文创大走廊。绍兴以萧甬线、古运河、新运河、鉴湖(36 源)为脉络,规划东西长 60 多千米,建设总面积 300 平方千米,打造以重振绍兴辉煌的创新地、国际湾区的战略承载地和中国文化输出的策源地为目标的文化产业发展带,且专门编制了《绍兴文创大走廊发展规划》和《绍兴文创大走廊三年行动计划(2019—2021)》。

第二个是古城保护利用平台。绍兴提出要唱好"双城计",让千年古城重新焕发青春活力;出台《绍兴古城保护利用条例》地方法规,编制《绍兴古城总体城市设计》;围绕"二环三山五大历史片区",总投资 150 亿元,推进古城保护利用项目建设和推进古城更新项目、历史文化名人遗址遗存拓展项目建设。其中,"二环"就是古城核心文化展示环、环城河生态景观环;"三山"是坐落在古城中的府山、蕺山、塔山等 3 座山;"五大历史片区"主要是"一城一桥三故里",分别是越子城、八字桥、鲁迅故里、阳明故里、书圣故里,通过五大片区的改造提升,将绍兴古城内历史文化资源价值较高、文物分布较为集中的环线打造成"古城核心文化展示环"。自施行《绍兴古城保护利用条例》以来,绍兴市专门设立历史文化名城保护委员会、名城保护办公室,构建起"一套机制、一张清单、一个基金",统筹推进古城保护利用工作。目前,涉及项目总投资 150 亿元,征迁 30 万平方米。古城北入口提升、蔡元培广场改造、鲁迅故里台门重建、阳明故里整体开发等一批项目扎实推进;绍兴市中医院、老汽车站、绍饭二期、震元堂等第一批 12 个地块、17.5 万平方米的房屋征收工作顺利推进;古城景观提升基本实现全覆盖,环城河水质常年保持在Ⅲ类及以上,绍兴古城正焕发勃勃生机。

第三个是兰亭文化旅游度假区。绍兴专门成立兰亭文化旅游度假区管理委员会,规划总面积 292 平方千米;委托国内知名策划单位上海驴妈妈奇创旅游景观设计有限公司,开展度假区战略策划和概念性规划编制,力争通过 3 年时间升级为省级旅游度假区,通过 5 年时间升级为国家级文化旅游融合发展示范区。

2.抓项目,增强发展后劲

绍市坚持以项目为支撑,努力推进文旅融合取得新突破。第一,实施文创大走廊项目,梳理文旅融合项目 84 个,总投资 854.4 亿元。通过项目带动,推动文化与旅游全方位、全链条深度融合。第二,加快"三故里"建设。投资 60 亿元启动阳明故里项目建设,目前已经形成阳明故里规划方案,完善阳明纪念馆策划方案,划定项目征迁红线,全力打造以阳明文化为核心的国学高地;拓展鲁迅故里,从陈列内容、形式设计和店馆合一运行等方面形成概念策划文案,进一步拉长游线,完善旅游服务功能;利用书圣故里等片区的保护开发和文创街区建设,已形成初步方案,计划植入绍兴特色的书法、非遗、戏曲、黄酒、特色小吃等元素,让文化与旅游相融,努力打造具有鲜明绍兴特色的人气街区。第三,推动历史文化名人遗址遗存拓展提升。抓好周恩来祖居、青藤书屋拓展提升工作,补充红色教育培训、艺术展示交流等功能,培育红色旅游经典线路;抓好鲁迅纪念馆、蔡元培纪念馆、秋瑾故居等内涵提升及布展完善等工作,综合运用现代新技术手段、流行元素使名人故居成为"网红"景点。第四,谋划启动一批文博场馆项目建设。投资 4 亿元新建 4 万平方米的绍兴博物馆和 2 万平方米的民间博物馆,投资 5500 万元新建绍兴名人馆,这 3 个项目目前都已完成概念性方案设计。筹建浙东运河文化园,其中运河博物馆先行开工建设,集中展示浙东运河的古今演变、地域特色、历史地位以及文脉。投资 3.78 亿元推进绍兴艺校改扩建工作。加快越城区的船舶馆、柯桥区的国际会展中心、上虞区的中鑫建筑艺术博物馆、诸暨文博园、嵊州文化综合大厦、新昌唐诗公园等一批项目建设。

3.抓节会,广泛聚集人气

绍兴坚持培育知名节会品牌,每年举办各类节会活动 100 多个,吸引、聚集人流,助推文旅融合发展。

一是祭祀大禹陵活动。绍兴进一步扩大祭祀大禹陵典礼的活动规模,2019 年的公祭规模达 5000 人,是公祭典礼历史人数最多的一次。同时,绍兴首次组织 1600 人的民祭活动,优化编排标准化的民祭仪式。

二是兰亭书法节。2019 年,兰亭书法节以办成书法界的"武林大会"为目标,高规格举办开幕式,由著名导演甲丁担任总导演。高档次开办王羲之书法展(含国图藏品、故宫藏品),展览持续 2 个月,很多展品是首次向观众展示。同时,绍兴还组织了"源流·时代"论坛,共有海内外专家、全国各省市书协代表、青年学者等 1300 余人参加,这样的规模、档次在绍兴书法史上前所未有,也是中国书协近年来举办的最高规格的书法盛会。这次书法节还从延伸产业链和推动文旅融合的角度,组织了全国中小学书法教育工作现场会、兰亭书法节博览会、文房四宝及书画作品交易会、西泠(绍兴)春拍书法拍卖专场、越剧明星版《兰亭记》首演等活动,与节会相关的一批文创产品非常畅销,兰亭景区接待的人数较平时增长 29%。

三是中国阳明心学高峰论坛。阳明心学高峰论坛从 2018 年开始永久落户绍兴市。2019 年 3 月,在北京举办了第三届中国阳明心学高峰论坛启动仪式,许嘉璐先生做主题演讲。5 月 18—19 日,绍兴成功举办高峰论坛,有国内外知名专家 1000 余人参加,此次论坛成为改革开放以来国内规格最高、规模最大、影响最大、落地最响的阳明心学专题论坛。同时,依托阳明特色文化资源,绍兴还组织了一系列主题活动,如在上虞陈溪开辟阳明先祖居住地陈列馆,在香港召开阳明心学高峰论坛推介会、阳明心学系列讲座等。绍兴打造以阳明心学为核心的国学高地,成效逐步显现。

四是"绍兴周"系列活动。2019 年上半年,绍兴先后组织了"台湾·绍兴周""香港·绍兴周""杭州·绍兴周"以及"宁波·绍兴周"等活动,主要目的是宣传推介绍兴,彰显城市魅力。每个"绍兴周"活动,都安排了文化旅游推介和文创大走廊发布,起到了良好的效果。绍兴以文化旅游融合发展平台为着力点,以文化内容为切入点,以消费变现为落脚点,启动了打造文旅融合发展品牌 IP 集群;先后在"深圳·绍兴周"和"北京·绍兴周"的城市推介会上发布了"绍兴十二时辰"和"绍兴七十二时辰"作为绍兴文旅融合总的品牌 IP,展示了绍兴多彩的文化旅游资源和丰富的旅游产品。

五是越剧巡展巡演。每年的 6—7 月,绍兴都会组织"同唱一台戏"越剧大展演活动,由江浙沪闽联动开展,每场上座率在 80%—90% 之间。四年一届的中国越剧艺术节,由文化和旅游部和浙江省人民政府共同主办,已经将永久会址落户绍兴。另外,还有一些节会活动,如中国绍兴黄酒博览会、柯桥电影周等活动的影响也在不断扩大。

六是投资 20 亿元提升大禹陵景区。"立国始祖"创伟业,追思明德谱华章。大禹陵已成为海内外中华儿女向往的祭祀"立国始祖"的圣地。对大禹陵景区进行改造提升,是绍兴市坚定文化自信、增强文化自觉、传承发展新时代大禹精神的具体行动,对于弘扬绍兴历史文化、重塑城市文化体系具有重要意义。项目建设落成之后,大禹陵景区将成为融文、商、旅元素于一体,具备文博、食宿、体验、养生、研学等综合性功能的大型景区;将成为拥有文化研究、论坛研讨、文献贮藏等学术研究功能的中国大禹文化研究之中心和高地;将对现有大禹陵景区在规模、内容、形式上有一个质的提升;将成为绍兴市文旅融合一个新样板。总投资 20 亿元的大禹陵景区提升工程项目,将把大禹陵这张城市文化"金名片"擦得更亮,也会吸引更多的海内外游客来此体验绍兴城市"历史+人文+生态"的魅力。大禹陵是绍兴最具知名度和代表性的精华地之一。

4.抓文创,拓展文旅市场

文创产业的繁荣和文旅融合的发展是相互促进、相互推动的。近年来,绍兴市文创产业发展势头良好。

一是发展文创园区。制定文化产业政策,加大对文创园区的政策扶持。一方面,绍兴利用闲置厂房转型发展文创园,正在拟定《关于利用工业厂房发展文化创意产业等新经济的实施意见》。金德隆、尚 1051、东城智库、越生文创园、群贤 198 文创园、水街壹号等都是利用闲置厂房转型改造的。另一方面,绍兴利用古城特色资源创建文创园区,如风越里特色街区、871 文创园、迎恩门风情水街等,通过对老建筑进行拆整结合,展现绍兴城市发展记忆,打造沉浸式文化体验区和古城特色街区。

二是培育文创企业。深入实施重点文化企业培育工程,出台产业发展扶持政策,推动文化企业兼并重组。目前,绍兴全市共有各类文化产业单位 2 万多家,规模以上文化企业 641 家,上市企业 13 家。美盛文化、明牌珠宝两度入选省重点文化企业 30 强,柯桥区两度入选省文化产业 10 强县(市、区)。

三是开发文创产品。这几年,绍兴市文创文旅产品的开发也有起色。比如,兰亭景区开发了"兰亭的故事",有"书法""兰""竹""鹅""曲水流觞"等 7 大类千余种文创品牌。绍兴伯府文化创意有限公司在阳明心学高峰论坛期间趁机推出 100 多个品类的阳明系列文创产品,其中"君子组合杯""知行筷"成为网红产品。凭借黄酒奶茶走红的"绘璟文化",探索开发了黄酒棒冰、黄酒巧克力、黄酒牛轧糖,以及以黄酒文化打底的桃花酒、桂花酒、青梅酒、黑枣酒等黄酒衍生品,反响良好。为扎实有效推进文化产业发展和文创大走廊建设,2019 年 7 月,绍兴市文化产业发展大会在绍兴饭店召开,以"重塑城市文化体系,打造文化产业高地"为主题,相继签约绍兴森林野生动物王国、景德镇陶瓷大学上虞陶瓷高等研究院、美高梅探索城市中心、"云溪九里"浙江文旅康养小镇、绍兴北文影视娱乐综合体等 12 个文化产业项目。

5.抓演艺,擦亮城市名片

绍兴市谋划的"一部剧一台戏一个团"正在不断实施。一是筹拍一部剧,和深圳欢瑞公司进行了对接,拟拍《天下布商》《青蓝》2 部电视剧,反映改革开放以来绍兴发展的巨大成就。2019 年 7 月,一部讲述新时代"枫桥经验"如何在基层治理中传承的电影在诸暨开拍。另外,绍兴市正在对接筹拍由申捷编剧的电视剧《风起台门》等 24 部影视作品。二是打造一台戏。依托鲁镇景区筹排一台"醉忆柯桥"演艺戏,充分展示绍兴风土人情、文化特色,为游客提供"白天观景、晚上看戏"的全天候旅游体验,并依托东方山水乐园投资 5000 万元打造"东方神韵——酷玩小镇"室内歌舞表演秀。三是组建一个团。计划新建绍兴市歌舞团、绍兴市越剧团,结合绍剧团等,组建成绍兴市演艺集团,并整合绍兴市艺术研究院、绍兴艺校、绍兴文理学院艺术学院、绍兴市职工艺术团等演艺资源,实行统筹共享。

6.打响"老绍兴,金柯桥"城市品牌

绍兴是吴越文化的发源地之一,吴越文化在上海交融发展壮大,地处长三角南翼的柯桥与上海素来渊源深厚,文化相近,人缘相亲,密不可分。上海作为长三角都市圈的核心城市,一直以来是柯桥旅游的主客源市场,便捷的交通区位优势以及与上海旅游资源的互补性,每年都吸引了大批上海游客到柯桥观光旅游、投资兴业。

多年来,柯桥区一直把推介柯桥旅游资源、旅游市场的首站放在上海。自长三角一体化发展上升为国家战略以来,长三角各城市抢抓这一重大机遇。2018 年,柯桥区更是将柯桥城市品牌发布放在上海,通过上海这一国际大都市窗口,向全球展示柯桥城市形象。2019 年 8 月,由绍兴市柯桥区委、柯桥区人民政府主办,由柯桥区文化广电旅游局承办的 2019"老绍兴,金柯桥"全域文旅品牌发布会在上海举行,纽约、上海、柯桥三城联动同步发布"老绍兴,金柯桥"城市品牌,广邀上海市民来柯桥度假休闲。

### (二)5G＋文化

绍兴大力开展"5G＋"应用推广及工业互联网深化建设推进活动。2018 年 6 月,电信绍兴分公司与新柴股份、移动绍兴分公司与喜临门股份、联通绍兴分公司与斯菱轴承、铁塔绍兴分公司与市城投集团上台签订了合作协议。目前,全市共有 25 个 5G 建设应用项目达成合作意向,使绍兴 5G 建设有了清晰的时间表。在 2018 年试点基础上,2019 年 5G 网络建设向全市推开,基本建成全市区 5G 网络,5G 网络用户普及率目标是 30％,成为全省 5G 工业应用先行区。到 2021 年,绍兴的目标是实现 5G 网络全覆盖,行业级工业互联网平台 5G 应用全覆盖,5G 用户普及率达到 50％以上,成为全省 5G 工业应用示范区。

绍兴还将在新昌智能装备小镇打造全市 5G 赋能智能制造"第一镇",打造 5G＋智能制造试点示范区,探索工业智能制造新模式,赋能产业转型升级。此外,将在滨海新城打造全市 5G 工业应用示范"第一城",滨海新城将率先推进 5G 工业应用试点,重点推进"5G＋智能工厂""5G＋产业公共服务平台""5G＋智慧园区"三大建设。

为迎接和宣传 2020 年世界电信和信息社会日,增进社会各界对 5G 和数字化赋能的认识,增强数字化转型理念,扩大和提升信息服务消费,展示信息通信技术渗透于创新发展、服务民生等方面的积极成效,全力打造全省 5G 工业应用先行区和示范区,绍兴市政府于 2019 年 5 月 17—19 日举办以"5G＋数字化赋能"为主题的"5.17"世界电信日暨绍兴市 5G 应用推广系列活动。

2019 年 6 月 11 日,全市"5G＋"应用推广暨工业互联网深化建设推进活动在绍兴市奥体中心举行,这是绍兴首次大规模 5G 应用展示活动。本次展示共设置"6＋1"七大展馆,分别是电信馆、移动馆、联通馆、铁塔馆、产业数字化馆、数字产业化馆及签约发布馆,总面积 3000 余平方米。2019 下半年,绍兴率先在越城区(镜湖新区)试点建设 5G 试验网,打造全市 5G 全域覆盖"第一区"。

### (三)加强文物保护

全国重点文物保护单位,是国务院所属文物行政部门(国家文物局)对不可移动文物所核定的最高保护级别,是中华文明的优秀代表和重要标识。在国务院印发的《关于核定并公布第八批全国重点文物保护单位的通知》中,绍兴新增 2 处全国重点文物保护单位,分别为大善寺塔和汉建初元年买地刻石。至此,绍兴市全国重点文物保护单位数量达 32 处(全省 281 处),全市各级文物保护单位总数达 417 处。虞舜传说、绍派伤寒、绍兴舜王庙会 3 个项目进入国家级非遗项目评审。

绍兴文物保护与考古工作取得不少成就,特别是近些年在相关重点区域开展了富有成效的考古勘探和发掘工作,对绍兴越文化研究高地建设、南宋文化遗存保护利用等工作起到了重要支撑的作用。文物是文化传承的命脉,绍兴是全国首批历史文化名城,文物遗存十分丰富,需要特别重视文物保护工作,将绍兴的文化命脉传诸后世。

2019 年 12 月 9 日,绍兴市越城区文化广电旅游局举办越城区文物保护与文物安全专题培训,旨在加强越城区文物保护管理工作,重点促进基层文物保护工作规范化,提升全区文物保护管理人员的知识水平和业务能力。

### (四)文博文创

2018 年 7 月,绍兴市召开以"重塑城市文化体系,打造文化产业高地"为主题的文化产业发展大会,共展出 5 大区块:一是传统经典产业文创区(含纺织、黄酒、青瓷、书法、茶叶、企业、珠宝、袜业 8 大传统产业的文创产品),二是名人文创区(含王羲之、王阳明、徐渭、鲁迅等名人文创产品),三是绍兴地方特色文创区(含乌毡帽、根雕、砖雕、泥塑、竹编、古琴等地方特色文创产品),四是互动体验区(展示体验绍兴数字文化产业如动漫游戏及影视类项目),五是活态展示区(含现场展示、体验铜雕、青瓷、王星记扇子等非遗技艺项目)。

2018 年 11 月,上海、江苏、浙江、安徽三省一市共同主办的第二届长三角文博会在国家会展中心(上海)隆重举行。绍兴市有 13 家文化企业参加文博会,13 家文化企业通过各自的产品和作品展现着绍兴的文化魅力。

"绍兴元素"为浙江板块增添亮色。在文创生活展区,绍兴乌毡帽、越窑青瓷等产品展现了绍兴市文化产业的新业态和新成果。在文化旅游展区,新昌的古建砖瓦砖雕、竹编产品,以及嵊州根雕、泥塑、越剧系列共同演绎的"唐诗之路",展示了绍兴市文旅融合的创新成果。在新闻出版印刷展区,由浙江越生文化传媒集团有限公司带来的《中国近现代文献史料丛刊》,展示了绍兴这座城市在文化产业发展和传承方面的坚守和担当,目前已搜集各类古今文学史料 13 万余册,整个出版工程将在 8—10 年内完成。

2019 年 7 月,《绍兴文创大走廊三年行动计划》正式出台,明确了作为走廊核心的柯桥、越城、上虞 3 大板块的发展定位,并决定实施 4 大行动。未来 3 年,绍兴将通过 84 个重大项目建设,扎实推进行动计划落到实处,打造具有区域特点、在全国有影响力的文创新区。2019 年,绍兴启动总投资达 329 亿元的 27 个文创平台建设项目,包括总投资 39.8 亿元的越剧小镇、总投资 20 亿元的柯桥历史文化街区改造、总投资 17.5 亿元的迎恩门风情水街、总投资 15.3 亿元的山下湖珍珠小镇及珍珠产业创新服务综合体等重大项目。

绍兴将积极融入浙江省重点打造的"之江文化产业带""大运河文化带"和"浙东唐诗之路"建设,按照文创大走廊建设规划和 3 年行动计划,合理利用沿线文化资源,科学打造文创集聚平台。

### (五)夜间经济

绍兴夜间经济日渐繁荣。2020 年 1 月 3 日,绍兴举行夜间消费节启动仪式暨咸亨新天地夜宵城开街仪式。绍兴夜间线上消费总额近年来呈明显上升趋势,2019 年前 6 个月同比 2018 年增长近 45%。其中,季节性下降主要集中在每年七八月暑期结束及 2 月春节期间,值得一提的是与其他样本城市不同,绍兴 7 月有明显的季节性上扬:越城区、柯桥区、诸暨市 3 个辖区夜间线上消费最为活跃。从各品类夜间线上服务消费走势来看,外卖的夜间消费额逐年攀升且涨幅较大。

## 二、绍兴市文化产业发展中存在的问题和不足

### （一）文化产业发展意识淡薄

1. 文化产业占比较小

文化产业作为第三产业的重要组成部分，绍兴市政府每年用于宣传文化发展的专项基金中，用于发展文化产业的部分就不少于 3000 万元，在 2009 年、2010 年、2011 年同比分别增长 12.7％、8.5％、31.3％。2008—2011 年，文化产业增加值占 GDP 的比重分别为 3.1％、3.3％、3.0％、3.4％，2019 年为 5.5％。从以上数据可以看出，绍兴市文化产业增加值所占的比重虽一直处于增长状态，但总体偏小。

2. 消费者传统思想根深蒂固

绍兴市的消费能力有目共睹。但是，仍然有众多人认为，文化是一种事业而非产业，文化是用来欣赏而不是用来消费的。这种思想导致消费者对文化产业的消费不够。

3. 文化产业中文化创新力度不够

文化创新力度不够主要有两方面原因：一是缺少创新人才；二是功利主义。很多文化产业的厂商不愿意为创新花费巨额的成本，从而导致文化产业中存在模仿、抄袭的现象，文化产业也得不到进一步的发展。

4. 进一步树立正确的文化产业意识

虚假消息、暴力、色情等文化传播现象仍存在，需大力加强监督和管制。

### （二）文化企业缺少知名品牌

绍兴市的文化产业一直在发展，企业数量不断增多，越来越多的文化产品进入到市场竞争中。2010 年 7 月，绍兴市设立了全省首个网络经济科技创业园区，到 2011 年，入驻的网商达到 27 家，经营总额达 453 亿元。文化产业知名品牌是文化产业的一张名片，但是绍兴市的文化产业缺少一张属于自己的名片。绍兴市自古以来就是以"水乡""桥乡""名士之乡""鱼米之乡"著称，但传统的建筑失去了原有的风味。另外，在文化艺术上，兰亭书法节、名人文化博览会和工艺品交流会方面的宣传力度还不够大，没有很好地凸显绍兴文化。

### （三）文化资源整合不足

旅游资源之间的连贯性不足，各个旅游景点之间的关联性不够。旅游资源与其他文化资源的融合度低，文化产业整体融合度不足。很多传统的文化产品，如工艺扇、乌毡帽等，都是我国的第一批非物质文化遗产，但仍在传统和商业化中徘徊。绍兴市各类文化资源发展参差不齐，历史遗产在旅游业中得到了大力发展，但传统的手工业还处于一个相对落后的状态。

## 三、绍兴市文化产业发展工作思路

绍兴作为中国历史文化名城，拥有丰富的文化和旅游资源。在新时代背景下，绍兴市将

深入学习贯彻习近平总书记关于文化和旅游工作的重要论述,进一步挖掘绍兴的人文资源,坚持以文塑旅、以旅彰文,使文化繁荣和旅游发展在更广范围、更深层次、更高水平上实现相互促进、相得益彰。

**(一)进一步加强顶层设计**

绍兴市政府对重塑城市文化体系、加快文化产业发展特别是文旅融合高质量发展已进行系统谋划、全面部署,将紧紧围绕市委市政府的决策部署,紧扣文创大走廊概念性规划,积极实施文创大走廊建设3年行动计划,确保项目落地生根;编制《绍兴文态空间布局构想暨"三大文化带"三年行动计划》,推动唐诗之路文化带、大运河文化带、古越文化带串珠成链;结合"十四五"规划编制要求,启动文化产业发展"十四五"规划,进一步厘清文旅融合的方向和重点,融入省"之江文化产业带""大运河文化带"建设,加快文化产业园区、文化小镇、创意街区建设,打造10个重点文化产业集聚区;培育发展工业设计和网络影视、动漫、数字教育等文创产业;加强文商旅融合,高标准建设兰亭文化旅游度假区,抓好大禹陵景区提升、酷玩小镇二期、东山文化旅游综合体等项目建设,推进兰亭、柯岩创建国家5A景区,旅游总收入增长10%以上;重塑城市文化体系,加快打造文化高地;坚定文化自信,增强文化自觉,积极践行社会主义核心价值观,高标准建设文创大走廊,不断提升文化"软实力"。

**(二)进一步强化项目带动效果**

加快项目建设进度,推动绍兴博物馆、美术馆、民间博物馆在2019年第4季度开工;绍兴名人馆于2020年1月开馆;浙东运河文化园进入实质性启动阶段;书圣故里历史文化特色街区打造初见雏形;阳明故里、鲁迅故里、青藤书屋、周恩来祖居等改造提升项目有序推进。抓好项目招商,与北京文化、深圳盈投等公司进行洽谈,落地一批文化项目。提前谋划新一批历史文化遗址遗存拓展项目。加快完成宋六陵考古发掘任务,积极申报和启动国家级遗址公园建设,在抓好现有项目建设的同时,超前谋划明年及今后一段时间的文化项目,以项目建设来促进文化与旅游的深度融合,繁荣发展文化事业。推进基本公共文化服务标准化工程,完成越城、新昌省级文化重点县建设。开展文化惠民活动,启动城市书房建设3年行动,新建文化礼堂275家,乡镇(街道)文化分馆实现全覆盖。加快绍兴艺术学校、绍剧艺术研究院整合提升,筹建绍兴歌舞总团。推动地方传统戏曲振兴,繁荣文艺创作,提升大展演、文化走亲等活动影响力,打造一批舞台艺术精品。

**(三)进一步做好宣传推介工作**

全力争创东亚文化之都,进一步加强东亚各国文化交流合作,扩大绍兴文化的影响力。超前谋划明年"一节一典礼一论坛"等节会活动,融入更多文化旅游元素,进一步提升节会活动影响力,并带动消费旅游。发挥影视演艺宣传推介作用,探索"影视+旅游"融合发展新模式,力争在打造商业性影视方面有新的突破。顺应移动互联网发展趋势,聚焦年轻群体,打造抖音、快手绍兴公众号,宣传推介绍兴文化旅游形象品牌。

**(四)进一步完善体制机制**

完善政策激励机制,出台《关于促进文化产业发展的若干政策意见》,形成完善的文化产业发展政策体系,做到重点突出、精准发力,充分发挥政策的引导、激励和杠杆作用。建立文旅融合协调推进机制,健全由宣传部牵头协调,市文广旅游局、市文旅集团、市名城办等部门全力配合的工作推进机制,以推动文化产业项目落地。

### (五)进一步加强文物保护和利用

加强文物的保护和利用对继承和发扬民族优秀传统文化、增强民族文化自信和凝聚力、促进社会主义精神文明建设,均具有重要意义。绍兴市将继续坚持"保护为主、抢救第一、合理利用、加强管理"的工作方针,在做好第八批国保单位"四有"工作的基础上,持续提升全市各级文物保护单位(点)的保护利用水平,确保文物安全,实现传承发展。

(郦青)

# 2019 年台州市文化产业发展报告

近年来,台州市委市政府高度重视文化产业发展。为加快台州市文化产业的发展,推动文化强市和高水平全面小康社会建设,台州市全面贯彻省委关于文化浙江建设和文化旅游产业融合等一系列重大决策部署,坚定不移走"绿水青山就是金山银山"的发展道路,根据《国家"十三五"时期文化改革发展规划纲要》《浙江省国民经济和社会发展第十三个五年规划纲要》《浙江省文化产业发展"十三五"规划》《台州市国民经济和社会发展"十三五"规划纲要》,编制《台州市文化产业"十三五"发展规划》,规划期限为 2016—2020 年。

## 一、台州市发展文化产业的优势和基础

### (一)得天独厚的自然人文优势

台州兼得山海之利,群山怀抱,依海而兴,有"东海之门"的美誉,也有"江南水乡"的韵味;拥有台州湾、三门湾、乐清湾 3 个海湾和玉环漩门湾、临海三江、黄岩鉴洋湖 3 个国家级湿地公园;拥有 2 个国家 5A 级旅游景区、14 个国家 4A 级旅游景区、1 个世界地质公园、4 个国家级风景名胜区和 1 个国家历史文化名城。

难能可贵的是,台州这些自然风光资源本身就具有"文化魂"。台州底蕴深厚的历史文化可追溯到 10000 年前的新石器时代,它是中华和合文化的重要发源地、徐霞客游记开篇地、浙东唐诗之路目的地、古代"海上丝绸之路"发祥地、大陆首航台湾纪念地和天台山佛宗道源,现有人类非遗代表性项目 1 项、国家级非遗代表性项目 15 项、省级非遗代表性项目 106 项。台州拥有光荣奋进的红色文化,是海陆空三军首次联合作战地、大陈岛垦荒精神发源地,习近平总书记曾一次登岛、两次回信勉励传承大陈岛垦荒精神;还拥有改革创新的先进文化,是全国改革开放的先行区、民营经济的重要发祥地,在民营经济领域创造了多个全国第一,境内上市企业数达 53 家,居全国地级市第 4 位。

在文旅融合方面,台州有着先天优势。台州文旅系统也本着"宜融则融、能融尽融"的原

则,立足于资源禀赋,推动文化旅游各领域、多方位、全链条深度融合。台州启动实施"八大工程",即文旅惠民、文旅产业发展、文旅精品打造、数字化转型、文化遗产保护利用、文旅品牌培树、文旅市场平安创建、文旅铁军锻造等。

**(二)品牌活动、拳头项目集聚发展优势**

台州打造文旅融合拳头项目,在市区核心部位建设华强方特动漫主题园,总投资 30 亿元、用地面积 858 亩,已于 2018 年 7 月开工,将于 2022 年竣工,建成后预计每年将带来 300 万以上人次的游客量和 8 亿元以上的营业收入。华强集团和临海市政府签订 100 亿元"熊出没"小镇项目投资协议,于 2020 年 4 月开工,预计于 2022 年 5 月竣工,将建成全国首个以"熊出没"品牌为基础、融"吃、住、游、学"为一体的综合休闲旅游度假小镇。

台州打造文旅融合节会品牌,相继承办了 2018 亚洲旅游影视艺术周、2018 中国台州"文化融"制造业峰会、2019 浙江"四条诗路"文化产业发展主题活动等全国全省节会活动,举办中国(台州)东海文化旅游节、中国(温岭)曙光节、天台山云锦杜鹃节、仙居杨梅节等地方特色节会活动,以及三门祭冬、椒江送大暑船、石塘"小人节"、宁溪二月二灯会等非遗节庆活动,形成一批知名的文旅节会品牌。台州打造美丽乡村文化旅游线,建设天台山和合小镇、寒山文旅小镇等特色小镇,依托和合书院、和合书吧和全市 136 家四星级以上农村文化礼堂,生动展示和合文化及地方特色文化。

**(三)顶层设计提供发展支撑**

台州制定出台文化产业"十三五"发展规划,重点发展创意设计业和文化旅游、现代传媒、文化会展、文化演艺、艺术品、文化用品、装备制造等"1+6"产业体系;联合人民银行台州市分行出台《关于金融支持台州市全域旅游发展的指导意见》,完成 7 家台州市特色旅游银行认定,畅通金融支持"最后一公里";推出"台州人免费游台州"活动,已提供免费门票超 600 万张,已有 130 多万人次享受"免费游"政策福利;推出台州文化旅游集成导览全图,区分和合、山海、红色、诗路、非遗和商贸六大主题,覆盖全市优质文化旅游资源;推出台州文旅电子消费卡,与全市数字服务平台和精品旅游产品采购目录融合,为市民提供景区预约订票、精品演出场次预定等一站式服务。

## 二、台州市文化产业发展成果

根据《台州市文化产业发展规划(2010—2020)》,从实现文化资源的最大限度整合以及现有优势产业的最大限度提升的角度出发,台州市将把文化旅游业、新闻传媒业、演出娱乐业、印刷服务业、文化会展业和工艺美术品业作为重点发展产业,把创意设计业作为重点培育产业,通过不同产业、不同门类之间的嫁接融合,进一步完善产业结构,实现"文化台州""创意台州"的总体发展目标。台州市以发展文化产业为契机,加快经济结构调整,提升传统产业的文化附加值和核心竞争力,使文化产业发展成为支柱产业之一;大力挖掘和开发文化资源,促成传媒、旅游、休闲娱乐等各产业的联动发展,建构现代文化产业发展体系;引导和鼓励民营资本进入文化产业领域,使文化产业成为民营经济主体投资的沃土。

### (一)文化遗产保护

2013 年之前,台州市只有台州府城墙、桃渚城、国清寺、新河闸桥群 4 处国家级文物保护单位;2013 年新增了 6 处。2017 年初,台州文物部门着手准备推荐申报第八批国家重点文物保护单位,在全市 77 处省级文保单位中,选取 61 处向省文物局申报国家重点文物保护单位,申报数名列全省前列。后经省局组织专家审核,全市有 24 处文保单位符合条件。2019 年,在国务院公布的第八批全国重点文物保护单位中,台州市有 7 处文保单位成功上榜,还有 1 处与现有国保合并,新增国保数在全省地市名列第 3。至此,台州市的全国重点文物保护单位数量增加至 17 处,新增国保数名列全省地市第 2。与原有国保单位数量相比,增加了 70%,极大地丰富了台州市历史文化旅游资源。此次入选的第八批国保,有台州青瓷历史发展的见证"沙埠窑遗址",有戚继光抗倭屯兵处"椒江戚继光祠",有我国最大的潮汐能电站"江厦潮汐试验电站",有红色革命旅游好去处"一江山岛战役遗址",有台州历史上第一所西式医院"恩泽医局",还有气势雄伟的"金清大桥"、雕饰精美的"林应麒功德牌坊"。巾山东大塔、南山殿塔与原有国保单位千佛塔合并为巾山塔群。目前,浙江省共有非国有博物馆 150 家,台州占了 34 家,全省领先。

### (二)城市文旅品牌

台州是佛教天台宗和道教南宗的发祥地,是海洋资源大市,拥有融"佛、山、海、城、洞、经"为一体的特色旅游资源。自 2018 年以来,台州文旅产业迎来了融合发展的新机遇。台州市文旅部门针对宾馆饭店、旅行社等实施文旅品牌培树工程,"让山海台州走出浙江、走向全国",成为全体文旅人的共同目标。2019 年,根据浙江大花园建设"五养"工程的重要内容——"诗画浙江·百县千碗"品牌工程,台州市文旅部门着力打造"百县千碗·鲜在台州"区域品牌。从 9 月开始,全市各地陆续开展初选工作,挖掘富有地方特色的菜品。根据各县(市、区)推荐的 144 道菜品,台州市举行市级大比拼活动,评选出最具代表性的台州山珍 16 道和台州海味 16 道。之后,台州市将会挖掘这些美食背后的故事并汇编成册,供广大市民和游客详细了解。同时,台州市将开展"五进"计划,推动"百县千碗"进景区,进饭店,进院校,进机关食堂,进高速服务区。"旅游饭店业承担着主要的政务、商务接待功能,是一个城市的名片,更是展示城市经济社会发展综合实力、对外形象与文明程度的一个重要窗口。"

台州市还要继续做好企业品牌创建工作,如指导黄岩耀达大酒店、温岭耀达国际大酒店创建五星级饭店,指导台州中话模具酒店、三门蛇蟠岛度假酒店创建省特色文化主题饭店,指导临海羊岩山庄创建银叶级绿色饭店等。面对省内职工疗休养以及中高端消费人群周末、小长假旅游的需求,2019 年,台州市着力打造旅游平台"台州·三五天"。"台州·三五天"是依托台州的自然、人文景观,利用创意策划重组旅游资源,并配备高端舒适的旅游服务,吸引省内外游客的精品旅游线路。该线路将各县(市、区)旅游资源有机结合,3 天游跨 2—3 个县(市、区)或五天游跨 3—4 个县(市、区),以展现台州自然山水、人文历史、美食小吃、旅游服务等特色元素为主，从"玩、住、吃、购"四方面力推台州特色旅游产品。目前，"台州·三五天"已完成 LOGO 设计，正在进行商标注册，下一步计划进行平台的上线与推广，并邀请专家小组进行体验式旅游，做好后期完善和宣传推广工作。

### （三）文博文创

台州积极参与国际文博会。2019 年 5 月，台州市 24 家文化企业参展第十五届中国（深圳）国际文化产业博览交易会（以下简称"文博会"）。台州市首次组织了主题为"文化台州、和合之美"的特装馆，其面积约 20 多万平方米，所陈列的展品除了非遗，还有瓷器茶具、时尚文具、香道产品等。多数采购商表示，文明因多样而交流，因交流而互鉴，因互鉴而发展，台州的和合文化是中华和合文化的典型范例和鲜活样本，其非遗产品地域特色浓、文化积淀深，并已融入现代生活。2019 年 10 月，台州组织 9 家文创企业于第十二届海峡两岸文博会"文创旅游"展区参展，展示了印刷工艺品、竹编手工艺品、剪纸手工艺品、刺绣手工艺品、无骨花灯手工艺品、稻草画手工艺品、玻雕和竹雕手工艺品。

### （四）产业园区

目前，台州全市拥有国家级文化产业示范基地 2 个、省级文化产业示范基地 2 个、省级重点文化企业 1 家、省级文化出口重点企业 5 家。其中，6 家企业和 1 家园区入选省文化产业"122"工程，涌现出新世纪光电、台绣、绣都服饰、蛇蟠岛文化旅游等一批具有较强行业竞争力的文化企业，以及台州设计创意产业园、仙居中国工艺礼品文化创意产业园等一批具有良好发展前景的重点园区。台州老粮坊文化创意产业园已正式开园，台绣（台州刺绣）文化创意设计产业园也已进入全面验收阶段。

台州市已形成黄岩"工艺美术之都"、路桥"广告创意印刷产业园区"、天台山"养生文化旅游基地"、仙居"中国工艺礼品之都"、临海"中国休闲用品礼品生产基地"等一批国家级和省级特色文化产业品牌，重点文化行业发展优势不断增强。与此同时，专业设计、影视等新兴行业快速发展。其中，台州市黄岩区模塑工业设计基地成功入选全省 12 个重点特色工业设计示范基地，台州设计创意产业园成为全国首家以环境艺术设计研发（室内设计）为主题的专业园区，涌现出刚泰集团、高蒙影视、华晨影视、皇家影视等一批具有较强成长性的民营影视企业，产业活力日趋增强。台州积极推动经营性文化事业单位转企改制，其中，台州日报报业传媒集团、台州广播电影电视集团先后挂牌成立，传统媒体与新兴媒体融合互动发展的良好趋势开始显现。台州每年成功举办动漫节暨文化产品展览会、"台州杯"国际工业设计大奖赛、"台州杯"全国设计"大师奖"创意设计大赛和中国（台州）创意设计大赛，开展"文化新台商"评选活动，有效激发全社会文化创业创新热情；积极推动在外创业的台州籍商人回乡投资文化产业，成功引进法华龙山文化旅游综合体、九子山文化旅游度假区、台州老粮坊文化创意产业园等文化产业重大项目。

### （五）数字文产

2019 年 11 月 13 日，为适应移动互联网等现代科技发展趋势，破解公共数字文化工程发展中存在的瓶颈问题,浙江省公共数字文化阅读推广创新服务暨案例分享培训班在绍兴召开。《台州市图书馆地方特色图片库》获 2019 年浙江省公共数字文化工程优秀数字阅读推广案例大赛的优秀案例奖。

近年来,随着台州市社会经济发展的加快,建立符合台州地方特色的文化数据库就成了时代的必然要求。台州市依据当地图书馆的馆藏资源优势,于 2014 年开始推进台州市图书馆地方特色图片库建设,共搭建台州市图书馆古树数据库、台州府城古井数据库、台州市图书馆门票数据库 3 个图片库。其中古树、古井数据库的建立是从历史发展角度来记录台州市的历史文化,给读者提供一个了解台州、认识台州的平台。而台州市图书馆门票数据库则以文化为导向,通过弘扬区域文化来激发读者的历史热情和文化热情,促进区域文化的交流与传播。特色图片库的建成,一方面提升图书馆的文化共享效率,另一方面借助网络优势提升区域文化影响力。同时,数字资源的文化记录形式也促进文化遗产的继承和保护,促进区域文化共享,让读者在全国的视野下感受本区域的文化魅力和风土人情,发扬与继承优秀的文化遗产,获得读者的普遍肯定。

### (六)5G＋文化

5G 不仅意味着信息传输的空间限制被打破与数据传输速度的提高,还预示着万物互联时代的全面开启。于台州而言,只有在 5G 建设上先人一步,在 5G 应用上快人一拍,牢牢抓住这个风口,才能让新机遇成为新动能、新经济增长点。台州应以 5G 为契机,既在优势项目上捷足先登,也在短板项目上补软补缺,通过运用新技术、新模式实施数字化、网络化、智能化升级,积极培育一批可推广、可复制的行业应用新标杆,着力推动产业转型升级。

据浙江省经信厅所发布的 2019 年度浙江省人工智能领军企业(高校院所)、行业应用标杆企业、行业应用培育企业,以及典型应用场景、优秀解决方案(产品)名单,确定浙江省人工智能领军企业(高校院所)12 家、行业应用标杆企业 45 家、行业应用培育企业 23 家、典型应用场景 25 个、优秀解决方案(产品)65 个,台州市共有 5 个企业(项目)入选,其中 2 家企业入选省人工智能行业应用标杆企业名单,"AI＋家居＋医疗健康"应用场景入选省人工智能典型应用场景,2 个项目入选省人工智能优秀解决方案(产品)。

## 三、台州市文化产业发展中存在的问题和不足

### (一)产业层次总体偏低

受文化资源和民营资本分散等客观原因的影响,台州的文化产业相对"小""散",缺乏规模以上企业和重大项目。全市文化及相关产业增加值和占 GDP 比重在全省市级排名中处于中等偏下,与全省文化及相关产业增加值占 GDP 比重平均值达到 7.5% 的目标还有较大差距。目前,台州市文化产业结构仍以文化制造业为主体,高附加值的文化服务业发展相对滞后,产业结构单一、产业链高端环节缺乏等问题较为明显。

### (二)产业融合尚显不足

新闻传媒、文化旅游、工艺美术、印刷服务、节庆会展等行业虽有一定的发展基础,但未

能发挥业态之间的融合和互动效应。文化产业在传统制造业转型和现代服务业发展中的驱动力不足，与台州雄厚的民间资本不匹配，与金融、科技、互联网等领域深度融合与合作的空间有待提升。

1.文旅融合发展缺乏规划融合

至今，台州市未编制出台中长期的文旅融合发展统一规划，导致文旅融合发展难以与台州市的经济社会发展、大湾区经济、综合交通体系等规划有效衔接，难以形成协同发展的良好局面。

2.文旅融合发展缺乏资金引路

文旅融合发展项目总体资金投入大、回报周期长、准入门槛高、投资风险大，导致大项目引进难，市场化运作程度较低；也导致台州本土民营资本进入文旅领域较少，未能充分体现台州民营经济发达、民营资本丰厚的优势，在一定程度上制约文旅融合发展的活力。

3.文旅融合发展缺乏融合深度

文化和旅游产业链条各环节的对接点未有效融合，新业态发展缓慢，缺乏持续增长动能。旅游纪念品产品种类陈旧，前沿科技应用较少，产品形式内容较为普通，尚未形成具有竞争力及市场影响力的文旅融合精品"爆款"，也尚未形成贯穿吃、住、行、游、购、娱等成体系的文创产品、旅游纪念品。

4.文旅融合发展缺乏文化内涵

以文化旅游深度融合发展促进公民道德素养的大提升，在文旅项目中大力推行文明旅游，充分发挥优秀传统文化和社会主义核心价值观的影响力、感召力，这是文旅发展的根本要求。但有些旅游线路为吸引游客而搞低俗、庸俗、媚俗的活动，甚至歪曲历史、恶搞经典，没有摆正社会效益和经济效益的关系。

5.文旅融合发展缺乏人才支撑

推动文旅融合发展需要复合型创意型人才、市场营销人才、产品流通性及高级管理型人才。目前，台州市人才数量和人才结构都不能很好地满足其需求，导致文旅融合发展内生力不足。

6.高端要素相对匮乏

受区位条件和城市能级的限制，台州市对文化产业高端人才的吸引力不足，文化人才引进和培育效果不明显，文化创意人才、经营管理人才、版权交易人才等相对缺乏，尤其缺乏能够整合产业资本、金融资本与文化资源的复合型人才。与此同时，文化企业创新研发投入不足，知识产权保护意识和品牌意识薄弱，市域文化产权交易平台建设相对滞后，尚未形成以创新、创意、创造引领文化产业发展的社会氛围。

## 四、台州市文化产业发展工作思路

到2020年，台州市文化产业发展水平大幅提高，力争成为浙江省民营文化产业发展先进区、工业产品智造示范区、优秀文化人才集聚区和文化体制机制创新区。第一，产业实力显著增强。基本形成布局合理、特色鲜明、富有活力的文化产业体系,文化及相关特色产业增加值年均增长 21％,产值突破 400 亿元;文化及相关特色产业增加值占 GDP 的比重达到 8％左右,对 GDP 贡献率达到 12％左右,成为台州国民经济发展的重要支柱性产业。第二,平台建设扎实推进。创建 1 个以上国家级文化产业示范(试验)园区、3 个以上浙江省特色小镇、4 家以上省级文化产业示范基地和 3 个以上省级文化产业示范园区,打造 3 个(条)以上文化产业集聚区或文化创意街区;支撑文化产业发展的信息平台、科技平台和公共服务平台基本建成。第三,发展环境更趋优化。进一步健全有利于文化产业发展的政策支撑体系,形成富有活力的文化产业创业创新体系、灵活便捷的文化产业投融资体系和规范高效的知识产权保护体系;加快发展民营文化企业,基本形成以公有制为主体、多种所有制共同发展的文化产业格局,使文化产业发展活力明显增强。重点目标领域如下。

**(一)创意设计业**

以"文化＋科技""文化＋时尚"为特色,重点形成以工业设计、现代传媒、影视演艺、数字内容、高端工艺美术、动漫游戏、3D 打印等为主导产业,相关产业联动发展的文化创意设计产业体系,打造特色优势创意设计产业集群。做大做强台州工业产品设计与制造,支持基于新技术、新工艺、新装备、新材料、新需求的设计应用研究,促进工业设计向高端综合设计服务转变,推动工业设计服务领域延伸和服务模式升级,通过创意设计提升台州制造业的文化附加值。加快全市设计创新体系建设,充分发挥工业设计的引领作用,大力发展外包装设计、小商品设计、工艺美术设计、雕塑设计、展览设计及旅游商品研发设计等,提升创意设计能力和水平,全方位打造"工业设计中心"。

建成台州文化创意一条街、台州老粮坊文化创意园区、天台文化产业园、仙居文化创意产业园、三门蛇蟠文化旅游休闲创意产业基地等一批创意产业园。提升产品附加值,创建自主品牌,提高企业竞争力,增强城市软实力,扩大台州城市影响力,促进创新型城市建设。将中心城区打造成设计创意优势区,将台州从"制造之都"升级成为"智造之都"。

推进全方位 3D 设计、3D 打印与智造服务的发展。开展"消费级 3D 打印"服务,带动玩具、礼品、动漫衍生品、3D 照相馆等文化创意产品定制服务和生产;推广"研发级 3D 打印"技术,有效提升工业设计、时尚设计、传统活化设计、会展设计、建筑设计、机械设计等各类设计研发水平;启动"工业级 3D"打印,有效带动模具、五金、电器、制鞋、眼镜、礼品饰品等台州特色轻工产品的研发、定制和生产。

发展壮大创意产业主体。大力培育创意企业,尤其是股份制企业和民营企业,促进创意企业由少到多、由小到大、由低到高、由弱到强、由内到外的转变。融合文化创意产业中的互联网信息服务和台州制造产业优势,打造系列"互联网主题电商园区",培育轻工业产品互联网交易平台,促进连锁经营、物流配送等营销流通组织和方式的发展。依托龙头企业,通过"突出本土产品,组合外地产品,引进国际产品"来提高文化产业市场化、专业化和信息化水平。依靠全国著名高校和全国性行业协会的资源,继续办好以台州为主题的创意设计大赛,使之常态化、品牌化。建立版权交易机制,推动重点人才引进和优秀作品成果转化,深入挖掘和培育本土创意设计人才,形成大赛真正服务于企业的有效机制,促进台州企业和产品的转型升级。

### (二)文化旅游业

坚持健康、文明、安全、环保的旅游休闲理念,以文化提升旅游的内涵质量,以旅游扩大文化的传播市场。支持开发康体、养生、运动、娱乐、体验等多样化综合性旅游休闲产品,建设一批休闲街区、特色村镇、旅游度假区。

心区文化旅游求突破。以"绿心"被认定为省级旅游度假区为契机,积极引进大型文化产业项目,推进洪家场浦文化旅游区(中国缝纫机小镇)、心海文化生态园、植物雕塑园、东方太阳城、绿心生态养生园、飞龙湖生态区等项目建设,将绿心生态区打造成为浙江乃至全国的文化旅游高地;积极推动台州湾循环经济产业集聚区文化旅游业的发展,努力建成东方谷雨小镇、金清游艇小镇、台州湾海岸芳洲生态农业园(动物园)、台州湾浪漫海岸国际旅游度假区和中冶文化主题公园等项目,促进台州市区文化旅游产业快速发展。

精品旅游项目有提升。以神仙居、天台山成功升级 5A 景区为契机,加大对台州山海文化、海防文化、民俗文化等资源的挖掘、保护与利用,重点抓好国清寺、江南长城、紫阳古街、下汤遗址等历史资源的保护和开发,启动海门卫城、章安古郡、葭沚老街等修复与建造。加快培育一批文化旅游示范区和非物质文化遗产旅游景区,充分挖掘天台、仙居、临海、温岭等地的自然和人文资源优势,重点打造影视外景拍摄基地,实现文化旅游业与影视产业的创意互动,打造高品质的旅游目的地,积极完成台州非物质文化遗产园、临海市历史文化街区、台州府城墙、温岭石塘石屋、天台老城区历史文化街区等的修复改造和建设。

乡村旅游项目显特色。充分利用美丽乡村和特色小镇建设的大背景,找准市场的定位和前景,大力发展特色乡村民宿旅游和民俗文化旅游,精心策划民俗文化旅游节和活动。推广天台后岸、三门潘家小镇、临海尤溪、黄岩富山宁溪、温岭石塘等乡村特色民宿的经验,提升民宿旅游和乡村旅游的文化附着度和旅游吸引力。

做好古村落的活化和保护工作。借助黄岩布袋坑村、椒江大陈岛小浦村、三门东屏村、天台张思村、仙居高迁村、仙居皤滩村、临海岭根村、临海孔丘村、温岭里箬村等先后被列入中央财政支持范围的"中国传统村落"的优势,在古村落普查的基础上,鼓励更多古村落积极申报"中国传统古村落",通过宣传、申报、研究、设计等步骤完成台州乡间的古村落活化工作,把古村落和乡村生态旅游完美结合,寻找最有台州特色的乡村建设之路。

1.在规划理念上做文章,提升文旅深度融合发展的文化内涵

台州市将大力推进全域旅游,以大陈岛为中心节点,沿湾串联岛链,整合岸线资源,打造台州黄金滨海旅游带;以天台山、神仙居为龙头,统筹名山资源,放大人文优势,擦亮"浙东唐诗之路目的地"品牌。根植台州优秀的文化资源禀赋,重点从和合文化、大陈岛垦荒精神、民营经济发展文化中找契合点,彰显中华优秀传统文化的持久影响力、革命文化的强大感召力,并推动大陈岛垦荒精神升华为台州城市精神。比如,椒江区以"垦荒记忆"为主线,在大陈岛上建设青垦文化旧址公园、中国青垦纪念馆、大陈岛垦荒纪念馆、两岸乡情公园等,着力

打造全国爱国主义教育基地。在"一江两岸"工程建设中将文化特色、建筑风格等融入葭沚老街文化产业项目,植入送大暑船、台州乱弹等特色非遗,引入台州智造展陈、台州刺绣等业态。要坚持"文化融"的发展路径,继续加强与光明日报的合作,深入推进"融产品、融产业、融城市"的创新理念,通过文化创意活动推动和合文化、大陈岛垦荒精神深度融入城市的方方面面。充分整合部门资源,将文旅融合纳入到全市经济社会发展规划、湾区建设、乡村振兴等内容,实现有机统一、优势互补。

2.在大抓项目上见成效,打牢文旅深度融合发展的产业根基

强化招商引资"一号工程"地位,坚持抓大引强、落地增效。扎实推进华强方特动漫主题园、"熊出没"小镇、大陈岛综合旅游开发、台州府城文化旅游区、浙东唐诗之路诗路驿站工程等重点项目建设,实现文旅项目年度投资超过 70 亿元。积极提升景区品质,大力支持临海台州府城文化旅游区创建国家 5A 级景区,推进椒江大陈岛、玉环漩门湾湿地公园、天台琼台仙谷等创建国家 4A 级景区。加强产业平台建设,认定一批市级生态旅游文化产业园区等文旅产业基地、产业园和特色产业集群,积极发展红色旅游、主题公园、影视基地、文化主题酒店等新业态。

3.在宣传推介上下功夫,增强文旅深度融合发展的魅力吸引

继续办好天台山云锦杜鹃节、仙居杨梅节、三门祭冬等地方特色节会,让城乡百姓共享文化盛宴。加强公共文化旅游数字服务资源库建设,开发推广系列文化和旅游数字平台,实现"一部手机游台州"。以游客需求为导向,以创新创意为驱动,高水平挖掘提升具有自主知识产权和鲜明地方特色的文化创意旅游商品、非物质文化遗产工艺品。积极参加对外文化旅游交流活动,推动和合文化、台州乱弹等品牌走出国门,扩大与世界的交流,组织参加中国国际旅游交易会、"一带一路"文博会、长三角国际文化产业博览会、"2020 上海·台州周"等重要展会和交流活动。

**(三)现代传媒业**

推进传统媒体和新兴媒体融合发展。以台州日报报业传媒集团、台州广播电影电视集团为龙头,以先进技术为支撑,以内容建设为根本,推动传统媒体和新兴媒体在内容、渠道、平台、经营、管理等方面的深度融合,建设"内容＋平台＋服务＋产业"的新型传播体系,打造新型主流媒体和传播载体。

进一步鼓励发展影视文化产业。以政策扶持为导向,以项目推介为手段。着力引进更多民营资本投入动漫、影视剧制作和移动数字媒体等新兴文化产业业态、形态的开发与运营。

培育和引进大型的影视文化公司。建立政府性影视产业基金,鼓励精品创作与生产,重点支持反映台州重大历史事件、风土人情、人文精神、典型人物和自然风光,且具有良好经济效益及社会效益的电影、电视剧、系列动漫作品和网络影视作品的拍摄。鼓励企业和社会资本兴办影视或网络文化产业园区孵化园区和具有影视(包括网络影视)外景拍摄、后期制作等功能的生产性服务型基地。

### （四）文化会展业

通过开展一些大型会议以及参展的活动等，吸引大量的人流、物流，推动旅游业、娱乐业和商贸业的发展，带动一系列相关产业的经济效益的提高，从而建立起一个以会展活动为核心的经济发展群体。进一步做强会展品牌。利用产业优势和文化优势，继续办好中国塑料制品交易会、中国（玉环）模具机床展、国际（黄岩）电动自行车博览会、中国（台州）东海文化旅游节、温岭文博会等大型展会，打造文化产品与工业制品展示交易平台，推动文化消费和文化贸易。

加快一批会展中心建设。积极建设配套公共服务基础设施，依托周边现代制造业、现代服务业等集聚优势，集中培育集餐饮、娱乐、住宿、购物等于一体的会展产业集群；力争建成中国模具工业博览园、台州文化艺术博览中心等一批重点项目。进一步完善会展配套设施，加快推进金融、物流、广告等高端基础性服务企业集聚发展。

寻找新的会展突破点和增长点。举办好台州市文化产业交易博览会，使其成为台州有影响力和辐射力的文化产品展示交易平台。发挥有地方特色的专业展会和节庆活动的作用，带动当地农产品营销、旅游产品的推广等特色产业的发展。

### （五）文化演艺业

加大鼓励和支持民营文艺表演团体、演出场所、演出经纪机构和演出活动的力度。

培育演出市场。全面形成演出团体、演出公司与演出场所3类演出经济实体分工配合、协作发展的主导格局。深入挖掘台州传统艺术资源，凸显台州乱弹、临海词调、三门平调等非遗剧种独特的文化魅力。在作品创作、人员培养、演出补助等方面给予民营艺术表演团体更好的引导和支持，使台州市演出业更上一个台阶。

打造高水平主题演出。和国内高水平创作团队合作，打造高水准的具有地方特色的演艺作品，推动演艺项目向多元化、品牌化方向发展，引导5A级旅游景区和国家级旅游度假区积极打造文化演艺节目，让文艺作品和当地的精品旅游景区相结合，充实景区的文化内涵。

培育示范演出企业。发挥演出业协会的作用，积极开展民营艺术表演团体考评定级和十佳剧目、十佳剧团评选，培育示范演出企业，规范演出行业秩序。

建设高标准演出场所。争取建成以台州大剧院为龙头的全市3—4家高标准、多功能、高科技的剧院。与国内外高端演出市场接轨，引进高水平的经营管理团队和高质量的演出剧目，引导文化消费，提升市民艺术欣赏水平。

### （六）艺术品业

依托台州深厚的人文艺术基础和丰富的非物质文化遗产资源，跨界融合发展，建设一批研发、生产、交易基地和会展平台，提升产业发展，打响台州"工艺美术之乡""休闲用品之都"等文化品牌，凸显传统工艺美术品品牌优势。不断提升台州刺绣、台州玻璃雕刻、天台佛雕、黄岩翻簧、仙居无骨花灯、温岭剪纸、"玉环三绝"（岩雕、贝雕、根雕）、玉环门神画和船模、玉环铜制品、三门和温岭石雕等传统工艺美术品的艺术价值和经济效益。挖掘、保护和开发具有台州特色的民间工艺制作技艺，鼓励开办集手工艺创作、产销、体验、传承于一体的产业园区，在创作基地、展销场地、品牌推介和包装、营销策划、项目融资、人才培养等方面提供扶持与帮助。

建设交易平台，促进集约化发展。建成路桥区文体艺术产业园、玉环老铜匠文化创意产业基地、仙居中国工艺礼品文化创意产业园等若干集艺术品工艺美术品的创作、研发、生产、展示、销售等为一体的工艺美术创意园或基地，建成台州古玩商城等线上、线下艺术品交易平台，促进艺术品交易，实现艺术品、工艺美术的发展，以此改善创作者、从业人员等的工作环境，促进不同艺术品、工艺美术品类之间的交流合作，加快产业的流通速度，实现产业集约化发展。鼓励画廊、艺术品经营公司、艺术事务所等各类经营主体，拓展鉴赏、收藏、拍卖、交易及会展的业务。

### （七）文化用品和装备制造业

倡导文化用品制造的个性化设计、推动文化用品制造的品牌化战略，积极发展先进文化装备制造业。在多元化市场需求下，加快大众文化用品制造业的转型升级，大力提高传统办公用品、塑料制品、玩具、体育休闲用品的产品档次和技术含量，综合利用工业设计、品牌策划、营销推广等文化创意手段，加快将文化元素融入制造业研究、设计等价值链高端环节，提升产品制造的文化附加值。提高制造业创新能力，大力实施品牌创新、质量创新和标准创新工程。要不断满足消费者对文化用品的个性化设计、多功能属性的高要求，也要不断满足政府对行业环保的严要求。

（郦青）

# 2019 年湖州市文化产业发展报告

## 一、湖州市文化产业发展成果

自 2019 年以来，湖州市按照"宜融则融，能融尽融，以文促旅，以旅彰文"的总体思路，以"不忘初心、牢记使命"主题教育和"三服务"活动为总抓手，以国家全域旅游和国家级文旅融合产业示范区创建为总载体，以打造湖州文化生态新样本和建设国际生态滨湖旅游城市为总目标，紧扣提供优秀文化产品和服务、优质旅游产品和服务这个中心环节，全力争创全国文旅融合示范市。2019 年，全市旅游总收入达 1259.1 亿元，同比增长 12.7％；接待过夜游客 4803.8 万人次，同比增长 8％；全市限上住宿业完成营业额 23 亿元，增长 10％，增幅列全省第 2 位；限上餐饮业完成营业额 26.1 亿元，同比增长 13.3％，增幅位列全省第 3。湖州市围绕文旅融合勇于改革创新，奋力开拓进取，实现"五个加速度"，文旅融合工作迈上新的台阶。

### （一）机构融合加速度

湖州市文化广电旅游局于 2019 年 1 月 2 日正式挂牌，在随后的 2 个月里，市、区、县各级有关部门在思想上高度重视,在精神上状态出色,在行动上落实迅速。

**(二)规划融合加速度**

科学编制《南太湖文旅融合发展带规划》和《湖州市文旅融合发展概念性规划》,在现有文旅项目建设中,研究文化,梳理文脉,把文化与旅游完全融合为一体,做好"文化＋旅游"的文章,特别是加大南浔古镇、龙山古城、龙之梦乐园和浙江自然博物馆等产品和项目的融合力度。

**(三)产业融合加速度**

全力推进"南太湖百里观光大道"的建设,打响"南太湖十景"的品牌。德清莫干山国际旅游度假区创建国家级旅游度假区和安吉余村两山景区创建5A级景区,已上报文化和旅游部。持续打造以小西街为龙头的文创休闲街区和以莫干山庚村文化市集、谷堆乡创为特色的乡村文化众创空间,并积极组团文创企业参展义乌文交会、深圳文博会等展会,深度输出"百坦湖州慢生活"的休闲化、个性化文化消费类型。

**(四)文旅公共服务融合加速度**

结合新时代文明实践中心建设,加速推进城市书房、博物馆群、旅游厕所、旅游集散中心等建设升级。充分挖掘湖州特色文化,打造以安吉余村生态发展为原型的舞台话剧《青青余村》,推动非遗展示展演、年俗文化活动、群众性文艺演出等进景区(点)和村(社)。湖州利用区块链等技术推出全市统一的城市服务APP——"湖州掌上通",充分利用大数据、人工智能、区块链、深度学习等先进技术,在满足市民各项服务需求的基础上,构建APP集智能标签、智能提醒、智能问答、关联推荐于一体的智能服务体系。建立全国首个中国移动5G＋智慧文旅大数据暨"一键智游湖州"平台,并被中国移动集团授予首个"全国行业信息化标杆示范基地",形成智慧管理、智慧服务、智慧营销、智慧统计4大体系,湖州文旅正在走向以5G为引领的智慧公共服务新时代。

**(五)文旅市场融合加速度**

推出入境游奖励新政策,建立2个驻国外推广与联络处。推出"欢乐湖州年"文化旅游新消费行动、凭学习强国积分免费游湖州等惠民组合拳。以公共数字文化平台"湖上云"为支撑,搭建文旅消费服务平台。围绕高水平文明城市的建设目标,持续开展"文明网民、文明观众、文明旅游和文化旅游志愿者"等"文明＋"行动。深入开展歌舞娱乐场所、景区景点等文旅领域扫黑除恶斗争,夯实文旅市场诚信体系。

湖州文旅发力,助推夜间经济发展。通过繁荣夜间文旅消费体验活动,培育多元化夜间文旅消费模式,形成一批常态化、特色化的"夜湖城"品牌活动。另外,湖州还以旅游公共服务集散中心为主体,全面构建夜间经济配套设施、交通运行和信息化公共服务体系;突出夜间文旅消费重点,加强夜间文旅经济市场推广体系建设。

**(六)文旅创客融合加速度**

2019年11月20日,长三角乡村文旅创客大会在湖州吴兴召开。大会以"遇见新乡村、创享新未来"为主题,展示文创发展新成果,共同构建长三角乡村文旅产业发展生态圈。来自长三角三省一市及26个城市的文旅创客代表、专家学者等参加大会。在"绿水青山就是金山银山"理念的指引下,吴兴大力推进乡村文旅产业发展,累计引进原乡小镇、慧心谷、长颈鹿庄园等优质文旅项目36个,总投资达786.5亿元;以"一村一品、一村一韵"为目标打造了龙山、菰城、杨溇等文创特色村,通过文创赋能的方式重塑乡村新颜值,推动兴业富民。

以色列当地时间9月23日下午,由浙江省商务厅等10个部门举办、浙江省电子商务促进中心和湖州市商务局联合承办的"之江创客"2019全球电子商务创业创新大赛中东赛区决赛在以色列特拉维夫成功举行。

在活动现场,湖州市进行了商务推介,如湖州是习近平总书记"绿水青山就是金山银山"理念的诞生地,也是"中国制造2025"试点示范城市和国家绿色金融改革创新试验区、国家创新型试点城市等。

**(七)校城融合加速度**

从湖州人民路仅38亩土地的"袖珍学校",到大钱港畔占地1600亩的现代化生态型校园;从1958年开始高等教育,1978年恢复重建湖州师专,到湖州师范学院成长与发展,以及和湖州这座城市血脉相连,时间见证了校城融合,同频共振。2013年,湖州师范学院成立工学院,加强应用型人才培养和提升服务地方的能力与水平。2017年,湖州组建了市地校合作领导小组,全面部署推进地校合作工作,要求从"党政主导、校企联动,聚焦项目、市场运作,突出创新、服务产业,注重实效、共建共享"的原则出发,高水平打造城市与大学命运共同体,为加快赶超、实现"两高"提供强有力的支撑。2018年,湖州与市政府共同谋划,成立由苏州大学、浙江工业大学等16所高校组成的环太湖高校联盟。双向联动、三级协同绘成校城融合"路线图",与三县两区签订了全面战略合作协议,与近20个政府部门签订了框架合作协议,与500多家企事业单位建立了产学研合作关系,健全校领导联系县区、二级学院联系产业行业、教师联系企业(社区或学校)的全面联系地方制度,构建了"学校—二级学院—团队"三级服务地方工作体系。这是地校合作的一次转型升级。

## 二、湖州市文化产业发展中存着的问题和不足

文化和旅游密不可分,相辅相成。文旅融合,既是新的机遇,又是新的挑战。与新时代文旅融合的新任务、新要求相比,文旅融合的理念、方法、路径,还需进一步探索。

**(一)"湖州名片"尚未讲述成"湖州故事"**

因地制宜,依据资源禀赋、立足区位特点,走特色化、差异化发展道路是湖州文旅融合的重中之重。湖州拥有世界文化遗产"南浔古镇"、世界丝绸之源"钱三漾"、世界农业文化遗产"桑基鱼塘"、世界灌溉遗产工程"太湖溇港"、中国民间文化艺术之乡"善琏镇"等一系列金字招牌,讲好湖州故事是文旅融合发展之路的文化基石。但目前,湖州很多工作起步还比较晚,需要进一步加码加力,才能充分发挥"湖州名片"的倍增效应。做好"滨湖、乡村、名山、古

镇"4篇文章,突出"乡村度假、古镇旅游、月亮酒店、水韵菰城、莫干避暑、天下湖品"6大产品,将"湖州名片"整理讲述成"湖州故事",从而向更多游客宣传湖州。

### (二)"湖州元素"尚未串联成"湖州线路"

湖州人文历史资源丰富,点多面广,且较分散。目前,一方面,各区县对文化资源挖掘不够;另一方面,各区县之间统筹联动不足。如何在个性化的文旅资源中提炼产业价值,让"湖州元素"绽放异彩,并将这些元素串联进"湖州线路"以形成自己的鲜明特色,加快形成一户一处景、一村一幅画、一镇一天地、一城一风光的全域大美格局,是湖州文旅人急待解决的问题。

### (三)"湖州基因"尚未演绎成"湖州记忆"

不同的文化形态与旅游有不同的融合方式,而优秀传统文化作为一个地区悠久的历史文化发展的结晶,具有鲜明的地方文化基因,等待用演艺的方式去转化发扬。例如,湖州拥有像"湖剧""湖州三跳""长兴百叶龙"这样一大批优秀的非遗项目,还有包括"中国湖笔""湖州三茶""江南小延安"在内的"丝韵、笔韵、茶韵、水韵、古韵、红韵"6大工程,深入挖掘"六韵"文化基因,将这些"湖州基因"演绎成游客的"湖州记忆",打造有灵魂的旅游目的地,湖州市在这些方面可以有更多、更大的举措。

### (四)"湖州机遇"尚未转换成"湖州升级"

高铁如今是非常便捷的出行方式,为沿线各城市带来了巨大的旅游市场潜力。湖州站作为一个重要的高铁站枢纽已服务湖州和全国各地旅客多年。但目前,湖州还没有充分利用好自身地理位置的优势,没有将其与文旅事业有机地结合。湖州的旅游业充满无限机遇,湖州文旅事业也可以有一个质的飞跃。湖州应该充分利用这些机遇,乘势将长三角乃至全国的客流引向湖州,同时也把自己的品牌推向长三角乃至全国,从而推动湖州文旅事业转型升级。

## 三、湖州市文化产业发展工作思路

湖州要走出一条通过加快文旅融合和滨湖旅游城市高质量赶超发展,为强市富民做出重大贡献的"湖州文旅之路",主要通过以下4个具体目标来实现。

### (一)全力打造文旅融合示范市

一是在理念、内涵、载体、方法、体制五个方面做示范,二是在10个载体上做示范(包括6个区县示范、10个小镇示范、百家企业示范、百个项目示范、百村千宿示范、10个街区示范、10个场馆示范、10个产业示范、百家商品示范、10条线路示范),三是4个重大突破(南太湖文旅融合发展带、大运河古镇集群发展带、非遗文物活化示范景区、龙之梦旅游演艺示范城)。

### (二)全力打造滨湖旅游第一城

一是在8个方面成第一(平台打造、项目推进、产业融合、市场推广、标准管理、旅游文化、体制机制、队伍素质),二是在10个行动上求突破(南太湖文旅融合发展行动、乡村旅游"个十百千万"工程推进行动、全域旅游示范区建设行动、国际国内品牌打造提升行动、重大平台创建和菰城古镇复兴行动、文旅产业体系构建行动、文旅公共服务标准化提升行动、百强文旅企业培育行动、"1+3"文旅综合执法体制创新行动、重大文旅项目推进和要素保障攻坚行动),三是在4个"国"字上做支撑(6个国家级平台、2个国际化活动、"南太湖、龙之梦、洋家乐、丝之源、古镇群、大余村"6个"国"字号品牌、4个统计数据——过夜人数破1亿,年度投资超百亿,GDP产值500亿元,全国排名冲前15)。

**(三)全力打造乡村旅游第一市**

一是在8个方面要第一(规划引领、平台建设、产业发展、市场推广、品牌打造、标准管理、服务诚信、人才培养),二是在8项工作上强特色(乡村旅游规划引领、乡村旅游平台建设、乡村旅游产业发展、乡村旅游IP打造、乡村旅游市场推广、乡村旅游标准管理、乡村旅游服务诚信、乡村旅游人才培养),三是在一个工程上做支撑,即乡村旅游"个十百千万"工程。

**(四)全力打造文化生态新样本**

一是在5个体系上下功夫(全域均享的文化服务体系、底蕴深厚的文化传承体系、绿色时尚的文化产业体系、引领社会的文化价值体系、自信大气的文化开放体系),二是在2个方面有作为(在传承和创新湖州文化精品上求突破,在旅游产业融入湖州文化灵魂上求突破)。

在"融入四大国家战略、夯实六大环境基础、写好六篇'国'字文章"上下功夫,湖州将具体做好以下3方面工作。

第一,融入四大国家战略。一是乡村振兴战略(乡村旅游),二是长三角一体化战略(滨湖旅游),三是大运河保护与可持续发展提升(古镇旅游),四是"一带一路"(丝绸旅游)。

第二,夯实六大环境基础。一是机关文化基础(让"有情怀、厚学养、争朝夕、善创新、勇担当、讲纪律"成为一种自觉,一种习惯),二是行业管理基础(基础不牢,地动山摇),三是文旅项目基础(全面构建"竣工、建设、开工、招引、储备、谋划"6个一批,特别是百亿大项目和个性好项目),四是企业主体基础(经营、环境、文化、服务和品牌)5大建设,五是公共服务基础(旅游公共服务和公共文化场馆、智慧文旅——一键智游湖州,一键智读湖州),六是人才环境基础(领导管理、经营、服务、创新、专业6大人才)。

第三,写好六篇"国"字文章。一是"国"字号平台(旅游——实现两个"3"的目标,即3大"国"字号度假区、3大"国"字号5A级景区;文化——实现两个"4"的目标,即名城、名镇、名街、名村4大"国"字号文化名片,运河、溇港、丝源和桑基鱼塘4大"国"字号文化"遗"产;融合——国家文旅融合示范市),二是"国"字号品牌(旅游——20家以上国际酒店品牌、"中国乡村旅游第一市,滨湖度假首选地"国际化品牌;文化——龙山古城、中国湖笔、湖州丝绸、湖州瓷茶,融合——《醉美太湖》旅游演艺),三是"国"字号创新(工作创新——法治环境、景区村庄、文旅服务、文化生态,改革创新——国家全域旅游示范区创建、国家级旅游业改革创新先行区、国家旅游标准化试点城市、全国行业信息化标杆示范基地、国家文旅融合创新先行区和国家文旅消费示范城市;活动创新——推广要终端化,也就是要到客源地去),四是"国"字号文创(真正形成以"天下湖品"为主品牌的系列文创产品),五是"国"字号人才(全力培育10个以上国家级人才),六是"国"字号排名(力争3年内,在同类城市从20名冲进前15名,各项工作力争冲进全国同类城市前50位)。

（郦青）

# 2019年嘉兴市文化产业发展报告

自2019年以来,嘉兴市紧紧围绕习近平总书记关于文化和旅游的重要论述,根据机构改革工作部署,立足高定位,着眼高目标,全面谋划文旅融合发展工作。2019年1月,嘉兴市文化广电旅游局正式挂牌,标志着嘉兴市文旅融合工作开启新征程。嘉兴的文化和旅游融合发展,以建设具有"红船魂、国际范、运河情、江南韵"的国际化品质江南水乡名城为定位,充分发挥江南水乡特色风貌优势和"文化璀璨、风华绝代"的人文优势,旨在提供更多优秀文化服务和优质旅游产品,不断满足人民群众对美好生活的新期待。

## 一、嘉兴市发展文化产业的基础和优势

### (一)深厚的文化底蕴

嘉兴建制始于秦,有2000多年的人文历史,自古为繁华富庶之地,素有"鱼米之乡""丝绸之府"的美誉,是一座具有典型江南水乡风情的国家历史文化名城。嘉兴名人辈出,涌现出茅盾、金庸、徐志摩、陈省身、王国维、丰子恺、张乐平等名家大师。近年来,嘉兴积极实施"文化强市"战略,通过举办江南文化节、农民画艺术节、南湖船文化节、博览会、设计展等多种创意活动,逐渐形成了良好的制度、开放的环境以及包容多种不同思维的氛围。

### (二)良好的区位条件

嘉兴,别称"禾城",浙江省地级市、长三角城市群、上海大都市圈重要城市、环杭州湾大湾区核心城市、杭州都市圈副中心城市、沪嘉杭G60科创走廊中心城市,位于浙江省东北部的长江三角洲杭嘉湖平原腹地。嘉兴处江河湖海交会之位,扼太湖南走廊之咽喉,与上海、杭州、苏州、宁波等城市相距均不到100千米,作为沪杭、苏杭交通干线中枢,交通便利,其陆地面积为4275.05平方千米(包含钱塘江水域面积,钱塘江河海分界线采用海盐澉浦—余姚西三闸连线)。

### (三)良好的经济发展基础

2017年,嘉兴的全面小康指数在中国地级市中(含副省级城市)排名第17。2018年,其生产总值为4871.98亿元,人均生产总值为103858元。2018年9月,嘉兴荣获"2018中欧绿色智慧城市奖"。

### (四)良好的公共服务基础

嘉兴市连续6年在浙江省基层公共文化服务评估中位列第1,实现"6连冠"。省定公共

文化服务标准化达标实现全覆盖,海宁、平湖等 5 个县(市)通过第一批认定,南湖区和秀洲区通过第三批认定。图书馆总分馆建设经验正式达到省级地方标准。

"书香嘉兴"阅读体系再提升,罗振宇、张泉灵、脱不花等网络大咖盛赞市图书馆年均5000 场活动的服务模式,央视《文化十分》做了深度报道,嘉兴图书馆与故宫博物院、华为等一同登上了"中国最佳创新公司 50 家"榜单;截至目前,嘉兴新建标准统一、各具特色的智慧书房 46 家,建成"礼堂书屋"74 家。

公共服务设施网络不断健全。一是基础设施建设提档升级。文化艺术中心建设顺利启动,图书馆二期工程完成部分验收,博物馆二期建设工作继续推进。嘉兴共完成高照街道等2 个省级重点街道及 55 个省级重点村(社区)的公共文化服务提升计划。二是智慧文旅数字化建设取得新突破。嘉兴正式启用文旅综合管控平台、智游嘉兴服务系统,提供个性化、一站式的文旅公共服务。"文化有约"提供各类文化活动达 1622 多个共计 2433 场,受益群众超过 50 万人次,网站点击量超过 1122 万次。

## 二、嘉兴市文化产业发展成果

### (一)文旅融合

#### 1. 弘扬红船精神,全力打造红色旅游标杆城市

嘉兴市制定出台《嘉兴市打造红色旅游标杆城市三年行动计划》,被列为先行启动红色旅游资源普查试点工作城市(全国共 2 家),参与《全国红色旅游示范城市》标准制定。南湖旅游区全年接待游客 538.78 万人次。民族歌剧《红船》被列为国家文化和旅游部 2019 年度民族歌剧传承与发展的重点扶持项目(全国共 4 部),目前剧本已完成国家层面的专家论证。

#### 2. 彰显名城风范,全力建设大运河文化带嘉兴段

全面开展大运河文化带建设的立法保护和规划研究,制定实施《嘉兴市大运河世界文化遗产保护条例》,编制《大运河(嘉兴段)文化带建设规划纲要》。实施抢救性保护工程,加大对运河沿岸文化遗产的保护修缮力度。召开嘉兴市大运河文化旅游和古镇建设座谈会,推进嘉兴大运河文化博物馆建设工作。推进遗址保护和展示工作,马家浜文化博物馆于 2020年 5 月开放,子城遗址公园建设方案已报送国家文物局。深入挖掘地域民俗文化,端午文化、含山轧蚕花、高杆船技、元宵灯会等传统民俗活动常办常新,常办长响。实施运河文化史料研究和挖掘工程,编写《运河嘉兴》等一批历史文献,推出《运河记忆:嘉兴船民生活口述实录》《重走大运河》等一批文学作品。

#### 3. 突出惠民导向,大力推进公共服务标准化

标准化水平进一步提升,嘉兴市文化馆总分馆制建设管理规范被纳入 2019 年省地方标准修订计划;海宁、平湖、嘉善、海盐、桐乡等 5 个县(市)通过省定公共文化服务标准化认定;高照街道、建设街道等 2 个重点街道及 55 个重点村(社区)完成"十百千"工程的提升工作。文化设施建设进一步完善,嘉善县投资 4 亿元打造的县图书馆、博物馆,成为地标性文化建筑;嘉兴市图书馆二期、博物馆二期项目正在有序推进。文化惠民品牌进一步打响,健全"书

香嘉兴"阅读体系,2019年上半年全市新建9个智慧书房,建成7家"礼堂书屋",成功承办全省未成年人读书节等阅读活动。智慧文旅综合管控平台正式启用,智游嘉兴服务系统进入试运行阶断,"文化有约"平台推出项目902个,共计1851场次,总点击量突破1034万次。在图书馆等公共文化设施内以VR等形式融入旅游内容。

4.推动产业发展,精心构建文旅大IP体系

打造"百县千碗·嘉肴百碗"IP,成功举办5·19"嘉肴百碗"发布和进万家启动仪式,近17万人次参与线上投票,47家主流媒体进行宣传报道;推进"嘉兴村游"IP,深入推进村庄景区化,3A级景区村庄旅游发展测评"嘉兴样本"得到省文旅厅充分肯定,将于下半年在全省推广;嘉善、桐乡成功创建浙江省首批省级全域旅游示范县,嘉善县大云镇、海宁市黄湾镇成功创建省级旅游风情小镇。

**(二)数字产业**

自2019年以来,全市上下深入贯彻落实《中共嘉兴市委嘉兴市人民政府关于建设数字经济强市的实施意见》,全市数字经济核心制造业突飞猛进,1—11月全市规上数字经济核心制造业544家企业实现增加值299亿元,同比增长15.8%。此外,数字经济"高精尖"项目纷至踏来,制造业数字化转型风起云涌,互联网大会经贸对接硕果累累,数字网络基础设施建设走在前列,数字经济发展取得新进展、新成效。

**(三)5G+文化**

2019年8月,《嘉兴市加快推进5G产业发展实施意见》正式出台,为嘉兴市5G产业发展定下总基调,对加快5G产业发展,打造生态环境优良、网络建设领先、应用场景丰富、产业特色鲜明的5G新城,进入长三角地区5G发展的"第一方阵",起到指导性的推动作用。5G网络的布局必须依靠5G基站的建设,而5G基站是专门提供5G网络服务的公用移动通信基站。2019年底,实现市本级主城区、乌镇镇区和县(市)重点区域5G信号全覆盖,全市5G基站建设数量超1000个;2020年,全市各县(市)城区和部分镇区实现5G信号全覆盖,5G基站建设数量超4000个;2021年,全市实现5G信号重点区域连片优质覆盖,5G基站建设数量突破8000个;到2025年,实现所有5G应用区域全覆盖。

在融合应用领域,嘉兴市将开展5G重点领域试点示范,在工业、医疗、文旅、交通等重点领域的应用示范走在全省前列,形成可复制、可推广的"嘉兴模式"。通过深入推进5G与经济社会各领域融合,以规模化应用带动产业繁荣,以产业发展助推应用创新,不断衍生5G新应用、新业态、新示范,构建嘉兴5G新生态。

同时,嘉兴市还将贯彻创新驱动发展理念,集聚创新资源要素,结合本地企业自身优势,加快5G技术创新。从人才培养、科研院所布局、企业自主创新激励和国际交流合作等方面,实现5G领域差异化创新,高质量构建"产学研用"合作机制,打造在全国具有影响力的5G创新新城。

**(四)AI科技赋能**

桐乡创新活力强劲,是世界互联网大会永久举办城市,拥有互联网创新发展试验区、乌

镇大数据高新技术产业园区等多个数字经济产业平台,拥有科技孵化器 6 家,其中,国家级 1 家、省级 1 家;众创空间 6 家,其中,国家级、省级各 2 家;产业创新服务综合体 2 家,其中,省级 1 家。

一是科技赋能不断增强。秀洲区 2019 年度创新指数在全省县(市、区)排名第 12 位,其中,R&D 经费支出 14.3 亿元,占 GDP 比重达到 3.05%,现有国家高新技术企业 221 家、省科技型中小企业 686 家。二是科技创新平台不断提升。秀洲国家高新区作为嘉兴市唯一的国家级高新区排名稳居全省前 3。北京理工大学"两院一园"、浙江大学"一院三中心"等重大科创平台建设积极推进。科技孵化及服务体系持续优化,现有市级及以上孵化器 12 家、产业创新服务综合体 5 家。三是科技创新生态不断优化。深入实施"人才强区"战略,推出"秀湖双百"科技人才新政,积极引入院士专家、"双千""双万"等高层次人才,打造省级"秀水院士之家""天鹅湖国际学术交流中心"等高端科技人才服务载体,累计培育省级院士专家工作站 2 家,省"万人计划"6 人、省级领军型创新创业团队 4 个、省级海外工程师 14 人,创新人才集聚效应日益凸显。

**(五)区块链**

由世界著名密码技术与安全技术专家、图灵奖获得者迪菲教授及其团队联合浙江清华长三角研究院共同发起,成立嘉兴区块链技术研究院。

嘉兴区块链技术研究院主要面向数字网络安全、人工智能、物联网、金融创新等领域,开展相关的技术开发、技术服务、技术培训和成果转化等;结合地方需求,开展区块链+智慧城市、区块链+智慧医疗等项目。同时,嘉兴市将以研究院为核心动力,部署成立区块链技术产业园,配套专项扶持基金,集聚顶尖区块链人才,更好地服务于嘉兴地方经济发展。

**(六)文博文创**

2019 嘉兴文化产业博览会于 2019 年 6 月 7 日在嘉兴国际会展中心隆重开幕。嘉兴市海宁皮影、硖石灯彩、皮贴画等非遗项目参展亮相,并参与现场互动体验。嘉兴文化产业博览会是嘉兴一年一度的文化盛会,2019 年展会规模约 2 万平方米,展厅包括图书展、文创展及童博会。除了嘉兴各县(市、区)的文创企业积极参展外,来自宁波、湖州、丽水、上海等省内外城市的文创企业也一一亮相。据统计,本届文博会仅嘉兴本土就有超 500 件展品展出,既有大家熟知的传统工艺,也有令人惊叹的创意设计,达成了现场交易额 248 万元,意向订单 50 多万元,意向合作项目 40 多个,总观展人数约 15 万人次,实现了社会效益和经济效益的双放大、双丰收。嘉兴文博会将力争打造成为浙北地区知名度最高、影响力最大、融合程度最高的文化产业博览会。

**(七)夜间经济**

西塘古镇是嘉善县对外旅游的"金名片"。近年来,嘉善县立足转型创新和满足消费新需求,依托江南古镇水乡文化优势,通过运用新技术、新模式、新业态盘活夜间旅游资源,将古镇景区"夜间经济"做大做强,"西塘夜游"正日渐成为嘉善旅游的"新 IP"。自 2019 年以来,西塘古镇景区接待游客超 900 万人次,增长 8.0％;实现旅游相关收入近 27 亿元,增长 6.2％。据测算,夜间消费占旅游总收入的 60％以上。

1.运用新技术,激发"夜间经济"新活力

一是强化大数据分析,增强夜游针对性。通过深化智慧景区旅游信息化建设,利用景区智慧门票系统、车流监测、手机信号源云计算服务等技术手段,对景区游客群体进行大数据云分析,深入了解夜间游客出行及消费偏好。通过大数据分析,景区夜间游客的年龄段集中在"80 后"和"90 后",出行方式多为散客自驾游,偏爱用自媒体"打卡留念"。根据以上特点,西塘对景区夜间活动进行扩充改良,对夜间场所营业时间进行延长,极大地优化了游客的夜间体验。

二是强化基础设施建设,增添夜游便利性。景区夜游期间,对游客中心、公共厕所、停车场、接驳车等基础设施均进行了智能基础升级,其中,58 座旅游标准厕所均进行了智能化改建,基本实现 24 小时开放。在各通镇公路主要路口设立运行智慧交通调控系统,在所有停车场设立停车收费、导视、监控系统,实行推行扫码支付等方式,极大地提高通行效率。

三是强化物防技防人防,提高夜游安全性。为确保夜间游览和出行安全,率先在景区建成集视频监控、图像识别、车牌识别、防爆安检、综合调度为一体的西塘景区综合管控平台,能够及时对景区突发状况进行处理,并且要求景区秩序管理人员和专职网格员 24 小时在岗,履行秩序引导、安全巡防、突发情况处理等职责。自新系统上线以来,西塘景区扒窃案件基本实现"零发案",警情下降近 40％,极大地保障夜游群众的生命财产安全。

2.推行新模式,深挖"夜间经济"新潜力

一是深化系列主题策划,提升夜游体验。在原有项目的活动基础上,不仅推出了西塘汉服文化周、"恋恋西塘"诗歌音乐节等大型活动吸引游客,还根据不同季节特点,每月开展主题夜间活动,如 4 月赏花季、5 月"我和西塘的故事"、6 月非遗传承、7 月老电影展映、8 月红色旅游线路发布、9 月底迎国庆无人机展演、10 月汉服文化周等,让夜间游览充满参与性,让游客体验不一样的西塘夜生活。

二是深化外围环线建设,重塑交通格局。为进一步缓解交通拥堵问题,规划建设安平连接线、中兴东路、中兴西路等道路,构建外围环线交通,畅通景区"最后一公里"。根据高铁运营时间开通旅游直达专线和公交线路,为夜间乘坐公共交通出行的游客提供便利。节假日期间,各停车场与景区入口之间配备有随到随走的免费接驳巴士,方便游客多区域游玩。

三是深化门票购入体验,扩大夜间客流量。西塘古镇景区具有社区与景区共存的特性,以不同时段的差异化门票结构,吸引"说走就走"的夜间游客。目前,西塘的夜游门票价为 60 元/人次,较 95 元/人次的全天景区联票优惠了近 40％。

3.发展新业态,培育"夜间经济"新动能

一是培育提升街区特色,增加游览趣味性。在开放夜游的时间段内,引导经营户延长夜间营业时间,强化氛围营造,优化游客体验。同时,投资 1 亿元改造提升紧邻古镇核心区的邮电路步行街,打造全天候步行街,推进镇域景区化,有效拓展游览空间。

二是培育建设光影长廊,新添网红地标。2019 年 5 月,在五姑娘主题公园推出光影互动长廊"樱花大道",借助人体感应、地面光影互动、投影拼接融合等技术,使游客漫步其间,极大地增加了游客夜间游览的趣味性,并借助朋友圈、抖音等新媒体进行传播,"樱花大道"一经推出就迅速成为西塘夜游的"网红新地标"。

三是培育壮大特色项目,促进文旅融合。通过引进八九间、宋城演艺谷等特色项目,以文旅融合助推夜间经济。目前,良壤酒店已正式营业,主打休闲度假和生态有机,补足了高端酒店缺乏的短板。该酒店于 2019 年 7 月底对外营业,截至 9 月底,已接待夜间游客 2063 人,客房收入达 222.36 万元,餐饮收入 169 万元。重点投入的宋城演艺谷旨在通过世界级的实景演艺、戏剧节、艺术节等形式,打造与古镇风情相融合的文旅产品,预计于 2021 年正式对外营业,又将给西塘夜间经济增添一大助力。

### (八)城市品牌

全国文明城市是城市品牌中最具含金量的综合性荣誉,2019 年是嘉兴市新一轮全国文明城市创建 3 年周期中的第 2 年。嘉兴将确保争取全国文明城市"4 连冠"。

### (九)文物保护

国务院核定公布第八批全国重点文物保护单位 762 处以及与现有全国重点文物保护单位合并的项目 50 处。其中,嘉兴有 4 处入选全国重点文物保护单位,包括南湖区嘉兴子城遗址、沈钧儒故居,秀洲区王店粮仓群,海盐县、海宁市钱塘江海塘海盐敕海庙段和海宁段。至此,嘉兴市共拥有 24 处全国重点文物保护单位。

### (十)创意产业园区

嘉兴坚持筑巢引凤,大力发展文化创意产业,推动嘉兴城市经济转型升级新动能。2019 年,嘉兴为文创产业发展打造了良好的产业生态环境,让文创产业开出绚丽之花。

嘉兴市文化金融"三服务"暨 2019 长三角(嘉兴)文化创意设计大赛于 2019 年 9 月 4 日正式启动。活动以"美好生活创意嘉＋"为主题,旨在贯彻落实市委八届七次全会精神,实施全面融入长三角一体化发展的首位战略,加快"文化高地、文明高地"建设,积极营造发展氛围、展现发展成效,增强群众文化获得感,推动嘉兴市文化产业高质量发展。

嘉兴国际创意文化产业园于 2019 年 4 月被认定为"浙江省广告产业园区",是此次认定的全省两个广告产业园区之一。这是该园区 2016 年被评为"浙江省重点文化产业园区"、2017 年被评为"浙江省文化创意街区"后,连续第 3 年获得省级荣誉。嘉兴国际创意文化产业园以创意文化产业为导向,集中精力引进优质项目,目前已形成设计与广告、文化与艺术、报业与传媒、创新型互联网等 4 大产业群。截至 2019 年 11 月,园区共引进文创项目 17 家,其中,千万级项目 6 家。

2019 年 12 月 3 日,都市经济产业园蠡园·盐谷举行开园仪式,实现了由"仓"到"创"的转变。作为嘉兴中心城区唯一一块兼具历史文化与商业气息的特色园区,蠡园·盐谷文创园紧紧抓住长三角一体化上升为国家战略的重大机遇,以数字文化创新项目为主基调,围绕文化、设计、科技、时尚创意元素,推进"互联网＋"时代文化产业集聚,积极承接长三角文创溢出资源,整合政府与社会各界资源,充分实现文化效益和经济效益的完美结合。

自 2019 年初以来,电商文创园已引进船源文化等重点文创企业 3 家,预计 1 季度电商文创产业实现产值 18 亿元,同比增幅 30％左右。嘉兴漫创园是一个以影视、游戏、文化等为主的产业平台,主要依托台湾相关协会、产业联盟,目前已引进 8 个来自台湾的文创项目。2019 年,南湖新区又引进了大视野教育谷、嘉报集团文化产业园、小白租嘉兴文创园、漫创园等平台型项目,再通过这些平台引进、孵化、培育更多项目,从而快速做大整个文创产业。

## 三、嘉兴市文化产业发展工作思路

### (一)打造高水准的科创高地

科技创新是引领高质量发展的第一引擎。完善"政产学研金介用"七位一体创业创新生态圈,强化高新企业、高新技术、高新平台支撑,让科技创新成为嘉兴高质量发展的基因。

发挥好 G60 科创走廊的纽带作用。统筹推进 G60 科创走廊嘉兴段建设,完善"一核引领、多园支撑"的创新平台空间格局,支持秀洲国家高新区以"一区多园"模式扩容提升,嘉兴科技城发挥好院地合作示范引领作用,嘉善科技新城提升对接上海的产业创新孵化功能,张江长三角科技城平湖园导入优质科创资源,海盐核电关联高新区聚力发展核电设备制造业和核电高技术服务业,海宁鹃湖科技城依托浙大海宁国际校区打造国际创新合作中心,桐乡乌镇大数据高新区加快建设全产业链大数据产业基地,形成高新技术产业集聚带和产业协同创新示范带。

发挥好清华长三角研究院的龙头作用。支持清华长三角研究院总部做大做强和更好地融入地方发展,积极运用"一院一园一基金"模式,推动柔性电子研究院、浙江未来技术研究院等平台加快发展,建立军民融合创新研究院,搭建长三角创新创业科技项目路演中心,谋划建设"南湖实验室",让航空航天、集成电路、军民融合等成为清华长三角研究院的金名片。支持浙江中科院应用技术研究院规划建设物联网、检验检测、海洋设备等产业园,加快培育一批成果转化标杆型孵化企业。深化与中国电科集团旗下各研究院所的合作,共建"数字中国城市实验室"。

发挥好企业的主体作用。通过政策激励、体制创新、氛围营造,更多企业参与技术创新,加大研发投入,促进成果转化。全面落实高新技术企业税收优惠等政策,加大科技金融创新力度,力争企业研发费用加计扣除优惠金额增长 20％以上,推动 200 个授权发明专利产业化。健全知识产权保护和交易机制,技术交易额达到 25 亿元以上。实施新一轮科技企业"倍增"行动,推动各类产业创新服务综合体梯度发展,力争新增高新技术企业 200 家以上、省科技型中小企业 500 家以上,加快实现亿元以上工业企业技术(研发)中心全覆盖。积极推动嘉兴科技企业在科创板上市。

发挥好人才的支撑作用。研究制定更有含金量的人才新政、科技新政,深入实施"创新嘉兴·精英引领计划",扩大"星耀南湖"精英峰会和"红船杯"全球创业创新大赛影响力,加大"柔性"引才、"跨国"育才等工作力度,加快院士专家工作站、博士后工作站、外国专家工作站建设,引进海内外高层次人才 4000 名以上。积极培育高技能人才,力争市级技能大师工作室达到 100 家以上。

**(二)打造高水平的乡村示范**

乡村振兴是高质量发展的重要任务。牢记习近平总书记对嘉兴提出的"成为全省乃至全国统筹城乡发展典范"的殷切期望,着力打造乡村振兴示范地。以建设大花园的更高站位,持续深化"四美联创",营造"洁序美"的乡村人居环境。邀请名家大师规划设计美丽城镇、美丽村庄,像整治城市背街小巷一样改造小城镇,"一村一品",做好历史文化村落保护、村庄有机更新等工作,积极创建美丽乡村示范县 1 个、示范镇 7 个、精品村 40 个,建成 3A 级景区村庄 16 个。深入推进国家森林城市创建,打造一批田园综合体、农业公园、湿地公园,建成美丽交通走廊 375 千米、精品生态绿道 30 千米,新增改造绿化 2 万亩。

**(三)打造高品位的文化名城**

提升文化软实力是高质量发展的重要内涵。充分发挥嘉兴"文化璀璨、风华绝代"的人文优势,加快建设文化高地、文明高地。

打响红色文化品牌。大力弘扬红船精神,提升南湖革命纪念馆功能,办好浙江红船干部学院,谋划建设世界政党交流中心、全国党校联盟嘉兴教育基地,打造全国红船精神研究高地。鼓励红色文艺精品创作,推出一批富有时代感的红色文艺精品力作。组织实施红色旅游标杆市建设 3 年行动计划,塑造"重走一大路"等一批红色旅游品牌,打造"首创之旅""奋斗之旅""奉献之旅"红船精神旅游线。

挖掘历史文化内涵。依托嘉兴丰厚的历史文化底蕴,建设独具魅力的国家历史文化名城。围绕史前文化,建设马家浜考古遗址公园。围绕江南文化,推进大运河文化带建设,推动乌镇、西塘等江南水乡古镇联合申报世界遗产名录。围绕古城文化,建设中山路中央文化大街,串联瓶山、子城、壕股塔等历史遗迹,打造展现嘉兴历史文脉的城市中轴线。围绕名人文化,修建完善一批名人纪念馆和故居遗址。

构建现代文化体系。全面实施社会主义核心价值观引领和公民素质提升工程,全域化推进全国文明城市创建,大力弘扬科学家精神、企业家精神、工匠精神和新时代嘉兴人文精神。

深入实施文化惠民工程。完善文化馆、图书馆总分馆服务体系,提升"文化有约""书香嘉兴"品牌内涵,进一步扩大端午民俗文化节、海宁观潮节、乌镇戏剧节等节庆活动影响力,基本实现文化礼堂建设行政村全覆盖。提升公共文化设施功能,组建国家公共文化服务体系示范区创新研究中心,加快市博物馆二期、市图书馆二期等项目建设。围绕打造千亿级文化产业,积极发展影视演艺、创意设计、网络视听等新兴业态,力争文化产业增加值增长超 11%。

(郦青)

# 2019 年衢州市文化产业发展报告

衢州市位于浙江省西部,地处四省边际,建城有 1800 多年,一直都是四省边际交通枢纽和物资集散地。古城历史色彩和文化底蕴都非常深厚。1994 年,衢州被国务院命名为国家历史文化名城,2012 年、2013 年连续 2 年入选中国十大宜居城市。作为国家优秀旅游城市,衢州市旅游资源丰富,有世界自然遗产、国家地质公园、国家级自然保护区、国家级森林公园、国家湿地公园及国家 5A 和 4A 级景区。2015 年,衢州市开化县全境成为国家公园体制试点。衢州市是南宗孔氏家庙所在地,也是著名民间围棋故事"烂柯传说"的情境所在地。衢州市有全国重点文物保护单位 16 处,省级文物保护单位 64 处;国家级历史文化名镇(名村)2 处,省级历史文化名镇(名村)11 处;国家级非遗物质名录 10 项,省级 76 项;等等。近年来,衢州市在文化产业与旅游产业融合发展方面进行了积极探索和实践,不断挖掘并培育出古道文化等区域特色文化,"以文促旅、以游养文"的发展势头良好。

2019 年是文旅融合深入推进的一年。国家明确提出,完善文化和旅游融合发展体制机制。浙江作为全国旅游经济强省积极响应号召,加快文旅融合体制机制建设,不断深化文旅融合。衢州作为四省交汇地区,具有得天独厚的生态、人文和区位优势。近年来,在省委、省政府和国家、省旅游局的大力支持下,衢州市对南孔文化进行积极开发,在各旅游景点间共建文化内涵,加强旅游创意主题推广,形成了旅游品牌建设的集群效应。衢州旅游业作为"兴一业、旺百业"的富民产业也在过去一年取得丰硕成果,但同时也需要切实找准高质量发展中的问题和短板,以期有更好的发展。

## 一、衢州市文化产业发展成果

### (一)深度推进文旅融合

衢州按照"宜融则融,能融尽融"的思路,立足资源抓融合,厚植优势创特色,开局创业、夯基垒台,使各项工作取得了显著成效。规划引领,围绕"全域景区、全域旅游"总构架,精心谋划、科学布局文化旅游项目。项目带动,扎实推进铜山源旅游度假区项目、新田铺田园康养综合体以及千里岗休闲旅游度假区、骑游王国等重大项目。打造品牌,加大基础设施投入,谋划建设国家 5A 级景区,提升国家 4A 级景区,深化森林康养旅游风情小镇,在红色千里岗景区探索建设特色体育小镇。共建融合,在景区、景区村、旅游项目地建设南孔书屋,植入体育设施等,将文化馆、图书馆、东方运动城等打造成市民和游客的文体休闲场所,将非遗文化、体育赛事、衢江美食等进村进景区,植入赛事、节事等活动营销过程中。

衢州市在文旅产品开发、业态培育等方面积极探索实践,深入推进文旅深度融合。2019 年 1 月完成市文旅局挂牌,2 月完成三定方案(设处室 10 个,核定行政编制 26 名),各县(市、区)也陆续完成机构队伍整合,并按照"一个场所办公、一套领导班子、一个总体目标"的总要求,建立起配套的制度保障体系,开启了衢州文旅融合的新时代。机构改革后,衢州市委及时调整领导分工,市文旅局由常委宣传部部长分管,归口市委宣传部领导,统筹文化与旅游建设,推动了文旅部门从机构整合向业务融合递进。同时,衢州积极推进"深融合",举全市之力发展美丽经济幸福产业,并致力于将文旅产业作为支柱产业重点培育。市委市政府专门研究制定了《关于大力发展美丽经济幸福产业的指导意见》和"大文旅"专项政策体系。同时,衢州组建市文旅投资发展有限公司,建立全新的文旅投资运营平台。

衢州全面落实《浙江省基本公共文化服务标准(2015—2020 年)》,大力推进公共文化服务"十百千"工程建设,全市累计投入 1.1 亿元,完成 15 个乡镇、100 个村的提升任务。探索公共文化服务社会化,拟订出台《关于鼓励和引导社会力量参与公共文化服务的实施意见》和《衢州市鼓励和引导社会力量参与公共文化服务扶持奖励办法》等相关政策文件。龙游县推行"一站一公司、一站五员"的社会化运作模式,为基层文化阵地长效发展提供了改革样本,形成了可推广的全国性经验。衢州全年共送戏下乡 1322 场,送书下乡 170073 册,送讲座下乡 313 场。衢州不断提升公共旅游服务效能,推进全市旅游厕所建设,新建改建旅游厕所 377 座,56 家旅游厕所获评 3A 级旅游厕所。

全面推进长三角文化和旅游一体化。2019 年 4 月 27 日,浙皖闽赣 4 省文化旅游部门共同签署合作协议,将联席会议秘书处设在衢州。同年 10 月 31 日,首次推进会在衢召开,文旅部为衢州市秘书处授牌。多趟"衢州有礼"号旅游包机飞抵衢州开启"住衢州游四省"协作区生态之旅,与杭黄联合推广世界遗产精品旅游线路,作为浙皖闽赣四省生态旅游"大本营"的衢州已初具规模。衢州全域纳入浙江省诗路文化带发展规划,成为钱塘江诗路文化带主线城市。南孔古城入选浙江首批诗路旅游目的地,6 个县(市、区)获得 2019 年度省诗路文化带建设资金 5400 万元,占全省 53 个县(市、区)的 1/10 强。全力打造"衢州有礼"诗画风光带,一批主干项目纷纷落地。常山县"宋诗之河"融合品牌成为亮点。全面推进全域旅游品质提升。江山市获评为首批国家全域旅游示范区,成为浙江省上榜的三个县市之一。目前全市已形成争创国家级、省级全域旅游示范单位的工作梯队。全面实施"万千百(万村千镇百城)景区化工程"。

在市政府"快融合,真融合,深融合"的努力下,衢州 2018 年全年旅游总收入达 595.78 亿元,比上年增长 12.0%,其中,接待国内旅游 7869 万人次,增长 5.6%,国内旅游收入达 595.37 亿元,增长 12.0%。住宿设施接待入境旅游 12938 人次,下降 4.1%,住宿设施接待入境游客收入 达 593.01 万美元,增长 1.1%。全市拥有星级饭店 28 家,星级饭店客房间 4237 间。至 2018 年末,全市共有 A 级旅游景点 63 个,名胜风景区 4 个。2019 年全年共建成 3A 级景区村 32 个,3A 级以上景区镇 13 个,3A 级景区城 1 个。截至目前,全市 A 级景区村达 937 个,全市覆盖率达到 63.2%,位居全省前列。开化县华埠镇金星村、江山市大陈乡大陈村荣获首批全国重点旅游乡村。

**(二)注重战略目标引领**

衢州以建设成"诗画浙江大花园建设的先行者"为"最高纲领"和奋斗目标来统领,推进衢州文旅融合发展。一是高起点规划"风光带"。2018 年,衢州积极融入省级战略,规划打造贯穿全市域长达 280 千米的"衢州有礼"诗画风光带。二是高规格创建"协作区"。首先，衢州积极融入杭州都市圈，合力打造更具竞争力、更具魅力的国际旅游目的地群。其次，衢州主动牵头"浙皖闽赣"国家生态旅游协作区创建，积极谋划 4 省文旅系统和衢州先行先试，2019 年上半年，4 省已在义乌签署了合作协议。三是高标准建设"大花园"。以建设"大花园的核心景区"为标准，推进全域旅游示范区创建，着力加强基础设施和公共服务设施配套建设。同时，衢州积极实施古城双修十大项目，总投资 80 亿元，倒逼旅游集散中心体系、城市公园、城市绿道等公共休闲设施建设。2019 年，衢州立项建设文化艺术中心、文化广场、文化馆、博物馆、美术馆等项目 30 余个，总投资超 40 亿元。2019 年末共有专业艺术表演团体 2 个，艺术表演场所建筑面积 8500 平方米；公共图书馆 7 个，面积 34316 平方米，藏书量 3155 千册；博物馆 6 个，面积 20065 平方米；文化馆 7 个，面积 22237 平方米；文化站 102 个，面积 109674 平方米；广播电台 6 座，广播节目综合人口覆盖率 100%；电视台 6 座，电视节目综合人口覆盖率 100%，数字电视用户数 68.87 万户。全年城市影院观看电影观众共计 331.94 万人次，票房收入达 1.07 亿元。全市日均发行《衢州日报》5.2 万份，《衢州晚报》4.9 万份。2019 年末有综合档案馆 7 个和国家专门档案馆 1 个，总面积 37487.97 平方米，馆藏档案全宗 1162 个；全年查阅档案、资料 1.64 万人次，54532 卷/件次。

大型婺剧现代戏《江霞的婚事》被列为浙江省舞台艺术创作重点题材 2019 年扶持项目，获浙江省第十四届戏剧节新剧目大奖。大型廉政婺剧《铁面御史赵抃》在全市反响热烈，有望在全省推广演出。同时，精品创作硕果累累：歌曲《送你一个钱江源》入选浙江省第十四届精神文明建设"五个一"工程奖，群舞《麻糍糯糯盼儿归》、曲艺衢州道情《一面旗》获 2019 年浙江省"群星奖"，图书《难忘与你们同行》、歌曲《丝、瓷、茶》和《南孔圣地·衢州有礼》、戏曲《江霞的婚事》、美术作品《花未眠》（丝网版画）和《俑》（木版水印）、书法《羽翼匡扶联》获衢州市第四届衢州市文艺精品"南孔奖"，散文集《三衢道中》、儿童文学《鹭鸟日记》入选第七批衢州市文艺精品扶持项目。

### （三）强化项目抓手

一是打造特色小镇，发展文旅特色项目。截至 2018 年底，衢州已经成功打造盛世莲花绿色生态小镇、廿八都旅游风情小镇、森林运动小镇等国家级特色小镇，构建形成"东西南北中"全覆盖的空间布局。同时，衢州全力推进"古城双修"，把南孔文化复兴和南孔古城复兴作为衢州文旅融合发展的核心工程，大力推进信安湖"光影秀"改版提升、南湖广场文化旅游提升等古城双修项目，同步谋划建设鹿鸣半岛文化院街、酒店综合体等特色文旅项目。二是实现"东南西北中"全域覆盖。目前，东有六春湖高山杜鹃花海和滑雪场、红木小镇，西有钱江源国家公园、根缘小镇、中国赏石小镇、赛得康养小镇，南有富里万亩水田垦造区，北片引进大荫山森林穿越、奥陶纪高空极限景区、中国运动汽车城等一批国际顶级运动主题项目，中间是贯彻市域的"衢州有礼"诗画风光带。三是"重大项目"全面发力。2019 年，衢州积极推进一批重大文旅项目，目前，有 10 亿元以上在建文旅项目 32 个，其中 30 亿元以上的有 9 个，当年实际投入资金累计 17.64 亿元。特别值得一提的是，衢江区新田铺万亩田园康养综合体、"江郎山居"小镇、铜山源休闲度假区等一批 50 亿元以上大项目正在快速推进中。

**（四）注重特色品牌培育**

一是打造"＋品牌"。自 2018 年以来，"南孔圣地·衢州有礼"城市品牌在全国实现全面打响，成为衢州城市形象的"第一 IP"，其中，"全球免费游衢州"活动获得广泛关注。二是彰显"＋农味"。衢州深入实施万村景区化工程，完成了近 400 个 A 级景区村评定验收，其中有 97 个达到 3A 级；大力培育精品民宿，全市共有民宿 1312 家，其中，精品民宿 102 家（含 2 家省级白金宿、5 家省级金宿和 15 家省级银宿），平均客房出租率达到 45%。三是做强"＋体育"。2019 全年举办市、县运动会 443 次，共计 21.23 万人参加。在全国及全省各类体育比赛中，全市共获金牌 206 枚、奖牌 632 枚。2019 年年内成功承办 2019 年灵鹫山第二届（国际）森林汽车穿越大赛、2019 衢州 TF 铁人三项国际邀请赛、2019 年"一带一路"衢州国际滑水挑战赛、2019 年国际汽联亚太汽车拉力锦标赛—中国（龙游）拉力赛、第四届全国智力运动会、2019 年江郎山新年登高活动、2019 年全国男子举重锦标赛、2019 年全国健美操锦标赛、2019 年中国山地自行车公开赛总决赛、2019 年全国国际跳棋锦标赛、2019 年全国掷球（草地滚球）精英赛、2019 年全国举重 U 系列女子冠军赛、2019 衢州马拉松和 2019 年万人健步走活动等重大赛事活动。此外，加快六春湖滑雪场、中国运动汽车城、快乐运动小镇等项目建设，"活力休闲运动"已经成为衢州文旅的特色标志、品牌赛事。

**（五）抓好保障体系建设**

重点做好"三个一"：一是建好一个平台，即智慧文旅数字平台。2018 年，作为"诗画浙江全域旅游信息服务系统"的首批试点单位，衢州市智慧文旅数字平台在全国率先实现省、市、县数据互联互通，并接入"城市大脑"，为全省文化和旅游系统加快数字化转型提供了经验和样本。此外，建设衢州"云端景区""在线导游"和"全景地图"，为游客提供智能化、数字化便捷旅游体验。二是建设优化游客体验项目，加大文物保护力度。结合好听、好看、好吃、好玩"四好衢州"建设，衢州创新推出"信安湖·光影秀""礼乐·草原音乐会""国学论衡"名家讲座等一批特色活动，为市民游客带来别样感观体验。各地也积极建设优化游客体验项目，比如开化根宫佛国开放玻璃天桥、滑道、百鸟园等体验项目，江山推出"多娇江山"实景剧演出等。2019 年 8 月，衢州市传承发展优秀传统文化获省政府督查激励事项和市委市政府十大军规表扬。文物保护利用水平不断提升，2019 年以来，全市共推进实施各级文保单位修缮工程 20 余项。衢江仙岩洞摩崖题记和江山文昌宫被评为第八批全国重点文物保护单位。文物安全工作扎实开展，全年全市未发生一起重大安全事故。衢州继续推出加大停车位开放、开通重点景区直通车、推出 18 元衢州特色超值午餐等旅游服务福利，赢得了广大市民和游客的充分认可，获得国内 20 余家媒体关注报道和广泛赞誉。三是开展一场行动，即文明旅游行动。以创建全国文明城市，打造"一座最有礼的城市"为契机，从景区环境、市场秩序、文明旅游等方面着手，大力开展行业整治行动，着力打造有礼场馆、有礼景区、有礼旅社、有礼酒店等一批契合"衢州有礼"城市形象的行业典型。

### （六）坚持打造"四好衢州"

一是"颜值＋内涵"，打造"好看"衢州。以《钱塘江诗路文化带规划（衢州段）》为引领，串联钱塘江上游衢江水系沿线各类区域文化和旅游资源，统筹整合资金资产资源，助力打造钱塘江诗路文化带。投入 1800 万元，支持公园、社区建设"南孔书屋"24 小时城市书房，构筑城区 15 分钟"阅读圈"。累计安排财政资金 5400 万元，连续 3 年保障"全球免费游衢州"政策落地，支持烂柯山围棋仙地旅游区、儒学文化产业园、孔子文化博物馆等文旅融合项目深度开发，丰富全域旅游内涵。2018 年，衢州旅游总收入达 595.78 亿元，比上年增长 12.0%，其中，接待国内旅游 7869 万人次，增长 5.6%，国内旅游收入达 595.37 亿元，增长 12.0%。

二是"创意＋品牌"，打造"好听"衢州。集中力量创建"好听衢州"主题品牌，策划推出音乐、舞蹈、诗朗诵等多种形式的文化活动，打造衢州文化精品工程。安排财政资金 400 万元，保障每月一次"好听衢州"草地音乐会系列活动，通过"专业＋业余""本土＋引进"等形式，在全省范围内打响衢州草地音乐会知名度。与浙江音乐学院、上海音乐学院等专业院校合作，研究组建青少年交响乐团、艺术培训中心等文化载体，提升城市文化能级。

三是"城市＋乡村"，打造"好玩"衢州。以古城文创游为亮点，启动古城双修"十大工程"，总投资约 50 亿元，为衢州旅游注入时尚元素。投入资金 8200 万元，在信安湖水域建设城市会客厅"光影秀"，连续 2 年成为全国现象级"网红"景点，吸引游客 120 万人次。整合设立"大三农""大文旅"专项资金，聚焦民宿产业，破题乡村"沉睡的资源"，精准扶持乡村生态、文化与经济发展，打造"美丽经济"。2018 年，全市乡村旅游直接营业收入达 27.1 亿元，同比增长 29%。2019 年，预算安排民宿提档升级资金 1000 万元，是 2018 年投入的 4 倍，全力助推民宿产业精品化梯队式发展。衢州坚持打造服务品牌，宣传营销推广引爆热点。全力推进好听音乐会、好看大花园、好玩运动场、好吃"三衢味"等"四好衢州"建设，并强化宣传推广，全年文旅高光时刻频出，创建多个"现象级网红"。创新推出"推倒政府院墙"开放食堂、开放停车"两放两开"服务。人民日报社、新华社、央视、澎湃新闻、新京报等近百家媒体关注报道，百度搜索次数达到 3240 万。连续举办 11 场礼乐·草原音乐会，共吸引 10 万余人次市民游客现场观看，线上观看流量突破 2860 万，百度搜索次数达到 3800 万。持续实施"全球免费游衢州"活动。不断推进旅游惠民、还景于民，全球游客游衢州得到更多实惠。14 个核心免费景区共接待海内外游客 483.73 万人次，日均接待游客量达到 1.98 万人次，百度搜索次数达到 848 万。一系列文旅惠民举措为衢赢得良好口碑，强势擦亮衢州文旅金名片，强力助推城市品牌的塑造。

## 二、衢州市文化产业发展中存在的问题和不足

文化和旅游融合发展是宣传文化领域亟待开拓的沃土，尚处于探索推进阶段，在具体实践中，还存在不少困难和问题。

### （一）思想认识方面

融合意识强烈但融合方法路径不多，且文化创意产业知识产权保护意识薄弱。当前，各

地普遍已经明确文旅融合的理念和方法,但对于为什么融、怎么融、融什么,一定程度上思路还不够清晰、举措还不够有力,推进过程中,容易出现布局不科学、缺乏个性、融合程度不深、进度不快等一系列问题。文化创意产业(企业)知识产权创新与保护意识不强,被侵权现象严重。衢州文化创意产业在规模扩张、快速发展的同时,也存在着文化创意企业对知识产权创新和保护的意义认识不足的问题。

### (二)管理体制方面

归口领导和项目落实的体制运行不够顺畅。自上而下的归口领导和管理体制建立后,各地党委、政府的分工也才调整,对文旅工作领导和管理体系的转型和改变,需要在运行机制保障上更好地破题推进,比如市场管控引导、成熟文旅项目落地等工作机制,有待建立健全、统一规范。在创意产业方面,尽管衢州市政府相继出台了有关发展文化创意产业的政策法规,然而,这些政策大多是着力于扶持产业发展的财政、税收、融资等方面,而涉及文化产业知识产权创新激励和保护方面的政策法规相对缺失。

### (三)配套服务方面

文旅产品的有效供给与人民群众文化旅游的需求满足不相匹配。一方面,为满足群众对美好生活的新期待,亟需为群众提供高质量、多样化、可持续的文旅产品和服务。另一方面,衢州丰富的文旅资源尚未有效转化为文旅产品,尤其在文旅产品设计、业态布局、文旅服务等方面相对薄弱,经费、人才、政策等保障也明显不足,迫切需要创新突破。文化创意产业的产业链尚未完全形成,一定程度上影响了文化创意企业的知识产权创新收益和积极性。衢州文化创意产业中,除个别行业外,大都具有形成产业链的潜力,但现实中大多数行业的产业链都没有形成。由于产业链没有形成,很多行业文化创意的价值都没有发挥出来,创意主体因此处在恶劣的经济状态下,一定程度上影响到创新主体的知识产权创新积极性。

### (四)文化特色方面

南孔文化未得到充分的开发,在一定程度上使地方文化品牌缺乏必要的物态产业支撑,从总体上看衢州文化产业的发展仍滞后于我国文化产业的发展。其主要原因是旅游产业从业人员素质参差不齐,人才缺乏,致使各旅游景点间缺乏必要的联系和足够的文化内涵,旅游推广缺乏主题和新意,旅游品牌建设未形成集群效应。

## 三、衢州市文化产业发展工作思路

未来将紧紧围绕打造"三区一地"的总体目标,即浙皖闽赣国家生态旅游协作区,国家全域旅游小范区、中国文化旅游融合创新实验区、"诗画浙江"中国最佳旅游目的地,用文化点睛旅游,以旅游凸显文化,推进文旅资源充分整合、深度融合,实现创造性转化、创新性发展,具体目标如下所示。

### (一)资源转化

将全面挖掘开发儒学文化等地方特色文化,将文化元素表现出来,并转化为可体验的文旅产品；以首批国家级非遗西安高腔、世界非遗九华立春祭为重点，重现古琴制作、木偶戏、剪纸等传统技艺；培育以文保单位、博物馆、非遗实践为支撑的体验游、研学游和传统村落休闲游，将文化地标打造成为优质的旅游目的地。

### （二）平台升级

凭借"诗画浙江全域旅游信息服务系统"首批试点单位，打造"衢州智慧文旅数字平台"新版本，强化省、市、县三级旅游数据库互联互通，为政府、企业和游客提供一站式决策和咨询服务。

### （三）品牌打造

按照"做好规划、做精特色、做优环境"的思路，进一步打造"四好衢州"金名片，开发品牌文旅产品，并结合"衢州有礼"文创开发和伴手礼产业发展，推出美食修学游、生态康养游等主题系列产品，大力推进文旅事业全面提升发展。具体来讲，衢州将以高质量发展为目标，以融合发展为主线，以创新发展为动力，紧扣提供优秀文化产品和服务、优质旅游产品和服务中心环节，着力打造文旅融合升级版。一是要坚持项目化推进。持续拉高标杆，补齐短板，全力争取年内成功创建首批国家全域旅游示范区。深化江郎山省级旅游度假区申报，持续强化文旅项目支撑，力争文旅项目投资增幅同比超 20%。二是要坚持标准化引领。完善文化馆、图书馆分馆建设，持续推进全市 19 个乡镇（街道）综合文化站的整改提升工作，并于年内评选 4—6 个精品示范型文化站。积极推进公共文化惠民和旅游厕所提升两大工程，提升群众幸福感和获得感。三是要坚持精准化发力。聚焦"吃、住、娱"短板，丰富优秀文化业态和优质旅游业态，做强江山夜间经济。重点要唱响以"党建"为主题的"你好江山"实景剧，开展"一村一碗、一镇一席、一城一品"旅游美食评选活动，实施精品民宿提质项目，创新打造社会资源旅游访问点，盘活全域文旅资源，丰富文旅产品供给。四是要坚持全域化提质。围绕打造"衢州有礼"品牌，持续建设江山大花园，于 10 月举办 2019Maxi-RaceChina 江山 100 国际越野跑，并稳步推进 4A 级景区城打造，年内力争再创建 1 个 4A 级景区、2 个 3A 级景区及 30 个景区村庄，力争市域景区化继续走在全省前列。

### （四）项目支撑

优化产业项目布局，积极争取将南孔古城、龙游红木小镇等项目纳入全省千万十亿级大型景区培育名单，全力推进国家级 5A 景区创建工作，扎实推进景区村提档升级。

### （五）企业发展

建议对文化艺术、广播影视、新闻出版 3 大传统行业，重点扶持原创和精品生产，创新网络文化服务模式，繁荣文学、艺术、影视、音乐创作和传播，积极鼓励文化输出。鼓励精品和原创作品制作，重点扶持能够代表衢州地域文化特色的动画连续剧和动画大电影创作，成就一批具有广泛社会影响力和票房号召力的动画项目。支持多元化综合发展。加快推进经营性文化艺术事业国资投入，通过政府购买服务、原创文创补贴、以奖代补等方式，积极引导其与外资企业、民营机构等开展全方位合作，尽快形成一批有特色、有实力的骨干文创企业。

加快文创产业化运营,要健全包括动画创作、衍生品开发、版权代理、品牌宣传等在内的完整文创产业链。开拓文化演艺消费市场。举办衢州文化消费季,培养文化消费理念,推动惠民文化消费。

### (六)人才建设

应注重进一步强化人才培养与集聚,解决文化产业的技术人才、创新人才、特种人才和工匠人才不足问题。要注重以"特"聚才。这个"特"包括理念的特、政策的特、环境的特、举措的特等。比如,安徽宣城是书法之乡,为了营造书法之乡氛围,从小培养书法人才群体,宣城市委市政府煞费苦心,出台政策,规定机关干部上班时间学书法不算违纪。这项政策符合宣城的实际,并且管用。要办出特色,提升亮点,在引进、培养、集聚特色人才与专业人才方面希望政府也能出台一些有特色、有针对性、有效果的政策。

### (七)公共服务设施保障

构建全市域集散中心体系,优化全域基础设施配套,持续深化"厕所革命",推进公路景区化、水利景观化、服务智慧化,为文旅深度融合提供有力支撑。深化党建治理大花园,加快推进全域土地和农房综合整治,把农村打造成大景区,让田园变成大花园。

## 四、衢州市文化产业发展的具体对策

### (一)推动浙皖闽赣国家生态旅游协作区创建

协作区建设共涉及 4 省 19 个市 123 个县(市、区)。4 省已确定将联席会议秘书处设在衢州,应建立省级层面交流互动常态化机制,强化统筹协调,加强沟通对接,抓实创建工作。

### (二)加大对衢州创建全域旅游示范区的支持

衢州是浙江大花园建设的核心区。恳请省委宣传部加大对衢州创建全域旅游示范区的扶持力度,帮助争取国家和省级规划布局、项目安排、资金补助等政策支持,特别借力杭衢、绍衢、甬衢山海协作,在承接文旅项目、引进文旅产业、开发文旅产品、开设疗养线路等文化旅游合作方面,加强帮助指导。

### (三)加强对"南孔文化复兴"的聚焦

衢州的南孔文化是浙江重要的历史文脉。恳请省委宣传部从省级层面把南孔文化复兴工作纳入重要工作,推动上升为省级战略,指导衢州开展南孔文化复兴工作,在研究资源、宣传推介、项目安排、资金扶持等方面给予倾斜,更好地推动"南孔文化落地"。

### (四)注重创意产业发展

结合衢州文化创意产业的特性,推动促进衢州文化创意产业知识产权创新与保护的地方立法。根据衢州文化创意产业的特性,推动促进衢州文化创意产业知识产权创新与保护的地方立法,确定若干需要重点保护的行业,如出版业、动漫网游、电子商务、服装设计、工业设计、软件及影视制作等,并且有针对性地确定该行业的知识产权保护重点和制定相应的保护制度。

### (五)增强文化知识产权保护意识

应强化知识产权创新与保护意识,提升文化产业(企业)的创新能力。自主创新是知识产权的源泉,文化产业(企业)应认识到知识产权的创造与保护对于文化产业、企业的重要性,进而强化知识产权创造与保护的观念和意识。可以通过知识产权工作培训、"4·26世界知识产权日"主题活动等多种形式加强宣传和教育,增强全社会的知识产权保护意识,促使文化创意主体自觉地将知识产权保护工作纳入到企业发展战略中去,对文化企业的知识产权进行有效的自我保护,积极防范创新成果被侵权,充分享受创新成果的收益,从而不断激励人们的创新活动。同时,还应通过各种机制的设计与实施,鼓励文化企业提升文化创业产业(企业)的自主创新能力,提炼与创造更多具有自主知识产权的智力成果。同时,由于文化产业的价值重心在于其衍生产品,因而要注重创意产业价值链两端的知识产权的创造与保护。

(郦青)

# 2019年丽水市文化产业发展报告

2019年,面对国内外风险挑战明显上升的复杂局面,丽水市认真贯彻落实省委省政府的决策部署,以"丽水之干"加快建设现代化生态经济体系,扎实推进经济高质量发展。经济社会发展再上新台阶,发展质量稳步提升,人民生活福祉持续增进,各项社会事业繁荣发展,生态环境质量总体改善,主要经济指标增幅居全省前列,较好地完成年初确定的各项目标和任务。初步核算,全年地区生产总值(GDP)达1476.61亿元,比上年增长8.3%。其中,第三产业增加值达805.23亿元,增长8.7%。新时代,丽水正处在"丽水之赞"带来的历史机遇、大通道建设带来的时代机遇,长三角一体化带来的战略机遇,特色改革带来的创新机遇,"丽水之干"带来的奋进机遇这5个重要战略机遇期,加快推进文化与旅游深度融合发展,对于丽水创新实践"绿水青山就是金山银山"理念,推进高质量绿色发展,具有十分重要的意义。

## 一、丽水市发展文化产业发展的基础和优势

### (一)资源优势

#### 1.生态资源

丽水是中国生态第一市、全国首个地级市"中国长寿之乡"和全国唯一的"中国气候养生之乡",空气质量常年居全国前10,生态环境状况指数连续15年居全省第一,是全国空气质量十佳城市中唯一的非沿海、低海拔城市,凭借好山好水好空气吸引八方来客。2002年,时任浙江省委书记习近平同志第一次来到丽水调研时留下的由衷赞叹就是"秀山丽水,天生丽质"。

#### 2.文化资源

丽水是一座底蕴深厚的文化名城,是中国地级市第一个民间艺术之乡,有3项联合国人

类非物质文化遗产,18 项国家级非物质文化遗产,"丽水三宝"——龙泉青瓷、龙泉宝剑、青田石雕蜚声中外享誉华夏。此外,丽水的华侨文化、畲族文化、摄影文化、汤显祖文化、廊桥文化等都很具有本土民族特色。

3.红色资源

丽水还是一方有着光辉革命历史的红色热土,是全省唯一的所有县(市、区)都是革命老根据地县的地级市。周恩来、刘英、粟裕等老一辈革命家和无数革命先烈都曾在丽水留下了光辉的战斗足迹,缔造了伟大的"浙西南革命精神",现存革命遗址 429 处,5 个县入选全国第一批革命文物保护利用片区分县名单,数量上均位居全省第 1。

**(二)战略地位**

多年来,丽水在"绿水青山就是金山银山"理念的指引下,深化实施"文化强市"发展战略,一直把生态旅游业作为第一战略支柱产业,先后被列入首批全国生态文明先行示范区,首批国家级生态保护与建设示范区,浙江(丽水)绿色发展综合改革创新区,全国首个生态产品价值实现机制试点市,首个国家公园设立标准试验区。2019 年,丽水市召开市委经济工作会议和"绿水青山就是金山银山"发展大会,提出全面建设以"生态经济化、经济生态化"为基本内涵的现代化生态经济体系,聚焦聚力实现 GDP 和 GEP"两个较快增长",加快推动高质量绿色生态发展。同时,研究出台了《关于加快把文化产业打造成千亿级产业的实施意见》《丽水市红色旅游发展专项规划》《丽水农旅融合专项规划》《丽水市全域旅游发展规划》等系列政策文件和发展规划,为文旅融合发展提供有力支撑。而文旅深度融合是打开"绿水青山就是金山银山"通道、实现生态产品价值转化的有效机制。

**(三)工作基础**

近 5 年来,丽水文化发展指数考核始终稳居全省前 3。2017 年,文化产业增加值达 74.45 亿元,占 GDP 的 5.95%,排名全省第 3。2018 年,全市文化产业增加值增速达 12%以上,规上文化制造业增速位列全省第 2,突出打造了龙泉剑瓷、青田石雕、云和木玩三大百亿级文化产业集群。目前,丽水共拥有 23 个国家 4A 级旅游景区,总量居全省第 3。丽水旅游虽然总体规模与兄弟地市相比不大,但发展潜力巨大,2018 年全域旅游增加值达 126.2 亿元,占 GDP 比重达到 9.05%,全省第 1。2019 年,全年实现旅游总收入 781.04 亿元,比上年增长 16.9%。其中,国内旅游收入达 780.70 亿元,增长 16.9%;旅游外汇收入达 494.44 万美元,增长 24.8%。

## 二、丽水市文化产业发展成果

按照"宜融则融,能融尽融,以文促旅,以旅彰文"的要求,近年来,丽水市以"六边三化三美"行动、全域旅游创建、国家公园创建等一系列工作为抓手,持续推进文旅深度融合,"美丽环境、美丽经济、美好生活"三美融合,主客共享格局初步形成。

**(一)以农文旅融合,激活全域/乡村旅游发展**

努力探索打造"多元产业"文旅融合模式,注重带动工业、农业、教育、养老等产业与文化旅游业的融合发展,形成一二三产业融合发展、遍地开花的全域旅游发展形态,重点打造覆盖全市域、全品类、全产业链的综合性区域公用品牌"丽水山耕",走出一条以品牌化、电商化引领标准化、组织化,实现生态产品附加值提升的发展路径,使农产品平均溢价率达到30%以上;打造丽水市农家乐民宿区域公共品牌"丽水山居",依托美丽乡村,创建428个A级旅游景区村和农家乐民宿民宿经营户(点)4394家,涵盖从业人员5万人。全年共接待游客3451万人次,实现营业总收入41亿元,分别同比增长24%、33%。2019年末,建制村全部实现生活垃圾集中收集有效处理。全年创建省级美丽乡村示范县1个、示范乡镇12个、特色精品村33个,累计创建省级美丽乡村示范县3个、示范乡镇43个、特色精品村122个。累计发展农家乐特色村200个,特色点(各类农庄、山庄、渔庄)295个,经营农户3765户。全年农家乐(民宿)共接待游客3609.5万人次,增长16.2%;实现营业收入37.59亿元,增长23.7%。

丽水全市有公共图书馆10个,文化馆10个,文化站173个,博物馆19个。全市综合档案馆10个。馆藏各类档案1724个全宗,共计104.2万卷,168.4万件,其中已开放全宗1254个,共计27.9万卷。2019年,成功举办全国首场50千米城市超级马拉松赛、全国轮滑锦标赛、首届丽水国际山地徒步大会等国际性、全国性大型赛事活动16场。

**(二)以浙西南革命精神来弘扬红色乡村旅游发展**

丽水市组织开展浙西南革命精神弘扬践行活动,提出要以"忠诚使命、求是挺进、植根人民"的浙西南革命精神,为"丽水之干"注魂、赋能、立根,重点编制了《浙西南革命精神弘扬和红色资源价值转化规划》《浙西南革命文物保护利用和红色旅游发展行动计划(2019—2022)》《丽水市红色乡村振兴三年行动计划(2019—2021)》。丽水市制定出台了《关于支持"浙西南革命精神"弘扬践行的二十条意见》,这是我省目前唯一的弘扬革命精神的综合性政策,着力推动和促进红色文化、红色旅游、经典文创、乡村民俗等产业融合发展,对红色旅游示范小镇、红色旅游风情小镇、红色旅游教育基地、红色旅游景区、红色文化项目与企业,分别予以相应资金、土地、科技、人才等资源要素的支持。

**(三)以地方特色文化为灵魂打造文旅特色小镇**

在浙江,随着特色小镇的崛起,文化和旅游的融合发展有了坚实有力的载体。丽水全市共谋划特色小镇39个,其中,省级特色小镇18个,总数位居全省第3。在特色小镇定位上,充分依托丽水市历史经典产业的优势,以地方特色文化为灵魂,打造了莲都古堰画乡小镇、龙泉青瓷小镇、青田石雕小镇、景宁畲乡小镇、遂昌汤显祖戏曲小镇等21个文旅融合类小镇,占全市小镇的半壁江山。如古堰画乡小镇,以"古堰"为基础的旅游产业和以"画乡"为主体的文化产业融合发展,成效显著,已经连续3年荣获省级特色小镇考核优秀等次,2018年,在法国巴黎举办了"古堰画乡——浙江特色小镇海外推广展"。2019年,成功创建缙云仙都景区1家5A级旅游景区、缙云河阳古民居景区1家4A级景区,缙云机床小镇景区、松阳平田景区2家3A级景区;莲都区蘑幻菇林景区、莲都区鱼跃1919文化产业园景区两家

2A 级景区。2019 年底,全市 5A、4A 级旅游景区分别达到 1 家和 23 家。

**(四)以传统村落活态保护为引擎激发乡村活力**

坚持保护与传承、利用与开发并举,充分利用丰富的传统村落、古民居资源,做好"传统村落＋文化旅游"文章,让传统村落保护"活"起来。从 2012 年至今,国家共公布五批中国传统村落 6819 个,丽水市累计有 257 个,占全省总数 635 个的 40.5％,数量位居华东地区第 1、全国第 3。松阳作为全国唯一的传统村落保护利用试验区、全国唯一的拯救老屋行动整体推进试点县,通过工商资本进入传统村落开发民宿及从事古法农耕等,延续传承传统民居等实物形态,推动了乡村文化复兴,激发内生经济活力,走出了一条以文化复兴引领乡村振兴的路子。

**(五)以"乡村春晚"为抓手彰显文化自信**

乡村春晚是丽水的一张文化新名片,是丽水首个国家公共服务体系示范项目。

1981 年,庆元县举水乡月山村农民自编、自导、自演的"草根春晚",比央视春晚还早 2 年,是中国乡村春晚的源头。历经 40 年的传承发展,乡村春晚走出丽水、走向全国,为丽水赢得首个"浙江省宣传思想文化工作创新奖",并被中宣部列入改革开放 40 周年文化专题纪录片。如今,全市 2725 个行政村中近 50％的乡村每年举办乡村春晚,"住民宿、看春晚、过大年"已经成为丽水的文化旅游品牌。

## 三、丽水市文化产业发展存在的问题和不足

**(一)体制机制有待进一步理顺**

当前机构改革、部门合并、人员整合、职能划分等正在进一步顺利融合中。同时,事业单位机构改革还在进行中,归口管理的丽水市全域旅游发展中心改革正在推进过程中。此外,文旅投融资改革正在加大力度,目前,全市 12 家国有旅游开发公司,遂昌已经完成股改转型,全市文旅发展保障机制与旅游发展政策供给、生态旅游业打造成为千亿级第一战略支柱产业的投融资基础,还需要进一步加强。

**(二)核心景区文旅融合业态培育滞后**

丽水的旅游产品还是以传统山水游为主,景点旅游、观光旅游等传统低端业态"唱主角",产品比较单一,层次也比较低。文化旅游项目的差异化、主题化开发不够,参与性、体验性有待提升,与周边地区的同质化没有得到有效解决。

**(三)文化旅游产品开发和产业链延伸不够**

一方面,特色文化旅游商品开发欠缺,旅游纪念品档次较低,对能体现丽水地域特色、历史文化内涵的可视性旅游商品、民间工艺品还缺乏深入的挖掘和开发,同时特色旅游商品街(店)建设相对滞后,直接影响游客的逗留时间和消费量,制约文化旅游产业经济效益和社会效益的产出。另一方面,在全省乃至全国具有影响力的演艺产品数量较少,缺少像景宁的《印象山哈》这样既有丽水特色又有较高艺术水准的演艺精品。

## 四、丽水市文化产业发展工作思路

丽水市将以建设诗画浙江大花园最美核心区和丽水国家公园为契机,聚焦文旅融合高质量发展,推动全域旅游创建,不断丰富丽水文化旅游新业态。

### (一)打好"组合拳",构建"一带三区"发展格局

2019 年 2 月,丽水召开"绿水青山就是金山银山"发展大会,提出要通过强强联合、特色结合、优势组合,构建"一带三区"发展新格局,即东部莲都、青田、缙云 3 个县突出产业主导和创新驱动,组团打造生态经济示范区,加快形成百万人口、千亿 GDP 的市域发展核心带;西部 6 个县(市),突出文化引领、差异发展,组团打造龙庆经典文创、遂松乡村振兴、云景特色风情 3 个聚落区块,建设凸显山水神韵、人文底蕴的特色发展示范区。其中,"三区"打造,离不开文化和旅游融合发展的支撑。

### (二)传承革命精神,推动红绿融合发展

为进一步推动浙西南革命精神弘扬践行活动,丽水将于近期召开市委全会,做出《中共丽水市委关于大力弘扬和践行新时代浙西南革命精神的决定》。根据《浙西南革命精神弘扬和红色资源价值转化规划》《浙西南革命文物保护利用和红色旅游发展行动计划》《丽水市红色乡村振兴三年行动计划》等,加快项目前期推进和落地建设,探索形成以红色文化为引领,红色旅游经典景区为核心,"红+绿"经济融合发展为特色的红色产业发展体系,打造全国红色文化传承高地和"红绿"融合发展的丽水样板。

### (三)画好"山水画",打造两大文旅产业带

一是打造瓯江山水诗之路黄金旅游带。通过资源重组、超前谋划,重点开发一批创新型、换代型、改进型的旅游新产品,建设一批高等级景区、高品质度假区、高星级酒店,打造瓯江山水诗之路黄金旅游带,创建国家全域旅游示范区和国家级旅游度假区。当前,谋划推进重大旅游项目 118 个,估算投资总额 1444 亿元。加快缙云仙都、古堰画乡、云和梯田、遂昌金矿 5A 景区创建进度,力争实现 5A 景区"零突破"。二是打造瓯江文创产业带。整合瓯江沿线的旅游景区、经典产业、古镇古村等特色资源,发掘打造"珍珠",串珠成链,变盆景为风景,让家园成花园,打造现代版"丽水山居图"。通过 5 年左右的时间建设总长度为 2785 千米的瓯江绿道项目,把沿线的古窑、码头、廊桥、古民居等串联起来。

### (四)练好"基本功",构建两大文旅配套体系

一是构建旅游交通体系。以打造"快进慢游"旅游交通体系为目标,加快建设水东综合客运枢纽,创新发展旅游观光轨道和"水上之旅""低空之旅"等特色旅游航线,高标准打造通景交通网络,高品质建设瓯江绿道网,加快实现 4A 以上景区、旅游风情小镇、特色小镇全面通达二级以上公路并基本互联互通,实现"交通让旅游更舒心、让丽水更美好"。二是构建对外文旅交流体系。充分发挥丽水市华侨之乡、青瓷宝剑石雕等特色产业及汤显祖文化等人文优势,办好世界丽水人大会、侨博会、世界青瓷大会、国际茶商大会、汤显祖-莎士比亚文化

节,打造更多国际化高能级对外交流和经贸合作平台。

**（五）用好"特色牌"，打响文旅融合区域品牌**

一是推动农文旅融合发展。坚持全域旅游发展方向,让好生态、好风景、好产品变成"好钱景",重点做好"丽水山耕"生态农产品、"丽水山景"乡村旅游、"丽水山居"田园民宿等"山上"文章,打响特色产品、地标产品、绿色产品的丽水品牌。二是抓好"拯救老屋"行动。继续紧抓传统村落保护利用与拯救老屋行动,编制发展规划与行动计划,立足"松阳经验"策划推进全市域行动,建成一批高品质项目,推动深度游、文化游、休闲游等旅游业态的蓬勃发展。三是继续擦亮"乡村春晚"品牌。在机构改革文旅融合的大背景下,研究如何提升乡村春晚品牌实现溢价效应,从"春晚"变"村晚",推动从公共文化服务产品变为文化旅游产品。四是谋划拉长摄影产业链。把摄影产业作为丽水文化产业转型升级和文化品牌打造、文旅融合的重要抓手,继续办好 2019 丽水摄影节,为文旅融合注入"催化剂"。

（郦青）

# 2019 年金华市文化产业发展报告

## 一、金华市发展文化产业的基础和优势

### （一）文化家底丰厚

金华市建制已长达 2200 多年。金华市有着"江南邹鲁"之称,古称"婺州",具有深厚的历史文化底蕴。早在宋元历史时期,金华学派与金华文派名扬八方,文坛巨匠、丹青大师、新闻英才、爱国志士等不断涌现,如陈亮、吕祖谦、陈望道、邵飘萍、冯雪峰、骆宾王、吴晗等。金华市有着丰富的历史文化资源基础,如客家文化、黄大仙茶文化、婺剧戏曲文化、婺州窑瓷器文化、宗祠文化、胡公文化、东阳木雕文化、卢宅古建筑文化、影视文化、五金文化及"金华火腿""缙云烧饼"美食文化等。婺剧是浙江省第二大剧种。金华道教文化起源于赤松山,金华赤松山道教文化可追溯到 2000 多年前古人的游历、隐居、采药或修炼。婺学是南宋"浙东学派"重要的一个分支。古婺风情多姿多彩,斗牛、道情、龙灯、浦江抬阁、永康《十八蝴蝶》、磐安龙虎大旗等民俗风情各具特色,引人入胜。金华道情明清已在金华各县广泛流传。浦江抬阁始于明代正统年间(1436—1449),流行至今。

### （二）旅游资源丰富

金华市成功创建了浦江、磐安 2 个省级全域旅游示范县,4 个省级旅游风情小镇,21 家4A 级以上景区,7 个省级旅游度假区(数量居全省第 1)。东阳花园村被评为全省唯一的"国际乡村旅游目的地",培育了工业旅游、文化旅游、乡村旅游等各类"旅游＋"产业融合类单位158 家,打造了 9 个廉政文化旅游点。2019 年,金华市旅游工作以创建省级全域旅游示范市为载体,大力发展旅游产业,促进旅游与其他产业融合发展,交出了一份满意的答卷。据市

旅游主管部门统计,全市全年接待游客 2953.65 万人次,同比增长 15.15%;实现旅游收入 274.73 亿元,同比增长 18.90%。多项旅游指标保持高位增长,再创历史新高,名列全省各县(市、区)前列,其中,影视文化产业独树一帜。2018 年,金华市接待游客 1700 多万人次,实现旅游收入约 200 亿元。

### (三)产业基础坚实

数字创意产业正沿着企业独立发展—传统产业园—创意园区整合提升的扶持路径发展;影视产业的发展沿着影视拍摄—基地规模扩大化—"文旅+"促发展—完善产业链建设,带动周边地区和乡村影视振兴的发展路径。

2004 年,金华市文化产业增加值为 53.06 亿元,占 GDP 的比重为 5.7%,文化产业从业人员达 18.5 万人。2007 年,金华市文化产业增加值达 85.26 亿元,占 GDP 的比重为 5.8%。2010 年,文化产业增加值达 99.15 亿元。2011 年,金华市文化产业增加值占 GDP 比重为 5.9%。从 2015 年起,金华市委、市政府就将文化影视时尚产业和旅游休闲服务产业列入全市"五大千亿产业"进行重点培育,使得文化和旅游产业经济总量连续 4 年位列全省第 4。2016 年,文化产业增加值在 GDP 中的占比为 7.2%,居全省第 2,总量居全省第 3。2017 年,文化影视时尚产业实现营收 4188.5 亿元,同比增长 10.2%,总量在全省排名第 3。

## 二、金华市文化产业发展成果

目前,金华市文化产业生产经营单位共有 10 大类 6 万余家,从业人员 20 余万人,已初步形成影视制作、网络娱乐、文化贸易、传统文化、时尚制造 5 大特色产业以及市区数字文化、东阳影视和木雕、义乌文化贸易与会展、永康时尚制造、兰溪时尚织造和文化旅游、婺城寻根文化、金东瓷器制造、浦江书画、武义印刷休闲、磐安木制工艺等为特色的块状文化产业发展格局。

### (一)文旅融合,文化繁荣发展

文化是旅游的灵魂和支柱,旅游是文化的依附和载体,推动文化与旅游产业融合发展,是时代发展的大势所趋,也是机构改革的内在要求。2019 年是文旅融合开局之年,按照中央、省、市机构改革要求,金华市成立文化广电旅游局。

1. 文艺精品创作出新出彩

婺剧是浙江地方戏曲的突出代表。2019 年以来,婺剧六上北京。《宫锦袍》《忠烈千秋》《基石》等 6 个项目获得国家艺术基金扶持。婺剧《血路芳华》入选 2019 年全国基层院团戏曲会演,成为浙江省唯一入选剧目。

2. 聚焦旅游主业,争创 5A 景区,发展全域旅游

推动金华山的旅游大提升、服务大提升、品质大提升,努力在全国 5A 景区创建竞争中成功突围。金华市打响红色文化游、乡村休闲游、国际研学游、名人古迹游、影视体验游等特色旅游品牌,推进金华山、东阳花园村、武义牛头山、浦江仙华山等创建国家 5A 级景区,加快建

设浙中大花园,全力打造"千万工程"升级版,新增省 A 级景区村庄,培育美丽乡村风景线。金华市旅游厕所革命工作全省领先,成为浙江省唯一被评为"全国厕所革命综合推进先进单位"的城市,以永康大陈村"第五空间"等为代表的旅游厕所登上央视成为全国厕所革命的典范。2019 年,全市共接待游客 1.40 亿人次,增长 15.7%;旅游收入达 1579.77 亿元,增长 16.9%。其中,接待国内旅游者 1.39 亿人次,增长 15.8%;国内旅游收入达 1543.01 亿元,增长 17.1%;接待入境旅游者 88.93 万人次,增长 5.5%;旅游外汇收入达 5.32 亿美元,增长 6.2%。

3.积极打造代表城市形象的文化地标,打响本地文化品牌

打响万年上山、千年古子城、百年婺剧、艾青诗歌、施光南音乐、李渔戏剧等文化品牌,大力发展金华火腿、酥饼、府酒、婺州窑等历史经典产业。国家一级珍贵文物"徐谓礼文书"获时任浙江省省长袁家军的高度评价和副省长成岳冲的批示肯定。加大投入力度,提升完善城乡文化基础设施的服务功能。全市拥有文化馆 10 个、公共图书馆 11 个,建成农村文化礼堂 461 家,制定全市文化系统农村文化礼堂建设服务菜单,提供点单式服务 1788 场次。创建省级文化强镇 1 个,省级文化示范村(社区)16 个。积极实施文化惠民工程,完成送戏下乡 3260 场完成,"非遗文化礼堂百村行"活动 100 场,送书 59.47 万册,送展览讲座 7450 场,文化走亲(县级以上)140 场。全市广播综合覆盖人口 486.72 万人,覆盖率达 99.5%。电视综合覆盖人口 488.2 万人,覆盖率达 99.8%。

4.积极培育"新、优、特、精"型文化企业,进一步健全文化产业发展体系和文化产业政策保障体系

文化影视产业内涌现出大批代表性龙头企业,全市现有全国文化产业 30 强企业 1 家、国际级文化产业示范基地 1 个、省级文化产业重点县(市)2 个、省级重点文化企业 7 家、成长性企业 25 家、省级文化产业示范园区 2 个、示范基地 7 个;2017—2018 年度国家文化出口重点企业 5 家、国家文化出口重点项目 2 个、浙江省文化出口重点企业 13 家、省级文化出口重点项目 6 个。浙江(金华)数字创意产业试验区成功获批,国家数字内容产业基地创建工作顺利推进。

在健全文化产业发展体系和文化产业政策保障体系方面,以创新发展为主线,以提升产业竞争力为核心,以做大做强一批企业主体为目标,推进产业集聚,强化人才支撑,优化产业服务,在优化布局、突出特色、注入创意等方面不断加强,形成文化产业良好发展格局,全面提升文化软实力,勇当全省文化产业发展的探路者和排头兵。

**(二)影视全产业链优势显著**

金华市加快建设横店影视文化产业集聚区,做强影视全产业链,推进影视全域化发展。目前,金华市已形成以东阳横店影视城为核心,辐射周边永康、磐安、浦江等地的影视产业发展格局。截至 2017 年底,全市共有 35 个大型实景基地和 44 个室内外拍摄景点,影视文化企业逾两千家,累计接待剧组 2000 多个,全年影视制作发行及其服务业营业收入达到 285.2 亿元,同比增长 22.9%。金华影视产业已形成较为完备的剧本创作和影视拍摄、制作、发行、

衍生产品开发及版权交易一条龙的影视产业链,总体实现"带着剧本来,拿着片子走"的目标。

国家级影视产业实验区——浙江横店影视产业实验区集聚了华谊兄弟、印纪传媒、唐德影视等影视文化企业和艺人工作室,先后设立影视产业服务中心、影视产业协会、演员公会、横店影视职业学校等机构,贯穿影视拍摄、制作、发行及道具、置景、演员经纪、人才培养、衍生品开发的完整产业链体系正被逐渐构建起来。横店影视城除现有大型实景基地和高科技室内摄影棚外,还积极对接永康、磐安、浦江等生态环境优势建设天然影视外景拍摄地,展现自然风光和古村落古民居特色,积极打造影视文化小镇,实现拍摄基地人工建造与天然资源的差异互补。

此外,横店影视城利用原有影视基地资源切实发挥主题旅游园区功能,目前已形成历史与人文民俗特色各异的清明上河图、秦王宫、明清宫苑、广州街、香港街、明清民居文化博览城、梦幻谷等7大主题旅游园区。新建成的圆明新园和在建的上海滩园区则更注重主题旅游功能的实现,合理分隔游览区和拍摄区,预开辟"影视体验游专线",在展现历史风貌景观的同时更加注重开发沉浸式影视文化体验,通过自主策划开发与合作引进相结合的方式为场馆内打造优秀传统文化、精品非遗节目、大型实景电影演出以及高科技娱乐项目。这些具有互动性、体验性、珍稀性和科技感的文化内容,在创新影视文化体验的同时,也提升了原有景观建筑的文化内涵,积极推进"景观复兴+文化复兴"的深度融合式发展。

2018年4月,浙江省委、省政府出台《关于加快推进横店影视文化产业发展的若干意见》,要求设立横店影视文化产业集聚区,推动集聚区成为浙江影视文化产业发展的战略性平台,把横店打造成为全省文化产业的龙头基地、全球最强的影视产业基地和全国影视文化产业的集聚中心、孵化中心、交易中心、人才中心、体验中心。

2019年3月18日,浙江省人民政府正式批复同意设立横店影视文化产业集聚区,这也是浙江省唯一的省级文化产业集聚区,标志着横店影视文化产业从此进入集聚发展的新阶段,开启事业发展的新征程。横店影视文化产业集聚区的设立,成为横店影视文化产业"加持""赋能"再出发的新起点。集聚区空间区域包括以横店影视文化产业实验区365平方千米为主体的规划控制区,和由金华市域范围内发展影视文化产业的其他区域组成的辐射带动区,其中,核心区面积为136平方千米。空间区域的不断拓展,有效放大横店影视文化产业的辐射带动效应,也为横店影视文化产业的集聚发展打开广阔空间,提供强有力的资源要素保障。横店影视文化产业集聚区将坚持以核心突破促进集聚发展,以能级提升促进转型发展,以改革创新促进高效发展,以绿色引领促进持续发展,建立覆盖影视创作、制作、发行、投资、交易、衍生品开发等全环节的产业化平台体系,引导影视产业与科技、金融、创意设计、泛娱乐化等深度融合,培育影视文化新业态,构建现代影视产业集群。目前,横店影视城正着力完善影视文化产业链,带动永康、磐安、浦江等地影视文化产业的发展,走文化振兴道路。

20多年来,横店影视文化产业保持高速发展,不断做精做强,成为浙江省乃至全国的

"排头兵"。据统计,全国 1/4 的电影、1/3 的电视剧、2/3 的古装剧、累计 6.4 万多部(集)的影视剧在横店拍摄。横店正在朝着"全球最强的影视产业基地"的目标奋斗,由高速增长向高质量发展迈进。

**(三)创意产业推动传统产业转型**

金华市传统制造产业正沿着文化小商品制造—文化会展业—文化创意设计的发展路径向前推进。义乌(中国小商品城)、永康(中国五金城)名扬中外,五金产品、文教用品、年画挂历、印刷包装、玩具、工艺美术品等文化制造业小商品在市场中占有明显的优势。义乌"小商品"为金华文化产业的发展奠定扎实的基础,为文化产业的转型发展提供空间。

从 2006 年开始,中国(义乌)文化产品交易会将金华义乌打造成为文化产品交易的平台和窗口。同年,首届中国(东阳)木雕竹编工艺美术博览会成功举办,开启了工艺美术品生产向会展业发展的征途,而在 2015 年 10 月,首届中国(永康)文教用品博览会也在"中国文教用品生产基地"的永康也开始了文教产品从生产到文化会展的转型升级之路。而如今,金华市更多地赋予文化产品更多"创意"和"时尚"元素。随着义乌工业设计基地的建设,"创意义乌·智能生活设计展暨中国设计智造大奖巡回展"的举办,金华的传统文化制造业正在走文化创意设计的道路。

2017 年,金华市文化产品贸易及其服务业营业收入达 536.7 亿元,同比增长 15.9%,利用工业设计、品牌策划、营销推广等市场化手段,用市场导向的时尚创意思维逆向指导制造业研发、设计等产业链前端环节,着力提升印刷制品、办公用品、儿童玩具、体育用品等传统文化产品附加值,提高文化产品溢价空间。以华鸿控股集团、浙江斐络工业设计公司、飞神集团为代表企业积极引进国际时尚设计理念,加强自主研发、自主创新力度,自主原创的 IP 产品和服务大批量销往欧美、亚太等 60 多个国家和地区,并建立长期战略合作关系。义乌工业设计基地作为全省 17 个省级特色工业设计基地之一,积极承办"创意义乌·智能生活设计展暨中国设计智造大奖巡回展"及红星奖义乌行等活动,定期举办与本地企业、行业协会的设计交流活动,实现工业设计产品与市场的"紧密贴合";实现设计收入 2300 万元,获专利数 65 项,完成设计成果交易 653 项,设计成果转化产值近 15 亿元。

金华市通过设立引进在建筑、木雕等方面的文化创意设计机构,培育木雕企业与城乡规划、建筑设计、艺术创作等跨界融合市场主体,推动中央美院驻浙江东阳传统工艺工作站建设,出台创意设计人才引流政策,支持工艺美术大师设立工作室,形成木雕产业与创意设计、现代科技、时尚元素、现代消费紧密结合的融合格局。着力发挥"工艺美术行业富有影响力的大型盛会"——中国(东阳)木雕竹编工艺美术博览会的会展带动效应,全面开展木雕红木家具行业五大发展行动——整合重组、平台建设、标准实施、市场规范、品牌推广,形成以东阳为代表,覆盖磐安、武义及金东、婺城的链条完整、龙头引领、要素集中、特色鲜明、服务完善的全国最强木雕红木家具产业集群。同时,在陶瓷工艺研究、古籍资源软件开发、织造时尚创意、茶产品精深加工、休闲用品和文体用品创意设计等方面不断推陈出新,实现传统文化产业的转型升级。

### （四）"网络十"带动数字文化创意产业大发展

金华数字文化产业发展环境良好，数字创意产业基础扎实，产业业态完备。其中，网络直播、网络游戏服务业占据重要位置。目前已形成分布在互联网休闲娱乐、软件开发，及系统集成、电子商务、信息技术服务、文化创意等方面的产业发展格局，集聚软件和信息服务企业800多家，从业人员超2万人，有开发区金华科技园（国家级科技企业孵化器）、金华北大科技园（以网络经济、创意文化等产业为发展方向，一期1.2万平方米的创意研发及创新型孵化器已投入使用）等数字文化企业集聚区，实施数字娱乐产业集聚计划，加快建设浙江（金华）数字创意产业试验区、横店数字影视产业集聚区。园区布点合理、业态模式创新、结构持续优化。

目前，菜鸟二期项目、互联网乐乐小镇、浙师大"云谷"大数据产业园正在不断建设整合中，围绕着"聚起来，强起来"的战略思路，金华市的数字创意产业在发展过程中不断强化平台建设，着力完善配套设施，通过集聚效应让数字创意产业不断升级发展。与此同时，浙江（金华）数字创意产业试验区获批成立，形成以开发区为中心，以婺城区、金东区为辅的产业地理布局，集聚网络游戏、网络视听直播、网络文学与出版和虚拟现实、文化创意为主的百余家数字创意企业，且社会效益与经济效益俱佳。

2018年，《金华市数字经济发展三年行动计划（2018—2020）》出台，全力打造数字经济强市。全市电子商务、互联网泛娱乐、软件技术、大数据云计算服务等业态和模式丰富，市场主体活跃。金华是全省首个数字创意产业试验区，经过近2年的努力，金华数字创意产业平均每年增速16%，跻身数字文化一线城市。2019年1—11月，全市数字经济服务业企业营业收入好转，全市数字经济核心产业规上服务业部分实现营业收入251.4亿元，增长5.9%，增幅环比1—10月增长7.2个百分点，比前3季度增长8.7个百分点。全市网络零售额2560达亿元，同比增长22.3%，占全省的17.2%，居全省第2。全市软件与信息服务业营业收入达615亿元，增长15.3%，其中，软件业营业收入达63亿元，居全省第3。目前，金华共建成数字经济园区80多个，成为全国园区最多的地级市。金华北大科技园、豪森智慧谷、金东软件创业园等园区已初具规模。2019年，金华将把数字经济作为"一号产业"和推动高质量发展的主抓手，紧紧围绕加快建成特色鲜明、全国有影响力的"四中心三基地"目标，实施数字经济发展3年行动计划和大数据发展规划。通过5年的努力，以电商＋大数据、数字娱乐＋大数据、轻工产业＋大数据、工业＋大数据、物流＋大数据、信息安全＋大数据为重点，力争把金华打造成为浙中特色大数据产业集聚区，长三角大数据产业创新示范高地和全国大数据产业应用引领标杆。

### （五）会展产业推动文化产品走向世界

会展产业作为金华市的优势产业之一，为文化企业展示企业成果、洽谈合作、了解动态、交流信息创建了重要平台，并通过"以展带产"效应打开金华市文化产业发展新局面。义乌市作为"2017年度中国十佳会展名城"之一，着力推动特色会展的培育和推广，逐渐兴起一批高附加值、有巨大发展潜力的新兴特色展会。中国(义乌)文交会已连续举办 13 届,其中,第 13 届文交会共吸引参观者超过 10 万人次,实现交易额 53.21 亿元,为浙江乃至全国的文化产品"走出去"开辟了快速窗口;永康市"中国五金博览会"和文教用品博览会带动了金华市时尚产业和文教用品制造的快速发展和转型升级;中国(东阳)木雕竹编博览会连续举办 12 届,已成为我国工艺美术界享誉全国的盛会;"浦江书画节"已连续举办 10 届,期间开展浦江书画展销周、书画拍卖会等活动,参加展销的国家级会员逐年增多,书画拍卖量级增长,成为浦江县域经济的重要推力;金华动漫游戏展已举办 2 届,每次展会聚集了数 10 家金华及周边地区的动漫游戏、网络视听及虚拟现实等数字文化企业参展,吸引金华及外地观众约 3 万人购票参与,为进一步提升金华数字文化产业影响力,做好优秀文化企业和产品推介发挥了积极的作用。

2019 年 11 月 29 日上午,由中国信息协会和金华市人民政府主办,由金华市网络经济发展局、金华经济技术开发区管委会、中国信息化发展研究院、中工丝路有限公司联合承办的 2019 中国(金华)新丝路·数字娱乐产业高峰论坛在浙江省金华市顺利举行。2019 年 10 月 26 日下午,由东阳市委、市政府主办的 2019 中国(横店)影视文化产业发展大会在横店召开。金华将发挥优势强创新,牢牢把握新的科技、新的市场需求,引进培养一批影视创新人才,不断推动基地建设,为发展注入动力;东阳市委、市政府将强化服务优环境,继续保持最懂影视的情怀不变,创最优服务的目标不变,出台好政策,落实好政策,在进一步加强行业指导、优化企业服务的同时,下大力气提升横店的交通设施、生态环境、城市基础配套和管理秩序,为产业发展创造更好的影视发展生态。

**(六)文创空间推动地区整体文化产业集聚发展**

金华市全面推进文化产业综合体建设,积极发挥文化相关、产业相连的规模集聚效应,为区域经济发展提供引擎动力。开发区金华科技园、金华北大科技园(国家级众创空间)各类孵化科创载体平台 16 个,建成平台建筑面积超过 30 万平方米。浙江(金华)数字创意产业实验区以开发区为中心,以婺城区、金东区为辅助,总面积达 2049 平方千米。金华信息软件产业园则借力腾讯众创空间,为信息技术开发、云计算、互联网金融、大数据为代表的信息技术产业提供发展平台。为推动影视文化时尚文化产业集聚发展,各地(县)级市也部署了不同的产业园区,如婺城 CRC 产业园、永康龙川文创园、浦江千帆网剧文创园、水晶产业园、武义 PK 竞艺小镇文化影视创意园等。义乌市更是利用市场资源优势,大力拓展文创空间,相继成立"义台创意园""义韩文创园""老车站·1970 文创园""宾王 158 文创园"以及"良库文创园"等大型文创园,建设省级创业孵化示范基地——义乌网商创业园。其中,义台创意园、义韩文创园等平台累计完成设计合同金额近 3000 万元;老车站·1970 文创园已入驻企业 90 余家,涵盖文化产业各个领域;宾王 158 文创园引进服装、饰品两大行业的国际设计机构和龙头生产企业研发中心 70 多家,集聚国际知名设计师 260 多名,初步形成欧亚快时尚服饰设计定制、"一带一路"民族时装设计定制、意大利 K 金饰品设计定制特色与产业链;良库文化创意园区已入驻企业 40 多家,入驻率达 100%;义乌网商创业园划分 8 大功能区,通过系列扶持措施,为入驻企业提供创客孵化平台,鼓励企业创业创新。

### (七)借助"一带一路"传播中国文化

在"一带一路"战略发展背景下,金华在传播中华文化、讲好金华故事上积极布局,迈出可喜的步伐。金华金邮工程公司在吉尔吉斯斯坦开设德隆电视台,抢滩海外传媒市场;金华博尚电子有限公司拥有3万多平方米数字设备产业基地,具备满足全球市场众多大采购商需求的产能,在迪拜、西班牙、土耳其等地设立分公司或服务机构,成为数字电视行业的创先锋金华对外窗口。义乌市创新现代公共文化服务体系,以"丝路文化驿站"建设为切入,以点带面,形成公共文化设施网络布局。"丝路文化驿站"采取政府引导、机构运营、志愿服务相结合的运营模式,根据各驿站不同的风格特点,有特色、有针对性地开展政策宣传引导、文艺演出、讲座培训、学习交流、阅读服务、休憩交友及特色文化展示等公共文化活动,目前已建成涉外服务中心、世界商人之家、国际学校、容象美术、鸡鸣山联合国社区、森木音乐等数十家具有不同风格的丝路文化驿站,所提供的公共文化服务惠及来自不同国家、不同民族、不同地域的义乌人,为浙江省乃至全国的公共文化服务建设积累了宝贵的"义乌经验"。

## 三、金华市文化产业发展中存在的问题和不足

看到成绩的同时,也要清醒地认识到,对照新时代文旅融合工作的新要求,文化旅游等工作还存在不少的困难和问题。第一,缺少深融合,文旅资源优势尚未凸显。能代表金华特色的旅游产品、文创产品、文旅IP的挖掘和打造有待加强。第二,缺少大项目,文旅产业发展后劲不足。当前,金华市文化旅游产业核心竞争力稀缺,能达到大景区要求的全市仅横店影视城一家,亟须培育旅游新增长点、引爆点。第三,缺少大投入,文化事业投入较为薄弱。近年来,金华市人均文化事业费虽有所增长,但还远远低于全省平均水平。全市公共文化设施达标率低,公共文化服务标准化建设任务艰巨,基层文化服务设施供给不足与浪费并存。第四,文化市场综合行政执法改革尚未到位。执法队伍尚未整合统一,目前仍旧是文化、旅游、文物3条线分头开展执法工作。具体阐述如下。

### (一)文化产业产出结构不合理,内容产业亟待推动

文化产业产出结构对于文化产业的整体发展势能有着重要的影响,良好的产出结构对于文化产业平稳健康的发展有着重要意义,也是适应新常态发展格局的必然要求。在金华市整体文化产业中,文化影视时尚产业总量最大,但从产业结构上看,时尚产品制造批零及其服务业营业收入达1693.31万元,在文化影视时尚产业中占比高达74.57%,而影视和网络文化两个行业的收入总额占比不到10%。这说明,在金华市文化产业结构中,传统文化制造业与文化内容产业的结构不均衡,金华市仍然主要依靠传统文化制造业的原有发展基础推动文化产业经济的增长,而目前大力扶持且具有一定影响力的影视产业和数字创意产业对文化产业经济的带动能力亟待提高。而文化产业的经济营收能力,一方面与文化产业商品化性质相关,另一方面与文化产业产出物和市场需求是否匹配紧密相关。金华市内容产

业,包括影视产业和数字创意产业的经济产出能力问题可能与商品化程度(是否产出具有高附加值的文化产品及相关衍生品)具有一定的相关性,也可能是内容产业产出物与市场需求的匹配度亟待提高,以适应市场需求,进而提高营收能力。

### (二)文化企业体量不大,龙头企业亟待培育

龙头企业作为文化产业发展中的"领头羊",积极发挥带动作用,带动产业专业化、规模化、集群化、高端化发展,对于推动文化经济的加快壮大,提升文化产业发展中的区域文化产业竞争力以及抗风险能力,提升城市文化形象并且扩大和稳定区域就业等方面具有重要现实意义,为推动文化产业发展提供有力的支撑。

目前,金华市文化影视时尚产业总计企业主体超 40 万家,文化企业数量处省内前列。中小企业数量庞大,但真正做大做强的行业领军型企业数量不多,入选全国文化产业 30 强企业仅有华谊兄弟,入选全省 40 强的企业只有 7 家,体量过小限制了金华市文化产业从产业链低端向高端迈进。总之,龙头企业的缺乏限制了金华市文化产业专业化、规模化、集约化、高端化发展,亟待扶持培育。

### (三)文化人才结构不均衡,高端人才较为缺乏

人才是文化产业发展的核心驱动力和关键要素。文化产业的文化性、创意性、智力性等特征,决定了其对人才的要求较高,创意型、复合型的高层次人才在文化产业运作中的引领和支柱作用非常突出。

目前,金华市的人才结构在发挥文化产业发展引擎作用方面略显吃力,集中在文化制造业和服务业的中低端文化人才较多,高端人才尤其是在国内外有影响力和知名度的大师、大家较缺乏,精通文化、经营、管理的复合型文化领军人才十分缺乏。而金华本地的人才培育院校包括浙江师范大学、金华职业技术学院以及横店影视职业学校等,主要集中提供中低端人才,外地高端人才"引不进"且"留不住",并且本地有一定层次的人才外流现象也较为普遍,金华处于人才结构亟待调整的瓶颈期。

### (四)全域旅游发展不全面,美丽乡村建设需全力推动

目前,金华市域内各地区发展较不平衡,市区及各地市(县)中心地区文化产业发展迅猛,但乡村地区的文化产业发展较为落后。从金华市的优势产业——影视文化产业的角度出发,目前虽已逐步形成以横店为核心,辐射永康、磐安、浦江的影视产业格局,但这些周边地区的影响力及品牌化建设未凸显出来,且目前仅辐射带动影视拍摄发展,联动效应尚未完全发挥,"影视＋文旅"的影视文化旅游业线路的策划和带动尚未完全深入周边地区,且这些周边地区的公共交通条件和旅游配套设施尚未得到进一步完善。从金华市的传统文化及非物质文化遗产的角度出发,金华全市尤其是偏远乡村地区有着丰富的非物质文化遗产,如金华市共有 80 项非遗项目,其中,国家级非遗义乌道情、义乌红糖制作技艺极具传统魅力,但目前"非遗＋文旅"的文化旅游对乡村地区传统文化的挖掘不够,基础设施建设也尚待完善。

"全域旅游"发展理念尚未全面落实到金华市内的各个地区（县、村级），美丽乡村建设需全力推动，乡村振兴战略需贯彻实施。从生态环境角度出发，金华市有着丰富的生态文化资源，其中，浙江名山东白山境内有三都胜境、落鹤山风景区、社姆山风景区等生态胜境，但目前基于生态资源的景区或民宿尚未获得充分的建设、完善与品牌营销推广。

### （五）文化空间庞大，亟待活化利用

文化空间是文化产业发展的重要资源，也是文化集中展示、居民/游客共同参与文化活动的重要场所，更是不同文化类型相互碰撞、交流之处，也能成为文化创意人才的集聚地。文化空间的成功运用能够帮助地区打响文化品牌，如乌镇文化空间为传统文化和世界互联网大会为代表的数字创意文化提供了碰撞和交流，帮助乌镇成为世界文化品牌；丽水松阳县的红糖作坊文化空间为传统手工艺非遗文化与以全球规模最具影响力的国际艺术盛事之一的威尼斯双年展为代表的国际建筑文化提供了碰撞和交流的机会，帮助松阳县乡村文化品牌走向世界。金华市内有着众多的文化空间尚未得到完全的开发利用，如义乌佛堂古镇的古建筑群落（大批明清和民国初期建筑，古宅约135栋）和横店影视城内的部分主题建筑园区。如何利用好这些庞大的文化空间是摆在金华面前的一大问题，在运用过程中如何实现"1+1＞2"的文化效果也是金华亟待思考的问题。

## 四、金华市文化产业发展工作思路

为全面推进文化旅游融合发展，打造金华特色城市文化旅游品牌，金华市将重点在以下5个方面下功夫。

### （一）抓资源融合

加强文化旅游资源摸底调研，系统梳理全市名人文化、影视文化、非遗体验、古镇风情、传统村落、会展文化等8大主类文化旅游资源。加强精品文化研究，系统梳理婺文化历史文脉，挖掘金华文化底蕴，整理出版第12批《婺文化丛书》。成立"金华诗路文化研究院"，建立金华诗路文化智库并研究编制《金华诗路文化建设专项规划》。出台《金华市文化和旅游融合发展实施意见》，重点打造"影视文化、特色购物、温泉养生、古婺文化、宗教朝觐、乡村生态、运动休闲、商务会展"8大主题精品文旅产品。

在影视产业发展方面，尤其要发挥"中国影都"引领之力，推动乡村振兴。浙江省委十四届二次全会提出，要打造文化事业和文化产业发展新高地，打造之江文化产业带，要加快横店影视文化产业集聚区重大平台建设。20多年来，横店逐渐成为国内规模最为宏大、影视要素最为集聚、服务体系最为完备的影视文化产业实验区。目前，中国影都——横店的影视文化产业迎来新的发展机遇和发展阶段。当前，金华影视文化产业发展需要整合先行先发优势，树立产业自信，优化影视市场要素的供给结构，推动人才队伍的结构优化，吸引影视企业"既落户又落地"，积极促进全产业链的深度开发尤其是后期衍生品的品牌开发，真正顶天立地扛起中国影视文化产业发展大旗。

金华市影视文化产业要做好全域统筹发展,以横店影视文化产业试验区为龙头,着力突出影视元素的张力和溢出效应,完善影视基地协作联动机制,加快编制影视全域化规划,有效整合金华全域范围内的差异化影视资源,通过影视文化产业的发展带动乡村振兴,挖掘各个乡村地区"好山好水好风光、古技非遗古村落"的生态资源、文化资源,如磐安县不仅因良好的生态资源被誉为"江南生态养生源",还有中国传统村落 6 个,省级历史文化名村 5 个,历史村落 25 个,有孔氏家庙、玉山古茶场 2 个国家级文物保护单位,有炼火、竖大旗等 11 项省级以上非物质文化遗产。这些拥有丰富资源的县区乡村在地理位置上紧邻横店影视城,天然资源的优势与横店影视城人造景观形成互补,在发展的过程中亟须搭上影视产业发展的顺风快车实现脱贫致富、振兴发展,在影视文化产业的大伞之下实现各地区的差异化发展。同时,建立畅通的覆盖全金华范围的交通网络是实现全域旅游、乡村振兴的影视之路的必要条件,"让游客走进来,才能让文化和品牌走出去",完善吃、穿、住、行等方面的基础设施建设,通过延长游客的停留时间,让文化在游客心中停留。纵观钱塘江流域,还可以在未来通过推进全钱塘江流域影视基地实现互动共享合作。金华市影视文化产业要有国际眼光、高点定位,加快国际化进程的推进,做影视文化产业发展理念的先行者,力争承办受到国际瞩目并认可的国际化影视节,邀请国际知名影视制作人、明星入驻横店影视城或担任国际推广大使,积极塑造金华横店的国际化影视品牌。同时,借力金华会展产业的影响力,推动更多影视作品走向国际,促进文化走出去。

金华市需要深入挖掘金华历史文化名人积淀的深度思想文化内容,积极传承望道精神,写好"信仰的味道"这篇文章,加快陈望道故居、博物馆、电视剧和电影作品的文化打造,抓住机遇,与"红船文化"相呼应,力争成为全国"不忘初心、牢记使命"理想信念的教育基地;同时,积极发挥以吕祖谦为代表的金华学派和以陈亮为代表的永康学派的思想精神影响力,积极传承与凸显宋濂、邵飘萍、陈望道、严济慈、冯雪峰、吴晗、曹聚仁、艾青、施光南等人的代表思想,围绕"一带一路"倡议,借力文化贸易与会展产业的发展,组织实施文化出口项目,打造一批文化出口基地,提升思想精神文化产品在"文化走出去"中的占比,落实"文化走出去"有关优惠政策,不断提升金华市文化产业国际传播力和贸易竞争力。

### (二)抓产业融合

金华市将大力实施"文化+""旅游+"战略,建立金华市文旅融合 IP 项目库。积极促进文化创意与文化制造业、服务业的融合发展,被誉为"小商品之都"的义乌在新的历史发展机遇前也面临着转型升级。为提升"小商品"的附加值和竞争力,"文化创意设计+小商品开发"的融合式发展势在必行,同时借力横店影视产业的发展,义乌小商品可融合影视特色打造创意衍生品,并举促进影视产业和文化制造业的共同发展。未来,义乌可通过文化创意设计的融合,打造个性化、创意性、互动性的文化产品,实现从文化制造向文化创造的转变,打响"小商品创意设计之都"的品牌。金华市文化产业发展结构中文化制造业和服务业较为发达,而内容产业的比重需要进一步提高,要坚持以提升内容作为文化产业发展侧重点,深度挖掘文化资源,提升文化创意能力,着力打造文化品牌。强化文化产业中内容产业的政策倾斜力度，加快构建、延伸以及整合。打造贯穿素材、创意、生产、传播、消费到衍生品开发及配套服务的内容产业链条，借助历史文化、自然资源、人才优势、产业特色和资本技术等产业基础，发挥各产业园区、众创空间的集聚效应和创新动能，推动产业上下游合作，扶持培育内容产业重点企业，打造富有金华特色的内容产业，促进文化产业的转型升级。

### （三）抓平台融合

金华市将打造以"婺学、婺剧、婺瓷"为代表的婺文化主题的城市空间文化形象。金华市历史文化名人资源丰富，因而积淀了深厚的思想文化内涵，如以陈亮为代表的永康学派作为浙东学派的重要代表，提出的"义利并举、以义为先"思想精神与现当代崇尚的社会主义核心价值观相互契合；翻译了首篇《共产党宣言》的陈望道先生体现的望道精神，与当前中国共产党"不忘初心、牢记使命"的理想信念相互契合；以吕祖谦为代表的金华学派，在理学发展史上占有重要地位，其"明理躬行，学以致用"的主张与现当代崇尚的"实干精神"不谋而合；宋濂的"守信苦学"精神正是现当代青年在当今物质繁荣时代所亟需提升的重要精神；被誉为"新闻全才""一代报人"的邵飘萍先生所体现的"铁肩担道义，妙手著文章"的新闻精神更是在当今新闻媒体领域具有重要的影响力；等等。金华市众多历史文化名人所留下的宝贵精神财富体现了中华传统思想文化的智慧，具有重要的精神引领价值，是应当"内化于心，外化于行"的精神力量，是新轴心时代思想文化建设的重要内容，更是我国发挥文化自信的重要精神文化内涵。

金华市要进一步深入挖掘国际国内高品质、有特色、有创意、有格调的文化内容，实行文化空间"活化利用"责任制，积极推广"空间＋内容"的合作共赢模式，制定并落实文化内容引进的相关扶持保障及优惠政策，营造积极向上、富有活力的文化氛围，借此邀请吸引艺术人才入驻，达成互惠互利的共赢合作，促进文化空间活化经营的常态化和互补化，同时借力发达的会展产业和数字文化产业发展基础，积极承办相应的贸易会展、体育赛事、文化创意展示、数字文化体验等活动。通过活动与节会的集聚性发展，发挥文化空间的展示平台效应，带动相关产业发展，塑造新的文化品牌，打造积极向上的城市文化精神。在首批试行获得良好反映的情况下，将"空间＋内容"引进合作模式系统化、完备化，推动"空间＋内容"的合作模式在全市文化产业范围内实现普及化。

### （四）抓活动融合

将举办金华文化名人系列活动，积极争取省级艺术节、艺术比赛落户金华市，打响万年上山、千年古子城、百年婺剧、艾青诗歌、施光南音乐、李渔戏剧、黄宾虹书画等文化品牌。开展"十县百碗"精品美食"五进"活动，以陈望道故居成为第二批浙江省红色旅游教育基地为契机，打响红色廉政旅游品牌。以金华市成立浙江省首个研学旅行研究院为契机，举办各类研学旅行活动，打造研学旅行高地。组织开展婺剧"一带一路"行、"婺剧中国行"活动，传播地方戏曲，同时策划"跟着婺剧游金华"系列营销推广活动，借力婺剧资源推广金华旅游。

（郦青）

# 2019 年舟山市文旅产业发展报告

2019 年,舟山市以党的十九届四中全会精神和习近平新时代中国特色社会主义思想为指引,以服务"五大会战""四个舟山"建设、打造"一城一区两地"为目标,牢牢把握全面深层次高水平融合发展命题,全面推进体制机制改革,加快构建现代文广旅体公共服务体系和产业体系,持续做好"舟山群岛——中国海上花园城市"整体品牌营销,不断夯实政治安全底线和生产安全底线,开创舟山市文化广电旅游体育工作新局面。

## 一、舟山市文化产业发展成果

### (一)抓体制改革,夯实文旅发展保障

舟山市锲而不舍地狠抓体制机制革新完善,夯实新区文广旅体融合发展的基本保障。树立改革创新意识,统筹推进机构改革,落实各项工作任务,不断完善体制机制,以适应新时期文广旅体工作新要求。

加快管理体制改革。开展局系统事业单位调整和国有企业清理工作。加快综合行政执法改革,组建市文化市场综合行政执法队。岱山县推进文化旅游投资集团公司组建。

加快数字化转型。推进舟山数字文广旅体综合平台"一中心、一张图、三平台"的建设,初步实现团队动态监测、交通客流监测、行业数字地图、体育场馆监测、酒店民宿监测、舆情监测等功能。推出全民健身公共服务平台舟山站,涵盖 29 个运动类目 3149 个体育运动设施场所信息。

加快现代治理体系建设。推进全市公共图书馆服务联盟建设,市图书馆作为全市公共文化服务领域改革示范性场馆,启动"网证"支持改造。建立"淘文化"平台标准化管理和第三方测评机制,完成乡筹平台建设。引导和规范社会力量参与公共文广旅体服务供给机制,引入俱乐部和社会团体开展省运会新周期合作项目。

加快复合型人才培育。制定《关于建设五支队伍锻造文旅铁军的实施意见》,加强文广旅体系统干部职工素质教育和考核评价。完成青少年体校教学体制调整,建立体教融合发展联席会议制度。打通文广旅体 4 大板块的教育体系及人才培养渠道,促进优秀人才脱颖而出。1 人入选国家文旅部 2019 年"金牌导游"人才培养项目,2 人入选省造型艺术青年人才培养"新峰计划",1 人获得"浙江省首届红色故事讲解员大赛"专业组第一名。

### (二)着力打造公共服务体系

凝心聚力打造现代公共服务体系,释放新区文广旅体事业惠民红利。树立共建共享意识,以满足人民日益增长的物质文化需求为目标,统一谋划、联动推进,初步构成覆盖城乡的现代公共文化广电旅游体育服务体系。

### 1.公共服务标准化体系逐渐完善

实现全市 4 县区 100％完成基本公共文化服务标准化认定,全市"十百千"工程建设任务全部完成,全市旅游咨询服务体系启动标准化品质提升。新建 19 家渔农村文化礼堂、5 家城市书房;改造提升村(社区)综合性文化服务中心 20 家;建设社区多功能运动场 9 个、游泳池 5 个、笼式足球场 9 个;新(改)建旅游厕所 36 家;推进 329 沿线快速路旅游标识标牌布局优化和自驾车房车营地规划建设。朱家尖蜈蚣峙码头建成国内最大的立体停车场。嵊泗推进海洋系列博物馆建设。

### 2.公共服务惠民持续给力

"淘文化"平台完成"百团百艺"进文化礼堂、"市民大舞台"文化惠民系列演出、"乡村美丽 银屏给力"送电影下乡等项目共计 600 余场;放映农村公益电影 5127 场,观看量近 50 万人次。推进公共场馆开放工作,2019 年度全市参与入校园健身居民 15.6 万人次,各级图书馆累计接待 170 万余人次,各级博物馆累计接待 86 万余人次(2019 年 9 月底数据),其中市博物馆全年参观量(不包括流动展览)首次突破 30 万人次。

### 3.优秀传统文化保护发展并举

舟山市推进非遗融入乡村振兴战略,印发《舟山市乡村振兴战略中的非物质文化遗产保护和传承发展行动纲要(2019—2022)》,组织召开非遗融入乡村振兴工作现场推进会;做好文物调查考古,完成东极近现代沉船调查项目和六横双屿港遗址空间遥感测绘项目,做好甬舟铁路沿线考古调查、马岙新石器遗址调查等工作,开展省级文化保护区域评估工作;加强文物保护,建立普陀山文物沟通协调机制,开展文物修缮、摩崖石刻传拓等工作。艺术创作持续发力,演唱《阿家里格啰》、群舞《嬉莲圖》等 6 件艺术作品荣获省群星奖,其中,《阿家里格啰》入围全国"群星奖"决赛,荣获第 14 届省"五个一工程"奖。2 件舞蹈作品荣获 2019 年全省群众舞蹈大赛金奖,占金奖总数的 1/4。4 件作品获得省第 18 届音乐新作演唱演奏大赛金奖,接近占金奖总数的一半。国画作品《冬至》入选浙江省第 14 届美术作品展览。完成原创精品越剧《观世音》,推进文旅融合大戏《鼓舞大海》市场化巡演。

### 4.群众文旅体活动日益丰富

"阿拉过节嘞!"系列文化活动打造传统节日期间市民游客主客共享的聚会。全民系列、"三进四季行"、新区越剧节、戏曲进校园等活动精彩纷呈;开展第 2 届全民体育生活节、"幸福年味"体育嘉年华、美丽舟山千里行等体育活动,组织县级以上赛事活动 260 余项,参与人数超过 15 万人次。围绕庆祝中华人民共和国成立 70 周年、"创城"等重点项目,舟山市级及各县区策划组织庆祝新中国成立 70 周年大型音舞诗《光辉历程》、"欢歌迎华诞 共创文明城"等文艺宣传活动,营造浓烈的文化氛围。

**(三)推动产业升级,实现文旅发展**

持续发力推动产业提质升级,激发新区文旅体产业发展核心动能。树立全面融合意识,深化供给侧结构性改革,持续推进结构调整和转型升级,使文旅体产业实现新发展。

据统计,2019 年 1—11 月,舟山全市共接待境内外游客 6802.13 万人次,同比增长

12.22％；实现旅游收入 1013.82 亿元,同比增长 13.71％。

**1. 全域旅游实现全覆盖**

岱山、嵊泗均编制完成全域旅游总体规划,普陀区获批省级全域旅游示范区并被推荐为国家全域旅游示范区验收单位,嵊泗县做好第二批省级全域旅游示范县验收工作,定海区申报创建省级全域旅游示范县(区)培育单位。提升传统景区景点,培育普陀山成为首批"千万十亿"级大景区和国民休闲度假地,定海南洞艺谷、嵊泗花鸟岛积极创建 4A 级旅游景区,岱山东沙古镇做好 4A 级旅游景区资源评估准备,定海马岙、普陀冠素堂、新城如心小镇积极创建 3A 级旅游景区。根据国家、省文旅部门关于 A 级旅游景区的整治要求,认真落实桃花岛、朱家尖 4A 级景区整改工作,对全市 38 家 A 级景区开展专项暗访整治行动,摘牌 13A 级景区。培育新兴景区景点,岱山东沙镇、嵊泗花鸟乡积极开展省级旅游风情小镇验收准备工作,嵊泗黄龙乡申报成为省第四批旅游风情小镇培育单位。推进万村景区化,创建 26 家 A 级景区村庄和 6 家 3A 级景区村庄。

**2. 产业基地实现新发展**

嵊泗县花鸟岛被评为国家乡村旅游重点村和经典案例;岱山东沙是全省唯一入选国家文旅部"2019 非遗与旅游融合十大优秀案例";嵊泗县天悦湾滨海度假景区被评为省级运动休闲旅游示范基地;岱山秀山岛创建省级生态旅游区;普陀冠素堂创建省级工业旅游示范基地,创成 9 家市级研学旅游基(营)地,其中,市博物馆等 3 家单位申报省级研学旅游教育基地和营地。培育一批以东沙古镇、金塘仙人山、岱山观音山等为代表的文旅融合示范景区,蚂蚁岛创建红色旅游小镇。

**3. 项目建设实现新突破**

与中体产业集团就新城运动休闲体育综合体项目进行了多轮洽谈并且进展顺利。定海推进盐仓黄沙观海秘境民宿项目,完成 1 号建筑主体工程。普陀推进国际影视创新产业园建设,加速影视文化企业集聚。普朱管委会推进禅意小镇建设,观音文化园项目即将正式开园,保利航空小镇项目完成公司注册和征地工作,2019 年内启动项目建设。舟山群岛马拉松、岱山海峡半程马拉松、市体场体育馆委托运营 3 个项目入选省体育产业发展资金项目库。

**4. 产品打造实现新品牌**

舟山市依托海洋、海岛、海滩资源,举办舟山群岛马拉松、中国飞镖公开赛、国际划骑跑三项公开赛、中国武术大赛等精品赛事,并着力探索基地化运作、产业化发展。舟山市各县区立足各自体育资源,不断打造"一区一品牌"精品体育赛事,通过招牌式体育项目赛事丰富旅游的"体验特性",有效提高休闲旅游群众参与度和市场营销力度。加强体育资源集聚,整合 32 家体育机构 20 余类体育项目建立体育培训孵化基地,同时筹备成立舟山市体育产业联合会。创新开发文创产品,形成独特的舟山渔民画衍生品城市旅游商品 IP 转化与产业链落地模式,设计研发 6 个系列近 40 款博物馆文创产品。以接地气、市场化方式打造"百县千碗·舟山味道"IP,进一步提升舟山餐饮业发展品质、特色和效益,举办全省"百县千碗"工作推进会。

**（四）构建完备监管体系，营造新区文体行业发展环境**

舟山市固本强基构建全线联动监管体系，营造舟山新区安全的文广旅体行业环境。树立底线意识，打造覆盖"事前审批、事中监管、事后执法"的行业监管新模式，推进行业管理"铁痕工程"，实现"审批有痕、监管有痕、执法有痕、服务有痕"。

1.事先审批重提质增效

深化"最多跑一次"改革，完成政务服务事项办事流程梳理和办事事项颗粒度细化梳理，做好省级权力事项下放落地工作。推进"证照分离"改革全覆盖，在市级层面完成44项事项清单梳理，制定出台告知承诺办法、优化审批的服务举措，加强事中事后监管制度。规范内部审批流程，打造文广旅体优质审批服务，共办结办事类政务服务事项641项，实现办结率和网上申报率100％。嵊泗县通过整合事项办理环节和流程再造，实现民宿审批"三日办"。

2.事中监管重行业规范

一是重制度建设。出台事中、事后监管实施办法，制定出台导游规范化管理实施办法，创新开展旅游佣金"公对公"结算试点工作。二是重"互联网＋"。打造"互联网＋监管"数字平台，提升推进文广旅体行业监管"e查通"小程序平台建设和应用，完善全市旅行社监管平台和"棒导游"系统，实现监管对象的清单化管理、电子化留痕。三是重培训服务。实施全域旅游服务质量提升行动计划，举办2019全市旅游饭店服务技能大赛，组织饭店、旅行社星评员培训、品质饭店标准解读培训、旅行社经营管理培训、导游人员素质提升培训等。四是重品质提升。做好星级饭店和品质旅行社复核工作，完成海岛休闲示范点对标复评，摘牌3家，限期整改1家，推进舟山海上丝绸之路酒店成功创建金鼎级特色文化主题饭店。全市新增精品民宿54家，岱山成立民宿协会并出台《岱山县民宿公约》；嵊泗开展民宿控量提质工作，2019年民宿新增量同比下降39.3％，全县民宿持证率达97.7％。文广旅体系统社会信用建设在全市名列前茅。五是重"创城"工作。全面落实文化市场管理和文明旅游两个专项组相关任务，推进"文明细胞"创建，着力破解网吧吸烟等问题，建立文明建设长效机制。推进星级饭店行业限制一次性消费用品工作和系统内限制一次性办公用品工作，市海洋文化艺术中心被授予"浙江省节约型公共机构单位"的称号。六是重安全生产。切实履行安全播出主体责任，健全应急响应机制，强化安全播出应急演练和专项整治，全力做好新中国成立70周年全市广播电视安全播出保障工作。做好暑期旅游旺季、文物建筑火灾防控、人员密集公共文旅体场所、重大文旅体活动等安全检查整治及保障工作。重点开展全市非经营性沙滩专项整治，建立多部门协同的涉水旅游项目监管机制，补齐安全监管短板。

3.事后监管重依法行政

创新推出"动态巡检＋行业警示＋执法查处＋通报整改"监管4步工作法，组织做好文化和旅游市场春季行动、暑期整治、秋冬会战、大庆安保等行动，对不合理低价游、旅行社非法用车、团队入住无证民宿、户外运动组织、教育培训机构等非法经营旅行社业务等突出的市场乱象进行重点监管整治，全市立案行政处罚案件109件。

### (五)搭建交流平台,促进文旅发展新格局

全面拓展宣传推广交流合作平台,形成舟山新区文广旅体的开放格局。树立全面开放意识,围绕"舟山群岛——中国海上花园城市"的整体品牌,充分挖掘舟山文化和旅游资源,通过多渠道、多频次、多形式展现舟山城市形象和文旅体产业发展成果。

1. 新机制办好 2019 国际海岛旅游大会

本届大会首次引进业内战略合作伙伴,与北京执惠和深圳趣旅共同筹办,首次尝试市场化售票运作。大会吸引了来自美国、斯里兰卡、塞舌尔、希腊、印度尼西亚、挪威、韩国等 25 个国家和地区代表团,近千名中外专业嘉宾参会,涵盖来自 40 个行业的 400 多家文旅企业,汇聚了国内外文旅业界第一梯队的从业者。会议期间有超过 20 个涉及海岛及文旅等领域的项目签订合作框架协议或正式投资协议等,包括浙江海岛公园投资项目 10 个、舟山文旅体项目 6 个、国际国内合作项目 5 个,项目总投资额约为 495.57 亿元。

2. 新窗口展现舟山特色

大型原创越剧《观世音》应邀参加新加坡佛教施诊所 50 周年金禧纪念活动,舟山渔民参加在德国、葡萄牙、南非等地举办的"美丽中国 诗画浙江"——浙江省非物质文化遗产展,舟山市艺术家王飚在浙江美术馆举办"海风——王飚中国画展",深化舟山—金华、舟山—丽水非遗保护山海合作活动,组织非遗项目参与金华非遗集市和丽水"多彩非遗乡村四季行"活动。

3. 新理念办好会展节庆

以"融合"理念举办结合非遗文化日和中国旅游日的"跟着文物去旅行"活动、"非遗+味道"系列活动,东海寻欢在"浙"里——"诗画浙江 诗路之旅"自驾游活动,策划 2019"福在舟山"惠民活动,将惠民覆盖范围延伸至文化和体育板块。此外,第 17 届观音文化节、第 21 届舟山国际沙雕节、第 9 届东海音乐节、2019 中国普陀佛事文化旅游用品博览会、第 10 届岱山东沙弄堂节、第 4 届嵊泗贻贝节等活动也取得了较好的经济和品牌效益。

4. 新媒体布局全网传播

充分运用抖音、UCC 平台等新媒体,建立全市融媒体矩阵,打好传统媒体、新媒体落地活动组合拳,设计城市整体文旅体视觉识别(VIS)系统,积极探索 IP+文化旅游新模式,开展新锐景观海岛(网红打卡地)专题活动,调动马蜂窝 5000 名专业作者及用户设计舟山群岛网红打卡地的优质战略内容。

## 二、舟山市文化产业发展中存在的问题和不足

### (一)市场竞争力有待提升,海洋旅游产业链亟待完善

舟山市虽然有跨海大桥和机场,但是并没有开通高铁,而且机场飞机航线少。而如今在中国科技飞速发展,高铁出行似乎已经变成绝大多数人首选的出行方式。舟山市高铁也已在规划中,目前已完成勘探,预计 2027 年通车。舟山市经济位于浙江省末尾,虽然被纳入杭

州湾大湾区经济发展圈,发展机遇越来越多,休闲娱乐设施等海洋旅游产业链也在逐渐形成,但是与其他地方相比,其海洋旅游产业链短缺。例如,澳大利亚黄金海岸从休闲娱乐、购物、运动到文化熏陶,无论是商业还是人文都很好地融入了海洋旅游产业,形成完整的海洋旅游产业链,而海洋旅游产业也带动了当地经济发展。

### (二)特有文化与海洋旅游并未形成整体发展

舟山市主打"海洋文化""渔家文化""佛教文化""山海文化""金庸武侠文化"以及"生态文化",但是,舟山市的海洋旅游业与这些文化内涵之间联系较少。例如,桃花岛和普陀山的开发就存在很多问题。桃花岛旅游资源无论是从资源的丰度、品位度,还是资源的集中度来看,都具有良好的开发优势,但是在桃花岛的实际开发过程中,并未将"金庸武侠文化"以及"佛教文化"与海洋旅游紧密结合,以谋求良好共同发展态势。射雕影视城的建造本意应是让游客感受金庸笔下描绘的美妙神奇的东海小岛,回味金庸著作的经典片段,结合海岛特色风景与文化,综合全局发展,形成一个综合性的海岛旅游项目。但是,射雕影视城的建设几乎形同摆设,既没有体验到金庸著作中桃花岛的魅力,也没有感受到海岛文化在其中的特殊性,缺乏鲜明独特的人文景观和旅游景观。

另外,普陀山严重的商业化现象将会影响游客对于普陀山"海天佛国"的文化体验。由于普陀山声名远扬,普陀山沿路涌现了许多海鲜酒店以及住宿处,商业气息日益浓厚,这与普陀山所传递的佛教文化背道而驰,不仅弱化了游客对普陀山文化的忠诚度,而且使得普陀山在游客中的口碑、形象受到影响,从而对普陀山的旅游经济造成损失。

### (三)舟山市旅游管理体制相对落后,旅游开发无序

舟山市旅游管理体制建设相对落后,没有整合资源并且联合外销的能力,旅游规划实施困难,旅游项目开发逐渐失去管控,致使旅游市场单一,内部消耗严重,更多的钱花在了不该花的地方。对旅游项目管控乏力,很容易使旅游开发群龙无首,无序发展。当然,旅游管理体制的相对落后也对海洋环境产生很大的影响,存在只顾眼前不顾后果的行为,在开发过程中丝毫不注重海洋旅游业开发对环境的破坏等问题。因为缺乏管控,所以对在旅游业发展中产生的垃圾回收处理以及海洋环境修复问题并没有实质性作为。

## 三、今后工作思路

2020年是我国全面建成小康社会的决胜之年,同时也是文化、广电、旅游和体育加快融合发展之年。2020年,舟山市文旅工作的指导思想是:以习近平新时代中国特色社会主义思想为指导,紧紧围绕建设"五大会战""四个舟山"和打造"一城一区两地"的目标,坚持和加强党的全面领导,坚持以人民为中心的发展思想,以加快实现高水平融合发展为主线,进一步深化文广旅体体制机制改革创新,完善文广旅体公共服务,丰富文广旅体产品供给,强化文广旅体行业监管,谱好新区文广旅体发展"五线谱",推动新区文广旅体发展再上新台阶。

### (一)突出产业主线,创新优质产品

以全域旅游发展为统领,坚持规划先行、品质提升、融合发展、改革突破4大原则,打造

主客共享的文旅体产品供给体系。争取成功创建 1 个国家全域旅游示范区,1 个省级全域旅游示范区;创建 3 个以上国家 3A 级以上旅游景区,1 个景区城、2 个景区镇、2 个省级旅游风情小镇。力争全年实际完成文旅体项目投资超过 100 亿元。

1.加强顶层设计

编制"十四五"文旅体产业规划,谋划在文化旅游体育领域促进产业消费升级的政策和举措、野外营地建设与自驾游结合、跳岛游产品、研学旅游产品项目等具体思路,研究编制海岛休闲运动发展等专项性规划。

2.打造世界海岛公园先行区品牌

建设定海、岱山、嵊泗、普陀山、东极海岛公园,启动编制创建导则,开展建设规划研究工作。

3.探索产业融合发展

打造一批有影响力的文化体育旅游精品线路、精品赛事活动和示范基地,谋划特色小镇、乡村旅游产业集聚区、运动休闲小镇等产业集聚区域,推进文化体育场馆"景区化",实施剧团演艺、文创产品、非遗产品,建设书店书吧、体育赛事进景区及度假区和景区村庄。

4.积极开展文旅体项目招商

推进新城体育综合体建设,支持禅意小镇、保利小镇、极地海洋世界等重大项目顺利推进。培育新业态产品,推进大青山自驾车营地、白沙岛水上休闲运动中心建设,引进 3 个以上游艇俱乐部。培育一批创新型文旅体企业,梳理企业产业名录库和自主品牌赛事活动项目,积极向上争取资金,争取一批文旅体项目列入省市重点项目名录。

5.继续推进海岛户外运动休闲示范区建设

统筹全市体育休闲赛事资源,在海上运动、骑游、定向、沙滩球类、户外攀岩等方面开拓新领域。打造马拉松、越野跑系列品牌,拓展提升舟山群岛马拉松、岱山海峡半程马拉松和定海极限山地越野赛等赛事品质,策划举办舟山群岛大学生马拉松接力赛、朱家尖地形越野赛。打造群岛帆船跳岛接力赛、海岛城市定向系列赛事等新 IP。

**(二)夯实事业底线,提供精准服务**

以不断满足市民和游客对"美好生活"的需求为导向,完善文广旅体基础设施和场馆建设,统筹推进现代公共文广旅体服务体系。

1.按照全省未来社区建设要求,推进"未来社区"公共文化空间建设,布局城市社区文化中心

依托"淘文化"平台,探索"文化众筹"模式实践,建立反映公众文化需求的征询反馈机制和公众参与的考核评价机制。新建 25 家新文化礼堂,提升文化礼堂"建管用"一体化,加强已建成城市书房社会化管理,继续做好送戏下乡、送书下乡、公益放送等文化惠民工作。

2.坚持广电惠民,积极开展"广电低保"惠民服务

对经认定的低保户、贫困残疾人、特困户等人群提供免费或优惠的有线电视服务。组织全市有线广播电视运营服务质量评价和对农节目服务考核,完善县(区)农村应急广播运行

维护机制。

3.按照"全域旅游"的要求,推进全市旅游咨询服务体系标准化建设

完善中英文对照交通指示牌、旅游景区指示牌、旅游集散、停车场等基础设施建设,改建新建旅游厕所30座。积极谋划高铁上岛的旅游交通布局,继续加强旅游惠民力度。

4.按照"全民健身"的要求,积极推进重点体育馆项目建设

继续推进社区多功能运动场、游泳池、笼式足球场等场地建设,加快定海城南体育公园、嵊泗全民健身中心等重点体育场馆项目建设。实施"体育进文化礼堂"项目,拟计划给50家乡村文化礼堂配备室内健身器材和体育用具,构建涵盖体育项目培训、体育健康讲座、体育竞赛表演等服务平台。完善青少年业余训练机制,规范体育社会组织管理工作,进一步扩大公共体育场馆地低免开放。积极开展体育健身项目培训和国民体质监测工作,促进"体医"结合,完善体育社团组织管理机制。

**(三)筑牢行业生命线,实施全程监管**

以"最多跑一次"改革为重点,以文广旅体数字平台建设为抓手,进一步完善文广旅体行业监管体系。

1.优化审批服务

继续推进"最多跑一次"改革和"证照分离"改革,开展政务服务提升工程,提高群众和企业办事满意度,探索"最多跑一次"向文广旅体公共场所延伸。

2.探索行业监管新模式

落实专业导游、兼职导游、非执业导游等分类管理,推进旅游佣金"公对公"结算试点取得实效。制定旅游团队"一团一档"管理规范,建立行业诚信管理机制,推进垃圾分类源头减量工作,牵头饭店行业不主动提供"一次性消费用品"行动,治理不合理低价游、强制消费、诱导购物、欺骗游客等旅游市场乱象,解决网吧吸烟等文化市场难点问题。

3.提高市场监管信息化水平

进一步完善数字文广旅体平台"一中心三平台"框架模块建设,构建标准统一、纵向贯通、横向融合、多级联动的文广旅体系统数字化应用体系。加强"e查通"应用推广,健全完善"企业自查＋县区抽查＋重点督查＋执法调查"的常态化监管机制,应用"一检通"和掌上执法系统等科技手段。

4.加快行业标准化

建立全市文化和旅游标准化委员会,落实文旅标委各项工作任务,以标准化为抓手,继续做好星级饭店、绿色饭店、特色文化主题饭店、品质饭店、品质旅行社、海岛休闲示范点等创评和复核工作。加强行业培训,促进行业交流,组织办好2020年全市金牌导游大赛。继续打造"舟山味道",开展美食人文交流、"三名"工程评定等工作,推进餐饮高质量发展。

5.建立规范化、全覆盖的行业安全监管体系

建立安全管理工作联络员制度,在2019年全市非经营性沙滩专项整治的基础上进行"回头看",着力完善沙滩安全治理体系和管理办法,出台《舟山市非经营性沙滩安全管理

办法》。

6.加强市场执法建设

加强文化市场综合行政执法建设，推进"执法规范化工程"，做强"以办案论英雄"活动，组织开展"四季战役"，运用"体验式"暗访、交叉督查等手段，发现违法线索，打击市场乱象，维护市场秩序。推进旅游纠纷多元化解"3＋X"机制建设，构建又好又快、让游客满意的纠纷调处化解体系。

**(四)着眼营销新视线，推进融合进程**

改变传统"营销仅局限于旅游营销"的理念，着眼"舟山群岛——中国海上花园城市"品牌宣传和新区文广旅体成果展示，打造文旅体融合营销体系。

1.打造海岛文旅体融合发展 IP

以"海岛"和"文化"2 大主题为卷轴，进一步整合全市文旅体资源，以丰富多样的海洋文化和佛教文化讲好"舟山故事"。围绕"舟山群岛——中国海上花园城市"的整体品牌形象，设计城市整体文旅体视觉识别系统（VIS），搭建完善品牌体系资料库，完成文旅体宣传片。依托"海上丝绸之路""江海联艺"融海洋文化与长江文化于一体，打开舟山沿线一带地区文化艺术交流，开展精品越剧《观世音》、传统文旅大戏《鼓舞大海》省内巡演，与省文旅厅、中央电视台电视剧制作中心加强合作，打造影视文化新名片。进一步推进文化遗产保护传承与乡村振兴、特色小镇创建、群众文旅体活动、"舟山味道"品牌打造、文创产业开发等工作融合，构建展示优秀传统文化的新场所和新舞台。

2.打造海岛文旅体融合营销模式

谋划特色线路品牌，依托舟山丰富海岛文化、体育、旅游资源，谋划推广一批海岛故事尽赏之旅、海岛体育尽欢之旅、海岛美食尽享之旅的新型旅游线路。构建营销融媒体矩阵，成立本地新媒体联盟和文旅体记者联盟，深化传统媒体合作，加强与马蜂窝攻略社区、游侠客旅行者社交网络、省内知名旅行社等线上线下新平台合作。发力热点事件营销，升级舟山有缘人品牌活动，组织普陀山"千人斋"等活动，继续办好东海音乐节、"福在舟山"迎新活动、欢乐东海等重大节庆活动。开展精准市场营销，依托惠民季活动开展上海、苏州、南京地区重点营销，依托疗休养推广拓展浙西北市场，依托千人斋等活动深挖厦门、泉州等传统福建区域客源地，依托新航线开通做好成都、大连、南昌、烟台等新市场联合营销。

3.打造国际海岛旅游大会品牌

持续以市场化运作模式办好国际海岛旅游大会，进一步深化与北京执惠等专业机构的合作，完善大会政府主导、市场化办会、专业团队运作的模式，确保大会各项活动更加专业和精彩，更具实效和活力。全面整合海岛旅游的完整产业链，集聚海岛旅游各产业的专业机构、龙头企业，发布引领产业发展趋势的国际前沿资讯、最新业态及最新成果，加快将国际海岛旅游大会打造成品牌权威、内容优质的海洋旅游全产业链资源的交流和贸易平台。

**(五)树文旅风景线，强化党建引领**

树立党建统领全局意识，加强系统干部队伍和基层人才建设，构建文旅体发展保障体系。

### 1.提高党建工作水平

深入学习贯彻党的十九届四中全会精神,探索建立"不忘初心、牢记使命"主题教育长效机制。建立党员学习教育常态化工作机制,集中开展普通党员轮训,年内完成1/4党员轮训。持续推进"最美风景线·潮头先锋"系统党建品牌联创工作,切实加强群团组织建设。充分发挥定海县工委旧址、博物馆舟山群岛往事等市级红色教育基地作用,开展形式多样的主题党日活动。严格监督执纪,加强反腐倡廉宣传教育,严格日常监督执纪工作,通过"三服务""建功五大会战 强效能强服务"等专项行动强化作风建设。

### 2.提高经费保障水平

完善财务管理,建立健全社会效益优先、社会效益和经济效益相统一的文化旅游体育专项资金运行机制,夯实文旅体事业发展经费财力保障。强化资金使用绩效监管和考核,进一步落实政府向社会力量购买公共服务机制,加强"三公"经费控制,防范发生廉政风险。积极向市财政局争取艺术剧院、市体育馆维修资金。

### 3.提高人才队伍建设水平

做好事业单位改革、局属企业清理等相关工作,加强系统干部队伍素质提升和作风建设。多方引进资深体育教练员、优秀运动员、艺术工作者等高端紧缺实用人才。建立完善文广旅体智库,加强重大理论和实践研究,为新区文广旅体发展提供决策参谋。培养一批在政策研究制定、公共服务、执法办案、产业融合发展、文化、旅游和体育资源调查与利用以及从事文广旅体跨行业融合业务复合型干部和人才。

(郦青)

第 三 篇

# 浙江省文化产业业态报告

## 2019 年浙江省影视产业发展报告

影视产业是指围绕电影、电视、影视剧等影视作品所进行的生产、营销、发行和放映等相关产业经济形态的统称。在我国的文化意识传播过程中,影视产业具有相当大的影响力和传播力,并且代表着一个国家和地区的文化和经济发展水平。在习近平总书记"一带一路"倡议和"文化兴国运兴,文化强民族强"的思想指导下,影视产业正面临着从文化、科技、全产业链构架等多方面完成转型升级的挑战。

党的十八大以来,浙江省委、省政府高度重视电影产业发展,立足浙江"三个地"的政治优势,出台一系列重大政策,采取一系列有力举措,全力打造全国影视产业副中心,推动全省电影产业发展不断迈上新台阶。

### 一、2019 年浙江省影视产业概况

浙江省是全国影视制作生产、宣推发行、传播交流的重要基地之一。不管是影视企业数量、规模,还是浙产电影、电视剧产量、质量和影响力,浙江省均在全国处于领先地位。

我省影视产业快速发展过程中,以民营企业为主的影视文化企业主体不断发展壮大,涌现了一批上市龙头企业和成长型影视企业。全省共有影视规上企业 466 家,主要集中在金华、杭州、宁波、嘉兴等地。影视上市公司共 26 家,数量居全国首位,其中,A 股上市影视文化企业 10 家,占 A 股上市文化企业的 1/4;新三板挂牌影视文化企业共 16 家,占新三板挂牌文化企业的 1/5。华谊兄弟传媒股份有限公司、浙江华策影视股份有限公司、思美传媒股份有限公司等多次入选"全国文化企业 30 强"。全省重点文化企业中,影视类企业占 1/3。同时,影视人才培养能力不断增强,全省共有影视院校专业院校 4 家(含 1 家筹建院校),影视相关专业开设院校 47 家,较大规模影视培训机构 10 家。

浙江省统计局在 2020 年 4 月发布的《2019 年浙江省国民经济和社会发展统计公报》显示,截至 2019 年末,广播人口覆盖率为 99.73%,电视人口覆盖率为 99.82%。影视制作机构共 3291 家,其中,上市公司 26 家。电视剧制作 45 部 1928 集,动画片制作 70 部 23405 分钟,制作影片 87 部,电影票房收入 50.2 亿元,比上年增长 2.5%。

为进一步加快影视产业的发展,相关主管部门出台了一系列政策,起草制定《关于推进

浙江省影视产业高质量发展的若干意见》，重点打造横店影视文化产业集聚区、中国（浙江）影视产业国际合作区、象山影视城等平台，加强对浙江影视发展的行业指导和政策扶持，并做好相关服务工作。《加快促进影视产业繁荣发展的若干意见》指出，要求到 2020 年力争把浙江打造成全国影视产业副中心，影视产业规模和质量在全国名列前茅，使其成为浙江文化产业发展的重要增长点。

## 二、2019 年浙江省影视产业发展成果

2019 年，浙江省影视产业发展取得 5 大成果：产业规模扩大，全国影视产业副中心地位初显；产业平台进一步完善，"3＋N"园区平台体系初步建立；产业主体不断壮大，推动龙头企业聚集；产业政策不断创新，各地出台扶持政策；产业带动效果明显，文旅产业加快融合。未来影视产业发展呈现三大趋势，即影视行业标准规范转型期，影视技术进入加速创新期，影视业态进入融合嬗变期。

总体看，浙江省影视产业有 4 方面特点。

一是产量高。近年来，浙江省电影创作生产势头强劲，电影生产创作连续 4 年实现翻倍式增长。2019 年，在浙江省备案的影片有 123 部，制作完成的影片有 93 部。

二是市场大。全省城市影院共 754 家，银幕共 5194 块，座位共 65.6 万个。票房收入每年以 10％的增速递增，2019 年全省票房收入约 50.2 亿元，居全国第 3。

三是集聚强。充分发挥横店影视基地的龙头带动作用，优化内部结构，完善全产业链布局，补齐创意策划、后期制作等短板，基本形成了创作、拍摄、后期制作、交易、衍生品制作等全产业链格局。目前，全省影视制作机构近 3000 家，国家级影视基地 2 个，其他各类影视基地 20 多个，影视文化上市公司 26 家。

四是服务优。深入推进"最多跑一次"改革，积极推广农村电影放映公示栏制度，按需订片，把择片权交给观众。2019 年，农村电影公益放映的满意度为 93.12％。

## 三、浙江省影视产业发展存在的问题

浙江省是文化大省，也是经济大省，影视产业发展多年来名列全国领先位置。横店集团作为浙江省影视产业龙头企业，在省内乃至全国也具有较强的影响力，吸引国内外优质剧组拍摄出大量水准一流的作品。横店影视基地的优势在于具有成熟的影视拍摄实景基地，并且具有相当成熟的配套服务体系。其劣势在于仍较为倚重文旅经济，全产业链建制不全；距离以北京为首并向周围辐射的影视产业精英聚集地较远。

总体看，浙江省影视产业发展存在着以下问题：各地影视投入同质化严重，影视产业回报高附加值环节较弱，各地政策较单一且仅着眼短期化效益，影视核心人才缺乏。

### （一）与国际先进经验相比，电影工业化存在差距

以美国好莱坞各大电影制片公司为例，电影工业体系包括但不限于影视创作艺术相关领域。在完善的分工体系中，特效化妆师、机械工程师、软件工程师、无人机工程师、NASA

科学家等人才都可以接入工业体系端口,各司其职。电影工业体系当以龙头企业为主体力量,带动微小企业发展、高新技术发展与人才储备积累,从而不仅推动影视艺术本身,更进一步推动科技研发,通过培养和吸引各个领域的精英人才进入影视领域,并最终带动全产业链的高速发展。相比较而言,浙江省电影制作仍处于"群雄割据"的状态,并未能形成体系化,因此,在电影工业化方面存在差距。

### (二)影视生产体系生存环境仍有欠缺

浙江省影视工业相关微小企业和高精尖人才的生存环境仍有欠缺,有待进一步提高,尤其是资金支持及项目带动力可以进一步精准到位,以保证本土行业人才的孵化。

### (三)高端影视人才培养体系理念有限

目前,浙江省需要大量从事数字技术研发及使用的高端人才,全产业链视野的 IP 策划高端人才,具有文化审美的前期创作高端人才和熟稔影视艺术创作规律的数字特效高端人才。因此,迫切需要形成高端影视人才的培养体系理念。

### (四)"产业地图"支撑及配套不足

而浙江省行业信息共享可以避免资源浪费,影视工业体系的打造缺乏产业地图作为支撑。"契约精神"可以在法律体系的保障下进一步提升,而浙江省目前缺乏专门服务于影视产业的法律团队支持。此外,关于影视产业的认知存在误区,影视产业发展趋势的评估仍停留在票房红利和文旅产业经济等传统层面。

## 四、浙江省影视产业及技术发展路径

浙江省影视产业发展有 6 大目标,即:加快编制全省影视产业发展规划,明确整体布局与各地发展导向;依托影视产业核心基地,着力打造影视全产业链发展平台;加快培育壮大影视产业主体,扶持国有影视集团和民营龙头企业;强化影视教育,培育、引进、壮大影视产业人才队伍;设立影视产业特区,探索创新特色影视政策;加强影视服务,打造一站式全方位服务平台。未来我省影视全产业链发展的 6 大策略:一是优布局,形成"一区一带一城多点"格局;二是补链条,构建国际竞争力全产业链;三是促融合,推进影视与科技、旅游、互联网等深度融合;四是壮主体,培育"十院百企万人";五是树品牌,打响"浙产影视"金名片;六是繁市场,建设全国影视消费先行区。

对浙江省影视产业发展提出的 4 大建议是:在推进体制改革方面,要推进国有经营性影视单位转企改制,深化影视产业相关领域"最多跑一次"改革,谋划建设影视产业特区;在加强规划引导方面,要加快编制全省影视产业发展规划,绘制全省影视产业地图,建立影视产业重点项目库;在强化政策保障方面,要加强影视政策指导,加强金融扶持力度,完善财税支持政策,完善人才保障政策;在优化发展环境方面,要加强影视行业管理,加快培育影视行业协会,加强影视产业统计工作,完善影视作品评价体系。

### (一)构建互联网时代下电影工业化基础

构建互联网时代下电影工业化基础,可从以下几个方面展开:关注资本良性、稳定且全面介入影视产业;关注专业人才的迭代与前瞻性引导,发挥"产教研"一体培养优势,提供行业人才生存土壤;关注电影工业体系下的技术迭代,如网络技术与数字技术的爆发式发展给制作、拍摄与放映等带来的升级与挑战;关注消费者动态,从受众角度思考产业变革与升级,布局全产业链。

### (二)影视产业发展及工业体系建立的路径

1.理清全产业链范畴

全产业链范畴包括:资本;电影、电视、动画、漫画、游戏、小说,及关联的院线、电视广播频道、出版印刷业、网络流媒体平台、网络文创门户网站等,工业体系软硬件研发团队,衍生品,旅游、商圈、周边经济,产业服务,等等。一方面,构建多元化组合式融资通道,完善电影收益流程模式;另一方面,以互联网为驱动核心,实现全产业链平台运营。

2.新技术引发产业规模创新

在 5G、数字特效技术迭代的基础上,构建新的生产关系和分工体系,发现并孵化具备国际生产制作能力的国内年轻团队。注重"外引内培",注重培养数字特效技术研发人才,在创作中引入国际团队交流学习,运用好莱坞特效制作流程加速进步,如大数据分析在影视产业领域的专业平台及软件对影视内容创作的引导和评估;AR(增强现实)、VR(虚拟现实)、MR(混合现实)对传统影视体验的冲击;数字影棚、矩阵系统、游戏引擎实时渲染等对传统拍摄手段的冲击等。

3.形成以"制作委员会"为核心的生产结构

参考日本"制作委员会"引入专业机制,让资本、创意、制作、品牌、宣发、法务、衍生品等环节同步到位,商讨作品的产业链布局,改变以往链状生产关系。结合大数据分析及互联网宣发平台,将更加精准地分析市场前景。

4.以全产业链概念布局

依托龙头企业资源形成 IP 聚集,形成产业发展基础。以优质 IP 为核心,打造多渠道、多轮次、多类型的可自身造血并形成闭环的多维发行渠道。如 Disney＋、Netflix 等巨头布局流媒体,依托浙江省的互联网技术与经济的领航地位,探索具有浙江特色的影视院线迭代升级与发行新渠道,推动龙头企业的流媒体平台布局与影视全产业链拼图。以龙头企业为主干,聚拢产业相关发展中企业,形成全产业链构架。

5.研究拓展适合本土影视产业的类型片

以能够带动全产业链的类型片为主导,大力推动"时代剧"和"科幻剧"的创作,展现时代气息与强国面貌。

"时尚"与"科幻"能带动受众共鸣从而刺激消费,也能引发青年受众对时代进步与未来可能性的思考。《流浪地球》就是一部具有标杆意义的作品。

6.建构核心"IP",推进内容市场的全面商业化

倾向能够带动产业发展及技术发展的科幻题材或时代剧,通过项目滚动培育 IP,有益于作品类型化,同时培育市场。关注受众反映,采取更灵活的市场机制。以 IP 衍生品为抓

手,推进内容市场的全面商业化。

**7.制定制片管理和风险控制的工业化标准**

在较为传统的"人脉组合"影视生产关系中,通过加强制片管理工具的普及,将制片流程标准化;进一步将剧本制作、法律、拍摄管理、保险等要件标准化;提供专业化服务降低影视产业体系的系统性风险。

**8.跨专业人才引入影视工业体系**

扶持高新技术微小企业和高精尖创意型人才;充分发挥高校与企业接轨合作的"产教研"体系,引入阶梯化教育,前瞻性地培养行业流程领域中的应用型人才,尤其要注重契约精神的培养及职业道德教育。

## 五、浙江省影视产业发展的未来趋势

浙江经济、文化、科技等均处在国内领先地位。浙江省影视产业发展未来应以历史文化重镇作为 IP 聚集,由浙商布局衍生品领域;着力打造内容版块,形成浙江省影视产业特色,进一步带动影视产业其余版块;依托互联网,挖掘影视产业全产业链关键点,与其他地区形成差异化竞争。

横店、华策在电影与电视领域各占龙头,已具备产业链雏形,通过补强缺失版块与自身迭代升级的方式完成全产业链布局。以点带面,汇聚资源优势,打造精品项目;同时带动高新企业与相关企业接入工业体系与产业链接口,培育影视产业的大环境。

借鉴迪士尼全产业链模式,去粗取精,避免迪士尼线下产业发展弊端,结合浙江省特点打造"矩阵式影视产业模式",即基于线下产业实体端,打造线上数字平台端。以产业链、工业体系链垂直链接两端,产业链与工业体系链横向并进,纵向互促,串联优质 IP 各个节点、不同层次的消费需求,填补衍生品市场巨大空白;实体端在硬件和软件版块完成数字化、技术化迭代,未来发展重心向高维数字平台端倾斜。高新技术推动各版块生产力升级,推动人才培养,刺激行业发展。产业结构形成闭环,自身造血形成闭环,形成"矩阵式影视产业模型"完成多维链接。

### (一)线下部分迭代升级

浙江省影视产业线下迭代升级,需注意以下几点发展趋势。(1)实景文旅向高科技园区转型升级。(2)传统影视基地向数字工业技术迭代。(3)聚拢 IP,建设创意中心。(4)引导电影剧本创作与审批向"宏大叙事"倾斜,即历史重大题材、科幻题材、奇幻题材、动作题材、动画题材、贺岁题材等。(5)垂直深挖衍生品市场。填补缺失的产业链主要资金回报环节,重视衍生品与 IP 关联开发植入。(6)高新技术企业填补工业体系空白。面向产业升级新技术应用,如数字技术(AR、VR、MR)、特效技术等。(7)"产教研"人才梯队建设。以高校为中心,横向链接产业与技术前沿,纵向建设论与科研体系。(8)院线升级。调整分账模式,吸引资本,票价定价合理,还利于民。放缓影院扩张进程,以服务升级为重心。院线在主流技术(银幕技术、放映技术、VR、AR、MR 等)可从以下方式寻求突破发展:一是"视听"硬件升级,提高如"中国巨幕""IMAX""120 帧激光"等高技术规格影厅普及率;二是院线与流媒体平台竞争是必然趋势。大银幕与小荧幕题材引流,受众分流,在立项阶段予以引导。通过政策加市场促成院线与流媒体平台的磨合与良性竞争。院线提供线下顶级硬件服务,高投资"宏大叙事"影片,流媒体平台提供线上便捷服务和中小投资影片,通过差异化形成合力双赢。

### (二)线上部分迭代升级

影视产业数字化及科技化提升是发展的必然趋势。互联网 5G 时代的到来加速推动了这一进程。浙江省影视产业应抓住机遇,加快数字科技文旅产业迭代升级,建立影视产业大数据库,建构大数据制片管理模型,加速推进互联网流媒体平台的整合与合作,调整网络影视作品审核机制,依托本省互联网科技高度发达的优势占领高地。

互联网 5G 时代将对传统影视产业产生更大冲击,这体现为互联网发展将会改变受众观影逻辑;以全产业链布局的流媒体平台在网台同标的审核机制下将会更加重视创作质量;受众将会进一步养成付费观影的习惯。此外,硬件技术提升与价格下探让受众可在家中通过 5G 直接付费点播电影,由此导致主动前往院线影厅的意愿将会减弱,影院观影附带的社交属性也会逐渐转移到互联网中;剧集则享受技术迭代红利,无缝对接到流媒体付费家庭影院观影模式;流媒体将依托互联网发展及移动终端发展,逐渐与电影、电视形成产业合流。

因此,浙江省影视产业关注线上迭代升级,应注意以下几点发展趋势。(1)数据化开发。依托本省互联网科技高度发达的优势,建立影视产业大数据库,建构大数据制片管理模型。(2)数据信息集合。以产业地图模式平衡省内各地资源,避免同质化浪费,发挥各地传统优势,布局省影视产业大格局。(3)影视文旅产业数字化。开辟线上影视产业文旅版块,借助 AR、VR、MR 等技术,提供全新体验。(4)结合影视相关专业,打造线上教育平台。(5)流媒体平台建设与补强。流媒体平台依托互联网经济,轻实业、重内容,与传统影视产业恰好形成互补关系,这将是影视产业数字化进程中的重要组成部分。

### (三)内容与技术迭代升级

从中国电影史与影视产业发展史来看,优质 IP 能正面引导价值观体系,对中国电影工业体系发育也有积极影响。优质内容打造须从创作者角度转向受众角度,从核心价值观引导与产业模式运作两个重点深耕。具体来说,一是受众培养。之前各地影视产业相关条款的出台均较忽略受众层面,这需要从 IP 扶持、票价稳定两个层面培育受众。二是技术迭代。AR、VR、MR、AI 等技术在 5G 时代必然得到更普遍的应用。相关技术在影视技术领域的应用研究,将会成为发展进程中的重要推动力,带来拍摄、放映、平台应用等多方面的颠覆式革新。三是内容升级。AR、VR、MR、AI 等技术前瞻推动院线硬件及拍摄技术的革新,同时也需要在新技术下满足院线、流媒体等平台发布的创新内容配套。影视创作在新技术挑战下的内容升级和创作升级将会引领影视产业前端创作版块的理论革新,并逐渐推进到中下游环节。

(郝昕)

# 2019 年浙江省动漫产业发展报告

动漫产业是指以文化和创意为核心，以动画、漫画和动漫游戏为主要表现形式，包含动画片、漫画书、报刊、电影、电视、音像制品、舞台剧，和基于现代信息传播技术手段的动漫新品种等直接产品的开发、生产、出版、播出、演出和销售，以及与动漫形象有关的服装、玩具、电子游戏等衍生产品的生产和经营的产业。

作为文化大省和经济强省，浙江省的动漫产业始终居国内发展前列。省委、省政府十分重视文化产业的培育和发展，相继成立了浙江横店影视产业实验区、浙江影视集团等大型文化产业集团，并且通过举办中国国际动漫节、打造"中国动漫之都"等措施，加大对动漫产业的扶持力度，使动漫产业成为浙江文化产业的支柱产业之一。

根据艾瑞咨询《2018 年中国动漫行业研究报告》所述，中国动漫行业总产值突破 1700 亿元，比 2017 年增长了近 14％；2018 年，浙江省地区生产总值达 5.62 万亿元，同比增长 7.1％。时任省文化厅副厅长的陈瑶在浙江卫视《提问 2018》栏目中表示，根据浙江省文化产业大会提出的目标，到 2020 年，全省文化产业产值达到 1.6 万亿元，占 GDP 比重达到 8％。

## 一、2019 年浙江省动漫产业概况

根据国家广播电视总局公示的国产电视动画片制作备案公示统计，2019 年全国 1—8 月国产电视动画片制作总时长为 122293.45 分钟，其中，浙江省电视动画片制作时长为 23907.2 分钟，占比 19.55％，居国内首位。

2019 年 5 月，国家广播电视总局公布的《2018 年度推荐播出的 48 部优秀动画片》中，共有 15 部产自浙江，数量居全国首位。这 15 部动画片及制作公司分别为杭州玄机科技信息技术有限公司《秦时明月伍君临天下》（续）、杭州一诺动漫有限公司《乌龙院之活宝传奇》、杭州阿优文化创意有限公司《阿优的烦恼》、杭州漫奇妙动漫制作有限公司《洛宝贝》第三季（1—13 集）、浙江华策影视股份有限公司《刀尖》、浙江中南卡通股份有限公司《天眼归来》、杭州天雷动漫有限公司《小鸡彩虹》第五季、杭州阿优文化创意有限公司《阿优的奇妙实验室（一）》、杭州蒸汽工场文化创意有限公司《口袋森林》第一季、杭州天雷动漫有限公司《小鸡彩虹》第六季、杭州一诺动漫有限公司《乌龙院之活宝传奇 4》、杭州美盛动漫有限公司《星学院Ⅲ之潘朵拉秘境》、宁波大慈文化传播有限公司《布袋小和尚》第三季、伊奇乐文化传媒（浙江）有限公司《超级伊仔》和宁波市暴风动漫有限公司《丹尼小课堂》。

### （一）相关政策支持

在动漫产业政策方面，2016 年 10 月 22 日《浙江省文化产业发展"十三五"规划》提出："发挥我省动漫游戏产业在全国的先发优势，以内容创意为核心引领，注重知识产权保护利用，推动产业链上下游良性对接，打造全国领先的以动漫游戏为特色的数字娱乐基地和国内

具有重要影响力的动漫游戏产业中心。"规划同时指出:"支持原创动漫创作生产。依托杭州滨江、宁波鄞州国家级动漫产业园区,建立动漫原创企业集群,打造动漫产品的研发和创新基地。实施浙江动漫品牌建设和保护计划,发挥骨干企业领军作用,培育中小动漫企业健康成长。推进动漫拍摄、后期制作技术变革创新,加快创作生产具有示范和引领作用的优秀原创动漫作品,推进动漫内容创作、形象设计、音乐创作、节目制作、版权交易的发展。继续做强中国国际动漫节,搭建国内外优秀动漫企业交流、产品推介和展示交易平台。"

浙江省积极探索动漫行业制作标准。2017 年 6 月 22 日,浙江省正式实施动漫行业首个地方标准《动画渲染平台管理与服务规范》(以下简称《规范》)。该《规范》经由省质量技术监督局批准发布,由浙江中南卡通股份有限公司、杭州国家软件产业基地有限公司、阿里云计算有限公司、浙江大学等单位起草,是浙江省首次制定的动漫行业地方标准。《规范》共有 9 个章节,主要包括动漫渲染平台的总体要求、渲染各方职责、平台技术要求、平台管理要求、平台服务要求、服务质量检查与评价 6 个部分;规范性引用了信息技术现有国家、行业及地方标准 15 项,并对输出规范、合格标准等基本指标进行统一规范和量化,确保浙江省形成动漫渲染整体技术水平先进、市场竞争有序、经济效益显著的动漫产业发展格局。

**(二)动漫基地建设**

浙江省会城市杭州市早在 2005 年就在全国率先出台了《关于鼓励和扶持动漫游戏产业发展的若干意见》,2017 年又进一步推出《持续推动杭州"动漫之都"建设行动计划(2018—2020 年)》,将动漫产业提升到全市乃至全省经济文化发展重心与核心的高度。

目前,浙江省已拥有两个国家级动画产业基地、3 个国家级动画教学基地,形成了以杭州高新技术产业开发区动画产业基地、宁波国家动漫游戏原创产业基地 2 大动漫园区为载体,以浙江大学、浙江传媒学院、中国美术学院 3 家国家动画教学基地为依托的完整平台,构建起集动漫教育培训、产业孵化、技术支撑为一体,贯通人才培训、生产创作、市场运营等各个主要环节的产业系统与产业序列,形成了动漫产业的规模效应。

1. 杭州高新区国家动画产业基地

杭州高新区国家动画产业基地位于钱塘江畔,于 2004 年成为首批"国家级动画产业基地"之一,是全国 9 个产业基地中唯一以科技园区命名的动画基地。该基地凭借着科技创新、人才支撑以及动漫产业的先发优势,努力造就一批具有国际竞争力的规模企业,荟萃一批专业优势人才,建设成为"动漫之都"的核心区和示范区;主要发展包括动画、漫画、游戏在内的大动画产业,重点建设"6 大中心",即教育培训中心、企业孵化中心、生产制作中心、技术研发中心、产品展示交易中心、国际合作交流中心。目前,该基地已经有宏梦卡通、中南卡通、边锋网络、漫齐妙、时空影视、玄机科技、渡口网络等多家民营动漫和游戏企业加盟。在保持产量增长的同时,原创影视动画的质量也进一步提升,中南卡通创作的《郑和下西洋》荣获全国精神文明建设"五个一工程"奖,成为首批入选的动画片之一;杭州国家动画产业基地获得了由国家广电总局颁发的最佳动画产业基地大奖,成为全国唯一获此殊荣的产业园区。

2.宁波国家动漫游戏原创产业基地

宁波国家动漫游戏原创产业基地是经工业和信息化部批准成立的国家级动漫游戏原创产业结构。该基地依托宁波水木动画设计有限公司,其办公机构设在宁波市鄞州区,基地一期现有建筑面积1万余平方米,其中企业的研发制作空间近0.5万平方米;二期规划建设面积达3万平方米。基地形成动漫原创、动画影视、互动游戏和衍生产品生产4大产业模块,构建对外文化创意交流和贸易平台、技术转化平台、人才交流培养平台、公共技术平台和创意产业平台。

2019年3月,省政府正式批复设立横店影视文化产业集聚区,这是浙江文化领域首个省级产业集聚区。目前,《横店影视文化产业集聚区发展规划》《横店影视文化产业集聚区三年行动计划》等相关规划正在编制过程中。2018年,实验区入区企业实现营业收入268.24亿元,同比增长17.58%;上交总税费26.21亿元,同比增长8.74%;入区企业及工作室累计达1899家,接待剧组370个。截至2018年底,横店影视产业实验区累计完成投资156亿元,先后建成秦王宫、明清宫等28个大型实景基地和31座高科技大型摄影棚。2019年,新增"影视产业园"等产业项目4个,总投资额达58亿元。

2019年,台州打造文旅融合拳头项目,在市区核心部位建设华强方特动漫主题园,总投资额达30亿元,用地面积达858亩。该项目于2018年7月开工,预计于2022年竣工,目前正在建设中。建成后预计每年将带来300万以上人次的游客量和8亿元以上的营业收入。

(三)展会平台

《文化部"十三五"时期文化发展改革规划》提出:"推动中国国际网络文化博览会、中国国际动漫游戏博览会等重点文化产业展会市场化、国际化、专业化发展。"作为"动漫之都"的杭州,已经连续举办15届中国国际动漫节。

2019年,第十五届中国国际动漫节参与国家地区数及办展规模、参与人数、交易金额、节展效益较之以往再创新高。此届动漫节共设立了1个主会场和12个分会场,组织实施了45项主要活动和工作,共有86个国家和地区参与。2645家中外企业机构、5778名客商展商和专业人士参展参会,实际成交及达成签约交易、意向合作项目1368项,涉及金额139.54亿元,动漫节消费涉及金额25.2亿元,总计165.04亿元。共有143.6万人次参加了动漫节各项活动,其中主会场38.1万人次。相比2018年交易总额增长了1.12%。

(四)学术支持

浙江省动漫产业研究学会成立于2009年,是首家研究动漫产业的省级学术社团。该学会是国内首家也是截至目前唯一一家研究动漫产业的省级社团组织。

2019年4月28日,浙江省动漫产业学会第二届一次会员代表大会暨第二届浙江动漫产业发展论坛在浙江传媒学院举行。会议通过了《浙江省动漫产业学会章程修改说明》《浙江省动漫产业学会会费标准和收取办法》;选举浙江传媒学院党委书记杨立平为会长,浙江中南控股集团有限公司董事局主席吴建荣为执行会长,浙广传媒股份有限公司董事长郭城为秘书长,杭州二更网络科技有限公司董事长丁丰、浙江诺和品牌管理有限公司董事长王良友、浙江睿宸影视制作有限公司董事长刘志江、中宣部电影频道 1905 电影网董事长李玮、浙江传媒学院媒体传播优化协同创新中心副主任张仁汉、浙江博采传媒有限公司董事长李炼、浙江衡次元文化传媒有限公司董事长杨震、浙江盛和网络科技有限公司总裁金锋、浙江传媒学院教授项仲平、横店集团控股有限公司副总裁徐天福、浙江卫视首席主播席文、瞬心文化发展股份公司执行董事唐瑄、杭州光华学校校长曹明富、杭州玄机科技信息技术公司副总裁葛之强、华策集团副总裁傅斌星为副会长的新一届学会领导班子。

**(五)人才培养**

浙江省作为动漫强省,拥有较为完整的人才培养体系,目前已经形成了由社会培训机构和普通高等院校、职业院校培养不同类型的专业技术人才的格局,全省共有省属动漫专业化和综合类院校 17 家。其中,杭州有动漫院校及其研究中心 6 家,如下所示。

1. 浙江大学影视与动漫游戏研究中心

"浙江大学影视与动漫游戏研究中心"是浙江大学为推进学校与地方合作,实现产、学、研有机结合,进一步为国家发展影视与动漫游戏产业服务而成立的直属学校社会科学研究院管理的跨学科研究机构。其中心主任为盘剑教授,副主任为耿卫东教授、董雪兵副教授、夏瑛博士、卢小雁副教授,研究人员来自人文学院、传媒与国际文化学院、计算机学院、经济学院、艺术学院等。其专业涵盖影视与动漫游戏产业链的各个环节,是目前国内影视与动漫游戏研究领域学科门类最齐全、最符合影视与动漫游戏产业跨学科特点的研究机构之一,也是集学术研究和产业服务为一体的重要基地。

2. 中国美术学院传媒动画学院

中国美术学院传媒动画学院是在 2002 年成立的动画系基础上建立的,是国内较早从事动画教学科研的院校之一。传媒动画学院于 2004 年 12 月成立,并于同年被国家广电总局首批授予"国家动画教学研究基地"。传媒动画学院以培养一流的影像艺术和动漫游的创作型人才,探索传媒和动漫游文化的中国特色发展之路,努力建设具有世界性影响的国家教学研发基地为己任,代表了中国美术学院新兴学科发展方向,设有戏剧与影视学一级学科硕、博士点。

3. 浙江传媒学院动画与数字艺术学院

浙江传媒学院动画与数字艺术学院成立于 2007 年,其前身是成立于 2004 年的影视动画学院。学院现设有数字媒体艺术系、动画系 2 个系;拥有 5 个动画实验室,拥有 1 个国家动画教学研究基地,是省级重点专业动画本科专业省级实验教学示范中心——动画与数字技术实验教学示范中心,有数字媒体艺术、动画、动画 3＋2 三个本科专业。学院现有教职工 36 人,其中教授 3 人,副教授(高工、副研)6 人,博士研究生 3 人,硕士研究生 27 人,全日制本科生(含新生)790 多人。学院积极拓展与国内外同类艺术专业院校及行业之间的学术交流和合作,广泛吸纳与借鉴国内外动画教育的优质资源和成功经验。近年来,先后与英国贝德福特大学、柯克利斯学院、唐克斯特学院等建立了教育合作项目,并派教师和学生前往交流学习。

4.浙江工商大学艺术学院

浙江工商大学艺术学院数字媒体艺术专业,前身是艺术设计学院影视动画专业,创建于2001年,是浙江省同类综合性大学中最早成立动画专业的院校。本专业旨在依托学校大商科背景,面向互联网经济,结合商科特色,协同跨平台创新,培养服务于当下及未来新媒体时代的新生力量。专业培养以坚实的原创设计为源点,以虚拟现实(VR)设计为发展特色,结合学校"新商科"的办学定位力争培养具有创新、创业能力的"双创型人才"。学生多次获得北京电影学院学院奖入选奖、浙江省大学生多媒体作品设计竞赛一等奖等荣誉。数字媒体设计专业下设两个专业方向:数字媒体影像设计——聚焦新媒体的传播与创新实验设计教育;数字娱乐艺术设计——聚焦当前多平台的动画、游戏设计制作领域教育。

5.浙江工业大学艺术学院

艺术学科是浙江工业大学的新兴学科,融合了新媒体动画与多学科的交叉研究能力,促进新技术与传统艺术的结合,依靠高科技数字化,推动学科全面、深入发展。目前,学科成员在国家级核心期刊发表了17篇论文,实施省文化精品工程1项,出版专著5部、教材8部,并和30余家企业建立了产学研基地;在国际电影节、动画电影赛事以及全国或地区性的设计大赛获得60余项奖项,其中,国际级动画电影节和设计赛事十余项,在国内外产生很大的反响。同时,通过创作及研究,该学院自主研发动画相关制作专利技术。

6.杭州师范大学动漫学院

杭州师范大学动漫学院是在文化部、国家广电总局、杭州市政府和杭州师范大学的高度重视和支持下于2009年11月成立的新学院,是杭州市和杭州师范大学重点建设的学院。2009年,被杭州市政府授予"杭州市动画人才培养基地"称号;2010年,被杭州市政府授予"杭州市动画艺术研究创作中心"称号。

**(六)IP动漫生产**

浙江省高度重视IP创作。以杭州滨江为例,而且这里是文创产业发展聚集地,不仅电魂网络、畅唐网络等知名动漫游戏企业在这里诞生了,而且IP生产基地"中国网络作家村"在这里落地了。

中国网络作家村于2017年12月落户杭州滨江,目标是打造中国网络文学产业核心区。当地区政府除了提供优质的物理空间,还出台了一套完整的扶持政策,以吸引优质IP在这里落地。例如,在原有的"1+X"产业扶持政策体系和文创产业专项政策的基础上,滨江制定出台鼓励网络作家及相关企业落户的财政扶持政策,根据作家的实际需要和企业发展的不同阶段,采取不同的支持政策给予精准扶持。为鼓励符合一定条件的知名网络作家在滨江区设立工作室或公司,给予房租补贴和奖励扶持;鼓励网络文学平台公司在滨江区发展,对公司租用办公用房给予自设立年度起3年房租补贴;允许入驻众创空间的网络作家按工位进行公司注册,给予经认定的众创空间运营机构3年全额房租补贴。同时,鼓励平台公司发起设立支持网络文学产业发展的创投基金,政府引导基金积极参与,并开展版权保护、作家联谊活动,提供生活保障,等。滨江正在以"中国网络作家村"为载体,全力打造一个集网络文学作品创作、项目孵化、版权交易、作品改编、互动交流、影视动漫游戏衍生开发等完整的产业生态链,努力建设中国网络文学事业和网络文学产业发展的核心区和示范区。

截至 2018 年 12 月,中国网络作家村在成立 1 年内,已经收到 172 名网络作家的入驻申请,已有 107 名作家签约入驻并注册了工作室,转化了 24 部 IP 作品。其中,唐家三少、管平潮、月关、猫腻、蝴蝶蓝等作家先入驻,后来耳根、跳舞、我吃西红柿等网络文学作家也陆续入驻。可以说,这里现在集聚了中国一半以上网络文学的"头部作者"。

依托作家村强大的网络文学集聚力,目前已有 8 家动漫影视游戏企业在作家村"神仙居"周边自发式集聚;同时,1 年间,作家村举办了首届"中国网络文学周""白马荟""好故事训练营"等 10 余项文化和产业互动活动,促进作家们与企业进行对接,开发 IP 品牌。

2019 年 12 月 9 日,中国网络作家村两周年"村民日"活动暨第二次村民大会在白马湖畔举行。据杭州网报道,作家村成立的 2 年里硕果累累,截至活动当日,作家村已收到 187 名作家的入驻申请,已有 120 名知名网络作家签约入驻,其中有 16 人入选浙江省青年作家"新荷计划人才库",蒋胜男、丁墨、打眼 3 人获茅盾文学奖提名,天使奥斯卡、古兰月 2 人获冰心散文奖,中国作协全委会委员的 8 名网络作家中有 5 名出自作家村。

### (七)动漫企业

目前,浙江省共有动漫企业 416 家,经过数 10 年的发展,涌现了一大批优秀名企和新起之秀。

#### 1. 杭州漫奇妙动漫制作有限公司

杭州漫奇妙动漫制作有限公司是大业传媒集团旗下一家集动漫商业策划、动漫内容原创、动漫内容营销、动漫综合授权、动漫衍生品研发推广销售等为一体的动漫原创和商业运营公司,以发展"漫奇妙创能工厂"作为公司可持续发展的目标。其中,创意制片管理能力以及创意商业运营能力为核心的创能运行系统,是漫奇妙公司可持续发展的企业核心竞争能力。漫奇妙年产动画片十余部,总时长逾 4 万分钟;连续 3 年在全国十大动漫制作机构中原创产量排名前 3,其中,2009 年排名全国第一;2009—2011 年连续 3 年被评为"优秀文化创意企业";2012 年,成为文化部、财政部、国家税务总局认定的国家重点动漫企业,并被评为浙江省文化产业发展"122 工程"重点文化企业。漫奇妙原创动画作品获得"美猴奖""白玉兰奖""原创音乐金奖""金牛奖"等多项国内大奖,并多次被国家广电总局推荐为国产优秀动画片,在中央电视台、各卫视等 200 余家省市台以及新媒体流媒体均有播出,相关出版物在全国发行,深受公众喜爱。

2019 年 3 月,该公司动画产品《洛宝贝》授权全球最大的流媒体视频服务商 Netflix 进行海外网络播映,该动画是 Netflix 儿童内容中第一个以中国女孩为主角,讲述当代中国真实家庭生活的中国原创学龄前动画片。未来,《洛宝贝》将在 Netflix 提供服务的 190 多个国家和地区陆续上线。届时,全球范围内上亿 Netflix 订阅用户均可在线观看。这无疑是动漫助推中国文化"走出去"的进步标志。

2.杭州玄机科技信息技术有限公司

杭州玄机科技信息技术有限公司为大型高科技企业，主要从事软件、系统、影视、动画、漫画、图书及游戏等相关数字内容开发与制作和营销运营。公司于 2005 年正式成立，于 2011 年晋升中国十大优秀原创动画企业之一，是一家年轻而充满活力的集团运营性公司，也是最早一批入驻杭州国家动画产业基地的企业之一。公司立足原创动漫影视制作，拥有从内容创作、图书音像、衍生产品、网络游戏、媒介宣传到市场发行的动漫全产业链运营能力，以精工细作的品质和不断创新的艺术风格诠释"原创"二字的至高价值，高起点、高定位打造中国原创动漫旗舰品牌《秦时明月》系列。该作品在中国拥有数百万忠实观众，连续获国家广电总局"年度推荐优秀国产动画片奖"、政府最高奖"星光奖"、省市"五个一工程奖"等国内 50 余项重要奖项。同时，该作品还被翻译发行到全球 37 个国家和地区，荣获法国戛纳电视节亚洲展映会最佳作品、日本动漫产业白皮书推荐、美国 AUTODESK 最佳作品。

2019 年 5 月，公司产品《秦时明月伍君临天下》（续）位列国家广播电视总局公布的 2018 年度推荐播出的 48 部优秀动画片之一。《秦时明月伍君临天下》（续）连续 4 部作品获得省"五个一工程奖"，主流新媒体点播量超 25 亿。公司也获得全国最具投资价值企业第一名的殊荣。

3.浙江中南卡通股份有限公司

浙江中南卡通股份有限公司成立于 2003 年，是浙江中南集团以老养新、产业升级的创新成果，目前已成为国内最大的原创动画公司之一。公司已原创 22 大题材、59 部、近 13 万分钟的精品动画，其中，原创动画片《天眼》《魔幻仙踪》《乐比悠悠》《郑和下西洋》等先后获得国家精神文明建设"五个一工程"奖、国家动画精品一等奖、国产优秀动画片等各类国内国际奖项 180 余项，先后在国内 400 多家电视台及新媒体热播，并进入世界 93 个国家和地区的播映系统，影视动画出口稳居全国前列。2019 年，根据中共杭州市委宣传部发布的《关于表彰杭州市第十四届精神文明建设"五个一工程"获奖作品和组织工作的通报》，公司动画产品《天眼归来》荣获杭州市第十四届精神文明建设"五个一工程"优秀作品奖。

同时，公司动画片《天眼归来》荣获由国家商务部、宣传部、财政部、文化和旅游部、国家广播电视总局共同认定的"2019—2020 年度国家文化出口重点项目"，公司荣膺"2019—2020 年度国家文化出口重点企业"。

## 二、浙江省动漫产业发展存在的问题

### （一）资金资助政策条款不够细化

浙江省部分地市扶持动漫产业发展时，过多强调"多予"，而忽视"少取"。并且，在"予"的方面，只注重一次性奖励，此举容易扼杀起步困难的小型企业。可以考虑变一次性奖励为阶梯性奖励，同时，在税收政策上给予动漫企业更多的优惠和支持政策。

### （二）动漫产业集聚用地标准不够明确

2019 年 2 月，《2019 年浙江省国民经济和社会发展计划》中指出，全面推进"亩均论英雄"改革。实施亩均效益领跑者行动,全面启动规上服务业企业、开发区(园区)、特色小镇、小微企业园的亩均效益评价,力争规上工业企业亩均税收和亩均增加值增速均超过 7%,改造提升 5000 家亩均税收 1 万元以下低效企业,推动资源加快向优质企业、优势区域集中。推动文化产业高质量发展。实施文化产业发展"八大计划",培育一批文化龙头企业,加快发展影视演艺、数字内容、文化创意、动漫、网络视听等新兴文化业态,提振丝绸、茶叶、青瓷、黄酒、浙八味等历史经典产业。加快打造之江文化产业带,做大做强横店影视文化产业实验区,建设一批文化产业基地和特色文化产业集群,力争文化产业增加值增长 10% 以上。

影视、动漫类产业存在集聚行为,对于其用地的标准划分省内一直没有明确的规定,这不利于集聚地的审批和建设开展。同时,各地市应当根据各地市影视产业的发展规划和项目布局,积极做好土地指标、用地规划、项目供地等工作。

为大力扶持影视产业发展,建议能够出台专门的影视产业用地扶持政策,并完善周边相应配套设施。

**(三)人才培养机制不够灵活,高尖人才相对匮乏**

目前,浙江省动漫人才的培养主要来源于两方面。一是通过接受普通高等院校和高职院校 4 年常规教育培养的人才。这类人才的特点是专业素质高,理论基础强,但是行业适应能力较差。二是通过社会培训机构短期培训出来的人才,这类人才主要擅长技术制作领域,行业适应力强,但是相关理论基础较弱。另外,高等院校和高职培养的人才,主要分为理论性和技术性,但是两项领域很少交叉,同时精通技术和理论两项内容的人才稀缺。

**(四)全龄化动漫产品稀缺,缺乏品牌建设和完整产业链**

2015 年,文化部提出 5 项措施力推动动漫产业新发展,"以品牌为核心促进动漫'全产业链'和'全年龄段'发展"。当前,动漫产品低龄化已经成为严重阻碍动漫发展的瓶颈,"80后"、"90 后"、"00 后"是伴随着中国动漫和电子科技产品成长的一代,具有巨大的动漫消费市场和消费潜力。当前,我国完整的动漫产业链意识依然薄弱。虽然广东奥飞、浙江中南等一批动漫企业开始注重动漫衍生品市场,但是相较于国外动漫品牌衍生品市场,国内总体实力较弱。这是浙江省也是全国面临的问题。

## 三、浙江省动漫产业发展的相关建议

2019 年是 5G 建设元年,网络传输速度和质量、网络空间容量再上一个新台阶,浙江省动漫产业应当抓住 5G 发展机遇实现跨界融合。

**(一)细化政策制定和产业扶助**

伴随着动漫产业产值的发展,动漫产业对省内总产值的贡献值日益增加,相应地,随着市场进一步发展,各项矛盾也开始显现。浙江省内关于动漫产业的政策需要完善和明确,各地市关于动漫产业的扶助政策需要相应地细化,如补助金额的调整,补助方式的转变,"多予少取"并重,优惠税收政策和用地费用,变一次性补助为阶梯性补助等。

### (二)深挖优质 IP,注重剧本创新

动漫产品的核心就是文化,是将文化以一种喜闻乐见的形式商品化。浙江省具有丰富的人文底蕴,将浙江的历史人文、民间故事再加利用和创新,成为动漫衍生产品的内容,不仅能更好地弘扬浙江的历史文化,而且还可丰富旅游内涵,推动浙江动漫衍生产品的市场繁荣。浙江省应该充分利用人文旅游资源,开发同浙江文化特色相关的历史人物、民间故事、传说等内容的动漫产品,丰富浙江旅游文化的内容。

### (三)打造家喻户晓的动漫品牌,形成完整产业链

近年来崛起的国产动漫电影,如《西游记之大圣归来》《白蛇缘起》《哪吒之魔童降世》,其内容均体现了中国传统神话与现代精神的完美融合,从而唤起国内民众的观影热情。浙江省应当注重深挖优质 IP 内容,注重传统与现代相融合,甚至中外内容融合,打造优质 IP,聚力品牌建设。完整的产业链与动漫品牌的维护相辅相成。动漫衍生品市场不仅为品牌建设提供巨大的收益和资金支持,而且其衍生品还能延长品牌人物形象的生命周期,使其经久不衰,不断塑造和扩大品牌知名度和影响力。

### (四)利用短视频等新媒体渠道打造社圈文化

2019 年,互联网大会提出人工智能和 5G 是未来发展的方向。浙江省动漫产业应当抓住 5G 发展机遇,实现跨界融合,增强用户沉浸感,使用户获得享受身临其境式体验。伴随着手机使用程度的加深,动漫产业应充分利用短视频等新媒体资源进行品牌宣传,并打造社圈文化。动漫社圈的发展,也将有利于原创作品的创造,从而进一步促进动漫产业的发展。

(邱建国　郝昕　李蓉)

# 2019 年浙江省文化旅游产业发展报告

文化旅游产业是指以文化旅游资源为凭借,以旅游设施为条件,向大众提供旅行游览服务的行业。文化旅游区别于一般旅游业,主要消费的是文化旅游产品,体验与享受旅游活动中的文化内涵,从而获得体验和满足。发展文化旅游产业的目的就是提高人们的旅游活动质量,特别强调的是"创造一种文化符号,销售这种文化和文化符号"。文化旅游的"文化"是一种生活形态,"产业"是一种生产行销模式,两者通过"创意"连接起来。文化旅游可以理解为"蕴含人为因素创造的生活文化的创意产业"。

2019 年,浙江的文化和旅游产业双双跨入"万亿级"产业行列,各项指标均走在全国前列。浙江省文化旅游产业以"八八战略再深化、改革开放再出发"为主线,努力提供更多优秀的文化产品和优质的旅游产品,着力推进文化建设和旅游发展再上新台阶,加快建设全国文化高地、中国最佳旅游目的地、全国文化和旅游融合发展样板地。富民强省十大行动计划、大花园建设扎实推进;长兴龙之梦、海盐山水六旗等省级重大项目喜讯频传;全域旅游、乡村旅游、研学旅游、红色旅游和"旅游＋"新兴业态培育不断突破;全面探索文创试点新机制,历

史经典产业与特色小镇、文创产品开发等融合发展路子进一步拓宽;扩大城乡居民文化消费,动漫、游戏、数字音乐、网络等重点支持产业蓬勃发展;围绕"一带一路",跨国宣传、跨省推介等活动助力"诗画浙江"省域大花园品牌知名度和影响力全面提升。

## 一、2019 年浙江省文化旅游产业概况

2019 年,浙江省文化产业增加值 4600 亿元,比上年增长 10%;预计旅游产业增加值增长 8%,来浙旅游人次超过 7 亿;全省在建旅游项目 2634 个,总投资 1.7 万亿元,实际完成投资 1705 亿元。

浙江省将文化和旅游产业发展放在整个经济和社会发展大局中去谋划推进,取得了良渚申遗成功等一批重大成果。2019 年,文化和旅游系统获得国家级省级各类奖项、项目和称号等达 173 个,在高质量推进长三角文化和旅游一体化,文化遗产保护利用和传承发展,以及全域旅游品质提升等方面取得了新成效。

### (一)相关政策支持

2019 年 8 月,国务院办公厅印发《关于进一步激发文化和旅游消费潜力的意见》,顺应文化和旅游消费提质转型升级新趋势,深化文化和旅游领域供给侧结构性改革,提升文化和旅游消费质量水平,不断激发文化和旅游消费潜力,以高质量文化和旅游供给增强人民群众的获得感、幸福感。

2016 年 10 月,浙江省政府印发《浙江省文化产业发展"十三五"规划》,将文化休闲娱乐列为重点领域,发挥浙江省文化资源丰富、文化市场活跃等优势,把握大众文化消费需求升级的机遇,大力发展文化旅游等产业,推动文化休闲娱乐产业发展迈上新台阶。做精文化旅游,加快文化与旅游的整合发展,逐步构建主题突出、特色鲜明、产业联动发展的文化旅游产业发展新格局。充分利用博物馆、艺术馆、美术馆、农村文化礼堂等公共文化场所和文化创意园区(街区),以及古城、古镇、古村落等文化旅游资源,加快发展特色文化旅游。培育壮大文化旅游经营主体,积极引导有实力的大企业、大集团参与文化旅游示范区和非物质文化遗产等旅游景点景区的建设运营,培育若干个年产值超十亿元的文化旅游集团。强化精品意识和品牌意识,打造戏曲小镇、越剧小镇等一批在全国具有较强影响力的文化旅游项目,推动文化与旅游的深度融合。

2017 年 10 月,浙江省委、省政府发布《关于加快把文化产业打造成为万亿级产业的意见》,将文化旅游融合发展计划列为重点产业计划。大力发展文化旅游,创建非物质文化遗产旅游经典景区和自然博物馆、美术馆、艺术馆等文化与旅游融合发展示范区;提升特色小镇、旅游风情小镇等的文化内涵,打造一批在全国具有较强影响力的文化旅游项目和文化旅游品牌路线。

2019 年 8 月,浙江省文化和旅游厅印发《关于加快推进文旅融合 IP 工程建设的实施意见》,进一步加快推动文化和旅游融合创新发展。按照文化和旅游部"宜融则融、能融尽融,以文促旅、以旅彰文"的总体思路,以文旅融合 IP 建设为切入点和着力点,推动文化和旅游

"双万亿"产业高质量发展,助推浙江建设全国文化高地、中国最佳旅游目的地、全国文化和旅游融合发展样板地。

**(二)产业发展情况**

1. 文旅资源建设

(1)文化遗产保护利用亮点纷呈

2019年,良渚古城遗址被正式列入《世界遗产名录》,成为实证中华5000年文明史的圣地,进一步增添了浙江大地的厚重感和知名度。杭州天目窑遗址群、温州江心屿东西塔2处推荐申报"海上丝绸之路"建议申遗遗产点;联合推荐江南水乡古镇申报世界文化遗产;大运河国家文化公园建设开始启动,成立大运河(浙江)城市博物馆联盟。

(2)"诗画浙江"大花园建设加速

2019年,浙江省推进"四条诗路"千万级核心景区建设,推进浙东唐诗之路、钱塘江诗路、瓯江山水诗路、大运河(浙江)文化带建设;推动衢州、丽水大花园核心区建设,新建大花园示范县(市、区)30个;进一步加快十大名山公园和十大海岛公园建设;建立"一张卡"体验诗画浙江,上线景区酒店78家、博物馆20余家,"诗画浙江"影响力不断扩大。

(3)文旅公共服务建设逐步完善

制定《浙江省文化和旅游标准化建设行动计划》并组织实施,"文化和旅游融合发展标准化试点项目"被列入省标准化战略重大试点项目。组织开展《浙江省基本公共文化服务标准(2015—2020年)》完成情况认定工作,其中,87个县(市、区)通过认定,占总量的97.8%,在全国率先实现了基本公共文化服务标准化。推进公共文化服务重点市县及薄弱乡村建设,9个重点县、107个重点乡镇和1228个村全部完成提升任务。评定"浙江省文化强镇"30个、"浙江省文化示范村(社区)"94个。配合省委宣传部新建农村文化礼堂3282家,累计建成农村文化礼堂14341家。

2. 文旅产业发展

(1)文旅产业提质增速

2019年,浙江省文化产业增加值4600亿元,比上年增长10%。深化文化旅游融合发展,加快国家全域旅游示范省建设。2019年,浙江省有4家企业跻身"全国文化企业30强",3家企业成为国家文化和科技融合示范基地。此外,国家级短视频基地落户杭州;宁波市获批创建国家级文化金融合作试验区;浙江省文化产业加强金融合作,与杭州银行、中国农业银行分别签订战略合作协议,目前已累计向文化和旅游项目投放贷款600多亿元,推动成立全国首家文旅支行——农行杭州文旅支行。

(2)文旅产业融合发展

2019年,浙江省认定省级乡村旅游产业集聚区8个、省级中医药文化养生旅游基地12家、省级工业旅游示范基地23家、省级生态旅游区10家,认定省中小学生研学实践教育基地、营地63家。遴选推荐全国优选文化和旅游投融资项目30个。积极发展数字文化,推进浙江(金华)数字创意产业试验区创建。

（3）文旅产品不断丰富

在文旅产品上，积极推进精品旅游线路开发，浙东唐诗之路、钱塘江诗路、瓯江山水诗路、大运河（浙江段）文化带建设在完成规划的基础上全面启动。高质量推进国家全域旅游示范省建设，安吉县、江山市、宁海县成功入围全国首批国家全域旅游示范区，示范区总数位居全国第一（并列）；丽水市缙云仙都景区入选国家 5A 级景区，总数达 18 家，排名全国第 2，实现全省 11 市 5A 景区全覆盖。

3.文旅产业管理

（1）继续文化产业规划支持

浙江省市联合打造文化和旅游融合发展"金名片"82 张；出台《关于加快推进文旅融合IP 工程建设的实施意见》，全省已注册的 IP 超 300 个；启动文旅融合改革试点县（市、区）创建工作；成立浙江省文化和旅游发展研究院；指导浙江工商大学成立全国首个文旅 IP 研究中心；开展文化和旅游高质量融合发展和"十四五"时期文化和旅游发展的规划与布局。

（2）深化文旅产业市场"放管服"改革

继续深化文旅市场领域"放管服"改革。成立"网络表演"内容审核小组，建立营业性演出常态监管工作机制。利用大数据平台，加大口碑、文旅市场负面舆情监测，把问题解决在萌芽状态。加速推进文化和旅游领域信用体系建设，梳理纳入《浙江省守信激励与失信惩戒措施清单》。深入推广应用"全国旅游监管服务平台"。扎实推进特色文化主题饭店建设，新评定 31 家特色文化主题饭店，总数达 108 家，数量居全国第 1。

**（三）全域型的文化和旅游融合发展**

全面落实全省大花园建设部署，"全域旅游推进工程"列入"大花园"建设五大工程之一，"四条诗路"和5A级景区创建列为"大花园"十大标志性工程。省政府正式批复《浙江省全域旅游发展规划》，启动浙东唐诗之路、钱塘江唐诗之路、瓯江山水诗之路黄金旅游带规划编制工作。持续深化万村景区化工程，已经建成 4876 个 A 级景区村庄，42 个省级旅游风情小镇，1.62 万家民宿，其中精品民宿 250 余家。

浙江将坚持"以文塑旅、以旅彰文"围绕浙东唐诗之路、钱塘江诗路、瓯江山水诗路、大运河（浙江段）文化带（文化公园）、生态海岸带、十大海岛公园、十大名山公园、之江文化中心等省委省政府中心工作，加强千万级核心景区谋划招商引资建设，储备一批，开工一批，施工一批，竣工一批。2019 年，文化和旅游总投资预计超过 2 万亿元以上，实际完成投资将超过1500 亿元，建设全国文化高地，中国最佳旅游目的地，全国文化和旅游融合发展样板地。

1.推进文旅融合发展新格局

（1）构筑文旅融合空间布局

2019 年 10 月，浙江省人民政府印发实施《浙江省诗路文化带发展规划》，在全国率先提出打造诗路文化带、推进文旅全域融合发展的创新工程。以浙东唐诗之路、大运河诗路、钱塘江诗路、欧江山水诗路这"4 条诗路"，串联起浙江的文化精华、诗画山水，构建省域文化旅游大景区。从山水旖旎的浙西到淳朴自然的浙南，从人文殊胜的浙北到活力四射的浙东，作为国家全域旅游示范省,诗画浙江文旅融合开局之年成绩斐然,文化和旅游两大万亿产业逐渐形成了相互促进、优势互补的发展态势,稳步迈向深度融合、高质量发展的新阶段。

（2）推进特色镇村建设

浙江的特色小镇建设创新立足于推动"产、城、人、文"融合,为破解空间资源瓶颈、产业转型升级、改善人居环境、推进新型城镇化提供了有力的抓手,对探索新型小城镇之路有重要意义。2019年,农村文化礼堂、精品民宿、田园综合体等一系列地标性项目的建设,兴起了一批美丽乡村网红打卡地,"农文旅"融合发展探索了乡村振兴的新路径。

（3）推动产业叠加发展

随着文旅融合发展的推进,太湖龙之梦乐园、宁波方特东方神画、宋城演艺、良渚古城等一批大型文旅融合综合体项目不断涌现,主题公园正在向三线地级市类城市延伸和下沉,将更多是中小体量,市场会更加大众化。文化与主题公园的融合正在加深,文化IP、文化活动、文化演艺正在增加。综合来看,文旅综合体代表着产业升级的发展方向,能满足一站式度假需求,其市场规模将可能进一步扩大。"文旅＋休闲""文旅＋体育"等融合模式创新发展,成为积极探索浙江文旅融合的新路径。

2.拓宽文旅融合发展新渠道

（1）构筑文旅品牌形象

第一,在品牌建设中扩大市场份额。坚持以市场为导向,以绩效为导向,努力推进全省旅游系统上下联动、资源共享、优势互补,同打浙江牌。创新旅游营销体系,不断拓展旅游业的市场空间,有效提升全省旅游业的市场份额。第二,构建"诗画浙江"品牌体系。以"诗画浙江"品牌引领旅游市场协调发展,形成部门联动、上下互动、企业参与共打浙江牌的局面。"诗画浙江"全省大花园的成绩令人瞩目。2019年,浙江加快推进国家全域旅游示范省建设,成为首批7个国家全域旅游示范省创建单位之一,安吉县、江山市、宁海县入选首批国家全域旅游示范区;促进长三角文化和旅游高质量发展,签订三省一市战略合作框架协议;推动浙皖闽赣国家生态旅游协作区建设,签订四省合作协议书;截至2019年9月,已创建5388个A级景区村庄。

（2）拓展对外文化交流合作领域

2019年,充分发挥文化和旅游在促进民心相通、铺就文明之路中的重要作用,以此来讲好浙江故事。实施对外文化和旅游交流项目1746起,实施对港澳台文化和旅游交流项目221起,开展交流推介活动41场。深化与"一带一路"沿线国家和地区文旅交流合作,赴德国、捷克成功举办大型文旅交流活动,组织开展"诗画浙江与狂野非洲的亲密接触——万人游非洲"活动。重点围绕欢乐春节、中俄建交70周年、世界园艺博览会等6大节点开展系列文旅交流工作。组派12个艺术团组、316名演展人员,分赴捷克、俄罗斯、智利等9个国家和中国台湾地区的23个城市,举办了61场"欢乐春节"文化交流活动。借助国家"16＋1"合作机制开展交流互动,持续加强国际丝绸之路研究联盟、中国—中东欧国家音乐院校联盟、图书馆联盟等建设。中国丝绸博物馆牵头启动12国"世界丝绸互动地图"科技合作。

（3）引导文旅消费模式创新，科技赋能产业发展

2019 年，完成"诗画浙江文化和旅游信息服务平台"项目全功能上线和省市县全领域贯通。建成全国首个文旅融合数据共享的大数据仓，运用大数据分析，优化文旅产品供给侧结构性改革，满足、激发游客的文化旅游消费需求。探索发行文化旅游消费卡，激发市民文旅消费的新动力。大力推进虚拟现实、社交网络、云计算、5G 与数字创意产业在文化和旅游中的应用，创新文旅产业的呈现方式和体验模式，加速文旅融合的速度和深度，提升文化的产业化水平，促进文化和旅游消费。运用大数据、云计算、移动互联网等技术，建设"城市大脑"文旅系统，打造"跟着城市大脑游杭州"应用平台，实现"千人千面"的个性推荐和"心有灵犀"的消费体验。开发杭州数字文旅小程序，打造数字专线、数字专列、公园卡郊县游、找空房等一系列数据衍生应用场景，推出"10 秒找到空房""20 秒景点入园""30 秒酒店入住"和"数字旅游专线"等 4 大便民服务。

**（四）学术支持**

1. 浙江省文化和旅游发展研究院

浙江省文化和旅游发展研究院是浙江省文化和旅游厅下属的高端智库型研究机构，以推动全省文化和旅游高质量发展的政府智库、行业智囊和学术高地为建设宗旨，致力于文化和旅游研究及文旅数据分析，促进文化和旅游发展，重点开展应对文旅融合发展战略政策理论研究，围绕文旅发展前沿问题、热点问题、焦点问题的应用理论和学术理论研究，承接政府、行业需求的服务型实践研究；参与文化和旅游产业发展的相关规划研究、编制、论证，为地方政府报审的各类规划评审提供技术支持；组织智库专家开展文旅发展专项调研和决策咨询活动，为地方政府和行业企业文旅发展提供决策依据和精准化服务；承担文旅统计数据的收集整理和分析监测，开展文旅发展研究的对外合作交流和"浙江文旅大讲坛"等学术研讨活动。

2. 文旅 IP 研究中心

文旅 IP 研究中心依托浙江省文化产业创新发展研究院（浙江省重点培育智库）、浙江工商大学旅游创新与治理研究院（浙江工商大学智库）等资源，整合相关学科优势，设立文旅 IP 的国内外前沿理论与机理研究、国内外文旅 IP 建设的模式与案例研究、文旅 IP 的应用与实践研究三个研究方向，旨在服务文旅 IP 的理论与实践研究，解决文旅 IP 建设与发展中的现实问题，为浙江建设全国文旅 IP 研究和实践高地提供智力支撑。

3. 浙江省文化和旅游智库

浙江省文化和旅游智库是在原浙江省旅游智库基础上组建而成的。智库成员主要由省内外文化艺术和旅游学界的专家学者，国内文化和旅游业界的知名企业家、文化创客、旅游达人，国际重要文化和旅游组织代表等人员构成。智库旨在成为全省文化事业、文化产业和旅游业发展的"思想库""智囊团""资源库"，为我省文化和旅游发展提供宏观层面的决策咨询和参考，发挥智库全局性、战略性、前瞻性和导向性的作用，为我省文旅融合发展提供多元化、高层次的智力支持。

**（五）人才培养**

1.完善艺术教育体系，加强文化人才培养

（1）培育温暖创新团队

实施"浙江省文化厅优秀专家""浙江省文化厅创新团队"培育项目提升文化领军人才创作能力与团队组织能力。

（2）培育文化拔尖人才

深入实施文博人才培养"新鼎计划"；评选浙江省文化行业"拔尖人才"；开办各类短训班、专业班，培养紧缺型、应用型人才。实施"新松计划"青年艺术人才培养计划，举办系列青年演员大赛、中青年创作人才研修班和开展中青年编剧扶持活动。推出 10 名左右舞台艺术拔尖人才培养对象，打造文艺浙军文化名家，培养新生代演员领军人物。

（3）建设艺术教育基地平台

充分发挥浙江音乐学院、浙江艺术职业学院等艺术院校文教结合功能，在人才培养、艺术创作、服务社会等方面发挥优势，与院团互惠互利、合作双赢，共同提高艺术教育质量和水平。抓好高雅艺术、传统表演艺术进校园工作，为加强优秀传统文化教育、培养艺术后备力量、培育文化消费市场奠定坚实基础。

（4）提升基层文化队伍素质

以文化干部培训基地为依托，分级负责，提升基层文化单位专业人员素质。轮训全省文化馆长、图书馆长、文化站站长、村文化管理员，提升公共文化服务能力。

（5）培育社会文化人才

推动文化志愿者队伍建设，培养群众性文艺团队，加强特色艺术教育，挖掘草根文化能人，整合社会各界文化人才资源，动员社会各界文化人才参与公共文化服务。

2.有声有色推进文化和旅游人才队伍建设

（1）抢占人才制高点

2019 年，开展文化和旅游领域领军人物遴选工作，实施浙江省舞台艺术"1111"（名编、名导、名角、名匠）人才计划。培养中青年骨干，继续实施青年艺术人才培养"新松计划"、文博人才"新鼎计划"，启动实施"未来艺术家计划"。

（2）深化人才培育模式改革

推动浙江音乐学院开展"3＋4"，浙江旅游职业学院、浙江艺术职业学院开展"3＋2"的五年一贯制艺术人才培养，推动厅属艺术高校就人才培养开展校校、校团合作。

（3）持续做好浙江艺术职业学院乡镇文化员定向培养工作

完成招生 65 名，开展文化和旅游教育培训项目 150 期，受训人数达 10142 人次。稳步推进文化和旅游智库整合改造工作。探索建立厅属单位财务集中交叉会审制度，防范和控制财务风险。推荐 212 个项目申报各类国家级项目，17 个项目获得国家社科基金艺术学项目立项。浙江音乐学院 2 个专业入选国家级一流本科专业，浙江旅游职业学院、浙江艺术职业学院双双入选国家"双高"职业院校行列。

## 二、浙江省文化旅游产业发展制约与问题

### (一)产业质量有待提高,文旅深化融合有待加强

文化旅游产业因长期相对独立发展的产业传统,文化产业融合机制不畅,以及推动文旅产业融合发展的政策尚在摸索等诸多因素,使得融合发展程度不够,在深入推进全域型的文化和旅游深度融合发展上和配套的政策指导上停留在宏观层面,具有具体可操作的融合政策较少,成功的样板和案例更少。资金、人才、科技等资源尚难以高效地协同发挥作用,难以形成合力,产业增加值有待进一步提高,距离高质量高水平的双万亿主导型产业的目标尚有相当的距离。在文化旅游业发展中,"小、散、弱"较为普遍,产业集中度不高,产业发展方式整体上较为粗放,新兴文化资源深入挖掘不够,高附加值行业发展还不成熟。

### (二)文化旅游产业的消费模式有待提升

浙江省的文化旅游产业虽然在全国处于相对领先位置,但高品质的文化旅游产品供给数量还远远不够,文化资源转变成旅游产品的模式相对粗放简单,旅游产品的文化植入发挥的文化统领作用不足。因此,文化旅游产业在供给侧结构性改革需要全方位加强,文化旅游产业的消费模式有待提升。

### (三)地区间的文旅产业质量发展不够均衡

全省不同地区间文旅产业发展不均衡,开发水准、设施配套、文化产品、服务水平等方面存在明显差异。优质资源大量集中在经济较发达的区市,一些地方发展文旅产业缺乏更好撬动各要素整合的抓手,无法将文化旅游的资源优势转化为市场优势。

## 三、浙江省文化旅游产业发展的相关建议

### (一)增加居民收入,促进文旅消费

文化产业的发展动力来自文化消费,因此,提升居民的收入成为关键所在。

第一,采取有力措施,切实增加居民实际收入,增加市场的活力,让民众可以安心地消费。第二,市场可以提供更多的文化消费选择,做大做强文旅产业,政府可以加大文化消费的保障力度,盘活文化消费的市场。第三,通过短视频互联网等媒体引导民众科学、健康、合理的文化消费观念,进一步调动居民文化消费的积极性。

### (二)积极培育市场主体,深挖文旅内容

由于目前文旅产业消费需求释放缓慢,需要积极整合资源、产业、市场、企业等要素,深挖文旅消费的内容,进一步发挥文旅消费对经济发展的基础性作用。

第一,激发民众的消费活力。在项目的建设、开发、体验、拓展、运营等领域拓展虚拟现实、虚拟仿真、沉浸式体验等高新技术的应用,通过形式表现语言输出,提高用户的参与感与体验感,提高项目参与的吸引力。第二,促进夜间经济的活力。探索深夜酒店、深夜食堂、深夜书店等夜间文化旅游业态项目,挖掘更多的消费需求。第三,精准开发文旅产品。定位各

类用户的消费需求,开发系列符合用户喜好的文旅产品,挖掘产品的文化故事内涵。打造基于文化场景下既有实用功能价值又有颜值的文旅产品。

**（三）有效整合资源,全力打响"诗画浙江"品牌**

第一,加快推动全省文化旅游产品的"串珠成链"。推进串珠成链系统工程,建设以浙东唐诗之路、钱塘江唐诗之路、瓯江山水诗之路、大运河等为代表的"四条诗路"黄金文化旅游带,加快建设海丝之路,加快茶、丝、瓷三条文化旅游体验专线的规划编制和开发建设。第二,推进长江国际黄金旅游带、浙西南生态旅游带、大运河文化带建设,加快打造佛道名山旅游带、浙中影视文化旅游带、浙北精品旅游带和海湾海岛旅游带。第三,抢抓长三角战略上升为国家战略的重大历史机遇,全面落实《长三角地区一体化发展三年行动计划》(2018—2020 年),深化沪苏浙皖"长三角"区域旅游合作,推出一批具有浙江文化底蕴的特色旅游精品线路。

（赵　侃）

# 2019 年浙江省创意设计产业报告

伴随浙江文化产业的高速发展,2019 年浙江省创意设计产业消费体系进一步升级,创意设计产业从多维度、多层次渗透到其他各行业领域中,以"创意＋"的方式与实体经济和设计服务领域擦出了新的火花。

国家统计局发布的《文化及相关产业分类(2018)》较 2012 年版有所调整,将原"文化创意和设计服务"大类,更名为"创意设计服务"大类。"创意设计服务"大类修订后包括"广告服务"和"设计服务"两类,将原有的"文化软件服务"移至"内容创作生产"大类中。

"创意设计服务"大类包括广告服务和设计服务两大领域。

## 一、2019 年浙江省创意设计产业发展概况

2014 年,国务院发布《关于文化创意和设计服务与相关产业融合发展的若干意见》,首次将创意设计提升到国家战略层面。创意设计更紧密地与各个产业领域产生联动,成为提升制造业、装备业、农业、旅游、体育及文化产业的核心价值。"创意设计＋"的新业态已经开启,必将为浙江省经济和文化的发展注入新活力。当前浙江省创意设计产业发展呈现出以下特点:

**（一）浙江创意设计产业发展位居全国前列**

创意设计产业是文化产业中极具发展潜力的领域之一。统计数据显示,2019 年前三季度,浙江省有 5699 家规模以上文化及相关特色产业企业实现营业收入 8095 亿元,同比增长了 14.1％。其中,文化产业核心领域、文化衍生产品领域的企业营业收入,同比增长速度均超过了 17％,浙江省文化产业整体发展势头稳中见好,多年位居全国前列。

浙江省创意设计产业的快速发展,助推杭州成为国内"创意设计之都"的城市品牌定位。杭州是浙江省文化和经济发展的领头羊,对全省的文化创意产业发展具有引领示范作用,甬、温、绍等发达城市的文化创意产业在全国也均属于快速发展地区。2010 年,国务院批准实施的《长江三角洲地区区域规划》将"全国文化创意中心"定位为杭州的城市功能。另外,台湾亚太文化创意产业协会自 2011 年每年发布的《两岸城市文化创意产业竞争力调查报告》,在两岸 42 个城市文化创意产业竞争力排行中,杭州居于北京、上海、台北之后,位列第 4。

2018 年 12 月,国家工商总局发文确定了 30 个国家广告业创新创业示范基地。浙江省杭州创意设计中心、杭州经纬国际创意产业园、衢地空间文化(广告)创意产业园、宁波大学生广告创业基地等 4 家单位入选,浙江创意产业园入选数量居全国各省区市第 1。

**(二)浙江广告服务业稳占鳌头**

在"八八战略"指引下,浙江省深入实施广告发展战略,不断探索创新广告产业发展路径,着力做强平台,放大优势,推进转型,逐步形成了广告园区、传统媒体广告、互联网广告"三驾马车"齐头并进的广告产业发展格局,近年来实现了广告产业持续健康快速发展。

浙江省注重方向引领,明确提出"广告＋"的理念,实现融合发展;明确以杭州承办 G20 峰会和 2022 年亚运会为契机,建设国际一流水平、创新能力领先的传统媒体与互联网广告大省的发展目标。在建设发展平台方面,浙江省积极开展国家广告产业园区创建工作,通过广告园区建设,构建起以 3 个国家园区为主轴,以 13 个省级园区为基点的网状发展格局,为广告产业发展提供了有力的平台支撑。同时,浙江省立足互联网经济大省优势,做强产业龙头,大力发展互联网广告产业,涌现出阿里妈妈、盘石等一批互联网广告领军企业。互联网广告产业后来居上,迅速超过传统广告产业。浙江省还推进广告服务业转型升级,广播、电视、报刊等传统媒体克难奋进,涌现出浙江广电、浙江报业、杭州报业等一批转型升级样板。全省广播、电视、报刊等广告营业额基本保持平稳并有所上升。

自 2019 年 2 月 15 日起,浙江省《广告经营单位业务管理规范》(DB33/T2178—2019)和《互联网广告标注与传输技术规范》(DB33/T2179—2019)正式实施。这是在全国范围内首次制定的两项广告行业的省级地方标准。两项地方标准作为规范和提升浙江广告产业建设的重要管理规范和技术规范,将企业主体自律的理念贯穿于广告规范化建设的全过程,不仅为广告经营单位规范管理提供了框架性、方向性技术指导和详尽指引,有利于规范广告业务管理和互联网广告发布,加强广告行业自律,推进标准化建设。同时,两项地方标准适应广告业务流程和互联网广告发展规律,充分体现了广告经营需求和互联网广告特点,有利于建立完善多方主体共同遵守、协同治理的广告产业发展与监管新机制。

## 二、浙江省创意设计产业的发展特点

### (一)创意设计驱动浙江"四大经济"发展

2017 年,省人民政府办公厅发布的《浙江省服务业"四大经济"创新发展行动方案》指出:

"大力发展平台经济、分享经济、体验经济、创意经济,推动浙江服务与浙江制造互促共进,加快培育服务经济新动能,为全省'两个高水平'建设提供坚实保障。"浙江服务业"四大经济"的发展,离不开创意设计产业的支撑,创意设计产业将成为"四大经济"发展的驱动引擎。

作为浙江服务业"四大经济"创新发展的重点,平台经济发展有助于对接供需两端,优化资源要素配置,促进供给升级、消费升级。创意设计正是基于用户的个性化需求而展开的,是连接用户与产业、生产与消费间的桥梁。2018年底,浙江省政府正式印发《浙江省共享经济发展行动计划(2018—2022年)》,致力于到2022年形成较为完善的共享经济产业体系和生态体系,成为全国领先的共享经济发展高地。其中,创意设计产业将成为核心驱动力量,领跑共享经济的新增长点。

### (二)创意设计赋能传统产业转型升级

制造业是国民经济的主体,是立国之本、强国之基。改革开放以来,浙江工业从家庭作坊、乡镇企业起步,以轻、小、集、佳为特征,坚持市场趋向的改革,不断发展壮大,突飞猛进,如今已形成空间布局合理、产业特色明显、创新能力突出、经营机制灵活的产业格局。在产业升级的趋势下,浙江谋划打造绿色石化、节能与新能源汽车、数字安防、现代纺织4大世界级产业集群。

以现代纺织产业为例,浙江省绍兴市柯桥区的中国轻纺城作为行业龙头,为提升从创意设计到工业制造产业链的应用效率,大力扶持纺织印染行业的智慧转型。"瓦栏"网上印花设计数据库于2012年上线,目前已集聚了全球5000余名设计师,每年发布近10万种花型,改变了传统印染业设计力量匮乏的状况,成为中国轻纺城转型升级的一个亮点。目前,"瓦栏"已有10万多个花型获得版权登记,500多个企业成为花型版权会员,有效推动纺织印染行业花型版权保护意识的提升。

### (三)创意设计助力乡村振兴和城市更新

2017年10月18日,习近平同志在党的十九大报告中提出"乡村振兴"战略,乡村振兴已经提升为国家战略。自2014年以来,浙江省持续举办大学生"乡村规划与创意设计"大赛,对接高校设计资源,为乡村服务业升级注入创意力量。其中,富阳、莫干山、舟山等地的民宿服务业发展突出,特色鲜明,已成为创意设计落地乡村实践的标杆,居全国领先。浙江通过创意设计,精准文旅扶贫,打造了浙江范本。

创意设计产业,尤其是建筑设计产业近年来聚焦城市更新,在探索旧厂房或工业遗产改造时寻找最佳接续产业以充分利用遗存和文化底蕴。近两年来,浙江学者非常关注京杭运河杭州段周边的旧厂房、民居的再利用等城市更新设计。同时,未来社区、智慧城市等新概念,也依托创意设计产业来提升社区服务功能、丰富城市产业业态,引领未来城市发展。

### (四)创意设计推动文化遗产可持续发展

浙江省作为文化遗产大省,拥有世界文化和自然遗产3处、人类非物质文化遗产10项、全国重点文保单位231处、国家级非物质文化遗产217项。这些珍贵的遗产遗迹,为传承文化根脉、增强文化自信中,发挥着越来越重要的纽带作用,也为浙江创意产业提供了得天独厚的文化资源。

为了更好的传承活化文化遗产,浙江依托文博会、工艺周、设计大赛等专题活动,引入创意设计力量,推进本土文化遗产的有效转化、活化。2019 年 9 月,浙江省文化和旅游厅、杭州市人民政府以"创美好生活"为主题,在拱墅区大运河畔联合主办第 11 届浙江中国非遗博览会(杭州工艺周)。博览会邀请全国非遗项目 300 项、非遗传承人 400 位,以及日本传统工艺项目 12 个、参展手工艺人 26 位,博览会参观人数 23 万人次,交易额达 150 万元。

2019 年,浙江省人民政府发布《关于推动文化文物单位文化创意产品开发的实施意见》,为促进浙江省文化文物单位文创产品的设计与开发水平,由浙江省文化和旅游厅、浙江省文物局指导,浙江省创意设计协会、浙江省博物馆学会、义乌市文化和广电旅游体育局主办的"浙江省文化文物文创产品设计大赛",在中国义乌文化产品交易博览会举办了优秀作品展。义乌文交会创办于 2006 年,2008 年被评为"中国最具影响力的文化行业品牌展会",是国内文化产业的知名展会。

### (五)创意设计引领数字化发展趋势

2019 年,《浙江省加快数字创意产业发展的指导意见》提出,到 2022 年全省数字创意产业总体规模超 5000 亿元的发展目标。形成技术领先、链条完整、产业集聚的数字创意产业发展格局,打造动漫游戏原创中心、网络文学与数字出版中心、文化遗产数字化制作与传播中心、数字化艺术与设计中心、数字创意技术创新中心、数字博览与演艺中心、数字版权交易中心"七大中心",创建中国设计智能与数字创意研究重点实验室,争创全国数字创意产业引领区与融合发展示范区。

到 2022 年,争取数字创意产业相关企业达到 5000 家以上,培育领军型数字创意企业 100 家以上和具有较大发展潜力的成长型数字创意企业 500 家以上。完成一批重大产业平台建设,形成省级数字创意产业创新综合体 5 个以上,数字创意产业示范基地 10 个以上,建成数字创意相关公共服务平台 15 个以上。形成数字创意融合创新示范项目 100 个以上,建成一批数字创意产业跨界创新中心和企业研究院,带动实体经济培育新产品、新服务 500 项以上。以数字化发展为核心导向的浙江创意设计,已经成为全省创意设计界的普遍思维意识。

## 三、浙江省创意设计产业龙头企业案例——思美传媒

思美传媒股份有限公司是浙江省广告行业的龙头企业之一,是中国 4A 成员单位、中国一级广告企业、中国第一家主板上市的民营广告公司。思美传媒目前已成为一家以内容为核心的传媒集团。公司构建以内容为核心的传媒生态圈,成立了影业、创新、科技等多个事业群,开拓"文化＋实业"的发展道路。

顺应时代积极转型升级,思美传媒公司从以媒介代理为主,向以内容营销为主转型,提供全方位的整合营销服务。其运营范围不仅包含媒介策划、媒介购买、监测评估等全方位的媒介策略服务,还涵盖了品牌管理与广告创意、数字营销、公关推广等多项服务,为精准定制

化的运营模式提供支持。以思美传媒公司的"华为 Next 新品与《越野千里》"整合营销传播方案为例,华为手机产品被精准定制到真人秀节目《越野千里》中,以节目场景为核心,从口号、情节、物料宣传等多维度植入产品广告,依托节目,扩大产品知名度与认知度,并塑造华为"更强大的我"品牌形象。同时,跳脱出节目,在各平台发布产品态度海报、互动活动,并定制"华为 GO"的互动游戏,跨多平台投放,扩大受众。

### (一)管理模式——组织架构扁平化

依赖于电商的蓬勃发展,思美传媒公司下设的思美科技,其服务内容就包含电商等。转型后的思美传媒公司以"内容"为核心,更加注重内容营销,并要求部门人员掌握"数字＋内容营销"新趋势,对内容营销领域展开洞察与思考。越来越多的新型部门应运而生,部门成员积极学习,辅助常规部门,有利于广告公司更高效地运作。

### (二)业务模式——精准定制化

思美传媒公司内部采用的一站式订单管理系统、CPRP 管理系统等,能使公司业务高效精准运行,满足客户需求。另外,及时的网络系统、软件更新升级维护也为公司的各项工作顺利进行提供保障。除了公司日常运作的网络融合化,对于广告活动的操作趋向网络融合化,也有利于升级转型。思美传媒公司收购了专注于搜索引擎服务的爱德康赛,目的在于扩充互联网广告板块的业务类型。通过其拥有的国内主要搜索引擎媒体资源,为客户提供基于搜索关键字广告的整合营销服务,能够更有针对性地完成广告营销服务,帮助广告客户的品牌开发更多价值。

## 四、进一步发展浙江省创意设计产业对策建议

### (一)优化金融配套政策

鼓励创意设计企业拓展业务市场,提升研发创新能力,建设公共技术服务平台,并带动社会资本支持行业发展。广泛调动社会力量,鼓励各类资本投入,多方位、多渠道为创意设计行业筹措资金。发挥浙江文化产权交易所的平台作用,为中小型创意设计企业及创意成果的转化提供融资服务。鼓励银行等金融机构针对创意设计企业开发特色金融产品,放宽抵质押品的范围,开展知识产权质押业务,提供低息贷款支持产业发展壮大。

### (二)建设高素质人才梯队

建立创意设计高校教育实训基地,依托中国美术学院、浙江大学、浙江理工大学、浙江工业大学、浙江工商大学、浙江传媒学院等院校创意设计学科建设,利用企业资源建立创意设计行业毕业生实习基地,推动创意设计理论教育和实践培训相结合。加强企业与科研院所、高等院校的合作交流,培养适应市场需求的创意设计复合型人才。

鼓励和支持浙江省创意设计协会等行业协会、艺术设计类相关高等学校、浙江省文化产业创新发展研究院等研究机构和企业深入交流。

培育和引进高端复合型人才和行业领军人物。进一步加大优秀创意设计人才的引进力

度,制定并完善吸引高层次人才来杭就业和创业的优惠政策,为创意设计业发展储备高素质创新人才。为海内外优秀创意设计人才提供激励政策,创造良好条件。建立激励设计创新的机制,防止高层次人才流失杭州,市文化产业发展专项资金对有突出贡献的设计师给予物质奖励。鼓励创意设计人才参加国内外大型评奖活动,通过奖金鼓励、荣誉嘉奖等形式提高设计人才的积极性。

### (三)完善公共服务平台构建

积极引进国内外综合实力强劲的创意设计企业,培育本土知名设计品牌,提升产品的质量,发挥龙头带动作用。以杭州国家广告产业园区、宁波国家广告产业园区等代表性产业园区为主线,吸引人才、资金、企业等要素前来发展,整合和统筹创意设计的优质资源,提升园区的集聚力和辐射力,以园区为点带动行业的整体发展。如"浙朵云"文化产业大数据服务平台由文化产业数据、资讯、服务 3 大版块组成,整合了浙江乃至全国的文化产业数字资源。"浙朵云"是一个为文化产业搭建文创交流服务、文创产品交易、休闲娱乐服务、创意出版服务、媒体广告服务、人才服务为一体的综合性数据服务平台。

完善创意设计行业的业务拓展平台,举办创意会展活动或采用其他展会形式,拓宽浙江创意设计行业与国外的交流,给企业提供更多的业务资讯和便利。提高园区管理和服务水平,积极引进新的设计理念、先进技术和管理经验,提升创意设计整体水平。加大政府采购的力度,政府在进行创意设计产品和服务的采购时,优先考虑采购本市创意设计企业自主创新的产品和服务。

### (四)加强知识产权保护

举办知识产权相关法律讲座和学习培训,提高企业和从业人员对知识产权的保护意识,促进设计产品自主知识产权品种的开发注册。鼓励企业和个人加强创意设计成果保护,及时进行专利申请和著作权登记,维护自身合法权益。完善创意设计业发展有关配套政策和法规、规章,为创意设计行业提供法律服务。完善浙江文化产权交易所等提供知识产权和设计成果交易、托管服务的公共服务平台,规范知识产权和创意产品的交易市场。依法严厉打击侵犯知识产权的行为,形成良好风气,为创意设计行业营造公平竞争的市场环境。

### (五)借力智能技术不断迭代

自"十二五"规划实施以来,在互联网技术和数字化媒体的影响下,传统广告资源规模缩减,受众媒体接触行为向新媒体迁徙,广告主向数字化转型,我省广告业开始进入了新阶段,运作方式从粗放走向细致,精确营销从群体走向个体,私人订制从理念走向实务,虚拟销售从局部走向整体,广告经济从眼球经济走向内涵经济。2015 年,互联网广告营业额超过传统广告,至 2019 年,全国互联网广告总收入约 4367 亿元,来自电商平台的广告占总量的35.9%,稳居各类平台第 1,借力人工智能和大数据支撑,杭州阿里巴巴位居中国互联网广告收入第 1,贡献值最大。

(宫　政)

# 2019 年浙江省新媒体产业发展报告

新媒体产业是指以数字技术、计算机网络技术和移动通信技术等新兴技术为依托的生产类型,在新媒体发展初期,产业形式以网络媒体、手机媒体、互动性电视媒体、移动电视、楼宇电视等新兴媒体和新型媒体为主要载体。中国社科院《中国新媒体发展报告 NO. 10(2019)》显示,随着新一轮科技革命和产业变革孕育兴起,人工智能、大数据、云计算、区块链等新技术飞速发展,移动应用、社交媒体、网络直播、短视频等新应用、新业态不断涌现,重塑了媒体格局和经济社会生态。

浙江省的新媒体产业蓬勃发展,在传播领域、文化生产领域以及经济等领域发挥着日益明显的作用。

## 一、2019 年浙江省新媒体产业概况

2020 年 5 月 12 日,由浙江省互联网信息办公室、浙江省经信厅和浙江省通信管理局联合编著的《浙江省互联网发展报告 2019》显示,浙江省网民规模和互联网普及率处于平稳增长状态。截至 2019 年底,浙江省网民规模达到 4729.8 万人,比 2018 年增加约 186.9 万人,互联网普及率为 80.9%。其中,手机网民规模达 4706.2 万人,占全省网民总数的 99.5%。截至 2019 年末,浙江省每百户居民家庭拥有计算机 72.3 台,其中接入互联网的计算机 62.5台;拥有移动电话 245 部,其中接入互联网的移动电话 188.3 部。2019 年,浙江省数字经济核心产业实现增加值 6228.94 亿元,占全省 GDP 比重达 10%。浙江省率先完成"光网城市"建设,光纤到户覆盖家庭数居全国前列,主要城区具备千兆接入能力。全省固定互联网宽带接入普及率达 47.56 户/百人,继续位居全国第一。2019 年,杭州市成为国内第 1 批 5G 试点城市。截至 2019 年底,全省累计建成 5G 基站 15770 个,建设规模领先全国,杭州、宁波、温州、嘉兴等重点城市主要城区以及乌镇区域实现连续覆盖,其余地市实现热点覆盖。截至2019 年底,"浙里办"实名注册用户超过 3000 万,政务服务事项网上可办率达到 100%,掌上可办比率达到 73.5%,民生事项实现"一证通办"352 项。浙江率先完成国家一体化政务服务平台试点对接任务。浙江省全力推进长三角"一网通办"试点工作,完成首批 51 个高频政务服务事项接入长三角"一网通办"。浙江省着力推进互联网在扶贫、医疗健康、教育、文化旅游、养老等各领域实现更加深入的应用。

### (一)相关政策支持

2019 年 3 月 18 日,浙江省人民政府下达关于 2019 年浙江省国民经济和社会发展计划的通知(浙政发〔2019〕6 号)。通知提到,"推动文化产业高质量发展。实施文化产业发展八大计划,培育一批文化龙头企业,加快发展影视演艺、数字内容、文化创意、动漫、网络视听等新兴文化业态,提振丝绸、茶叶、青瓷、黄酒、浙八味等历史经典产业。加快打造之江文化产业带,做大做强横店影视文化产业实验区,建设一批文化产业基地和特色文化产业集群,力

争文化产业增加值增长 10％以上"。

2019 年 4 月 28 日,浙江省人民政府发布《浙江省人民政府关于加快推进 5G 产业发展的实施意见(浙政发〔2019〕11 号)》提出,"加快 5G 行业应用。对接行业需求,重点推动 5G在制造、农业、交通运输、物流、医疗、教育、电子商务、文化娱乐等行业的智慧应用""并开展5G＋超高清视频示范应用工程。发挥广电企业媒体平台和内容资源优势,联合电信运营商,建设 5G＋4K/8K 超高清视频联合创新实验室,打造基于 5G 的融媒体平台,建立视频摄录、节目制作、网络传输、视频终端等产业体系,在数字电视、交互式网络电视等开设超高清节目频道,实现基于 5G 的超高清视频娱乐"。

2019 年 4 月 24 日,浙江省人民政府办公厅发布《浙江省人民政府办公厅关于推进政务新媒体健康有序发展的实施意见》。意见指出,"以习近平新时代中国特色社会主义思想为指导,认真落实党中央、国务院和省委省政府全面推进政务公开的决策部署,坚持正确导向、需求引领、互联融合、创新发展的原则,大力推进政务新媒体工作,不断提升数字化背景下政府履职能力,努力建设权威高效、利企便民、人民满意、走在前列的指尖上的网上政府"。到2020 年,基本建成以"浙江发布"两微一端、"浙里办"移动客户端为引领,各市、县(市、区)政府和省级单位政务新媒体整体协同、迅速响应的矩阵体系,打造一批群众爱看爱用的政务新媒体。到 2022 年,全省政务新媒体规范发展、创新发展、融合发展的新格局日益成熟,政务新媒体传播力、引导力、影响力、公信力全面提升,真正成为移动互联网时代提升政府效能和公信力,更好联系和服务群众的重要平台。

2019 年 6 月 11 日,浙江省人民政府办公厅《印发关于浙江省"五个千亿"投资工程 2019年实施计划的通知》(浙政办发〔2019〕34 号)(以下简称《通知》)。《通知》指出,"加强文化设施建设。落实数字文化产业发展 3 年行动计划,有序发展一批文化产业示范区、基地和特色产业集群,打造公共文化服务数字化平台,推进之江文化中心等公共文化项目";并强调要"扩大文化创意产业规模。发展数字内容、影视演艺、动漫等文化业态,推动横店影视文化产业集聚区、之江国际影视产业集聚区等建设。增强休闲体验、互动娱乐等创意设计,推进北影(杭州)国家级电影产业基地等项目"。

2019 年 11 月 27 日,浙江省人民政府发布浙江省第二十届哲学社会科学优秀成果评审结果的通报(浙政办发〔2019〕58 号)。通报对全省内按照中国特色哲学社会科学的要求,紧紧围绕习近平新时代中国特色社会主义建设的重大理论和现实问题,积极开展基础理论研究与应用对策研究所取得的一批高质量的研究成果进行表彰。

**(二)浙江省新媒体产业发挥的重大作用**

新媒体与传统媒体进行融合,改变了舆论格局与生态格局,对浙江省的发展起到了重大作用。

1.政务新媒体开启服务升级新阶段

自 2012 年 1 月 16 日"浙江政务微博"整合平台正式上线并落户腾讯网和浙江在线新闻网站以来,据初步统计,浙江在线的浙江公务微博联盟现有用户 6071 个,包括各级政府机构、行业单位的官方微博 2093 个,公务人员及草根网友个人微博用户 3978 个。其中,浙江省各级政务微博约 1000 个,各级官员微博近 600 个。

2019 年 1—12 月,"浙江政务微博"在政务微博年度总发博量达 21.56 万条,年度总原创博文量达 18.02 万条。以此计算,原创率高达 83.56%,日均发文为 590.83 条。在时间分布方面,8 月微博发布数量最多,当月发博量、原创量分别为 22130 条、18228 条,分别超出月度均值 23.14%、21.38%;1 月和 7 月总互动量(被转发数与被评论数之和)分别高达 20.16 万条、19.76 万条。

2019 年 2 月 11 日,由省委全面深化改革委员会办公室(省最多跑一次改革办公室)主办、浙江日报报业集团协办的"最多跑一次"官方微信公众号正式上线。该微信公众号旨在全面推介"领跑者"案例,及时发布"最多跑一次"改革权威资讯,建立收集各方面改革建议的专门渠道,进一步营造全社会拥护改革、支持改革、投身改革的浓厚氛围。该微信公众号目前功能栏目区块中设置"领跑者""助跑者""浙里改"3 个一级菜单。

**2. 新媒体助力文化产业发展**

从网络文学、网络阅读、网络游戏、网络动漫、网络音乐、网络视频到电竞产业,浙江省数字文化产业版图不断延展,越来越多高端化、多元化、规模化、特色化的高能级平台的打造,推动着数字文化产业蓬勃发展。比如,咪咕阅读,引领着数字阅读的潮流,在主流阅读 APP 市场中下载排名第 2;网易走在网络游戏行业的前列,成为中国第二大游戏公司;电竞数娱小镇、e 游小镇等多个平台,强力助推着电竞行业的快速发展。

2020 年 1 月 8 日,浙江省委宣传部在"浙江省推进数字文化产业高质量发展暨省文化产业促进会年会"上发布《高质量发展文化产业高水平建设文化浙江——2019 年浙江省文化产业发展总结与展望》报告。该报告指出:"浙江省文化产业增加值占 GDP 的比重自 2013 年突破 5% 以来,保持着持续稳步增长的态势,至 2018 年文化产业增加值突破了 4000 亿元,占 GDP 的比重高达 7.5%,远高于全国水平 3.2 个百分点。"在美国纽约揭晓的 2019 年度"世界媒体 500 强"排行榜中,浙江日报报业集团连续 7 年入选,位列第 245 名,整体实力位居国内报业品牌第一。值得一提的是,浙报集团下属上市公司——浙报数字文化集团股份有限公司作为互联网新媒体行业品牌首次入选,位列第 340 名。

**3. 新媒体助力经济发展**

在电子商务交易方面,浙江是中国电子商务起步最早、发展最快的地区之一,电子商务也已成为浙江经济发展的金名片。据中商产业研究院统计,目前,浙江省电商产业园遍布下辖 11 个地级市,全省与电子商务相关的产业园数量达到了 400 多个。其中,杭州作为浙江的省会城市,电商产业园数量最多,达到了近百个,遥遥领先于其他地级市。值得注意的是,在浙江省下辖 11 个地级市中,电商产业园数量均在 10 个以上。其中,杭州、金华和温州 3 大城市的园区数量之和占比超全省电商产业园总数的一半。

**4. 新媒体助力教育事业发展**

国家级音乐产业基地、国家级短视频基地两大"国字号"新地标相继落户浙江。浙江国家音乐基地,以网易云音乐为核心,融合"音乐＋科技"的力量,将打造成为全国唯一的线上线下结合、以版权为核心的高科技音乐产业基地。国家短视频基地,由浙江省政府与中央广播电视总台合力共建,将围绕 2022 年杭州亚运会赛事直播、世界互联网大会、中国国际动漫节等重大活动的宣传报道等领域开展全方位深度合作,共同打造面向国际、亚洲领先、国内一流的主流视听新媒体高地。

中国网络作家村,已成为浙江省一张具有全国影响力的金名片。目前,浙江网络文学已占据了中国网络文学的半壁江山,由此形成的"浙江模式"为全国同行提供着方向与经验。

## 二、浙江省新媒体的分布现状

在媒体融合中,新媒体的样态主要分为 2 类:一是在平台上注册的主体,其中,平台包括网络平台以及移动平台;二是整合了传媒媒介而成新旧媒体融合的新样态。在第一类中又可细化为 2 种类型:短视频媒体和图文类的媒体。短视频媒体中根据平台的功能分为 3 种:依托爱奇艺、土豆、优酷等平台的生产主体;依托抖音、快手之类的平台;依托 bilibili 网站的生产主体。图文生产主体可分为各种微信公众号、今日头条发布内容的主体和在微博进行注册的生产主体。

**(一)平台网络支持下的移动终端发展**

1.依托新媒体平台进行新媒体创业

省内原有媒体与新媒体达成合作,如以爱奇艺为例,2017 年,爱奇艺举行了分甘同味浙江宣讲会。爱奇艺与浙江传媒学院达成战略合作,从影视内容到专业 PGC 内容提供开放平台,共享广告收益,引领行业有序发展。

在新媒体"内容为王"的生存法则下,"土豆网浙江卫视专区"得以建立。《我爱记歌词》《我是大评委》等电视综艺节目的收视率也随之节节攀升,印证了电视和网络的互动双赢合作。

面对版权内容同质化竞争激烈的局面,优酷于 2015 年率先提出"剧场化"运营大剧策略,以主题化、产品化、互动化、精细化的立体矩阵式创新营销模式,全力打造优酷"放剧场"。优酷的"放剧场"和浙江卫视的"中国蓝"剧场的合作开启了针对优质大剧和广泛目标受众的"双剧场"联动模式。浙江卫视与优酷联合发起"分享你的爱情"视频征集互动活动,并利用双方资源进行大力推广。

2.入驻抖音、快手等自媒体平台

2019 年 5 月,由中共浙江省委宣传部指导,浙江广电运营的"浙里最美"抖音号,立足浙江本地"最美瞬间""好人好事",用新媒体语言传播"浙江正能量"。账号上线短短 5 个月,点赞已超 5300 万,粉丝超过 118 万,最高单条点击近 3 亿人次。10 月 18 日,由浙江省人民政府新闻办公室推出、由浙江广电集团运营的"美丽浙江"抖音号正式上线。浙江广电集团深度探索融合之道,在变革中寻求创新突破。面对短视频产品火爆这一现状,浙江卫视中国蓝也积极布局快手平台,在 2019 快手媒体号影响力榜单中,浙江卫视中国蓝排名第 4 位,仅次于人民日报社、央视新闻和新华社这3个中央级主流媒体,通过新型媒体传播主流媒体党和政府的声音,引导社会正能量。

**(二)微信公众号、微博注册数庞大**

自2014年10月微信发布6.0版本以来,微信的小程序、小视频、卡包功能上线,使微信向多功能方向发展,特别是微信小程序正引发对电商、O2O服务、移动游戏等领域的巨大革新。2017年4月发布的新版本允许公众号和不同主体的小程序进行关联,大幅打通了公众号与小程序间的联系,使得进入成熟期并已积累海量流量的公众号端改变广告营销的变现路径,转变为容易获得如电商、流量导流等新的盈利模式。

1. 浙江省内知名微信公众号剧增

在西瓜数据技术支持下,浙江省内较为知名的微信公众号有"杭州交通918""宁波晚报""FM93交通之声""都市快报""青春浙江""杭州日报""钱江晚报""浙医在线""浙江发布""杭州发布""浙中在线""平安鼎""温州都市报"等。这些是具有庞大受众群体、阅读量、转发量与评论量的知名微信公众号。以"FM93交通之声"微信公众号为例,根据西瓜数据在2020年1月30日对其所做的数据跟踪显示,其预估粉丝量为25.09825万人,头条平均阅读量超过10万,头条平均点赞1338,头条平均评论32条,日发文数56篇。2019年初,在人民网研究院发布的《2018中国媒体融合传播指数报告》中,浙江人民广播电台交通之声在广播频率融合传播百强榜中排名第8位,浙江之声、浙江人民广播电台音乐调频、浙江人民广播电台城市之声、浙江人民广播电台旅游之声、浙江人民广播电台经济广播分别排名第17、第44、第45、第48和第92位;"FM93交通之声"微信公众号在公众号定位中走圈层路线,将频道专业栏目与主播结合,并捆绑运营,精准吸引有某方面精准需求的用户,有效实施用户变现。其微信公众号的活跃度一直保持在较为理想的水平。

2. 多类型媒体矩阵初步形成

(1)政务新媒体矩阵所属重点官微

根据2019年8月浙江省委宣传部会同省政府办公厅、省委网信办组织专业力量,对"之江号"政务新媒体矩阵所属重点官微(共计256个,其中,政务微信141个、政务微博115个)进行的动态评估和系统研究表明,2019年上半年,"之江号"政务新媒体矩阵稳步发展,配合更加密切,发布量持续增加,影响力不断提高。

"之江号"矩阵省级部门新媒体,以微信号"清廉浙江""平安鼎""青春浙江"为2019年前3季度Top3;在地市级政务新媒体中,微信公众号如"杭州发布/杭州发布""宁波发布/宁波发布""湖州发布/湖州发布"位列前3甲;县(市、区)级政务新媒体共评选出Top20微信公众号中,"美丽西湖/西湖发布""上城发布/上城发布""淳安发布/淳安发布"位列前3名。在2019年前3季度,"之江号"政务新媒体矩阵成员累计发布政务信息32.1万条。其中,微信信息12.5万条,占比38.9%,同比增长3.5%;微博信息19.6万条,占比61.1%,同比增长8.7%。微信10万以下阅读量的文章同比增加15.6%,具有"10万+"文章的账号数量达到44个。从互动情况看,微博累计被转发129.6万次,被评论61.9万次,获得点赞115.6万人次,微信总点赞量累计 291.6 万人次。

（2）司法系统的新媒体运营创新

2019 年 1 月 29 日下午,中央政法委宣传教育局、政法综治信息中心发布首届"四个一百"政法新媒体榜单,《浙江法制报》承办的"警钟"微信公众号获得"'四个一百'十佳微信公众号"荣誉。本次评选活动,是近年来首次针对全国政法新媒体账号的评选,涵盖政法委、法院、检察、公安、司法行政系统的官方新媒体账号和政法干警个人自媒体账号。据统计,全国政法机关各类新媒体账号达 11 万个,占全国政务新媒体的半壁江山。此次评比,通过平台筛选、网络投票、专家评选等环节,分别对微博、微信公众号、今日头条、短视频等 4 个系列各评出 100 个优秀账号,并在此基础上产生系列"十佳"。浙江法制报"警钟"微信公众号与"中央政法委长安剑"和"司法部"等微信公众号一起获得此殊荣。

（3）浙江省高校官方微信公众号

在教育部 2019 年公布的浙江省高等院校名单中,浙江省共计 108 所学校,有本科学校 59 所,专科学校 49 所。其中,公办本科 31 所,民办本科院校 26 所,中外合作办学院校 2 所;有 90 所高校具有微信公众号。学校会定期发布考生和家长关注的热点信息和招生政策,比如招生简章、招生计划、招生政策、学校和专业特色解读、入学须知等。根据国内研究微信公众号的权威团队《中国青年报》评选的 2018—2019 中国大学官微 50 强榜单来看,浙江大学官方微信公众号在 2018 年的榜单排名第一。对阅读量、点赞量、推送数量、活跃度等进行分析评析发现,浙江大学官方微信号以贴近生活的优质内容、在全国高校微信公众号中具有较强的影响力。

（4）文化与旅游类微信公众号

浙江正在打造全国首个省市县互联互通、跨部门数据充分共享的全域旅游信息服务平台,实现对旅游市场、游客服务、旅游产业等的高效率管理。在"浙江文旅资讯"微信公众号中,点击"浙里好玩",能看到"浙里特色主题、最新好玩资讯、浙里深度推荐、浙里达人教你玩"等分类信息,其中的"全域浙江",打造了一张集全省 4A 级以上景区、旅游风情小镇、旅游度假区、民宿、公共服务设施、产业融合基地等多种旅游资源于一体的导航导览图,点击上面的景区图标,便会出现景区介绍和语音讲解。《浙江省文化和旅游厅关于开展 2018 年度民宿等级评定工作的通知》评定出了浙江省内 71 家符合白金级和金宿级的民宿名单,他们普遍都设置了公众号进行宣传推广。以"浙江民宿"为代表的微信公众号,根据用户的定位确定文字的文艺风格,围绕推送重点进行内容打造,利用准确的标题吸引用户进一步阅读。

## 三、新媒体人才培养与学术支持

### （一）人才培养

目前,浙江省内开展有关新媒体课程的高校主要有 6 所,其中,杭州 4 所(浙江传媒学院、浙江工商大学、浙江外国语学院、浙江树人大学),绍兴 1 所(浙江越秀外国语学院),宁波

3所(浙江大学宁波理工学院、浙江万里学院、宁波财经学院)。

1.浙江传媒学院文化创意与管理学院网络与新媒体专业

开设时间:2014年。

培养目标:基于数字信息时代发展所需,顺应移动互联、媒介融合的趋势要求,致力于培养能掌握网络与新媒体信息传播的理论知识与实践技能的复合型网络与新媒体专业人才。

2.浙江工商大学人文与传播学院网络与新媒体专业

开设时间:2019年。

培养目标:专业培养坚持以马克思主义为指导,培养学生具有坚定正确的政治方向,以国家、经济和文化建设发展需求为基本原则,以我国高等教育定位和特点为框架,同时以行业标准和社会需求为导向,坚持马克思主义新闻观,坚持正确政治立场和方向。本专业以互联网新媒体产品的生产、加工为基础,以跨媒介、跨文化传播为手段,致力于培育具备全球视野、互联网思维以及全媒体新闻传播知识和能力的创新型应用型复合型高端传播人才。

3.浙江外国语学院中国语言文化学院网络与新媒体专业

开设时间:2016年。

培养目标:本专业培养具有扎实的英语语言综合能力,系统掌握新闻传播学、网络与新媒体等方面基础理论知识和基本技能,具有较强的创新精神与创新创业能力,能胜任新闻采、写、编、评等网络和新媒体信息传播工作,能满足网站、手机媒体、数字媒体建设需要的设计、维护、制作等技术工作和管理工作的复合型国际化应用型信息传播人才。

4.浙江财经大学人文与传播学院网络与新媒体专业

开设时间:2018年。

培养目标:本专业为社会主义市场经济建设培养德、智、体、美全面发展,坚持马克思主义新闻观,具有坚定正确的政治方向,具有全媒体新闻传播知识和能力的应用型、复合型、创新型人才,能够在传统媒体和各类网络媒体从事媒介内容生产和运营管理等工作;并具有全球视野和跨文化传播能力的国际新闻传播人才。

5.浙江树人大学人文与外国语学院网络与新媒体专业

开设时间:2015年。

培养目标:本专业培养具备新媒体意识,熟悉现代信息传播技术,掌握与之相关的基本理论和技能,能熟练运用网络与新媒体进行信息采写、策划传播及新媒体组织运营管理能力;能在网络与新媒体相关行业公司从事信息采集传播、策划、运营等工作,也能够在报纸杂志和广播电视等传统媒体以及企事业单位从事采访、编辑、编导、策划、摄像(影)、制作、网络与新媒体技术开发等传播技术类工作的新媒体人才。

6.浙江越秀外国语学院网络传播学院网络与新媒体专业

开设时间:2016年。

培养目标:本专业培养德、智、体、美全面发展,掌握网络与新媒体专业基本理论知识和基本技能,具备新媒体创意思维能力和新媒体技术应用能力,满足全媒体时代媒介融合中网络与新媒体信息采集、生产和传播工作需要,具有较强的汉英语言应用能力和综合职业能力,具有国际视野的高素质应用型网络与新媒体人才。

7.浙江大学宁波理工学院传媒与设计学院网络与新媒体专业

开设时间:2014 年。

培养目标:本专业培养德、智、体、美全面发展,具有扎实的新闻学、传播学知识背景,了解网络传播与媒介融合发展新趋势,系统掌握网络与新媒体应用理论知识和专业技能,能够在新闻与出版机构、文化传播机构、网络与新媒体、政府部门及企事业单位,从事网络传播与网络信息采编、新媒体产品设计与制作、网络舆论分析与引导、网络经营管理的高级复合型专门人才。

8.浙江万里学院文化与传播学院网络与新媒体专业

开设时间:2012 年。

培养目标:本专业以新闻传播基础理论学习和新媒体专业实践为重点,培养人文素养与新闻传播专业素养好,具备较好的互联网思维、新媒体传播技能过硬、有较强的社会适应能力的应用性复合型人才。

**(二)学术支持**

浙江省内各大高校在新媒体的研究上颇有建树,对新媒体问题的研究具有一定的前瞻性与现实性,比较突出地反映当下新媒体研究的热点问题。在对新媒体的问题研究中,浙江省内高校学者对与新媒体紧密结合的经济、营销、社会、传播、高校思政工作等问题关注密切。

1.学术论文成果概论

通过对知网的整理,2019 年浙江省新媒体研究的学术论文如下,内容涉及多个方面。

(1)高校研究概况

浙江工业大学关于新媒体研究的学术论术有:邵鹏的《论新媒体时代融合新闻生产的"四无"态势》《新媒体对个体记忆的冲击与影响》,田芬芳、张新宇的《新媒体公共艺术在城市湿地公园中的应用——以西溪国家湿地公园为例》,黄梦静的《新媒体时代对"网红"现象的思考》,宣勇捷的《新媒体环境下基于数据可视化传播的新闻深度性探究》,施文菁的《浅析新媒体环境下的网络红人现象》。

浙江工商大学关于新媒体研究的学术论文有:傅鸿洲的《论新媒体时代高校广播媒体媒介融合发展策略——以浙江工商大学广播台为例》,余佳能的《"微能量"高校辅导员新媒体工作体系探索》,程丽蓉的《跨媒体叙事:新媒体时代的叙事》,刘珊的《试析移动新媒体时代的翻转课堂教学新模式》,罗丁瑞的《新媒体语境下建构第五代成人英语教材》,潘文年、何培瑶的《新媒体环境下电子音像出版社全媒体出版策略分析——以开发出版"戴光强健康新概念"为例》,蒋豪的《新媒体在高校学风建设中的应用路径研究》,周志平的《新媒体环境下网络舆论传播与控制研究》,沈珉的《情景化交互:AR 童书设计核心》《场域视角下的 AR/VR 童书出版现状分析》。

浙江传媒学院关于新媒体研究的学术论文有：苗小雨的《新媒体时代政务微博的功能定位与角色演进研究》，张曦允的《数字技术在新媒体艺术中的文化品读》，黄敏的《新媒体时代新闻话语特点的变化及新期待》，章清莲的《浅析校园微信公众号在新媒体潮流中的机遇与挑战》，黄和节的《新媒体新闻标题变化的新探索》，冯哲辉、廖欣玥的《泛娱乐化生态中新媒体的价值观引领策略——网络直播给我们的启示》，杨波、赵诏的《新媒体环境下的大学生社会主义核心价值观日常化教育研究》，夏洋的《探究新媒体技术为影视传播带来的机遇与挑战》，吴周礼、赵好的《新媒体对大众健身意识和行为的影响研究》，倪琦珺的《新媒体发展问题与引导管理对策思考》，何涛涛的《新媒体时代下的营销方式研究："粉丝经济＋IP运营"》，郑胜颖的《新媒体时代的"反转新闻"及其背后的媒介伦理思考》，孙光磊的《传统媒体与新兴媒体融合指标体系构建及评价分析》。

浙江树人大学关于新媒体研究的学术论文有：徐萍的《全媒体时代下新闻写作教学的困境及对策》，张宇帆、曾晓江的《新媒体环境下高校网络思政管理平台的构建——以浙江树人大学"树人江"微博为例》，李星乔的《情感视角下新媒体思想政治教育话语探析》，金菊爱的《新媒体时代若干媒体新概念辨析》《新媒体环境下的新闻真实性问题探析》，朱宾源的《新媒体对高校思想政治教育的影响》，李晓的《新媒体时代移动学习应用影响因素分析及解决策略研究》，徐雅琴的《新媒体时代中国电影经营的新方式》，李骏的《浙江县域新媒体发展态势及对策》《论我国新媒体舆论监督的兴起与改进措施》。

浙江大学宁波理工学院关于新媒体研究的学术论文有：张鹏的《探讨新媒体环境下的"信息茧房"现象》，应中元、方晴的《高校学生组织网络新媒体平台的管理和引导》，应中元、屈宁华的《基于三级分类体系的高校校属组织网络新媒体平台的管理研究》《论高校校属组织网络新媒体平台的发展现状与问题——基于对浙江省15所本科高校的调查研究》，彭增军、陈刚的《全球化与新媒体背景下媒介伦理中的文化冲突》，陈印昌的《传统媒体与新媒体融合发展的政治安全价值导向分析》，陈辉的《对话：新媒体与社会主义核心价值观教育》，何镇飚、王润的《新媒体时空观与社会变化：时空思想史的视角》。

浙江万里学院关于新媒体研究的学术论文有：王含哲、郭力源的《新媒体环境下对图书馆公益性讲座的思考》，鲍静、裘杰的《新媒体环境下广告学科课外实训创新思考》，王憬晶的《新媒体环境下浙江节庆品牌发展策略研究》，王丹峰、黄盛建的《新媒体环境下企业的市场营销策略》，闻学峰的《网络舆情分析人才培养问题探讨——基于高校网络与新媒体专业的分析》，陈咨兵、陈仁瑞的《企业提升新媒体视觉营销效率的方法》，杨森、朱静的《新媒体环境下品牌的形象塑造与传播策略》，王琴的《新媒体时代核心价值观教育接受性途径研究》，陶炫程的《新媒体时代下微信营销的网络消费模式》，闻学峰、王声平的《地方党报新媒体的发展路径——以〈杭州日报〉为例》，黄志申的《新媒体时代中的媒体电商"商机"解密》，张明明的《新媒体视域下高校心理危机舆情监控机制探究》。

宁波财经学院关于新媒体研究的学术论文有：郑玲的《新媒体环境下阳明心学的传播新形式——以条漫创作为例》，蒋珊珊的《新媒体时代高校辅导员思想政治工作有效性提升策略研究——以宁波高校为例》。

（2）重要的新媒体学术论文

在学术评价中被提及与分析的重点学术成果有：

沈珉（浙江工商大学人文与传播学院）的《情景化交互：AR 童书设计核心》《场域视角下的 AR/VR 童书出版现状分析》，刘奥（浙江大学传媒与国际文化学院）的《从"框架理论"看新媒体时代下主流媒体的危机传播与形象建构——以人民日报微博为例》，李冠琳（浙江大学城市学院党委宣传部）的《新媒体时代媒体功能的重新定义》，吴飞（浙江大学）的《新媒体与现代性迷思》对传播的现代性提出新的思考，周志平（浙江工商大学人文与传播学院）的《新媒体时代短视频发展存在的问题与发展对策》，张铤（浙江工商大学公共管理学院）的《新媒体时代大学生媒介素养教育探析》，孙光磊（浙江传媒学院）的《5G 时代新媒体私人领域与公共领域之争》，李静（浙江传媒学院播音主持艺术学院）的《新媒体环境下高校播音主持专业教学改革探究》，王淑华（浙江传媒学院新闻与传播学院）的《基于体验理论的新媒体思政学习平台传播创新研究——兼论"学习强国"App 的成功之道》，李骏（浙江树人大学新闻系）的《新媒体时代新闻语言的传承与创新》，朱洁、乔文奇（浙江大学宁波理工学院）的《"新媒体"时代推动后勤服务优质化的路径探析——浙大宁波理工后勤即时评价体系的探索与实践》，孟玲（浙江万里学院）的《新媒体时代法学期刊社会功能的实现——以法律社会化为核心》，裘杰、高修明、夏陈慧（浙江万里学院文化与传播学院）的《浙江海洋渔文化品牌新媒体传播研究——以宁波象山渔文化艺术为例》，王秋艳（浙江万里学院文化与传播学院）的《传统文化品牌新媒体传播策略探析——以宁波为例》，漆菁夫、漆小平（宁波财经学院）的《新媒体环境下文创产品开发与设计研究》。

（3）专著

浙江工商大学沈珉教授出版《时空重设——民艺当代传播的思考》。该专著为杭州市文化精品工程作品，将网络视为社会形态，探讨民艺在新媒体环境中的传播。浙江传媒学院李新祥教授出版的《抖音全效运营手册：营销、引流与变现方法》，题材新颖，紧贴时代。

2.学术会议

（1）2019 年 8 月 16—18 日，浙江传媒学院新闻与传播学院、河北大学新闻传播学院、台湾南华大学管理学院华文出版趋势研究中心、北京大学现代出版研究所共同主办第十四届海峡两岸华文出版与文化创意学术论坛，由浙江传媒学院多单位具体承办。

（2）2019 年 9 月 21—23 日，中国新闻史学会编辑出版研究委员会主办，中国新闻史学会编辑出版研究委员会学术年会暨"融媒体时代编辑出版理论与实践创新"学术论坛，由浙江工商大学人文与传播学院、浙江越秀外国语学院网络传播学院、浙江工商大学中国文化"走出去"研究院承办。

（3）2019 年 10 月 31 日，中国新闻史学会编辑出版研究委员会主办智媒时代的编辑出版教育高端论坛，由浙江大学中文系承办和浙江大学数字出版研究中心协办。

（4）2019 年 11 月 23—24 日，影视媒体技术研究重点实验室联合承办 2019 传媒大数据与智能媒体国际研讨会,由浙江未来技术研究院、浙江大丰数艺科技有限公司、新华智云科技有限公司支持协办。

## 四、新媒体产业的优秀企业

### (一)融合出版新业态——浙江出版联合集团

浙江出版联合集团与 DCG 数传集团联合成立"出版融合工作室"。2018 年,数传集团已累计为全国 237 家出版社服务,帮助出版社将 25 亿册传统纸书变为可连接互联网线上内容,同时捕捉分析读者数据的"现代纸书",并培训 2 万多名全国编辑。

### (二)融合媒体"走在前"——浙江日报报业集团

2014 年以来,浙江日报报业集团以"中央厨房"建设及常态化运行为牵引,数据驱动新闻与智能重构媒体,不断创新体制机制完善深度融合顶层设计,以《浙江日报》、浙江在线新闻网站、浙江新闻客户端"三端"为主体的媒体深度融合发展取得了阶段性成效。

### (三)网络数字电视先锋——华数数字电视传媒集团有限公司

华数传媒目前是全国领先的互动电视、手机电视、互联网电视等综合数字化内容的运营商和综合服务提供商之一,位居全国新媒体和三网融合产业发展的第一阵营。服务覆盖全国 30 个省市自治区、近百个城市的有线网络以及三大通信运营商与上亿互联网电视用户。公司坚持"体制创新与产业创新相结合""文化与科技相结合""产业与资本相结合"的发展思路,紧抓我国三网融合快速推进、文化和信息消费快速增长的历史性机遇,在"新网络+应用""新媒体+内容""大数据+开发"三大战略框架下,全面建设"智慧化新网络""融合化新媒体"和"数据化新平台",加快向智慧广电运营商和数字经济发展主体转型。

### (四)数字阅读行业标杆——咪咕数字传媒有限公司

咪咕数字的前身中国移动手机阅读基地于 2009 年初在中国移动浙江公司启动建设。经过 5 年的发展,带动了杭州网络文学、出版发行、游戏开发、影视制作、在线教育等行业的发展,并于 2010 年 5 月正式推出手机阅读业务。截至目前,咪咕数媒已为行业贡献价值 53 亿元,各类合作伙伴超 2000 家,旗下咪咕阅读业务平台汇聚了超 60 万册精品正版图书内容。咪咕数媒将进一步探索基于 5G 场景的阅读方式,全面提升沉浸式阅读体验,充分营造全民阅读氛围。

### (五)传统媒体新布局——浙江广电"蓝媒视频"

"蓝媒视频"是以短视频为主打的新媒体核心产品,通过充分整合浙江广电集团优质音视频资源,加快聚合全省各市县蓝媒号、政务号,以及蜂之眼拍客联盟及各类自媒体、个人短视频创作者的优质账号,全力打造优质视频内容聚合平台。目前,已有 41 家县级融媒体中心入驻集团"中国蓝云",有 89 家市县兄弟媒体和 188 家省市县政务号成功加盟"中国蓝新闻·蓝媒号""蓝媒号+"。

## 五、新媒体产业营利模式分析

在新媒体的营利模式中,内容产品营销、二次销售、广告收入、平台分成以及有偿服务是目前比较常见的营利模式。在内容产品营销中,受众的有偿下载与付费会员是"知识付费"的常见形式。而在二次销售、广告收入与平台分成方面,受众人数的多寡形成的"粉丝"效应是新媒体创收的重要保障。因此,在新媒体行业中,受众对平台的持续关注与平台自身质量的好坏影响甚至决定着新媒体平台的发展。

### (一)网络直播引爆电商经济

杭州阿里巴巴集团旗下的"淘宝网"是著名的电商平台,平台注册的生产商家数量巨大。网络主播是近年来出现的经济获利形式。在淘宝发布的"2019 最具价值淘宝神人"榜单中,浙江网络主播薇娅赫然在列。

### (二)综合收益的自媒体平台

2014 年,由著名财经作家吴晓波创立的"吴晓波频道"正式上线。"吴晓波频道"在频道内容上主要包括财经知识脱口秀、微信公众号两大版块,通过这两大版块探索出多种盈利模式,如视频广告、内容付费、新媒体电商、社群经济等。在"吴晓波频道"的盈利模式中,广告与内容付费是其直接盈利模式,如页面广告、贴片广告与植入广告。宝铂手表前期给予"吴晓波频道"100 万元的总冠名,视频播出前品牌带 Logo 有 5 秒的呈现,视频播放中广告商的品牌带 Logo 会在角标翻转和片尾鸣谢中体现。在间接盈利模式下,"吴晓波频道"主要以媒体电商与打造"社群经济"的方式取胜。

### (三)吸引融资的短视频

短视频是近年来兴起的另一种媒体形式。2015 年 4 月,"杭州二更网络科技有限公司"注册成立。"二更"视频不断整合资源,积累短视频内容运营经验。与此同时,还与另一自媒体"深夜食堂"展开合作,完成了视频内容的升级,风格也渐渐转向纪实型。2016 年 3 月,"二更"完成 A 轮融资,融资金额超过 5000 万元。2017 年 1 月,"二更"完成 B 轮融资 1.5 亿元。2017 年 7 月,完成 B+轮融资 1 亿元。2018 年 4 月,在完成 B3 轮融资 1.2 亿元后,"二更"视频也从一家杭州本土公司发展成为"二更产业园",从内容产品线发展为更加完善的产品矩阵。

### (四)知识营销的公众号

"丁香医生"公众号创建于 2014 年,定位是"有温度,有知识,有态度,新一代大众健康媒体"。经过 5 年多时间,"丁香医生"发布近 3000 篇原创文章,粉丝数超过 1000 万,曾在 10 天内写出 2 篇 600 万+阅读量的爆文。截至 2019 年 4 月,丁香医生的微信公众号粉丝数突破 1000 万,在垂直领域的粉丝规模是首屈一指的。同时,其内容影响力在全领域也是 TOP 级的,在 3 月的新榜月度总榜上"丁香医生"排第一位。在知乎上,"丁香医生"也达到了 200 万粉丝的规模,在所有的机构号中排名第一。

### （五）IP 运营

2018 年 2 月 6 日，华语之声与杭商传媒就杭商旗下出版机构正式签署战略合作协议。在移动信息化飞速发展的当下，有声读物作为互联网出版内容之一，需求广泛，有着广阔的发展前景。杭商传媒拥有大量有版权的传统出版物，而华语之声拥有设备先进的演播室，专业、权威的播音及后期团队，能录制采集声音，并将文字内容转化为有声读物。双方强强联手，在互利互赢的合作基础上，共同探索音频出版的广阔市场，创作有价值的音频出版物，做实做强音频出版产业。

## 六、新媒体产业发展存在的问题

新媒体的兴起及产业化，大大改变了传统的媒介生态环境，也改变了构建与提升国家软实力的传播环境和传播手段。新媒体产业的崛起和迅速发展，为提升国家软实力提供了关键平台和全新渠道，成为增强国家软实力的主力军。但由于宏观管理缺少经验，新媒体产业存在以下问题：

### （一）新媒体易变性强，监管难

新媒体产业的融合性、竞争性和变动性，使新媒体产业模式具有内在不稳定性。产业模式只有不断调整、完善，才能适应不断发展变化的新媒体产业结构的要求，适应整合后的产业链和价值链的要求，适应新媒体产业内外部市场竞争的要求。新媒体产业模式的内在不稳定性实际上是新媒体产业链寻求自身稳定的合理应答。由于新媒体产业具有融合性、竞争性和变动性，新媒体产业链也不断整合、变化，这就造成新媒体产业链的不稳定，而产业链本身具有趋向稳定的内在要求和本质属性，因此，它必然要寻找能够使产业链各环节趋向平衡的作用机制，唯一出路就是根据需要不断调整产业模式。

### （二）新媒体技术发展使安全问题突出

新媒体技术的迅猛发展导致新媒体管理政策、措施的滞后。用户个人信息的泄露、网络通信的安全、金融违法活动等犯罪的泛滥使得新媒体的监管愈发重要。政府政策的出台具有一定时期的稳定性，政策的监管有普适性。而新媒体的监管措施由于过时与陈旧往往容易滋生安全问题。

### （三）内容质量参差不齐，监管范围宽泛

新媒体伴随的新生态是以广泛的受众参与而形成的群体。由于新媒体准入门槛的降低，用户生成内容不仅带来自媒体的勃兴，更导致新媒体巨头企业以受众需求为导向的运作模式与内容产出。受众需求或者说市场价值在新媒体的内容生产中具有模糊性、不确定性，尤其是在缺乏统一的新媒体平台运营规范下，会呈现低俗化、庸俗化、媚俗化倾向。当前，各大新媒体平台并未形成行业内统一的内容规范标准，即使拥有人工智能技术的过滤功能，也难以对新媒体的健康发展和正确的价值导向形成既符合社会效益又满足经济效益的最优途径。

### 七、浙江省新媒体发展的相关建议

**（一）注重市场调研，创新管理方式**

市场调研是掌握市场动态的重要方式，是了解受众需求、契合市场规律、加强市场规划的重要手段。就管理方式而言，计算机信息技术的迅猛发展使得对舆情的研究有了更深入、准确、全面的研究。这有利于在受众宽泛的环境下加强对社会治理的创新，也为政府加强社会监管提供了科学、细致的研判。在新媒体的市场环境下，无论是新媒体行业巨头还是分散的自媒体阶层，使用合适的市场调研在加强政府管理、构建新媒体健康生态方面具有重要意义。

**（二）加强理论研究，携手专家学者**

新媒体在传播实践的能动性中带给社会深刻且迅猛的变革，但对于新媒体的理论研究仍缺乏完善且经典的认识。理论的研究往往可以结合相关学科的发展，如媒介融合、媒介技术及政策治理等学术问题。就新媒体在经济学、传播学、社会学等学科的问题下，不仅可以丰富专家学者对于理论研究的意义，也可以对社会与新媒体的融合发展带来全新的认知，深刻理解新媒体对社会的影响。

**（三）保持开放心态，引导价值需求**

新媒体背景下对传统文化、传统价值的重新认识是值得关注的问题。新媒体不仅重塑社会公众在现代社会下的生活方式与工作模式，也将精神世界的诉求借助于新媒体的渠道表达出来。政媒与新媒体的接触，是政府传播信息，与公众平等对话以及拉近公众信任感的创新模式。政媒借助新媒体的发展势头，顺应时代形势，不仅是对技术创造生产力的尊重，也是加强治理能力的睿智手段。

（杨柳　牧菁　沈珉）

# 2019 年浙江省演艺娱乐产业发展报告

演艺娱乐产业是以演艺产品的创作、生产、表演、销售、消费，及经纪代理、艺术表演场所等配套服务机构共同构成的产业体系。演艺产品具体形态包括音乐、歌舞、戏剧、戏曲、芭蕾、曲艺、杂技等各类型演出。演艺产业链各环节包括文艺表演团体、演出场所、演出中介机构和演出票务。演艺娱乐产业是文化产业体系中的核心产业之一，是一个创意密集和劳动力密集的产业，也是一项能耗低、可持续发展性强的低碳产业，具有极大的辐射和拉动作用。

2018 年，浙江省 5705 家规模以上文化及相关特色产业企业营业收入达 10091 亿元，比上年增长 12.31%；营业利润达 1476.83 亿元，同比增长 3.04%，成为全省国民经济支柱产业。2019 年，浙江省文化产业增加值达 4600 亿元，增长 10%；旅游产业增加值增长 8%，旅游人次超 7 亿。其中，演艺娱乐产业龙头企业宋城演艺发展股份有限公司荣膺第十一届全国文化企业"30 强"。

# 一、2019 年浙江省演艺娱乐产业发展概况

2019 年,浙江省演艺娱乐产业发展迅速,主要体现在以下几个方面:一是深化院团改革,如完成浙江小百花越剧院、浙江京昆艺术中心内部管理体制改革;二是组建成立浙江演艺集团;三是加快推进杭州剧院、胜利剧院等 4 家经营性事业单位的改制工作。

在具体演出方面的成就有:圆满完成新中国成立 70 周年大型音乐舞蹈史诗晚会、省政协成立 70 周年演出等大型演出,成功举办第 14 届浙江戏剧节、浙江戏曲北京周、"不忘初心、牢记使命"红色剧目展演等活动,一大批优秀剧目涌现,如歌剧《在希望的田野上》、京剧《生如夏花》、交响乐《祖国畅想曲》、话剧《雄关漫道》《青青余村》等。此外,浙江省有 68 个项目获国家艺术基金资助,数量位居全国第 2。

## (一)相关政策支持

演艺产业是基础性文化产业,在文化市场中占据重要地位。2016 年 10 月,《浙江省文化产业发展"十三五"规划》中提出:"发挥我省文化资源丰富、文化市场活跃等优势,把握大众文化消费需求升级的机遇,大力发展文化演艺、文化旅游和文化体育,推动文化休闲娱乐产业发展迈上新台阶。"

在演艺娱乐产业政策上,2018 年 6 月,浙江省政府印发了《之江文化产业带建设规划》(浙政发〔2018〕27 号),省委宣传部会同省级有关单位和杭州市积极推进之江文化产业带建设,努力打造在全国具有示范引领意义和在国际具有一定影响力的文化产业集聚发展带。杭州市编制的《之江文化产业带建设推进计划(2018—2022 年)》中提到"以数字文化、影视产业、现代演艺、艺术教育等行业为重点,着眼于打造'互联网＋'数字文化产业中心、影视产业集聚中心和演艺娱乐中心,是之江文化产业带发展的核心引擎,将成为全球数字文化产业发展的制高点"。这当中详细规划了现代演艺产业重点工程 5 大项目,包括灵山演艺小镇项目,建设 13 个综合性剧院,打造新一代中国演艺娱乐中心;新青年演艺产业园区项目,打造平台化、景区化、多功能、综合性的文化演艺产业集聚区,力争集聚演艺及相关企业 100 家以上;金沙湖文化大剧院项目,打造成现代地标性文化大剧院;大丰杭州白马湖文创总部项目,以"数字＋文化＋艺术＋高科技"为核心,从事数字、AR、VR、MR、新媒体互动等技术研发,文化旅游演艺项目的导演、创意与策划,以及声光电及其融合工程的设计与施工等核心业务;棱镜光娱全景全息剧院项目,对原红星剧院进行提升改造,导入全球顶尖 IP 及旅游、亲子、非遗、文娱等原创内容,打造国内领先的全景全息剧院。其中,棱镜光娱全景全息剧院项目已于 2019 年改建完成。

2018 年 4 月,省委、省政府出台《关于加快推进横店影视文化产业发展的若干意见》,同意设立横店影视文化产业集聚区,以更大力度扶持横店影视文化产业创新发展。象山影视文化产业区等影视基地逆势上扬,呈现良好发展态势。

2019 年,浙江省政府正式印发实施《浙江省诗路文化带发展规划》(浙政发〔2019〕22

号），提出着力打造"四条诗路"文化带：浙东唐诗之路、大运河诗路、钱塘江诗路和瓯江山水诗路。通过积极推进沿线地区文化产业项目建设，打造"四条诗路"文化产业发展品牌活动。

**（二）主要演出类型及发展特点**

1. 音乐类演出：音乐会、音乐节、演唱会、LiveHouse

（1）音乐会主题多样，观演方式创新，国际交流频繁

2019 年，浙江省音乐会演出主题多样，除了节日庆典主题演出之外，还有跨界合作创新主题演出。例如，浙江歌舞剧院精心策划的大型民族管弦乐音乐会《我的祖国》是浙江省庆祝中华人民共和国成立 70 周年优秀剧目展演中的唯一一场民族音乐会；浙江歌舞剧院出品的"玫瑰之约"七夕民族音乐会；以动漫为主题的音乐会，如杭州大剧院动漫视听音乐会系列，杭州市动漫游戏协会、杭州大剧院主办的动漫主题新年交响音乐会。

音乐在演出形式上结合新技术，体现创新意识，给观众带来全新的观演体验。浙江德清裸心堡岩石剧场在由天然石矿打造的中国首个岩石剧场中，推出了户外沉浸式音乐体验《时境之音》2019 跨媒介沉浸式音乐会；筑乐之城在杭州剧院举办了"全视听新年音乐之旅 2020 感恩新年音乐会"浸润式视听会。以上打破常规的观演方式的演出突破了传统的音乐会概念，带给观众全新的体验。

2019 年，浙江省音乐类演出频繁受邀进行国际交流，在国际市场适销对路的文化演艺作品，提升国际影响力，打造浙江风格、中国气派，以此讲好浙江故事，讲好中国故事。2019 年 11 月 13—21 日，浙江交响乐团首次携《良渚》进行国外公演，带着原创交响乐《良渚》赴葡萄牙、西班牙开启文化传播之旅，在欧洲奏响了来自东方的美妙音符，让万里之遥的欧洲观众近距离感受了实证古老中国 5000 年文明史的良渚故事。浙江演艺集团《江南乐韵》彩蝶女乐乐团受邀赴莫斯科演出，用中国民族乐器演奏了脍炙人口的俄罗斯名曲《红莓花儿开》《莫斯科郊外的晚上》等，在国际市场展演适销对路的文化作品，受到热烈的反响。

（2）演唱会、LiveHouse、音乐节消费市场年轻化，技术驱动演出升级

2019 年，浙江演唱会市场总体升温，林俊杰、周杰伦、费玉清、伍佰 & ChinaBlue、许巍、范玮琪、莫文蔚、王力宏等知名艺人纷纷来浙开唱，同时，演唱会市场号召力依旧，形成一票难求的局面。

浙江演唱会市场仍以杭州黄龙体育中心为主要场所，其他市、县所涉不多。2019 年，浙江的 LiveHouse 市场遍地开花。相较于演唱会，LiveHouse 的小规模演出形式更能吸引乐队、民谣歌手等海内外艺人的加入。2019 年，乐队类综艺节目和嘻哈类音乐节目的持续火爆，也推动了摇滚乐队和嘻哈音乐的受众市场不断扩大，使其受到年轻人的热烈追捧。LiveHouse 的小型演出场地更适合乐队等现场互动演出，迎合小众圈层化的受众演出需求，呈现火爆态势。杭州 MAOLiveHouse、大麦 66LiveHouse、舟山东海音乐剧场、丽水吉他村LiveHouse 等演出次数频繁。

此外，大数据、AI、VR、人脸识别等新技术也在引领着演唱会演出市场。浙江省黄龙体育中心旗下的浙江黄龙呼啦网络科技有限公司自主研发的智慧场馆管理系统全面升级上

线,演唱会进入"刷脸"时代。杭州《之江文化产业带建设推进计划》中现代演艺产业重点工程 5 大项目之一的棱镜光娱全景全息剧院项目于 2019 年建成。通过对原红星剧院进行提升改造,导入全球顶尖 IP 及旅游、亲子、非遗、文娱等原创内容,打造国内领先的全景全息剧院,并运用于演唱会表演创新,如运用全息技术打造全球首部《邓丽君•传奇》全息演唱会大获成功,开拓了新技术助推演出升级的新领域。

音乐节成为文旅融合发展新亮点。2019 年,浙江省各地音乐节的举办也热度不减,如 2019 杭州氧气音乐节、2019 杭州草莓音乐节、2019 西湖音乐节、2019 杭州国际音乐节等,形成一批已有一定影响力的音乐节。此外,除了已经形成品牌的音乐节,浙江也在积极打造具有浙江特色的音乐节,例如,2019 年第 4 届浙江省生态音乐节于德清下渚湖举行,前 3 届分别于台州天台、杭州余杭、德清东部水乡新安镇举办。该音乐节以环保生态为主题,结合浙江当地文化特色,倡导低碳环保、零废弃,积极传播环保理念,吸引大量音乐爱好者跨地区参与,带动了当地的旅游发展。浙江历史文化资源丰富,旅游资源丰硕,完全具有通过特色音乐节打造文旅爆款的潜力。

2.戏剧类演出:话剧、儿童剧、戏曲、音乐剧、歌剧

(1)话剧演出题材丰富、形式创新,儿童剧市场方兴未艾

大麦网联合灯塔演出版块发布的《2019 现场娱乐盘点》报告显示,年度话剧演出场次 TOP5 城市中,杭州位列第 4。浙江话剧无论是在题材上还是表演形式上都越来越丰富。2019 年,浙江话剧与台州市联合出品的话剧《赤子》,以建立浙江省第一个苏维埃政权的亭旁起义为切入点,歌颂那个热血澎湃的年代中浙江革命者的家国情怀和英雄信仰;与湖州市联合出品的《青青余村》则利用在宏大主题下的日常叙事,折射湖州生态立市的时代发展,展现浙江人对生态建设的自觉探索。

浙江话剧演出的蓬勃发展还体现在形式创新上。自 2017 年底国内首部大型沉浸式话剧《无人入眠》在杭州吴山沉浸式剧院公演以来,沉浸式话剧开始风靡全国。

2019 年,浙江在话剧的"沉浸式"表演形式上仍涌现出许多新的尝试。例如,浙江话剧团创排的话剧《郁达夫•天真之笔》在浙话艺术剧院举行了新年的首场演出,中国移动浙江公司对本场演出进行了独家 5G＋VR 直播,利用高新技术使得广大观众 360 度沉浸式地感受郁达夫的传奇人生,这也是话剧线上"沉浸式"体验的新尝试;浙江温州昊美术馆是浙江省首家"夜间美术馆",尝试沉浸式实验话剧《语在风中》;浙江横店首部原创沉浸式话剧《极夜》在横店梦外滩影视主题酒店开演,沉浸式表演、深度式感受,给予观众更新颖的参与式体验。

2019 年,浙江戏剧类演出市场中儿童剧发展势头良好,成为戏剧市场的新热点。专注亲子演出市场的浙江大船文化发展有限公司从 2017 到 2019 年连续 3 年营业额实现 60％以上增长,2019 年利润超 2000 万元,同比增长 30％左右。在国外引进原版儿童剧的启发下,浙江也涌现了不少原创儿童优秀剧目。例如,浙话原创古装儿童剧《国学小戏班》,以培养少年儿童的国学人文素养为宗旨,承袭中华文化的基本风貌;再如由浙江话剧团创作、国家艺术基金 2018 年度资助的儿童剧《七色花》,以及获丝绸之路国际艺术节丝路文化贡献奖的

《玻璃城堡》等。

（2）戏曲演出从融合中寻找突破

据统计，2019 年上半年戏曲类演出场次 0.74 万场，比 2018 年同期上升 4.51%；票房收入 4.1 亿元，比 2018 年同期上升 7.89%。但 2019 年第 3 季度戏曲类演出场次 0.48 万场，比 2018 年同期下降 7.69%；票房收入 2.72 亿元，比 2018 年同期下降 5.56%。第 3 季度随着暑期演出旺季的来临，在其他艺术门类优质演出项目数量增加的情况下，戏曲的市场份额被压缩，呈现了下降的趋势。

近年来，政府出台了一系列发展传统戏曲的利好政策，从政策高度上指导和帮扶传统戏曲演艺的传承和发展，为省内戏曲演出业提供发展的空间。浙江省出台了《浙江省人民政府办公厅关于支持戏曲传承发展的实施意见》和《浙江省传统戏剧保护振兴计划》，对浙江戏曲传承加大政策扶持。2019 年，由浙江省文学艺术界联合会、浙江省戏剧家协会主办，以及下城区文联、下城区戏剧家协会承办的浙江京昆艺术中心（浙江昆剧团）协办的浙江"戏曲进校园"系列活动，共建传统文化新传承。省文旅厅组织开展 2019 年"浙江好腔调"全省传统戏剧展演系列活动。省内各地传统戏剧濒危项目纷纷开展专项培训班，浙江东阳剧院举办传统戏剧濒危项目师带徒婺剧培训班；台州举办浙江省传统戏剧濒危项目台州乱弹培训班。在政府的大力支持下，传统戏曲行业也在积极地寻求自我创新，在融合中发展。

2019 年，戏曲融合创新成了新的发展方向。新媒体技术、新的舞台表现形式也进入到戏曲艺术中，戏曲传承教育更是成为未来发展的重中之重。与此同时，各剧团也积极尝试创新戏曲表演形式。宁波市小百花越剧团试水沉浸式演出打造沉浸式越剧《红楼梦》，力图探索新模式，助力传统戏曲闯出新空间。沉浸式演出打破了传统戏曲演员在台上、观众在台下的观演方式。相反，演员在表演空间中移动，观众完全融入戏曲环境，可以从各个角度观看演出，全方位体验戏曲表演艺术和舞台美学的魅力。

（3）原创歌剧、音乐剧空间正在逐渐拓展

随着国内演出市场多元化发展，歌剧、音乐剧也逐渐进入大众的视野，成为新的市场热点。2019 年，由浙江歌舞剧院出品的民族歌剧《青春之歌》选段入选由中国文学艺术界联合会、中国戏剧家协会联合主办的"为祖国放歌——中国文联、中国剧协庆祝中华人民共和国成立 70 周年戏剧晚会"。由浙江歌舞剧院有限公司、浙江交响乐团、中共金华市金东区委宣传部联合出品的原创现实题材歌剧《在希望的田野上》再次入选文华大奖参评剧目，登上第 12 届中国艺术节的舞台。

2019 年，"声入人心"综艺节目的大热，带动音乐剧形式被观众逐渐认可，使音乐剧逐步走向大众市场。但目前国内歌剧和音乐剧市场规模都相对较小，音乐剧市场仍处于初期发展阶段。音乐剧的演出主要还集中在北京、上海、广州等一线城市，省内仍处于市场培育期。

目前，省内音乐节市场存在原创力不足，创作制作人才匮乏，对于国外原版歌剧、音乐剧的引入存在翻译等问题，但是可以看到未来的原创音乐剧、歌剧一定会涌现一批新兴人才。如 2019 年由浙江传媒学院和嘉兴市委宣传部联合打造的国家艺术基金项目原创音乐剧《红船往事》荣获浙江省第 14 届精神文明建设"五个一工程"优秀作品奖,这是浙江省高校团队在原创音乐剧的尝试取得的成果。

### 3.舞蹈类演出

2019 年,舞蹈团体海外演出影响力明显提升。浙江歌舞剧院的舞蹈剧场《生命·舞迹》,先受邀参加欧洲三大戏剧节之一的锡比乌国际戏剧节进行表演,后为庆祝中保建交 70 周年,《生命·舞迹》在罗马尼亚首部布加勒斯特布兰德拉剧院和保加利亚首都索菲亚进行演出。

2019 年,舞蹈市场迎来多样化发展,得益于一系列舞蹈类综艺节目的热播。例如,《这就是街舞》《舞蹈风暴》等,展现舞蹈种类的丰富性,引起观众对舞蹈类演出的高度关注,培养了观众对不同类型舞蹈的兴趣。2019 年,浙江省庆祝中华人民共和国成立 70 周年大型音乐舞蹈史诗"我的祖国"在杭州黄龙体育馆隆重上演,抒发喜迎新中国 70 周年的喜悦,表达对伟大祖国母亲的深深祝福。

### 4.曲艺杂技演出

由于拥有国际一流的杂技技巧节目,中国杂技在海外一直广受欢迎,国内杂技团体目前的主要市场是面向海外。

2018 年 11 月 16 日至 2019 年 2 月 12 日,浙江曲艺杂技总团有限公司一行携最新创作的中国主题杂技晚会《美猴王》应邀赴法国巴黎凤凰马戏城,执行为期 2 个多月的 2018 巴黎圣诞节和 2019 新年演出季驻场演出,以及为期 1 个月法国 11 个城市的巡演,共 3 个月的商业演出。在巴黎驻场演出的 2 个多月期间,共有 36 万余法国观众前往凤凰马戏城观看演出。该演出赢得了法国国家电视及法国《世界报》《欧洲时报》等法国主流媒体的一致好评,对演出盛况给予了持续报道,在法国掀起了一场中国文化传统热潮。将浙江优势演艺品牌带出国门,以杂技表演展现中国传统文化之美。国家艺术基金 2019 年度大型舞台艺术作品项目原创滑稽剧《南湖人家》在杭州剧院进行了首演。

### (三)旅游演艺产业

据浙江省文化和旅游厅 2019 年工作总结所述:浙江省在建旅游项目 2634 个,总投资额达 1.7 万亿元,实际完成投资 1705 亿元。

省文化和旅游厅等 6 部门联合出台《"诗画浙江·百县千碗"三年行动计划(2019—2021年)》,通过遴选各地 1088 道名菜、赴京津冀地区开展"诗画浙江"主题营销、举办 2019 年"中国旅游日"浙江省主会场活动暨第 17 届徐霞客开游节等各类活动 350 场。

为更好地推进"艺术+旅游"产品开发,浙江省拟订《关于促进旅游演艺发展的指导意见》,完成全省旅游演艺资源普查;举办 2019 年全省茶歌大赛和 2019"诗画浙江"全省旅游歌曲创作演唱大赛;推进文化文物单位文创产品开发试点工作;12 个商品入选全国优秀红色旅游文创产品,全国特色旅游商品大赛金牌数、奖牌数均列全国第 1;推进"非遗+旅游"产品开发,发布首批 100 项非遗旅游商品,命名第 5 批省级非遗旅游景区共 50 个。

### 1.继续探索"主题公园+文化演艺"模式

据宋城演艺发展股份有限公司发布 2019 年度业绩预告所述,2019 年宋城演艺预计净利润比上年同期增长 10％,盈利 12.87 亿—14.16 亿元。《宋城千古情》迄今已累计演出 20000 余场,接待观众 6000 余万人次,成了杭州的文化标志之一。目前,公司下一轮拓展正在紧锣密鼓地进行中,上海、桂林、张家界、西安、龙泉山、澳大利亚等 10 大旅游区、30 大主题公园以及上百台千古情及演艺秀将在未来 3 年内悉数亮相。

此外,杭州市编制的《之江文化产业带建设推进计划(2018—2022 年)》详细规划了文化休闲旅游产业重点工程项目。其中,春江花月夜文旅走廊项目总投资约 10 亿元,计划于 2022 年基本建成,主要包括富春江游览(夜游)工程、沿江大型线性主题公园(乐园)、"春江花月夜"主题的大型沉浸式文艺演出等建设内容,构建以东方诗意体验为特色的国际文化休闲旅游集聚区。

2."科技＋演艺"融合创新旅游演艺新形式

全息多媒体技术、5G＋4K、VR 等目前最新的科技均在各个大型旅游演艺中成功运用,创新了旅游演艺的观影方式,不仅提升了观众的观影体验,还对演出设备研发制造起到了推动作用。例如,浙江演艺集团浙江歌舞剧院印象西湖艺术团开启 2019 年度的大型水上实景演出《最忆是杭州》演出季,第一次在户外运用了全息投影技术,传承把握了 G20 杭州峰会遗产,成为杭州文旅融合"金名片",在 2019 年 3 月至 12 月共计演出 329 场;杭州宋城景区打造的《古树魅影》用先进的声、光、电等科技手段营造出 360°全景剧幕,让观众身临其境地感受地动山摇、狂风呼啸、大雪飘零、万箭齐发、烈焰冲天的场景。

4D 沉浸式演出广受欢迎,使观众从被动观看到主动参与。具有科技感、沉浸式、场景化等元素的景区旅游演艺项目,凭借其沉浸式互动体验、全产业链轮次收入等优势受到景区的重视与青睐,逐渐成为彰显景区文化属性的重要手段,例如,宋城演艺主题公园中的沉浸式体验项目、知名旅游演艺品牌"又见"系列和"只有"系列。

**(四)学术支持**

1.浙江省文化和旅游发展研究院,成立于 2019 年,是浙江省文化和旅游厅下属的高端智库型研究机构。研究院以推动全省文化和旅游高质量发展的政府智库、行业智囊和学术高地为建设宗旨,力争用 3 年的时间,建设拥有一批科研骨干、学术领军人物、实用性技术人才的一流科研团队,取得拥有立足浙江、面向长三角、影响全国的重大应用研究和引领性学术研究的一流科研成果,打造拥有高端峰会、论坛讲坛、高端智库、文旅期刊、行业标准的一流科研品牌,为浙江乃至全国文化和旅游高质量发展提供智力支持。

2.诗画浙江文化和旅游信息服务平台。2019 年,完成"诗画浙江文化和旅游信息服务平台"项目全功能上线和省市县全领域贯通。建成全国首个文旅融合数据共享的大数据仓。汇集 18 个横向部门 13 亿数据及业务协同,与文化和旅游部初步实现了投诉数据以及团队监测数据的共享。

3.浙江省文化艺术研究院。该研究院是由浙江省编委批准建立、直属浙江省文化厅的纯公益性事业单位,主要围绕党和国家的文化建设大局,以习近平新时代中国特色社会主义思想为指导,以构建和谐社会、繁荣文化事业为目标,秉承创新机制、开门办院的方针,精心打造学习型、创新型、奉献型和奋斗型的研究机构,努力争取成为在国内有影响的,有原创性、前沿性建树的研究基地和政府在文化建设方面科学决策的参谋与智库。目前,研究院下设办公室、戏剧艺术研究所、公共文化研究所、视觉艺术研究所、文化传承研究所、文化发展规划中心、文化艺术期刊编辑中心、文化艺术档案信息中心等8个部门。其中,文化期刊编辑中心设有《文化艺术研究》编辑部、《戏文》编辑部、《浙江文化月刊》编辑部,并承担省文化厅《浙江通志》编纂委员会办公室工作。

4.文旅研究中心。2019年,浙江省文化和旅游厅指导浙江工商大学成立了全国首个文旅IP研究中心。该中心依托浙江省文化产业创新发展研究院(浙江省重点培育智库)、浙江工商大学旅游创新与治理研究院(浙江工商大学智库)等资源,整合相关学科优势,设立文旅IP的国内外前沿理论与机理研究、国内外文旅IP建设的模式与案例研究、文旅IP的应用与实践研究3个研究方向,旨在服务文旅IP的理论与实践研究,解决文旅IP建设与发展中的现实问题,为浙江建设全国文旅IP研究和实践高地提供智力支撑。

### (五)人才培养

2019年,浙江省开展文化和旅游领域领军人物遴选工作,实施浙江省舞台艺术"1111"(名编、名导、名角、名匠)人才计划;继续实施青年艺术人才培养"新松计划"、文博人才"新鼎计划",启动实施"未来艺术家计划"。

深化人才培育模式改革,推动浙江音乐学院开展"3+4",浙江旅游职业学院、浙江艺术职业学院开展"3+2"的五年一贯制艺术人才培养,推动厅属艺术高校就人才培养开展校校、校团合作。持续做好浙江艺术职业学院乡镇文化员定向培养工作,完成招生65名。

推荐212个项目申报各类国家级项目,17个项目获得国家社科基金艺术学项目立项。浙江音乐学院2个专业入选国家级一流本科专业,浙江旅游职业学院、浙江艺术职业学院双双入选国家"双高"职业院校行列。

继续实施浙江拔尖艺术人才项目,旨在加强艺术人才培养,打造文艺浙军文化名家,培育和推出浙江舞台艺术创作和表演领域新一代领军人物,标志着我省舞台艺术人才的培养进入了结构化、多元化、可持续的发展道路。在艺术、文博、群文等专业,打破学历资历限制,率先建立优秀人才职称评审绿色通道制度。

## 二、浙江省演艺娱乐产业发展难点

### (一)人才匮乏,传统曲艺难传承

演艺产业健康良性的发展,人才是关键。针对戏曲、曲艺杂技等演出受众少、舞台小、演员队伍断档等问题,目前最关键的是加快人才培养,将传统剧目传承下去。各市、区地方戏传承保护问题较为严重,人才断层问题凸显。戏曲专业院校招生难、人才不平衡、成材率低等,院团用人要求和院校培养体系之间还存在差异。

此外,演艺行业管理人员能力与演艺市场发展水平不相适配的问题也较为突出。对于从事演出运营和管理的专业人员也需要加强培训,使演艺管理体系尽快跟上高技术演出设备水平。

### (二)原创能力不足,演艺作品缺少竞争力

从剧场演出剧目来看,具有创新性的、社会效益和经济效益双效统一的作品仍然匮乏。戏曲类演出为响应政府号召,传承戏曲文化,在原创剧目上有一定的尝试,如宁波市小百花越剧团的沉浸式越剧《红楼梦》,但实际演出效果及长线演出仍有待考量。沉浸式越剧演出对剧场要求较高,投入成本较大,筹备期长达 1 年,长期来看缺少竞争力,难以平衡社会效益和经济效益。

从旅游演艺产品来看,2019 年,浙江省各地旅游演艺产品也多打造为大型沉浸式实景旅游演艺产品,出现同质化倾向,缺乏核心竞争力。要打造成具有独特性、创新性的旅游演艺精品,对于创作人员而言存在很大的难度。《触电·仙剑奇侠传》选址于客流量较低的新西塘越里,短短几个月便被迫停演。

### (三)盈利手段单一,票务市场急需规范

目前,演艺产业的盈利手段比较单一,主要的盈利方式为售票利润,在演艺活动中通过在剧场、演出地点的票务满足演出的基本收益,这是我国目前演艺产业盈利的基本形式也是最普遍的形式。但目前国内票务市场急需规范,大众购票渠道单一、热门演出一票难求、票价与市场需求不匹配、黄牛哄抬门票价格甚至违法售卖假票,大大扰乱了演出票务行业风气,阻碍了演出市场的良性发展。

此外,广告赞助的收益也是演艺产业的盈利方式之一。广告赞助的收益很明显,资金回笼也很快,是演艺产业经济效益的一个重要来源,但是普通商业演艺产品往往很难得到广告赞助。

## 三、浙江省演艺娱乐产业发展对策

### (一)加大政策扶持,做好人才传承

政府加大政策扶持,监督政策落地实施,积极创新,探索适合地方剧种的生存发展之路。浙江省出台了《浙江省人民政府办公厅关于支持戏曲传承发展的实施意见》和《浙江省传统戏剧保护振兴计划》,对浙江戏曲传承加大政策扶持。浙江京昆艺术中心协办了浙江"戏曲进校园"系列活动,共建传统文化新传承。省文旅厅组织开展 2019 年"浙江好腔调"全省传统戏剧展演系列活动。

但是需要注意,地方戏的保护传承是一个长期的过程,短期戏曲推广活动并不能从根本上解决人才缺失问题,让年轻人了解、热爱戏曲,为传统艺术增添后备人才是戏曲持续发展的重点。同时,对戏曲专业院校招生加大扶持力度,对各地方戏人才培养不能一刀切,要因地制宜不平衡,完善院校培养体系与院团用人之间对接机制,重点培养优秀顶尖人才。此外,加强演出管理运营人才培养,以适应新时代的变化和竞争。

### (二)抓住技术发展新机遇,展开创新探索

利用好省内现有旅游资源,依托新技术,抓住机遇创新演艺形式。浙江省内有中国(浙江)影视产业国际合作实验区、横店影视文化产业实验区、象山影视城、湖州影视城、诸暨影视城、永康西溪影视基地、缙云仙都天然影视城等多家影视基地。以依托影视旅游优势,以影视 IP 为特色打造旅游演艺特色专线,发展旅游演艺产业。

2019 年,良渚古城遗址成功申遗。线下沉浸娱乐项目和旅游结合,充分挖掘良渚文化历史传说、深化故事、挖掘本土 IP,运用沉浸式娱乐技术让空间活化、文化再造、商业复活。再如,艺术传播形态上的剧院现场系列,直播,在线演出,VR、AR、MR 与演出的结合创新演艺形式,大数据技术分析也将被运用于演出与场馆管理,更为重要的是以 IP 运营的意识来打造演出项目,延长扩展演出的价值链,丰富演艺项目的盈利模式。

### (三)文旅融合 IP 打造,彰显品牌意识

2019 年 4 月,国家文化和旅游部发布《关于促进旅游演艺发展的指导意见》,这是我国目前首个促进旅游演艺发展的文件,对旅游行业后续成长具有纲领性意义。该文件明确指出,到 2025 年,旅游演艺市场繁荣有序,发展布局更为优化,涌现一批有示范价值的旅游演艺品牌,形成一批运营规范、信誉度高、竞争力强的经营主体。旅游演艺产业链更加完善,管理服务体系基本健全,在推动文化和旅游融合发展中的重要作用充分彰显,对相关产业行业的综合带动作用持续发挥。例如,乌镇戏剧节以演艺为特色,带动乌镇从众多古镇文旅项目中脱颖而出,形成了文化乌镇的名片。民间资本运作的乌镇戏剧节让大家看到了艺术节艺术品质和经济效益平衡的可能性。

### (四)规范市场,形成完整产业链

2019 年 12 月,《文化和旅游部关于进一步加强演出市场管理的通知(征求意见稿)》中一项重要内容便是规范演出票务市场秩序,并通过多种监管方式推动票仓公开透明。中国演出行业协会在 2020 年的工作计划中也提出将编制《演出票务运营规范》,促进我国现场演出票务市场健康良性发展,向专业化和规范化迈进。要治理演出票务市场的乱象,必须从规范演出产业链开始,既要规范经纪公司的报价,又要预防票务公司、黄牛联手炒作,再辅之以票价限定,实名购买等措施,才能让市场理性健康发展。

积极推动"演艺＋",增强演艺产业全产业链运营合力。一是"演艺＋金融",创新投融资模式,积极开发适合演艺产业特点的信贷产品,鼓励银行对中小型演艺企业尝试以联保联贷等方式提供金融支持。二是"演艺＋旅游",做强旅游演艺市场,结合浙江特色文化,建设主题公园式、小剧场式、实景演出式旅游演艺产品。三是"演艺＋科技",积极创新线上线下观演形式,推动浸入式、互动式、体验式剧场演出,发展互联网演艺,推动网络直播等演艺模式。

(谈佳轶　李蓉)

# 2019 年浙江省文化会展业发展报告

文化会展是指文化事业和文化产业范围内的相关会展活动,包括举办各种会议、各种文化艺术展览和特殊的文化节庆活动。文化会展是会展经济的有机组成部分,是文化创意产业发展的重要内容,在集中展示文化产业优秀成果,深化国际文化产业交流合作,推动文化创意成果转化,促进文化产业融合发展,推进文化产业高质量发展方面,发挥着重要的平台作用。

《浙江省文化产业发展"十三五"规划》中明确提出要"提升文化会展影响力",加快推进重大文化会展平台建设,打造以中国国际动漫节、中国义乌文化产品交易博览会、宁波特色文化产业博览会、浙江(温州)国际时尚消费博览会等为代表的具有影响力的品牌文化展会。围绕我省 7 大万亿产业以及文化创意产业发展趋势,培育新型专业会展产品,提升会展服务的专业化水平,提高会展场馆的市场化运营水平,创新发展基于互联网和大数据应用的新型展览业态。近年来,坚持"国际化、专业化、产业化和品牌化"的办展方向,浙江省文化会展的创新力、品牌力和影响力进一步提升,国际交流与区际协作不断加强,对文化产业的推动效应和孵化作用不断显化,"文化+"融合发展特色逐渐凸显,"大会展"业态体系逐步完善。通过积极推动跨界融合、探索新兴业态、创新服务内容,浙江省文化会展行业呈现出了强大的发展动能和巨大的发展潜力。

## 一、2019 浙江省会展业发展概况

2019 年,浙江省会展业保持持续平稳增长的良性态势,稳中提质,有序发展。会展业整体发展环境不断优化,整体发展前景看好,表现为:

### (一)会展业总体发展持续平稳增长

据浙江省国际会议展览业协会统计(如图 3-1 所示),2019 年全省举办展览 946 场次,举办展览总面积为 968 万平方米,同比增长 2.2%;全省 50 人以上专业会议 4.54 万场,同比增长 2.4%;万人以上节庆活动共 589 场,同比增长 4.8%;出国展览面积为 39.7 万平方米,同比增长 9.7%;出省参加国际展览面积为 133.7 万平方米,同比增长 1.7%。提供社会就业岗位 133.9 万人次,同比增长 1.4%。会展业对全省 GDP 的综合贡献为 4679 亿元,占全省 GDP 总量的 7.5%,占全省第三产业总量的 13.9%;直接收入为 586.2 亿元,同比增长 2.3%,对浙江经济拉动作用明显。

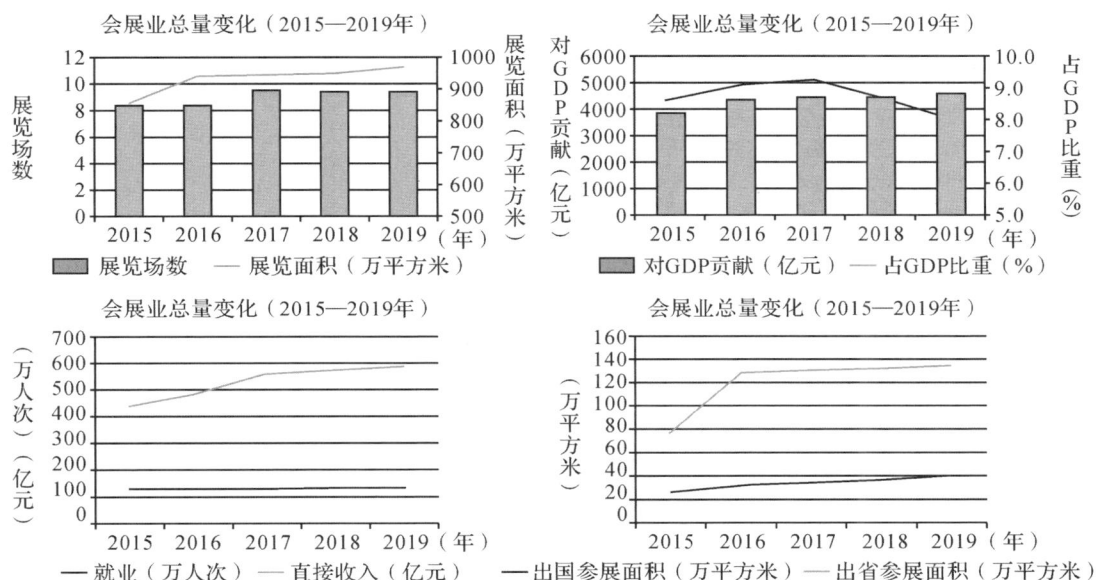

图 3-1　浙江省会展业发展基本概况

从 2015—2019 年的 5 年变化来看,浙江省举办展览场次和展览总面积年均增长均为 3.2%,会展业总体呈持续平稳增长的态势。会展业总产值呈逐年递增,但年均增长速度落后于 GDP 4.3 个百分点,在 2016 年之后对 GDP 的贡献率有所下降。会展业对就业的贡献一直维持在 130 万人次左右,增长缓慢,但所产生的直接收入增长显著,年均增长达 7.7 个百分点。近 5 年,浙江省出国和出省参展的规模增长迅速,年均增长率分别为 11.1%、15%。

### (二)会展业地区分布梯度差异显著

综合各地市办展数据,浙江省会展业按规模分布可划分为 4 个梯度(如图 3-2 所示)。第一梯度城市为杭州与宁波,展览面积均超过 200 万平方米,共计展览场数 472 场,展览面积 514 万平方米,占全省的比重分别为 50%、54%,占据了浙江省会展业的半壁江山;第二梯度城市为义乌,展览场次超过 160 场,面积超过 100 万平方米;第三梯度城市为温州与嘉兴,展览场数均超过 50 场,展览面积均超过 50 万平方米;第四梯度城市为绍兴、金华、台州、舟山、丽水、衢州、湖州,这 7 个城市总计的展览场数和展览面积,仅分别占浙江省总量的 21%、22%。

办展数据/场数或面积（万米²）

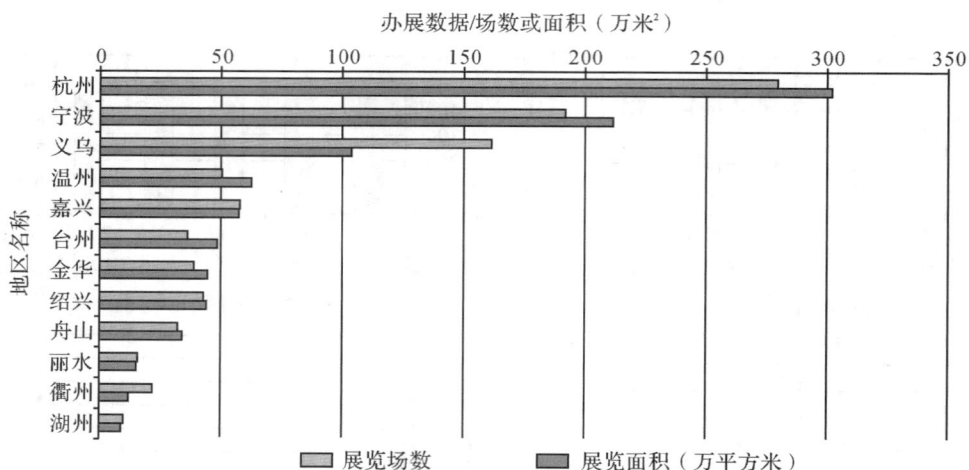

图 3-2　浙江省各地市办展数据对比

### （三）会展业发展支撑环境不断优化

2019 年,浙江省及重点会展城市为大力推进城市会展经济的发展,在改善会展市场环境,提高会展服务质量,建设更加符合展会需求的绿色场馆,积极引进大型展会和国际性大会,积极引进和培训会展人才等方面,制定了新的政策和措施。如浙江省商务厅和财政厅对2016 年印发的《浙江省国际性会展管理办法（修订）》进行了重新修订,形成了《浙江省商务展会及经费管理办法》,扩大了展会管理范围,对国际和国内贸易展会实施分类补助做了具体规定,并建立了支持展会的动态调整制度。此外,杭州市为抢抓"后峰会、前亚运"重要历史机遇,打造成为具有世界水准的国际会议目的地城市、会展之都、赛事之都,出台了《杭州市加快推进会展业发展三年行动计划（2018—2020 年）》《关于深化会展管理体制改革的实施意见》和《杭州市会展业发展扶持资金管理办法（试行）》。2019 年,浙江省几个重点会展城市相继出台会展产业扶持政策,不断优化产业环境。绍兴发布《关于加快现代服务业高质量发展的若干政策细则》的通知,嘉兴印发《嘉兴市本级会展业重点项目管理办法的通知》,温州发布《温州市促进会展业发展实施细则（征求意见稿）》等,内容涵盖会展服务、会展管理、会展产业链发展、会展资金扶持等多方面举措。

## 二、浙江省文化会展业分布现状

目前,浙江省拥有 5 大重点文化会展活动,主导着整个浙江省文化会展业的发展。这 5 大重点文化会展分别为中国（杭州）国际动漫节、杭州文化创意产业博览会、中国（宁波）特色文化产业博览会、中国（义乌）特色文化产品交易会、温州国际时尚特色文化创意产业博览会,集中在杭州、宁波、义乌和温州 4 个地市。

2019 年,这 5 大重点文化会展发展势头良好,办展规模和总体收益实现稳步增长。

### （一）浙江省 5 大重点文化会展基本概况

在浙江省 5 大重点文化会展,如表 3-1 所示,中国(杭州)国际动漫节和中国(义乌)特色文化产品交易会分别属于动漫专业和文化产品领域的国家级展会,均被列入文化部"十三五"期间重点扶持的品牌展会,也是浙江省最早举办的两大文化会展。其中,国际动漫节是唯一国家级的动漫专业会展,是"中华文化走出去工程"重点扶持的文化交易平台及重点文化会展项目,已成为群众喜爱的重要节日。杭州文化创意产业博览会被公认为国内 4 大综合性文化会展之一,与国际动漫节和义乌文交会一起,都是举办了 10 届以上的老牌文化会展,已成为推进全国文化产业展示贸易与交流合作的重要平台。

表 3-1　浙江省 5 大重点文化会展基本概况

| 会展名称 | 基本概况 | 会展定位 |
|---|---|---|
| 中国(杭州)国际动漫节 | 会展性质:唯一国家级的动漫专业节展,也是目前规模最大、人气最旺、影响最广的动漫专业盛会;<br>主办单位:国家新闻出版广电总局、浙江省人民政府主办;<br>承办单位:杭州市人民政府、浙江新闻出版广播电影电视局、浙江广播电视集团;<br>办展时间:自 2005 年始,一年一届,每年四月底五月初,历时 6 天;<br>主会场:杭州白马湖动漫广场 | 先后被国家"十一五""十二五""十三五"文化发展规划纲要列为重点扶持文化会展项目、"中华文化走出去工程"重点扶持的文化交易平台及重点文化会展项目,成为杭州推动动漫产业发展的主引擎和向世界展示良好城市形象的金名片,正在成为推动中国动漫走出去的重要桥梁和人民群众喜爱的重要节日 |
| 杭州文化创意产业博览会(简称杭州文博会) | 会展性质:全国四大重点文化会展活动之一;<br>主办单位:杭州市人民政府、浙江大学、中国美术学院主办;<br>承办单位:杭州市委宣传部、杭州市文创产业发展中心;<br>办展时间:自 2007 年始,一年一届,每年 9—10 月,历时 5 天;<br>主会场:杭州白马湖国际会展中心 | 推动杭州文创产业"提质、增效"发展,打响"全国文化创意中心"品牌,推进城市国际化战略,建设世界名城的重要抓手和重点平台 |
| 中国(宁波)特色文化产业博览会(简称宁波文博会) | 会展性质:浙江省重点打造的 3 大文化产业平台之一;<br>主办单位:中共浙江省委宣传部和宁波市人民政府主办;<br>承办单位:宁波市委宣传部、宁波市文广新闻出版局、宁波广播电视集团;<br>办展时间:自 2016 年始,一年一届,每年 4 月,历时 3—4 天;<br>主会场:宁波国际会展中心 | 充分发挥宁波长江经济带龙头龙眼、"一带一路"支点、长三角南翼经济中心城市的作用,积极融入长三角一体化发展战略,打造引领全省、辐射全国、影响全球的文化产业交流合作重点平台 |

续　表

| 会展名称 | 基本概况 | 会展定位 |
|---|---|---|
| 中国（义乌）文化产品交易会（简称义乌文交会） | 会展性质：文化产品领域国家级展会；<br>主办单位：中华人民共和国国文化部、浙江省人民政府主办；<br>承办单位：浙江省文化厅、浙江省文化产业促进会、义乌市人民政府；<br>办展时间：自 2006 年始，一年一届，每年 4 月下旬，历时 4 天；<br>主会场：义乌国际博览中心 | 先后被列入文化部"十二五""十三五"期间重点扶持的品牌展会之一，成功搭建起了文化产品交易（出口）、文化产业展示、文化信息交流、文化项目合作的重要平台 |
| 温州国际时尚文化创意产业博览会（简称温州文博会） | 会展性质：浙江省 3 大文博会之一；<br>主办单位：温州市人民政府、浙江省文化产业促进会、中国工艺美术协会主办；<br>承办单位：温州市委宣传部；<br>办展时间：自 2014 年始，一年一届，每年 3 月下旬，历时 5 天；<br>主会场：温州国际会展中心 | 立足温州文化资源、产业特点、未来定位，围绕文化产业新业态、新技术、新趋势，突出文创产业化和产业文创化，打造具有全球视角、温州特色的文化展示和交易的重要平台 |

### （二）文化会展业总体态势稳中有升

综合 5 大重点文化会展的相关数据（如表 3-2 所示），浙江省文化会展业总体发展态势稳中有升，市场影响力与经济收益均有明显提升。近年来，5 大重点文化会展的展览规模基本维持在 5 万平方米以上。各会展的参观人数均呈逐年增长的态势，2019 年总参观人数达 250.1 万人次。通过会展平台实现的项目合作交易额均大幅提升，尤其是杭州文博会，2018 年实现项目成交（含项目融资）金额比 2017 年翻了两番，2019 年达到 167.5 亿元，同比增长了 5%。

表 3-2　浙江省 5 大重点文化会展相关数据

| | 展览面积（万平方米） | | | 参展企业/机构（家） | | | 参观人数（万人次） | | | 项目签约交易金额（亿元） | | |
|---|---|---|---|---|---|---|---|---|---|---|---|---|
| | 2017 年 | 2018 年 | 2019 年 | 2017 年 | 2018 年 | 2019 年 | 2017 年 | 2018 年 | 2019 年 | 2017 年 | 2018 年 | 2019 年 |
| 杭州国际动漫节 | 6.5 | 6.5 | 6.5 | 2587 | 2641 | 2645 | 139.45 | 143.35 | 143.6 | 130.12 | 138.35 | 139.84 |
| 杭州文博会 | 12 | 7 | 7.0 | 2000 | 2100 | 2000 | 25.9 | 28.7 | 28.6 | 38.6 | 159.5 | 167.5 |
| 宁波文博会 | 5 | 5.3 | 5.3 | 1200 | 1500 | 1200 | 19.2 | 36.2 | 33.7 | — | 70 | 97.25 |
| 义乌文交会 | 6 | 6 | 10.0 | 1395 | 1325 | 1277 | 8.35 | 10.43 | 11.19 | 52.16 | 53.21 | — |
| 温州文博会 | 5 | 4 | 6.2 | 490 | 600 | 500 | 20.21 | 27.39 | 33.05 | 12.6 | 18.6 | — |
| 总计 | 34.5 | 28.8 | 35.0 | 7672 | 8166 | 7622 | 213.11 | 246.07 | 250.1 | — | — | — |

### （三）品牌会展的规模存在较大差异

5 大重点文化会展的规模和经济效益，与其所在城市整体会展业的发展情况基本一致，其中,杭州的文化会展业处于显著的优势地位。作为唯一国家级的动漫专业会展品牌,杭州国际动漫节的会展规模遥遥领先于其他文化会展。如图 3-3 所示,2019 年,杭州国际动漫节参展企业数量 2645 家,远高于其他文博会;参观人数高达 143.6 万人次,是其他文化会展的 4 倍以上。但从经济效益来看,杭州文博会 2018、2019 两个年度签约交易金额均占据第一位,总交易金额达 327 亿元,比杭州国际动漫节高出了 48.8 亿元,是宁波文博会的近 2 倍。

对比杭州、宁波和温州 3 个城市举办的浙江省 3 大重点文博会,可以发现,杭州文博会的综合实力最强,宁波文博会次之,温州文博会相对较弱。如图 3-4 所示,从参观人数来看,近 3 年 3 大城市文博会的总参观人数均超过 80 万人,2019 年宁波文博会和温州文博会参观人数均超过 33 万人,杭州文博会参观人数相比略少,为 28.6 万人次;从增长幅度来看,温州文博会参观人数呈逐年增长态势,年均增长 3.6%,宁波文博会参观人数较大幅度的增长出现在 2018 年,比 2017 年翻了近一番。据图 3-5 所示,从签约交易金额来看,杭州文博会占绝对领先地位,2019 年达到 167.5 亿元,是宁波文博会的 1.7 倍,相比之下,温州文博会的签约交易金额明显偏低,会展签约交易金额不到 20 亿元。

可能受城市等级的影响,义乌文交会的参观人数远低于其他文博会,2019 年参观人数仅 11.16 万人次。但依托全球最大的小商品市场,义乌文交会的参展企业数量稳定,均维持在 1300 家左右,且会展经济收益也比较稳定,从 2017 年的 52.16 亿元增长到 2019 年的 54.27 亿元,明显高于温州文博会。

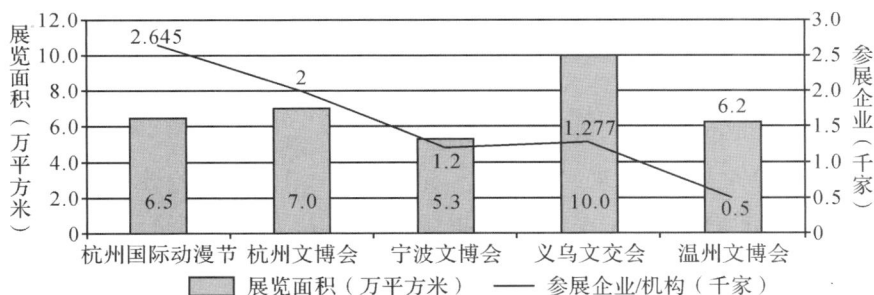

图 3-3　2019 年 5 大重点文化会展基本规模比较

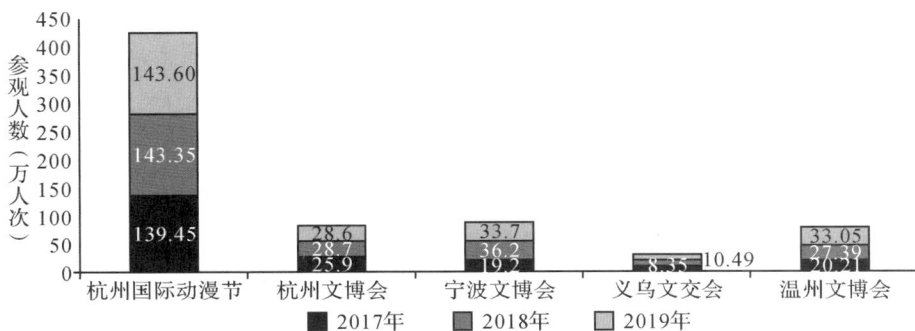

图 3-4　5 大重点文化会展参观人数比较

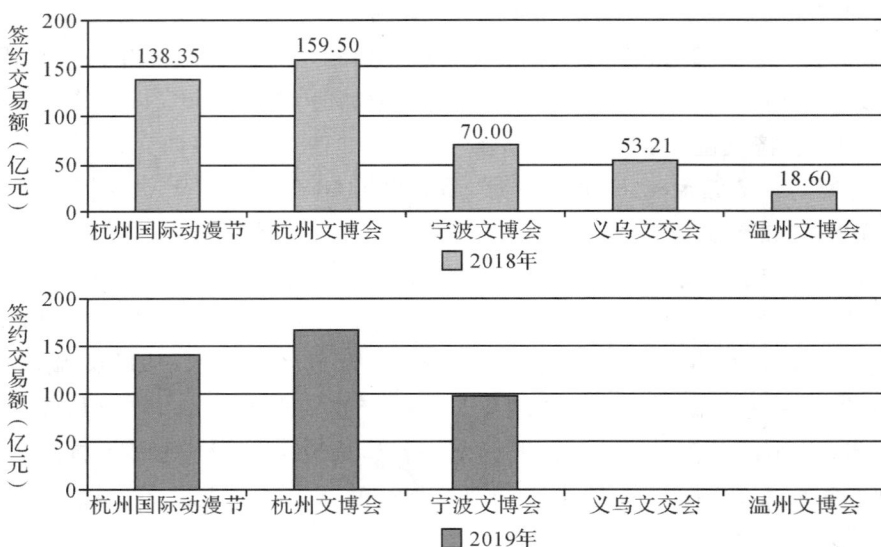

图 3-5　2018、2019 年 5 大重点文化会展签约交易额比较

## 三、浙江省文化会展业的发展特点

浙江省文化会展业在经历了十几年的发展之后,逐渐走向成熟,办展的国际化、专业化和产业化水平均有很大的提升,办展的思路逐步拓宽,品牌影响力逐步扩大。综合浙江省 5 大重点文化会展的办展情况来看,文化会展业总体呈现如下 5 个特征:

### (一)国际参与度不断提升,国际交流更加深入

近年来,浙江省各大文化会展继续响应国家"一带一路"的倡议,进一步深入与"一带一路"国家的文化交流合作。作为"一带一路"枢纽城市和"海上丝绸之路"重要节点城市,宁波的历届文博会均吸引了"一带一路"沿线多个国家参展。2019 年,共有 17 个国家和地区前来参展,并首次推出了主宾国概念,邀请意大利作为主宾国参展。义乌文交会举办了"一带一路"对外交流精品展,遴选了具有浙江地域文化特色的优秀交流展览、文旅融合推介展览等 6个项目,全景展示浙江文旅交流新貌。2019 年,杭州文博会共邀请了 53 个国家与地区的 400 余家境外文化机构、企业参展,成为国内各地文博会参展国际化比重最高的一届。

作为目前规模最大、人气最旺、影响最广的动漫专业会展,杭州国际动漫节的国际影响力也在进一步增强,国际知名企业与品牌在动漫节上呈现加速聚集趋势。来自全球 20 个国家和地区的 193 家企业和机构参加了 2019 年的动漫盛会,美国迪士尼总部首次参展,实现了动漫节历史上的突破;境外展区的面积占比扩大了 20%,在 354 个参展的动漫品牌与形象中,国外知名动漫品牌占比达到了 1/3。国际动漫游戏商务大会举办了"中国内容·跨界传播"分享会、中英动漫行业交流会、中日动漫合作模式分享会、加拿大动画专场推介会等一系列分享交流研讨活动,注重用国际表达讲好中国故事,聚焦中国优秀动漫作品的输出与推广,加大对中国动漫走出去的支持力度。COSPLAY 超级盛典设立 7 个境外分赛区,覆盖荷兰、比利时、卢森堡、西班牙等 9 个国家,"天眼杯"国际少儿漫画大赛有 30 多个国家和地区的少年儿童参赛,成为中外动漫文化交流的重要桥梁和纽带。以杭州国际动漫节为首,浙江省文化会展逐渐拓宽国际视野,各项活动的国际参与程度、交流与合作深度都有新的提升。

**(二)区域合作不断深入,长三角会展市场一体化进程加快**

2019 年,浙江省发布《浙江省推进长江三角洲区域一体化发展行动方案》,并召开推进长三角一体化发展大会,全省域、全方位推进一体化发展,为我省加快会展业发展和做大做强会展业提供难得的机遇。以贯彻落实长三角区域一体化高质量发展国家战略为契机,2019 年,杭州文博以共筑"长三角文化圈"为目标,致力于推动城市群之间的文化产业交流合作,大力推进长三角区域一体化发展。上海、南京、苏州、成都等城市应邀参展或参与文博会相关活动,并成立了国内首个"城市文博会联盟"。2019 年,宁波文博会继续致力于为长江经济带及沿海经济带上的 30 多个重要城市提供交流平台。可见,文化会展的区域联合发展实现了实质性的推进,进一步加速了长三角会展市场的一体化进程。

**(三)专业化水平不断提高,产业推动效应愈加凸显**

2019 年,各大重点文化会展均策划了多项专业会议、论坛、赛事等配套活动。文化会展逐渐成为文化领域各类企业展示推介、发布发声的主要阵地,成为文化行业前沿资讯发布与分享、发展前景探讨与研究的主要舞台。

在 2019 中国国际动漫节上,动漫高峰论坛大师云集、精彩纷呈,大师班、新锐班等系列论坛从创意实现、创新经验、技术使用、表现手法、行业趋势等多个层面,带来全球顶尖经验分享和最新资讯,有效地帮助动漫从业者吸收专业经验,接轨国际理念,提升原创能力。2019 年"漫创中国"活动通过嘉宾讲演、项目路演和圆桌会议等专业活动,展示了一批优秀动漫游戏项目,分享了当前国内外最前沿的动漫游戏资讯,并深度探讨了科幻与动漫融合发展的前景与方向,为动漫行业向更广阔领域发展做了探索。2019 年,义乌文交会首次实行文化旅游融合办展,云集了产业联盟、企业协会、行业龙头等各界大咖。世界旅游联盟首次来参加"旅游目的地高质量发展"对话,通过分享文化旅游业界创新发展的成功案例和前瞻理念,助力文化旅游产业的持续繁荣。

杭州文博会以打响"思想的文博会"品牌为目标,2019 年举办了大量的文化交流活动,邀请清华大学、中国传媒大学、中国美院等国内知名高校的专家学者以及中国国家博物馆、中意创新中心、中英文化交流中心、德国设计委员会、两岸文创产业高校联盟等知名文化机构、企业,共同举办第 20 届海峡两岸文化创意产业高校研究联盟白马湖论坛、"自定义生"2019 新中产峰会、2019 杭州文化创意产业投融资论坛、"文创力量下的田园梦"2019 杭州新农人创新峰会、第 6 届(2019)中国创意设计峰会等 23 场专业论坛和指数发布活动,进一步深耕"思想的文博会"品牌内涵。宁波文博会则开展了第 31 届世界模特小姐大赛中国区总决赛暨国际总决赛预赛新闻发布会、"甬上风华"非遗汇展演、2019 年"一带一路"国际儿童音乐节系列活动、香橙音乐节,以及 2019 宁波国际赛车文化节等赛事、论坛、演出等 11 项配套活动。这些逐渐走向专业化的配套活动,充分体现了市场对文化会展平台价值的认可。浙江省文化会展已逐渐成为引领文化行业发展的风向标,对产业发展的推动效应逐渐显化。

**(四)平台作用逐渐显现,行业影响力和经济效益进一步增强**

除了展览展示的基本功能之外,近年来的文化会展逐渐侧重于市场的对接,通过项目交易、产品授权、内容合作、主题专场、交流传播等商务配套活动,多形式、多手段地推动展览与贸易的联动,畅通展会成果的转化渠道,扩大展会的行业影响力和经济效益。

2019 国际动漫游戏商务大会设置了"项目孵化、内容制作、发行传播、授权变现、人才培育、商务配套"6 大版块,举办了 21 场形式多样、内容务实的专业活动,共吸引美国、加拿大、英国、俄罗斯、日本、韩国等 20 个国家和地区的 1302 家参会企业的 2086 名商务人士参会,展示发布各类项目 1121 个。据不完全统计,现场共开展 3485 场商务洽谈,初步达成合作意向 1368 个,直接成交 29 个项目,较 2018 年增长 10%;其中,国际合作意向 402 个,占总量的近三分之一。此外,阅文集团、腾讯视频、中南卡通、天雷动漫、日本动漫文化振兴机构等国内外企业机构先后在动漫节上举行了专场发布与专题推介。在 2019 义乌文交会上,保利文化集团继续发挥"保利国家艺术品版权贸易基地"的作用,举办了"文化+制造"文创展,汇聚国内外知名优秀的 IP 资源及全新的数字 IP 应用形态,集合全国生产制造商,助推 IP 设计与产品生产实现有效对接。2019 年温州文博会则举办了"文化经济新趋势发布会"和"中国民宿大会"。通过打造越来越高效的资源服务平台,浙江省文化会展助力文化产业化发展的功能进一步增强,对构建良好的文化产业发展环境的影响作用越来越强,逐步实现展会收官不落幕及展会后效应持续发酵的良好态势。

**(五)产业孵化作用不断增强,人才扶持与创新推进力度更大**

文化会展是文化产业领域新锐力量获取展示窗口和走向市场的重要舞台。2019 年,杭州文博会主会场国际展区组织境外青年文化专业机构、团体参展,两岸文创展区组织两岸知名高校学生举办"新燃点"——发现设计新力量暨首届杭台两岸新锐创意设计展和论坛等活动,还专门设置 3000 余平方米的"新匠人"创作专区,中国美术学院等在杭高校也组织师生携精品力作亮相文博会。宁波文博会举办海峡两岸"中华设计奖",并首次设立艺术院校联盟展区,包括中央美院、清华美院、中国美院、浙江大学等国内重量级艺术院校与宁波大学潘天寿艺术学院、万里学院等艺术设计学院联袂展出当代大学生的最新艺术作品,包括文创书店、跨界复合店、DIY 手工坊等。2019 国际动漫节举办了"中国青年动画电影创投大会",浙江省动漫产业学会发布了青年动画导演扶持计划,举行了"中国青年动画导演孵化基地"揭牌仪式,每年将募集 100 万公益资金,征集 1000 部动画作品,从中遴选 10 位青年导演、10 个原创项目作为扶持对象,提供多类型的实训服务,发掘培育更多的潜在人才。此外,义乌文交会举办了第 4 届保利"学院之星"当代艺术展,中国美术学院和浙江师范大学两大特展都在展会期间亮相,该展览云集了海内外青年中国艺术家的最新作品,展现中国艺术行业新生力量的风采。这些创新赛事和艺术展,为培育新时代文化基因的优秀艺术家和助推"新锐作品"对接市场,起到了非常有效的孵化作用。

## 四、浙江省文化会展产业的发展趋势

在文化万亿产业大战略、文化强省战略推进的背景下,近年来,浙江省文化产业市场不断扩大,产业结构进一步优化,文化在国民经济各行业各领域的融入不断深化。以加快推进文化产业在高起点上实现高质量新发展为目标,以满足人民群众对美好生活的向往为要求,浙江省文化会展呈现出了创新力、品牌力和影响力逐步提升的良好态势。围绕着融合创新的主题,浙江省各重点文化会展不断地展示和引领文化产业跨界融合的"新业态、新技术、新产品、新概念、新工艺、新设计","文化+"融合发展特色逐渐凸显,"大会展"业态逐步完善,综合效应不断显现。

### (一)以"文化+"为纽带,逐渐扩大文化会展带动效应

以新时代背景下的"文化+"为主线,浙江省各大重点文化会展推出了"文化+旅游""文化+创意""文化+科技""文化+互联网""文化+制造""文化+农业""文化+金融""文化+体育"等多元化领域的展览、论坛和商务活动,深度融合文化创新与经济社会各领域,呈现文化产业跨界融合的新业态、新模式和新成果,形成更广泛的、以文化为创新要素的社会发展新形态。文化会展在促进创意引领、升级文化消费、刺激跨界融合等方面的平台作用正逐步显现,"融合与创新"将成为未来文化会展业的核心主题,通过不断推进"文化+"在文化产业各领域的深度植入,文化会展对文化产业发展的带动效应正在逐步扩大。

以义乌文交会为例,借助义乌市场先进的生产制造加工能力和全球化的商贸流通能力,义乌文交会将消费类文化产品、博物馆、美术馆文创产品及衍生品,艺术品及收藏品,文化创意及设计服务、动漫游戏产品、工艺美术及非遗、文化娱乐产品装备及服务等7大行业的产业链条联结起来,一头连着中小制造企业,另一头串联动漫、影视、艺术品等上游产业,利用二次开发的文化商品,提高文化产品附加值,助力企业开辟新蓝海,文化会展将在城市产业转型过程中逐渐发挥出有效的推动作用。

近年来,宁波文博会均设立了文化金融展区,2019年以"文化金融新势力"为主题,将最新文化金融产品及创新科技、成果案例集中呈现。此外,杭州文博会首次推出了创意新农展区,集中展示了富阳、临安、建德、桐庐、淳安等地文化企业研发生产的特色农产品、手工业产品、传统名品、创意礼品等各类创意农产品,并通过科技、创意等手段,整体打造融体验、休闲与消费为一体的创意新农主题空间。同时,邀请"行周末""快抱团"等互联网电子商务平台组织宣传、推广、展示、销售,拉动市民文化消费,助推乡村文化产业发展。

### (二)"文化+旅游"培育展会新燃点,搭建区域协作新桥梁

2018年初,国家文化部与旅游局合并成立文化与旅游部,从国家组织机构调整层面提出了文化与旅游融合发展的客观要求。顺应文旅融合发展的新形势、新目标和新要求,文旅

产品的开发与营销,文旅 IP 的打造与运营,文旅品牌的塑造与推广,文旅产业发展的交流与探索等,成为文化会展日趋关注的重要内容。2019 年,义乌文交会更是抓住了当前为加快文旅产业联动发展和转型升级带来的全新机遇,同期举行第 14 届中国义乌文化产品交易博览会与第 11 届中国国际旅游商品博览会,成为国内首个文旅融合会展,这也是文化和旅游部组建后致力于助推"文化＋旅游"深度融合的一次新探索和新尝试。本届展会践行"以文促旅、以旅彰文"和"宜融则融、能融尽融"理念,以"融·创·美"为主旨,布置了文旅成果精品展、"一带一路"对外交流精品展、"三区三州"旅游大环线展。其中,国家五大馆文创产品首次集中亮相义乌,文旅成果精品展集中展示 2018 年文旅融合以来取得的重要发展成果和国家博物馆、故宫博物院、国家图书馆、中国美术馆和恭王府博物馆、浙江省以及国内部分优秀文创设计作品。

文化与旅游的融合,使非遗文化、乡村文化、红色文化、诗词文化等传统文化资源以新的生机和活力融入新时代、新生活,赋予文化展示以新的内涵和动力,为文化会展注入新的生命力。以文旅为纽带,强化区域协作,携手共创文旅品牌,探索融合发展新路径,将成为文化会展活动的新燃点。

**(三)"文化＋科技"提升展会新内涵,引领智慧办展潮流**

伴随着科学技术发展和行业融合,新事物、新业态不断涌现。大数据、云计算、人工智能、全息、AR、VR 等科技相关领域参展的企业越来越多,文化展会中随处可见科技元素。科技带来的独特体验和全新观感,为文化展会的创新发展插上了翅膀。比如,新型 LED 显示技术、全息影像等数字化技术应用,让历史文物、文化遗产等珍贵文化资源变得触手可及。科技赋能展会,创新了文化表达方式,将文化内涵的视觉呈现转变为沉浸式的互动体验,极大地拓宽了文化会展的涉及领域。2019 年,义乌文交会和旅博会即以"文旅＋科技"作为策展重点方向,各大展区中科技、文化、旅游元素随处可见。例如,"智慧旅游"展区汇聚了数字化政务、文旅大数据、AI 人工智能、全息投影、AR/VR 等领域的优质展商,将对各级政府文旅数据运用与各类行业监管系统项目进行展示,让观众在与漫画作品的数字化互动中,感受智慧旅游带来的便捷、安全和科技感。同时,保利数字剧院特意携"邓丽君全息音乐秀"亮相本届展会,在展览现场,通过全球领先的虚拟人技术——"虚拟数字建模＋实时动作捕捉＋沉浸式舞台体验",以全息影像的方式重现"歌坛巨星"邓丽君的优雅神韵,为观众带来耳目一新的文化体验。

杭州作为移动支付之城,一直在引领智慧办展的潮流。国际动漫节和杭州文博会均采用了移动自助登记与购票的方式。2018 年,国际动漫节观展人群通过移动端支付购买电子票的,占销售总票量的 80％以上,电子票使用占比量在全国大型节展中名列第 1,这也是浙江省首次在 10 万人次以上的大型活动中采用电子票管理方式的成功案例。2019 年,动漫节电子票销售量占比达 89.26％,比 2018 年提高 11％。未来,除了"电子票","人脸识别""智慧安保""24 小时动态监测"等智能化手段将会不断在各大会展呈现,以打造更便捷、更高效、更安全的观展环境。

### (四)"互联网＋"创新展会新模式,持续延伸节展效应

移动互联网的高速发展,掀起了各行各业的创新浪潮。"互联网＋"不仅能促进传统会展借力转型升级和模式创新,更能高效解决传统会展行业发展的瓶颈问题。将传统展会从"线下"引入到"线上",利用线上平台的集聚整合优势形成新的赋能后,再从"线上"协助"线下",从而形成"线下＋线上"的"双线会展"共赢驱动发展模式,这无疑会成为未来会展的主流模式。比如,2018 杭州文博会,优化创新线上平台,线下打造了文博会专属的"无人超市",开启"互联网＋新零售"的办展模式。同时,联合时下多家主流直播平台,利用直播平台聚流优势,在线下办展的同时,通过线上直播多维度展现杭州文博会,做到线下线上同步。2018 年中国国际动漫节与阿里巴巴签订了战略合作协议,将合作打造一个永不落幕的动漫节,一个大数据指导下更加智能的动漫节。2019 年的国际动漫节首次把二次元新零售体验店搬到动漫节,打造国漫新零售网上平台,挑选优秀国漫企业,并为企业提供 IP 孵化平台。依托"互联网＋",打通线上线下建立互通机制,节展效应将持续延伸,呈现永不落幕的交易,提供源源不断的文化消费。

同时,依托互联网的新媒体的持续发展,迅速扩大了文化会展的传播力和影响力。2019年,央视新媒体连续 5 天直播动漫节,在线观看超过 320 万人次,累计在线浏览量达 1397万;央视英语频道还通过脸书(Facebook)、推特(Twitter)、优兔(Youtube)等海外社交平台向全球观众直播了动漫彩车巡游。在抖音平台,"无动漫,不青春"的话题浏览量突破 1.7 亿人次,单条视频最高点赞量超过 70 万,形成了现象级传播效果。

### (五)"融文化入生活"理念不断深入,提升群众文化获得感

文化会展不同于其他会展的根本特点在于,还承担着传播城市文化,提升城市品位,提高市民生活品质,实现文化发展让人们生活更美好愿望的重要任务。因此,如何让文化更融入市民生活,促进消费市场由满足生活必需转向追求美好生活,成为当前各大文化会展持续关注的关键命题。2019 年国际动漫节除在白马湖主会场外,还设立了下城区中山北路、青少年活动中心、浙江传媒学院、野生动物世界等 12 个分会场,坚持"亲民、为民、便民"的办节理念,面向市民策划推出了动漫彩车巡游、COSPLAY 超级盛典、动漫声优大赛等一系列主题活动。同时,打造了动漫地铁车站、动漫地铁专列、动漫环湖公交、萧山机场动漫候机厅,为杭州市民与来杭游客营造了全城动漫嘉年华的浓厚氛围。这些项目节后将全年呈现,努力让动漫融入城市生活。2019 年温州文博会除在国际会展中心主会场之外,还在瑞安设有"传中华之礼,享至美生活"礼聚温州分会场,在永嘉瓯窑小镇设有"瓯"文化创意展分会场,在瓯海温州广告产业园设有"迎亚运龙舟,创'镜'彩世界"高峰论坛。而宁波文博会则专门设立了"蚂蚁文创馆"和"跳蚤"集市展区,目的是吸引更多的中小微文创企业和广大市民都来参与文博会。设立更多的分会场或者文化体验点,让更广泛的市民群众参与到文化节活动当中,已成为当前城市文博会的一个主流趋势。

(张庆)

# 2019 年浙江省文化制造业发展报告

2019 年是不平常的一年,世界大变局加速演变,世界经济增长持续放缓,我国经济"三期叠加"影响持续深化,经济下行压力加大。在党中央的坚强领导下,我国经济保持着稳中向好、长期向好的基本态势。虽然浙江省文化产业领域不可避免地受到经济大环境的影响,一些行业、企业发展困难是客观存在的,但是更多企业主动作为,积极谋创新、促转型、求发展。浙江省作为民营经济大省,拥有得天独厚的文化产业发展优势。近年来,浙江不断深化文化体制改革,尤其是"十二五"规划实施以来,浙江省委、省政府把发展文化及相关产业摆在了更重要的位置,文化产业发展环境日趋优化,文化经济政策、管理机制、市场格局等服务保障明显加强,浙江逐步形成了出版发行、广播电视、文化旅游、健身服务、演艺娱乐等优势文化服务产业,以及印刷包装、工艺美术制造、文体用品制造等优势文化产品制造业。推动了传统制造业和文化产业的融合互动、业态创新,加快形成起到重要拉动作用的产业体系,为浙江省发展起到明显的支撑作用。

浙江省文化制造业发展基本情况数据分析围绕核心要素规模以上文化制造业企业单位数量,年末从业人员数量,资产总计,营业收入等展开深入分析,深度剖析浙江省规模以上文化制造业企业基本情况现状及发展脉络。

## 一、2019 年浙江省文化制造业发展概况

### (一)文化制造业收入在行业中居第 2 位

随着浙江省文化产业发展环境不断优化,直接产业与相关产业继续保持良好的发展态势。浙江省文化产业创新发展研究院报告显示,浙江省文化产业增加值自 2013 年突破 5％以来,始终保持着持续稳步增长的态势,2017 年达 7.2％,至 2018 年文化产业增加值突破了 4000 亿元,占 GDP 的比重高达 7.5％,远高于全国水平 3.2 个百分点。根据 2019 年前 3 季度的统计结果,全省 5699 家规模以上文化及相关特色产业企业实现营业收入 8095 亿元,同比增长了 14.1％。其中,文化产业核心领域和相关领域企业营业收入同比增长速度均超过了 17％。可见,文化产业已然成为浙江省国民经济重要支柱产业。

浙江统计局和中商产业研究院信息显示(如表 3-3 所示),2018 年,全省 5705 家规模以上文化及相关特色产业企业营业收入达 10091 亿元,比上年增长 12.3％。其中,文化制造业、文化批发零售业和文化建筑业营业收入分别为 3077 亿元、1301 亿元和 17 亿元,分别增长 6.4％、7.4％和 52.9％,合计拉动规模以上文化及相关特色产业营业收入增长 3.1 个百分点。文化制造业高居行业第 2。

表 3-3　2018 年浙江省文化产业收入及增长情况

| 指标 | 营业收入（亿元） | 同比增速％ |
|---|---|---|
| 规模以上文化企业 | 10091 | 12.3 |
| 文化服务业 | 5696 | 17.0 |
| 文化制造业 | 3077 | 6.4 |
| 文化批发零售业 | 1301 | 7.4 |
| 文化建筑业 | 17 | 52.9 |
| 新闻信息服务业 | 2375 | 17.8 |
| 内容创作生产服务业 | 2083 | 15.1 |

### （二）文化制造企业发展平稳

在全面深化文化体制改革、不断提振文化消费需求的背景下，浙江省文化产业保持较为平稳的发展。浙江省规模企业中，文化产品制造企业超过千家，其中主导产业是工艺美术品制造业、包装装潢及其他印刷品、文化用品制造业、玩具制造业、家用视听设备制造和广播电视设备制造。然而，浙江省的文化制造业发展较为平缓，根据《中国文化及相关产业统计年鉴》（2017—2019）显示（如表 3-4 所示），2016 年，浙江省规模以上文化及相关产业法人单位有 4616 家，其中，文化制造业法人单位有 2218 家，利润总额为 1582846 万元；2017 年，浙江省规模以上文化及相关产业法人单位有 4718 家，其中，文化制造业法人单位数 2133 家，利润总额为 1382569 万元；2018 年，浙江省规模以上文化及相关产业法人单位有 4672 家，其中，文化制造业法人单位数达 2112 家，利润总额为 1326004 万元。从 2016—2018 年这 3 年来规模以上文化制造业的资产总计、营业收入以及利润总额来看，浙江省规模以上文化制造企业的发展总体较为平稳。

表 3-4　2016—2018 年浙江省规模以上文化制造业发展情况

| 年份（年） | 规模以上文化产业法人单位（个） | 规模以上文化制造业法人单位（个） |
|---|---|---|
| 2016 | 4616 | 2218 |
| 2017 | 4718 | 2133 |
| 2018 | 4672 | 2112 |

注：规模以上文化及相关产业法人单位包括规模以上文化制造业企业、限额以上文化批发和零售业企业以及规模以上文化服务企业。

从行业情况看，文化制造业主导产业分别是工艺美术品制造业、包装装潢及其他印刷、文化用品制造业、玩具制造业、家用视听设备制造和广播电视设备制造，近几年，这些行业的企业数量显示出不断增长趋势。从趋势看，未来文化产业要实施大企业带动战略，推动文化资源与文化要素适度向优秀企业集中，在各门类中形成了一批主导企业，在各地区培养了一批骨干企业。在协调大中小企业发展的同时，注重支持文化企业向专、精、特、新方向发展，打造中小企业集群,加快培育一批具有较强实力、活力和竞争力的市场主体,进一步激发全省的文化创造活力。

### (三)文化制造业对解决就业起着重要作用

文化产业是增加就业的重要渠道,包括文化艺术经纪代理业、音像业、艺术品制造业等行业,是一个巨大的就业"蓄水池",成为增加城市就业渠道等的重要途径。近年来,我国文化产业就业规模的发展经历了一个总量持续放大、结构调整频繁、增势逐渐趋缓的过程,现已全面进入转型,日益成为国民经济的重要组成部分。数据显示,我省从事文化及相关产业的人员大部分集中于制造业和批发零售业。2013 年,浙江省文化及相关产业从业人员达170.9 万人,占全省从业人员的 4.6%,而在文化及相关产业从业人员中,文化制造业从业人员达 92.1 万人,占 53.9%;其次为文化批零业从业人员,占 13.1%。2016—2018 年,浙江省规模以上文化制造业从业人员分别为 353880、342661、328442 人(见表 3-5),在吸纳就业方面,保持较为平稳的发展态势。

表 3-5　2016—2018 年浙江省规模以上文化制造业从业人员一览

| 年份(年) | 规模以上文化制造业年末从业人员(人) |
| --- | --- |
| 2016 | 353880 |
| 2017 | 342661 |
| 2018 | 328442 |

注:规模以上文化及相关产业法人单位包括规模以上文化制造业企业、限额以上文化批发和零售业企业以及规模以上文化服务企业。

### (二)文化制造业发展过程的问题与短板

根据《浙江省文化产业发展"十三五"规划》中所描述的,"十二五"以来,我省文化产业实现健康快速发展,但发展中仍存在一些突出的矛盾和短板,集中在文化制造业的问题主要是:市场主体规模偏小,产品结构相对低端,文化产品创意和特色不足,文化产品制造业法人单位数占全省文化及相关产业法人单位数的 33.2%,且以中低端文体用品制造为主,产品附加值较低、市场竞争力不强;创意人才和复合型高端人才相对匮乏,文化产权、版权的评估体系和交易市场尚未形成;发展合力尚未形成,对文化产业在经济社会发展中重要性的认识有待提高,管理方式尚显粗放,资金投入力度不大,统筹协调的体制机制需要进一步完善。

1. 文化制造产业发展规模受制约

首先,文化创意产业园区建设数量多、同质性高、差异化小,一些园区的文化企业经营状况和经济效益与规划目标差距较大。其次,文化产业尚未成为浙江省支柱产业。虽然浙江文化产业增加值总量不断增长,但文化制造企业资产规模、产值规模、利润规模和税收规模普遍较小,与建设文化强省目标对应的规模仍有较大的差距。最后,产业规模的大小很大程度上取决于市场规模的大小,尽管浙江省内文化市场规模与国内其他省区相比是较大的,但是省内市场规模和国内市场规模不能满足甚至限制了文化产业规模的发展。

2.文化制造产业结构和布局不合理

文化制造业在文化产业中占比重较大,但创意设计业、动漫产业、网络游戏业等新兴产业仍处于起步状态,所占比重偏小,导致文化产业高级化水平偏低。此外,浙江一些地方文化产业发展规划忽视了文化产业的生产特性,照搬一般制造业产业发展规划设计地区文化产业规划,造成文化产业规划脱离当地实际情况,导致全省文化产业尤其是新兴文化产业的空间布局过于分散。

3.文化制造行业竞争力缺乏

文化产品的竞争力决定了文化产品的市场规模。对于文化制造产业的生产厂家而言,文化产业作为市场经济的组成部分,也必将受到市场经济秩序的约束,但是文化产业中普遍存在着文化的创新力度不够的问题,这是由两方因素造成:一是缺乏创新人才,二是功利主义。很多文化产业厂商不愿意为了创新去花费巨额的成本,导致文化产业中存在较为普遍的模仿/抄袭现象,最终使得市场规模得不到发展。另外,浙江省文化产品的创意内涵和科技含量及附加值不高,文化产品自我延续开发能力和衍生品开发能力不强,文化产品在国内和国外两个市场的占有率和竞争力有待提升。在专业人才方面,浙江省文化产业从业人员人数不少,但高端复合型人才和综合型创作人才仍然匮乏,以致直接影响文化资源开发和文化产品升级。

4.文化产业资金不足

现有投融资体制不能满足新兴文化产业发展的资金需求。一方面,政府财政金融政策对新兴文化产业支持力度不足;另一方面,民间资本投资文化产业限制多,缺乏市场化、多元性、有效规避风险和获得合理回报的投融资机制。尽管国有成分比例下降、民营成分上升的趋势明显,但是国有文化企业和民营文化企业的资本交融、分工协作不足,损失了竞合效应,较少形成国家文化产业政策倡导的实行市场主体的混合所有制文化企业。

5.文化产业监管与治理较落后

对改制后的国有文化企业和民营文化企业的考核指标、评估标准过于简便,没有统一在同一框架范围内。受管理部门限制,有的地方采用工业企业体系的评估标准衡量改制后的国有文化企业经营业绩。此外,文化企业所有制决定了治理结构水平。改制后的国有文化企业受国有企事业单位的传统管理体制影响较深,民营文化企业以家族治理模式为主,专业化经营和治理水平不高,导致市场决策缺乏灵活性和稳定性。

6.消费观念老化

对于消费者而言,传统的思想根深蒂固,大多数人认为文化是一种事业而非一种产业,文化是用来欣赏而不是用来消费的。这种思想导致消费者对文化产业的消费不够。

## 二、浙江省文化制造业的发展对策

### (一)政府推动文化制造业转型

2018年,浙江省委、省政府发布的《关于加快把文化产业打造成为万亿级产业的意见》。

指出，浙江将实施影视演艺产业发展计划、数字内容产业打造计划、文化创意设计产业提升计划、文化新兴业态促进计划、工艺美术产业升级计划、文化制造业转型计划、文化旅游融合发展计划、文化体育产业推进计划等 8 大重点产业计划，从深化文化体制改革、实施重大产业项目、引导提升文化消费、全面推动文化走出去、打造文化产业服务和交易平台、加大人才培养和引进等 6 个方面强化产业发展支撑，从加强组织领导、健全工作机制等 5 个方面加强政策制度保障。

其中，有关文化制造业转型计划的内容包括未来浙江省将推动文化装备制造向现代教育设备、现代舞台装备、新型影院系统、数字多媒体娱乐设备、游戏游艺设备等领域转型，加快培育一批高端文化设备制造基地。鼓励支持内容生产装备、体验装备、文化消费服务装备、文物保护装备等新兴产业发展，研究制定文化技术装备关键标准，推动自主标准国际化，完善数字文化创意技术装备和相关服务的质量管理体系。综合利用工业设计、品牌策划、营销推广等文化创意手段，加快将文化元素融入制造业研发、设计等价值链高端环节，提升办公用品、玩具、印刷制品、体育用品等传统文化产品的附加值。

**（二）打造全国文化产品及装备制造高端区**

1. 加快提升大众文化用品制造水平。大力提高传统办公用品、木制玩具、体育休闲用品的产品档次和技术含量，综合利用工业设计、品牌策划、营销推广等文化创意手段，加快将文化元素融入制造业研发、设计等价值链高端环节，提升产品制造的文化附加值。提高制造业创新能力，大力实施品牌创新、质量创新和标准创新工程。引导企业运用新技术改造研发、生产、管理、营销等各个环节，促进管理方式创新、工艺装备提升、产品质量改进以及生产效率提高。

2. 传承发展历史经典产业。振兴青瓷、宝剑、木雕、根雕、石刻、文房等历史经典产业，加强非物质文化遗产保护与生产技术研发，加大对非物质文化遗产项目代表性传承人和民间文化艺术团体的扶持力度，推动历史文化遗产抢救性保护成果的利用和传播，鼓励文化文物单位加强文化创意产品开发。坚持市场化发展道路，切实发挥龙头企业和行业协会的作用，加强名企名品名家培育，通过建立产业发展联盟等方式，不断激发产业发展内生动力。通过文化嫁接拓展衍生产品制造，推动艺术品与日用品、旅游产品的有机融合，主动适应大众消费新特点，深入挖掘文化内涵，提供个性化定制服务。充分挖掘和利用本土文化资源优势，建设一批具有鲜明产业特色和独特风格的集设计制作、旅游购物等为一体的特色小镇，使历史经典产业焕发新的生机和活力。

3. 做大做强先进文化装备制造业。重点依托产业集群，鼓励文化装备制造向现代舞台装备、新型影院系统、数字多媒体娱乐设备、多功能集成化音响、游戏游艺设备等领域转型，加快培育一批高端文化设备制造基地。实施智能制造产品与装备开发计划，开展新一代信息技术与制造装备融合的集成创新和工程应用，实现制造业骨干企业的装备智能化、设计数字化、生产自动化、管理现代化、营销服务网络化。加快推动企业上市，鼓励有条件的企业围绕全球资源配置、提升产业集中度、完善市场网络等开展并购重组，鼓励企业跨界、跨所有制融合发展为综合性大型企业集团。

### （三）大力培养、发展行业人才

《浙江省文化产业人才发展规划（2017—2022 年）》指出，未来 5 年将大力扶持影视、传媒、出版、数字内容、演艺、设计、广告、高端文化装备、工艺美术和文化经营管理等 10 大重点领域人才发展工作，通过实施人才培育、人才引进、人才激励和人才服务 4 大计划，从加强组织领导、资金支持、政策保障、营造良好氛围等 4 方面为推进文化产业人才发展提供有力支撑。

其中，在文化制造产业人才的培育和引进上，浙江省将重点围绕打造全国文化装备制造新高地，以现代舞台装备、新型影院系统、数字多媒体娱乐设备、现代教育设备、游戏游艺设备等领域人才为重点，加快培育一批高端文化装备制造人才。以文化装备领域核心技术研究和推广运用为核心，进一步推动文化科技人才知识更新和继续教育，加快建设一支掌握现代科技、熟悉文化特征、能够适应文化与科技融合趋势的文化科技人才队伍。推动国家级文化与科技融合示范基地二次创业，打造成为高端文化装备人才引进和培养的重要载体。鼓励支持内容生产装备、体验装备、文化消费服务装备、文物保护装备等新兴产业人才申报知识产权，支持打造发轫于浙江的文化装备技术标准和质量管理体系。预计到 2022 年，每年文化装备制造业培训人才 1000 人，每年申报国际专利 60 件，每年评选文化技术工匠 60 人。

### （四）注重创新，加快融合发展

加快发展文化制造产业要重点抓好以下几方面工作：（1）创新发展、培育新动能。注重内容创新，以高质量、高水准的内容赢得市场口碑。注重技术创新，以"互联网＋"思维改造提升产业结构，构建创新型的文化产业发展生态。注重品牌创新，按照"一地一品"思路，创造性地培育区域文化产业品牌。（2）坚持正确的价值导向，积极培育和践行社会主义核心价值观，始终把社会效益放在首位，实现社会效益和经济效益相统一。（3）增强融合发展，文化产业的跨界融合易于拓展产业发展新空间，顺应文化产业与相关产业融合发展的趋势。例如，文化产业与制造业，突出"文化＋制造"这个重点，将文化元素融入相关产业，成为产业创新的源泉和转型升级的动力。浙江省是制造业大省，其文化产业的蓬勃发展，将为"浙江制造"向"浙江创造"和"浙江智造"转型提供强力引擎。

（黎常）

# 2019 年浙江省对外文化贸易发展报告

文化贸易是指与知识产权有关的文化产品的贸易活动。联合国教科文组织公布的《1994—2003 年文化商品和文化服务的国际流动》报告中定义了文化产品包含的两个方面，即文化商品与文化服务。文化商品是指那些能够传达生活理念、表达生活方式的消费品，具有传递信息或者娱乐的作用，如图书、杂志、软件、电影、工艺品等等。而文化服务是指政府、个人、半公立机构或公司取得文化利益或满足文化需求的活动，包括艺术表演和其他文化活动，以及为提供和保存文化信息而进行的活动。文化贸易作为国与国之间重要的文化交流手段，对本国的经济利益、本国在国际文化发展中的地位，乃至国家的综合国力都有着举足轻重的作用。

商务部公布的最新数据显示，2019 年，我国文化贸易保持平稳快速发展。文化产品进出口总额达 1114.5 亿美元，同比增长 8.9%；其中，出口总额达 998.9 亿美元，增长 7.9%，进口总额达 115.7 亿美元，增长 17.4%，贸易顺差达 883.2 亿美元，规模扩大 6.8%。其中，文化、体育和娱乐业对外投资 5.4 亿美元，下降 68.0%，占我国非金融类对外投资额的 0.5%。2018 年，浙江省文化服务贸易进出口总额达 16.64 亿元，同比增长 10%，其中出口总额达 1.43 亿元，同比增长 24.4%；进口总额达 15.21 亿元，同比增长 8.8%，位居全国第一方阵。据估算，2019 年 1—11 月，浙江省文化服务贸易额为 16.17 亿元，同比增长了 7.58%，其中，影视动漫、数字文化已成为浙江省文化出口重要领域。

## 一、2019 年浙江省对外文化贸易产业概况

### （一）对外文化贸易发展基础

1. 地区经济基础较好

经济的快速发展是发展对外文化贸易的基础，是带动文化产品出口的主要动力。文化产品的收入高低取决于地区内人均可支配收入的高低，一旦收入提高，文化产品的消费也会变高。2019 年，我国 GDP 接近 100 亿万元，人均 GDP 突破 1 万美元，而浙江省 GDP 更是达到了 9039 亿美元，比上年增长 6.8%，增速高于年初确定的预期目标（6.5% 左右），高于全国平均水平。

2019 年，浙江省网络零售额达 19773 亿元，增长 18.4%；省内居民网络消费达 9984 亿元，增长 18.5%。跨境网络零售增长 35.3%，杭州、宁波、义乌跨境电商网络零售出口分别增长 45.3%、41.6%、28.3%。浙江省跨境电商销售的高速发展为浙江省加快发展对外文化贸易奠定了良好的市场基础。

2. 对外文化影响力增强

对外文化的影响力与对外文化贸易的发展是相辅相成的。随着中国文化在世界的影响力越来越大，更多的国际友人喜欢上了中国生活、中国产品、中国文化，这些带有中国元素的文化产品在对外文化贸易中的比例明显增加。近年来，中国影视作品也在全球获得了一定的影响力，其中，浙江东阳欢娱影视文化有限公司出品的《延禧攻略》版权已经被 90 多个国家和地区买下，位列我国出口海外电视剧的榜首。2018 年，浙江海宁影视国际合作区与哈萨克斯坦、吉尔吉斯斯坦等中亚 5 国签订了电视连续剧《神医喜来乐》《全家福》的电视剧版权出口及落地播出项目，在海外播出情况良好。2018 年上半年，浙版电视剧《白鹿原》海外新媒体（移动端）网播量突破 30 亿次，平均单月出口金额为 600 万元。杭州佳平影业有限公司是 2019—2020 年度浙江省文化出口重点企业，出口影视剧《鸡毛飞上天》《在远方》获得"五个一"工程奖，并多次获得商务部、中宣部的好评。近年来，包括浙数文化、华数传媒、宋

城演艺、横店影视、华策影视、思美传媒、华谊兄弟、海伦钢琴等在内的 41 家文化媒体企业在 A 股上市,越来越多的龙头企业不断走向集约化、规模化和国际化,大大地推动了浙江省对外文化贸易竞争力的提升。

除此之外,图书、期刊等产品也在不断地发挥着重大的国际影响力。浙江省出版企业先后与马来西亚、尼泊尔、吉尔吉斯斯坦签订贸易合作项目,单图书、期刊等产品的出口就从 2011 年的 105 万美元增长到 2018 年的 650 万美元。浙江省出版联合集团先后在法国、日本等地建立了出版社,同时收购了澳大利亚新前沿出版社。至 2018 年 10 月底,在台湾地区已实现图书销售 106377 册,码洋 625 万元。在美国纽约揭晓的 2019 年度"世界媒体 500 强"排行榜中,浙江日报报业集团连续 7 年入选,位列第 245 名,整体实力位居国内报业品牌第 1。

3.对外文化贸易渠道多元

随着互联网的日益发展,新技术新应用对整个经济社会发展的融合、渗透、驱动作用日益明显,新业态新模式竞相涌现。"数字化"也同样为浙江省的文化贸易发展带来了新的契机,而"一带一路"等倡议的实施,使得沿线国家的文化贸易猛增,这也为对外文化贸易创造了机遇。

"数字化"实现了企业越过中间商,直接通过网络平台,将文化产品直接展示在消费者的面前。在浙江省国际互联网线上交易的文化产品中包括电子书、数字期刊、IP 版权、网络音乐、网游、网络文学作品等。其中,浙江大学出版社的互联网阅读服务、互联网教育服务、互联网学术服务在国际市场上已经具有卓越的影响力,每年以 30% 的出口幅度递增;美盛文化与力合数码的网游、手游、动漫 IP 等随着"网红经济"的兴起,线上出口交易也与日俱增。从网络文学、网络阅读、网络游戏、网络动漫、网络音乐、网络视频到电竞产业,浙江省数字文化产业版图不断延展,越来越多高端化、多元化、规模化、特色化的高能级平台的打造,推动着数字文化产业蓬勃发展。

**(二)相关政策支持**

2003 年,我国启动文化体制改革试点,浙江成为全国文化体制改革综合试点省份,相继颁布了一系列政策,推动文化产业稳步发展,提升文化产品质量,提高文化服务贸易水平。浙江省"十三五"文化产业规划中提到了要根据"一带一路"建设,促进浙江省与沿线国家在对外文化贸易领域的互通互联。2018 年,文化部确认了"一带一路"文化贸易与投资重点项目,浙江大丰实业股份有限公司的《浙江省舞台装备海外推广》与宋城演艺发展股份有限公司的《澳大利亚传奇王国》入选。

《浙江省人民政府办公厅关于加快文化产品和服务出口的若干意见》对加快文化产品和服务出口提出如下意见:加快培育对外文化贸易主体,支持各类所有制文化企业共同开拓国际市场,培育发展一批实力雄厚的文化出口企业,以新闻出版、影视服务、数字动漫、网络文化、文化创意等领域为重点,加强市场开拓、技术创新、贸易便利化等方面的政策和资金支持;培育文化贸易品牌,打造一批文化出口重点项目,提升出口产业科技水平;支持企业参加境内外各类展会活动,培育一批文化出口基地,由政府给予财政复制,延伸产业链,推动文化产业集聚发展;积极推进海外文化工程建设,扩大出版物出口和版权输出等。

杭州市人民政府办公厅发布了《关于加快文化产品和服务出口的实施意见》,以推进文化名城、文化强市建设和打响"全国文化创意中心"品牌为目标,整合资源,培育一批具有杭州特色且符合国际市场需求的文化贸易重点项目;引导文化企业开拓国际市场,培育一批具有国际竞争力的出口基地;抓住重点,搭建一批具有国际影响力的对外文化交流平台;加快步伐,逐步建立符合文化产品和服务出口特点的国际营销网络。

党的十九大报告提出,"推进国际传播能力建设,讲好中国故事,展现真实、立体、全面的中国,提高中国文化软实力"。《国务院关于加快发展对外贸易的意见》强调要"支持文化和科技融合发展,鼓励文化企业借助电子商务等新型交易模式拓展国际业务"。因此,在互联网经济高度发达的浙江省,又催生出以借助跨境电商、线上直播等形式发展的文化贸易。

### (三)浙江省文化贸易整体发展布局

随着全球经济的迅速发展,在国际市场和政府引导的双重驱动下,浙江省的对外文化贸易发展强势崛起。在进行对外文化贸易的过程中,不仅仅是文化产品的出口,还有文化服务的出口。2019 年,省商务厅认定了浙江出版联合集团等 78 家企业为 2019—2020 年度浙江省文化出口重点企业,简体中文版图书对台湾地区销售(浙江省新华书店集团有限公司)等 17 个项目为 2019—2020 年浙江省文化出口重点项目。可见,浙江省已经充分认识到文化贸易的重要性,文化出口的领军企业也在不断增多。如表 3-6 所示:

表 3-6　2019—2020 年浙江省文化出口重点项目名单

| 序号 | 项目名称 | 企业名称 |
|---|---|---|
| 1 | 简体中文版图书对台湾地区销售项目 | 浙江省新华书店集团有限公司 |
| 2 | ZOLAND 外语动画片片库建设项目（《天眼归来》、《乐比悠悠》等） | 浙江中南卡通股份有限公司 |
| 3 | 定格动画系列片《口袋森林》 | 杭州蒸汽工场文化创意有限公司 |
| 4 | ANAKIN 境外投资游戏软件推广营销项目 | 杭州绝地科技股份有限公司 |
| 5 | MEGAMEDIA 音视频跨境交易服务平台项目 | 浙江华麦网络技术有限公司 |
| 6 | 游戏《野蛮人大作战》 | 杭州电魂网络科技股份有限公司 |
| 7 | 游戏《山海宝贝》 | 杭州魔域网络科技有限公司 |
| 8 | 电视剧《在远方》 | 杭州佳平影业有限公司 |
| 9 | 境外图书翻译推广项目 | 浙江博学文化传媒有限公司 |
| 10 | "金三塔"品牌真丝绸面料创意设计及出口项目 | 浙江嘉欣丝绸股份有限公司 |
| 11 | 毛绒玩具创意设计及产品出口项目 | 宁波和帆毛绒制品有限公司 |
| 12 | 虚拟化增强现实的设计实现平台项目 | 宁波创源文化发展股份有限公司 |

| 序号 | 项目名称 | 企业名称 |
|---|---|---|
| 13 | 丰岛拓展日本文化创意服务及产品营销项目 | 浙江丰岛股份有限公司 |
| 14 | 海外市场拓展 IP 变现出口项目 | 美盛文化创意股份有限公司 |
| 15 | 提花纳纱效果花边面料文化创意及产品出口项目 | 达利丝绸(浙江)有限公司 |
| 16 | 电视剧《无证之罪》 | 东阳三尚传媒股份有限公司 |
| 17 | 龙游皮纸非遗文化传承基地 | 浙江龙游辰港宣纸有限公司 |

2010—2018 年,浙江省对外文化贸易总额持续增长,一直保持顺差的趋势。浙江省统计局 2018 年公布的数据显示,全省文化产业增加值从 2012 年的 1056 亿元增加到了 2018 年的 10091 亿元,且对外文化贸易已经成了浙江省支柱产业之一,文化产业增加值占生产总值的比重逐年增加。在此基础上,浙江省与 180 多个国家和地区实现文化产品进出口业务,美国、日、韩、新加坡、欧盟是目前的主要出口市场。

浙江省 2019 年政府工作报告指出,要大力推进文化浙江的建设,推动文化产业的高质量发展。为了促进对外文化贸易的发展,浙江省秉持浙江精神,紧紧围绕建设总目标,积极打造海外文化传播渠道,自主建设平台,加强人才引进,不断地提高国家影响力。浙江省温州市有 68.8 万海外华人华侨,300 多个海外温籍侨团分布在 131 个国家和地区。为充分利用侨乡优势,浙江创新启动了"海外传播官培育工程",让有一定影响力的侨领和华裔青少年在海外传播中国声音,探索海外文化传播新渠道,将带着浙江特色的文化产品销往世界各地。2019 年 5 月,中国(浙江)影视产业国际合作区启用暨文化出口基地重要项目落地发布会在杭州举行。合作区的建设目标是打造以出口为导向的影视作品创作生产和出口产品译制,在新的起点,抓住新的机遇,守正创新、担当有为,为推动浙江省乃至全国影视产业高质量发展,促进国际文化交流、提升中华文化传播力和影响力做出更大贡献。为了持续提升文化贸易的国际竞争力,浙江省也在人才引进上不断做出努力,华策影视早在 2017 年就启动了事业合伙人计划,培养和激励文化贸易人才。

## 二、浙江省对外文化贸易发展存在的问题

### (一)文化贸易结构不合理

浙江省对外文化贸易的结构不够合理,主要表现在 3 个方面。(1)文化贸易对象单一。浙江省对外文化贸易主要集中在美国、中国香港、日本、韩国等一些国家和地区,这种单一的结构不利于市场风险的规避。一旦出现经济动荡或者政策制裁等不确定因素,会迅速影响到整个文化产业。(2)文化产品种类缺乏多样性。浙江省对外出口的文化产品主要集中于游戏产品、设备器材等产品,缺乏文化内容和服务的输出,如要在国际市场上赢得竞争力,需要产品的多层次开发,在网络开发、影视媒体、书画刊物等多个领域综合发展。(3)出口的文化产品大多是技术水平低和附加价值低的类型,富有创新能力和自主制造的产品少,产品

的内容缺乏文化内涵和地域特色,并且文化出口受众人群大多集中于海外华人,这在一定程度上制约了文化产业的发展。

### (二)人力资源短缺

随着浙江省文化产业的快速发展,文化产业的就业总量在持续增长,内部结构也在不断地调整。因此,在人力资源上暴露出许多问题:注重人才吸引的成本和效率,而忽视了培养与成长;注重数量轻质量,使得人才恶性竞争,文化产业的人才流动性和不稳定性增强,人才积累功能弱化。

我国地方文化产业人才匮乏,还表现在具有高级职称的人才、从事文化出口的专业翻译人才、国际营销人才、对外贸易法律人才等高端人才严重缺乏。人才短缺问题如果不加以重视会严重限制对外文化贸易的发展。

### (三)对外文化贸易的政策法规不健全

改革开放的步伐加快了浙江省对外文化贸易产业的发展,导致了对外文化贸易的政策法规跟不上产业发展的步伐。对外贸易产业的相关立法仍不完善,知识产权侵权问题依然十分严重,对外文化贸易市场较为混乱。知识产权得不到保护,就会降低原创内容产出的积极性,限制文化产业的发展。

另外,政府与企业存在一定的分割现象,一些体制、制度无法适应市场现状,部分优秀的文化企业没有得到帮扶,从而错失了对外文化贸易的发展机遇。推行管理体制改革是全面深化改革、促进对外开放的关键。

## 三、浙江省对外文化贸易发展的对策建议

### (一)提升文化产品的整体水平,合理优化产业结构

为更好地加快对外文化贸易发展,应合理优化产业结构,提高产品的科技水平和创新水平,培养具有中国特色和地方特色的国际竞争力,让文化精品走向国际市场。在现代科技飞速发展的背景下,科技对文化产品的影响越来越大,数字技术、3D 打印、VR、AI 等一系列高新科技已经融入了文化产品从生产到出口的各个环节。同时,文化产业十分注重产品的创新能力,文创产品主要依靠产品自身附加价值来吸引消费者。因此,要坚持探索传统与现代的结合,不断地推陈出新,满足不同受众群体的喜爱与要求。

提升文化产业整体水平,还需要深度调研,在充分了解国际市场的大环境与不同受众群体的群体特征后,对文化产品进行包装,尊重文化产品输入国的审美偏好和市场需求,生产各具特色的中国产品,引导中国产品走出国门,走向世界。

### (二)培养国际化复合型人才,为行业发展提供智力支持

随着浙江省对外文化贸易的发展,动漫、影视、出版、艺术品等产业的国家化人才极为匮乏。当前亟须培养兼具文化、贸易、产业的复合型人才,这些人才既了解东方文化的精髓,又对西方文化有独到的见解,能对国际市场发展趋势有自己的研判。推动文化产业人才培养,

需要从以下几个方面入手。一是发挥高校资源,加强对高校的建设与投资,开设文化贸易专业及相关课程。二是设立高端智库,依托浙江省内的研究院和高校,建设一批对文化贸易等领域进行研究的智库。组建专家学者团队,为浙江省对外文化贸易提供决策咨询,给浙江文化企业的发展提供智力支持。三是结合文化企业的发展情况,在行业内开发和培育人才,不断完善企业培训体系,同时鼓励企业之间互相学习,形成统一的标准。

**(三)完善政策法规,营造良好法律环境**

保证对外文化贸易活动正常有序地开展,需要建立健全对外文化贸易法律法规。20世纪90年代起,我国开启了对外文化贸易立法进程,虽然取得了一定成效,但针对当前的文化贸易现状来看仍然存在一些漏洞和不足。法国和加拿大等西方发达国家都建立了文化产品出口贸易补贴机制,极大地促进了国际文化产品的贸易,不仅保护了本土文化的地位,也对外来文化产品起到了一定的抵御作用。

文化企业的发展需要有良好的法律环境、完善的投资办法和合理的税收管理,拥有规范健全的市场环境对文化贸易的发展会起到十分积极的作用。浙江省政府应配合政府颁布和制定的各项政策法规,不断地完善对外文化贸易的研究体系,指导文化贸易活动高效有序地进行。

**(四)借助信息技术,打造互联网生态链**

浙江省是现代信息技术高度应用的大省,也是互联网普及化程度最高的省份。借助大数据和云计算等信息技术,通过精准的数据分析和建立用户模型,可以进一步明确文化产品的定位,提高对用户个性化需求的满足,实现文化产品的"千人千面"。所谓的"千人千面"就是对不同文化背景和产品需求的国家和地区进行市场细分,制定不同的产品、价格、营销策略,来满足各国差异化的需求。

另外,借助互联网平台,还可以建立"文化产品+对外文化贸易+国际文化交流"的文化产业生态链。通过互联网平台的桥梁作用,缩短国际各国的距离,让文化产品通过互联网真实快速地展现在消费者面前。

**(五)加强对外交流与合作,鼓励企业拓展海外市场**

积极推进跨文化交流和学习,进行教育和科技改革。学习国外先进技术、引进先进设备,学习管理运营模式,将本土化与国际文化相结合,发挥优势,从而促进对外文化贸易向国际化发展。同时,引导优秀的文化企业对外投资,建立海外研究机构,开展跨国文化产品合作经营,开发有国际影响力的产品。政府需要顺应文化贸易市场的变化,出台一定的扶持政策,给予一定资金支持,促进企业更好地拓展海外市场。

(李婷 郦青)

# 2019年浙江省公共文化服务发展报告

公共文化服务是指由政府主导、社会力量参与,以满足公民基本文化需求为主要目的而提供的公共文化设施、文化产品、文化活动以及其他相关服务。这是 2016 年第十二届全国人民代表大会常务委员会第二十五次会议通过的《中华人民共和国公共文化服务保障法》对其做的界定。

浙江作为经济大省和文化大省,在公共文化事业发展上多年来居于全国前列。公共文化设施是提供公共文化服务的硬件载体和基础保障,而浙江公共文化基础设施在建设数量和质量上均居国内前列。公共文化服务主体设施主要包括图书馆、博物馆、文化馆(站)、美术馆、科技馆、纪念馆、体育场馆、工人文化宫、青少年宫、妇女儿童活动中心、老年人活动中心、乡镇(街道)和村(社区)基层综合性文化服务中心、农家(职工)书屋、公共阅报栏(屏)、广播电视播出传输覆盖设施、公共数字文化服务点等。据 2019 年统计数据显示,浙江省有公共图书馆 103 家、博物馆和美术馆 346 家、文化馆 101 家、文化站 1374 家、公有制艺术表演团体 64 家,公共文化服务设施普及率高。

加强公共文化服务体系建设,也是推动浙江文化大省建设、提高社会综合治理水平、提升文化软实力的重要保障。依托公益性文化服务工程,如广播电视村村通、全国文化信息资源共享、乡镇综合文化站和基层文化阵地建设、农村电影放映、农家书屋建设等公共文化服务工程,减少公共文化服务城乡发展不均,以文化为抓手,提高社会综合治理水平。

## 一、2019 年浙江省公共文化服务发展概况

### (一)公共文化服务相关政策支持体系完备

《国家"十三五"时期文化发展改革规划纲要》(下文简称《纲要》)指明了加快我国现代公共文化服务体系建设的战略要点:坚持政府主导、社会参与、重心下移、共建共享,坚持缺什么补什么,注重有用、适用、综合、配套,统筹建设、使用与管理,加快构建普惠性、保基本、均等化、可持续的现代公共文化服务体系。《纲要》尤其在完善公共文化服务网络,推动基层公共文化设施资源共建共享,创新公共文化服务运行机制 3 方面,提出了规划发展方向,为全国近阶段的公共文化服务体系建设指明了总方向。

早在 2013 年 11 月,浙江省委十三届四次全会通过的《关于认真学习贯彻党的十八届三中全会精神全面深化改革再创体制机制新优势的决定》,明确提出要"鼓励社会力量、社会资本参与公共文化服务体系建设,培育文化非营利组织,推动公共文化服务社会化发展""创新公共文化服务机制,探索公共文化设施共建共享模式"。可见,浙江在公共文化服务政策保障方面的建设具有超前意识。

根据 2017 年 3 月施行的《中华人民共和国公共文化服务保障法》,结合浙江具体实际发展情况,2018 年 3 月,浙江正式施行了《浙江省公共文化服务保障条例》,为保障省内群众基本文化权益,创新公共文化服务管理运行机制,实现公共文化服务网络互联互通、资源共建共享,奠定了政策基础保障。为进一步构建全省居民现代公共文化服务体系,2018 年底,浙江颁布了《浙江省居民住宅区公共文化设施配套建设标准》,通过相关标准的拟定,建立健全了浙江省基本公共文化服务标准体系。

### （二）公共文化服务基础设施普惠面广

图书馆、博物馆是一个地区重要的公共文化空间。自 2016 年浙江省文化厅发布《浙江省公共图书馆三年提升计划》以来，至 2019 年，全省基本实现了每万人图书馆面积达 200 平方米，并建成了"24 小时自助图书馆"200 个。

2019 年，浙江省县域生态博物馆群和乡村博物（陈列）馆的创新发展，促进了浙江博物馆体系的完善。在国家首批五个生态（社区）博物馆示范点之一——浙江省安吉生态博物馆的探索启发下，浙江基层博物馆积极创新发展模式，在松阳、武义通过保护利用自然与人文资源，形成各具特色、充满活力的生态博物馆群落。县域生态博物馆群、乡村博物（陈列）馆在探索中逐渐形成了政府主导、专家指导、民众参与的机制，为区域传统文化的发展注入了新的活力。浙江大量乡村展示馆近年来快速成长，为省内各地群众带来了丰富的文化服务，更推动了农村文化服务体系的进一步完善。同时，这也加速了浙江省城乡公共文化服务标准化、均等化发展，实现了打通公共文化服务"最后一公里"的目标。

作为全国新时代文明实践中心建设首批试点省，浙江农村文化礼堂作为新时代文明实践的基层站点，是浙江省基层宣传思想文化工作的一张名片。自 2012 年开启浙江农村文化礼堂建设工程以来，至 2019 年浙江已有 1.3 万余家农村文化礼堂建成。从浙江农村文化礼堂地图来看，公共文化服务基本实现社会普惠化发展。

### （三）公共文化网络服务设施覆盖广

浙江省公共文化服务体系成熟，网络基础设施覆盖率在 2019 年进一步提升，乡镇区域 4G 网络覆盖率广。在城乡全域建立、健全公共文化设施网络，充分发挥现有文化设施作用，积极开展公益性文化活动，为公共文化产品的生产供给提供了基础保障。

依托广泛的农村文化礼堂网络，开展送戏下乡、送电影下乡等公益服务项目。高质量、接地气的文化体育活动和普惠型公益服务项目的顺利交付，与城镇公共文化场馆和乡村文化礼堂的广覆盖密切相关。

## 二、浙江省公共文化服务发展的特色

### （一）以老百姓为核心的本地化服务特色突出

浙江省文化积淀雄厚，公共文化服务基础设施完备、服务理念务实、服务体系成熟。在公共文化服务供给端，特别强调结合当地群众的真实文化生活需求，把文化产品做细做精。典型案例是浙江省嘉兴市图书馆。嘉兴图书馆采用的具体举措包括：在基础服务设施方面，嘉兴图书馆只需要一张卡，就能够在嘉兴地区通借通还。部分乡镇的分图书馆采用刷脸进馆的方式，进一步提高了服务效率和品质；成熟的信息化服务设施，助推了图书馆服务升级。在服务理念方面，嘉兴图书馆认为图书馆不仅仅是借书、还书的空间，也是一个文化休闲、读者活动的空间。该馆一年举办 5000 场活动，平均一天组织 13 场，成为 2019 年全国公共文化服务领域的标杆，形成了地方品牌效应。历经 12 年的积累，嘉兴市开始探索并建设城乡一体化公共图书馆总分馆服务体系,这个高效运行的体系被业界称为"嘉兴模式"。2019年,嘉兴市图书馆依托1个总馆、2个区馆、16个乡镇(街道)分馆的服务体系,一共举办了5000多场活动,服务120万人,总到馆人次达到425万,真正地将以书为中心的传统图书馆,转型为以人为中心的现代图书馆。

嘉兴图书馆的公共服务从老百姓的真正需求出发,秉承为老百姓提供有效服务的理念,架构辐射市区乡镇的公共服务体系。活动策划"接地气",考虑到信息社会老年人生活场景中在线支付、在线社交、在线休闲娱乐的需求,开设一系列培训课程,满足老年人的真实生活需求。针对家长如何从小培养小朋友阅读习惯的问题,联合教育专家总结经验、拟定课程、开展活动,吸引居民参与。近年来,陆续开展"禾禾"少儿系列活动、"帮兄弟回家"——新居民信息素养系列培训、"夕阳红e族"电脑系列培训、"快乐读写直通车"学习体验营等品牌活动。嘉兴图书馆将活动向常态化、品牌化方向发展,在2019年成为全国图书馆界的先锋实践。

嘉兴图书馆的公共文化服务特色以居民生活中的真实需求为核心,做到真正地以老百姓需求为核心来策划培训课程和活动,并形成体系化的服务项目(课程、活动等)。落地到基层服务中,切实地提升了服务效能,将公共文化服务项目的主导权交给群众。

**(二)公共文化服务城乡一体化发展成效突出**

依托浙江良好的经济基础,省内面向镇、乡、村的公共文化服务普惠面广且文化活动科普度高。浙江省农村居民人均可支配收入连续34年稳居全国省市区第一位,广大农民物质生活富裕,精神生活充实。2018年,浙江"千村示范万村整治"工程荣获联合国"地球卫士奖",浙江作为全国唯一部省共建乡村振兴示范省,更加坚定了注重美丽生态、美丽经济、美好生活的"三美融合"发展理念。

在此理念影响下,浙江省以农村文化礼堂建设为抓手,历经7年的探索、积累与建设,2019年,浙江已建成1.3万余家农村文化礼堂。到2022年,浙江省500人以上的村庄将实现文化礼堂全覆盖。在2019年深化农村文化礼堂建设的发展过程中,全省农村文化礼堂注重在打造特色品牌上下功夫,持续探索基层管理机制,注重人民群众生活习惯、生活需要与生活场景,借助乡贤文化,进一步倡导移风易俗新风尚,传播社会主义核心价值观。自2012年开启浙江农村文化礼堂建设工程以来,陆续开展了送戏下乡、电影下乡等公益服务项目,其中典型项目有2019年舟山文化礼堂的"乡村美丽·银屏给力"——送电影下乡公益服务项目。

2019年,浙江省文化和旅游厅评定出杭州市余杭区临平街道等30家"浙江省文化强镇"候选镇,评定出馒头山社区等94个"浙江省文化示范村(社区)""候选村(社区)",体现出公共文化服务城乡一体化均衡发展初具成效。

**(三)"智慧文化云"公共文化服务平台建设引领全国**

2019年5月,中共中央办公厅、国务院办公厅印发《数字乡村发展战略纲要》,确定进一步推进农村数字经济发展、建成一批特色乡村文化数字资源库的发展方向。期间,"浙江农村文化礼堂资讯服务共享平台""礼堂家"依托浙报集团强大的"媒立方"技术,通过"互联网＋礼堂"的形式,将分布在全省各地的一万余家文化礼堂整合起来,联结成网上"礼堂云",打造了省级公共文化服务云端服务平台。

为了更高效地实现文化服务送到村,浙江遂昌县乡村的文明讲师团依托"智慧文化礼堂",100多名讲师团成员为群众主讲理论政策、传统文化、养生知识等课程,使偏远地区的农民也能通过网络,及时享受到文化服务课程。遂昌还利用华数电视平台,创建"新时代文明实践中心"电视平台,将"智慧文化礼堂"融入其中,帮助老百姓真正实现零距离、无障碍享受礼堂内各种文化资源的惠民服务。

### 三、浙江省公共文化服务领域存在的问题

#### (一)公共文化服务不均的问题还未完全解决

公共文化事业发展的标准化、均等化是民生保障,在浙江城乡经济结构平衡的基础上,全省公共文化服务发展基本平衡,但仍未完全解决公共文化服务不均的问题。"4E"标准即效果性、效率性、经济性、公平性,被视为评价政府基本公共服务的客观标准。公平性标准即基本公共服务均等化,如"基准评价指标"(即标杆法,就是预先选定一个组织或一个标准,并将其作为本组织一定期限内努力的方向和试图达到的目标,到设定期末,测度本组织完成预定目标的程度和质量,即为该组织的基准绩效得分)、"地区差异指标"(即同一种公共服务,评估得分最大地区与评估得分最小地区间的得分之比)等。

2015年7月,浙江省委、省政府印发《关于加快推进现代公共文化服务体系建设的实施意见》,明确提出"到2020年,基本建成城乡一体、区域均衡、人群均等的现代公共文化服务体系"的目标,制定《浙江省基本公共文化服务标准(2015—2020年)》,为浙江公共文化服务的发展描绘了宏伟蓝图并划定了底线标准。5年来,浙江先后出台《浙江省实施基本公共文化服务标准化均等化行动计划(2015—2020)》《关于推进"五个百分百"建设加快实现基本公共文化服务标准化的通知》《关于进一步加强乡村文艺团队建设的实施意见》等政策意见,每年制定《基本公共文化服务标准化均等化年度责任分解》,浙江特色公共文化服务政策体系基本形成。

截至2019年11月底,全省97.8%以上的县(市、区)达到浙江省委、省政府指定的《浙江省基本公共文化服务标准(2015—2020年)》,提前一年完成基本公共文化服务标准化建设任务。但从公共文化服务"供给"和"享受"两方面深度剖析,仍存在不均的现象。总体来看,公共文化服务均等化发展不足,主要体现在政府(主体)基本公共服务"供给不均"与公众(客体)对基本公共服务"享受不均"两个方面。浙江城乡公共文化服务的发展还未真正全面实现均等化发展,主要体现为城乡文化专业人员供给、设施和设备保障、城乡公共文化服务质量三大方面的不均。除了城乡不均,不同乡镇之间也存在差异,偏远山区的乡镇文化礼堂的文化服务项目质量欠缺,致使服务满意度较低。

### (二)公共文化服务多元机制尚需健全

在文化服务供给端,以政府监管、付费购买、直接提供为基本手段。其中,政府购买服务成为探索公共文化服务机制创新的突破口。政府、市场、社会共同参与公共文化服务体系建设的格局逐步形成。

"文化管家"服务模式是杭州市萧山区文化和广电旅游体育局与文化演艺专业团队,共同探索的公共文化服务创新托管模式,通过政府购买服务的方式,解决乡镇及村等基层公共文化服务缺乏专业人才、农民文化生活贫乏等老大难问题。2019 年,该项目在实施近 1 年后取得了显著成效,得到了当地政府和群众的肯定,成为浙江全力打造公共文化服务领域社会多元投入机制、力争基层公共文化服务标准化的一个缩影。

### (三)公共文化服务效能需进一步提升

中共中央办公厅、国务院办公厅印发的《关于加快构建现代公共文化服务体系的意见》中的第 4 部分,"加强公共文化产品和服务供给"明确提出要提升公共文化服务效能,要建立群众文化需求反馈机制,及时准确了解和掌握群众文化需求,制定公共文化服务目录,开展"菜单式""订单式"服务。

浙江省委办公厅、浙江省人民政府办公厅印发的《关于加快构建现代公共文化服务体系的实施意见》提出"坚持供需对接"的基本原则:准确把握人民群众的精神文化需求,提升公共文化服务品质,优化公共文化资源配置,完善公共文化服务评价工作机制,努力做到按需配送,全面提升公共文化服务水平。

## 四、浙江省公共文化服务高质量发展的对策与建议

### (一)提升公共文化服务供给能力,鼓励社会资本合作模式

提升公共文化服务供给能力,不仅要关注公共文化服务的运行机制,而且要关注公共文化服务体系与市场结合、互动的途径和机制。通过文化服务与文化产业发展的结合,增效提质地开启公共文化服务体系建设,实现社会价值和经济价值的双赢。

2015 年 4 月,国家发展改革委、财政部、住房城乡建设部、交通运输部、水利部、人民银行 6 部委共同公布了《基础设施和公共事业特许经营管理办法》,为 PPP(Public-Private-Part-nership)项目设定了最长 30 年的特许经营期限。PPP 模式,意指政府和社会资本合作、民间参与公共建设、公私合作伙伴关系、公用事业市场化或公用事业民营化等,是公共建设的开发模式之一,由公共部门与私营部门合作提供公共项目建设的建设与服务,在实现公共建设功能的同时,也为私营部门带来利益。

2017 年国务院办公厅印发的《国家"十三五"时期文化发展改革规划纲要》明确提出鼓励推广政府和社会资本合作模式,允许社会资本参与图书馆、文化馆、博物馆、剧院等公共文化设施建设和运营,加强文化领域重要基础性制度研究和评估,进一步完善体制机制。

2019 年,财政部颁发《关于推进政府和社会资本合作规范发展的实施意见》,细化了

PPP 项目实施规范,从政策层面为社会资本参与公共文化建设提供了保障。通过鼓励民资和外资参与、加大融资支持、聚焦重点领域、保障合理支出、加强信息披露、加强分类指导、强化 PPP 咨询机构库和专家库管理,营造 PPP 项目规范发展良好环境。

### (二)提升效能指标,推动服务品质化发展

建立公共图书馆、博物馆、文化馆、科技馆等服务机构效能指标信息公开制度,建立高效、精准的群众评价和反馈机制,探索实施第三方评价机制。加强对重大文化项目资金使用、实施效果、服务效能等方面的监督和评估。完善服务质量监测体系,研究制定公众满意度指标,建立群众评价和反馈机制。

要提升服务效能,基层人员是关键。2018 年,浙江省率全国之先建立基层文化员委培机制,委托浙江艺术职业学院每年为基层培养专业文化人才,至 2019 年底,已经招收了 3 批共 163 名学员。同时,从 2018 年开始,浙江各地通过推广乡村文艺"三团三社"(合唱团、民乐团、艺术团、文学社、摄影社、书画社)建设,提升了基层文艺团队整体服务质量和水平,有力保障了公共服务效能。

### (三)智能化服务升级,打造掌上文化服务平台

依托"智慧城市"等重大信息工程建设,加快推进公共文化服务数字化建设。以智慧浙江云——浙江省公共文化大数据平台为载体,打造浙江智慧文化云一站式服务,加强数字图书馆、数字博物馆、数字美术馆的线上场馆建设。在文物保护利用方面精准加大数字化建设力度。延伸线上公共服务内容,增强大众的文化满足感。充分利用"互联网+云旅",整合各类文旅数字资源,推出数量众多、形式多样、品质较高的线上"云游浙江"产品,争取实现浙江全省数字公共文化资源无差别、无门槛服务。

(宫政)

第　四　篇

# 浙江省文化产业企业案例报告

浙江省集聚一批发展势头良好、未来潜力巨大的数字创意企业,其中既有带动效应强的行业领军型龙头企业,也有大量分布在产业链各个环节的中小企业,整体上呈现门类齐全、梯度合理、协同发展的格局。

## 一、阿里巴巴网络技术有限公司

阿里巴巴网络技术有限公司是当前国际上最成功的互联网与电子商务公司之一,拥有庞大的商业生态系统,通过自有业务拓展和资本手段,构建了一个包括电子商务、金融、本地生活、教育、旅游、汽车、房产、医疗健康、硬件、游戏等多领域的相互协作前景的商业版图。2018 财年,阿里巴巴集团收入达 2502.66 亿元,同比增长 58%,创下 IPO 以来最高增速。其中,核心电商业务收入达 2140.20 亿元,同比增长 60%。2019 财年,阿里巴巴集团收入达 3768.44 亿元,同比增长 51%。淘宝、天猫新增超 1 亿用户,为品牌和商家带来超过 9000 亿增量生意。

### (一)阿里云

阿里巴巴集团旗下的阿里云计算有限公司是我国最大的公共云服务提供商,涵盖消费品牌、能源、金融机构、健康医疗、制造业、媒体和零售等多元产业和企业。云计算是互联网时代最重要的基础设施,为政府、企业、商家提供海量的数据存储以及强大的计算处理服务。在未来,数据将成为商业竞争最重要的资源,在下一代工业革命中,不管是工业 4.0,还是物联网,随着数据科学与云计算能力(甚至是基于区块链的分布式计算技术),唯独数据是所有系统的核心。

2009 年,阿里云计算有限公司成立,作为阿里巴巴集团旗下云计算品牌,其致力于提供全球云计算技术和服务提供商,目前,在杭州、北京、硅谷等地设有研发中心和运营机构。在阿里云计算的支持下,2019 年双 11 总成交额为 2684 亿元,比 2018 年多 549 亿。

2019 财年,云计算业务营收 247 亿元,亚太市场排名第一,市场份额比上一年增加 4.7 个百分点,将中国市场领先优势扩展至海外市场,领先优势进一步扩大。阿里云在亚太拥有规模最大的云计算基础设施,设立了新加坡、澳大利亚、马来西亚、印度尼西亚、印度、日本等地域节点。

杭州云栖小镇通过与阿里云计算有限公司达成战略合作,把云计算、大数据和智能硬件作为主要的发展方向,聚集一批从事云计算相关产业的大企业,共同打造以云生态为主导的特色小镇。

**（二）阿里大文娱版块**

2016 年 6 月，阿里巴巴集团 CEO 正式成立"阿里巴巴大文娱版块"。阿里巴巴集团公布了其文化娱乐集团的业务组成，包括优酷土豆、UC、阿里影业、阿里音乐、阿里体育、阿里游戏、阿里文学、阿里数字娱乐事业部。2019 年，阿里互动娱乐事业部正式成立，推出了灵犀互娱全新业务品牌，代表阿里自研自发的游戏产品。阿里涉足文化娱乐领域对文化产业来说是一个利好消息，因为有着雄厚资金实力的巨头进入，文化产业的整体实力将得到显著增强。阿里文化娱乐业务领域成为新的增长引擎。2016—2019 财年，阿里的数字媒体与娱乐业务在总营收中的占比分别为 2.98％、4.21％、5.35％与 6.39％，保持着稳定增长的态势。

阿里大文娱在原创内容上取得了不错的成绩，如《军师联盟》《白夜追凶》《将军在上》等网综反响不错。同时，优酷视频的会员数也在不断增加，2018 财年第四季度，日均订阅用户数同比增长超过 160％。

1. 游戏

2014 年 1 月，阿里集团公布"手游平台战略"；2014 年 11 月，阿里巴巴将手游业务交由移动事业群旗下的九游负责；2015 年 3 月，九游对阿里手游业务完成逐步整合。在游戏分发上，九游获淘宝、支付宝、神马搜索等多个用户过亿的移动入口支持；2016 年 1 月，阿里巴巴移动事业群旗下的 UC 九游更名为"阿里游戏"，进行公司化运作；2017 年 3 月，阿里游戏全面进入游戏发行领域，2017 年阿里游戏以 10 亿元资金助力游戏 IP 生态发展，并与阿里文学、阿里影业、优酷实现 IP 联动与开发。2018 年，阿里游戏代理发行并参与研发了多款游戏。2019 年 2 月，阿里互动娱乐事业部成立，同时启用了新的业务品牌灵犀互娱。2019 年 9 月，研发了一年半的《三国志·战略版》正式公测，上线当天登顶 AppStore 免费榜，上线 3 个多月稳居 AppStore 国区畅销榜 Top5。

2. 音乐

阿里巴巴在数字音乐业务上起步较晚，但在收购虾米音乐网和天天动听并设立音乐事业部后，阿里巴巴充分发挥电商优势，将电商模式与数字音乐深度融合。目前，阿里巴巴旗下的虾米音乐网已经与淘宝商家展开合作，包括使用虾米音乐网提供的付费背景音乐，购买虾米 VIP 权益卡赠送消费者等。另外，热门娱乐节目《中国好声音》联手虾米音乐网开设天猫中国好声音旗舰店，试水艺人经纪电商模式。2019 年 9 月，阿里巴巴投资网易云音乐。

3. 文学

2015 年 4 月，阿里文学成立，旗下拥有书旗小说、淘宝读书等移动阅读平台，推出开放合作的 IP 衍生模式，致力于打造网络文学新生态。作为阿里巴巴集团旗下的互联网文化娱乐品牌，阿里文学的主要业务以内容生产、合作引入以及版权产业链的双向衍生为主。阿里文学将依托内容生产，从数字内容阅读、数字内容传播、版权衍生、粉丝经济等多个角度出发，建立与文学产业相关的开放生态。

4.影业

2014 年 6 月,阿里巴巴完成对文化中国的收购,成立阿里影业。2015 年 4 月,阿里将集团旗下淘宝电影票和娱乐宝资产注入阿里影业。2017 年 4 月 18 日,阿里进军网络大电影,联手阿里文娱集团旗下优酷、阿里影业,推出网络电影 HAO 计划,三方共同投入 10 亿元资源赋能网络电影内容生产者,提供集 IP 衍生、项目融资、内容制作、电影宣发在内的全链路支持。

2017 年,阿里影业出品的《三生三世十里桃花》《喜欢·你》《杀破狼·贪狼》等电影陆续投入市场,由于互联网宣发、内容制作、综合开发 3 大业务板块收入强劲增长,2017 年,阿里影业收入达到 23.661 亿元,较上一年度增长 162%,其中,占比最大的互联网宣发业务当年收入达 19.704 亿元,较上一年度增长 189%。通过战略投资以构建其娱乐实业生态体系的基础,2017 年,阿里营运盈利能力显著提升,内容制作和综合开发业务实现扭亏为盈。互联网宣发业务得益于手续费及在线宣传发行收入增长,2017 年的整体收入由上一年的 6.826 亿元增长至 19.704 亿元,淘票票市场份额稳步攀升,出票票房(GMV)增速远远高于中国电影市场的票房增速。过去几年,阿里影业投入重要资源用于建设娱乐商业生态体系,尤其是以在线售票平台淘票票为核心的互联网宣发业务。目前,淘票票已跻身于国内在线售票平台前 2 位。事实上,这前两大平台已占据国内在线售票市场的绝对领先地位。阿里影业建设的生态体系不仅将为用户创造和提供创新优质内容,还将通过打造行业新基础设施赋能行业参与者。

阿里影业发布的 2019 财年财报显示,总营收达 30.34 亿元,较去年同期的 27.75 亿元增长了 9%。净亏损同比下降 80%,降至 2.54 亿元,大幅收窄 10 亿元。2019 年,阿里影业是《流浪地球》《我不是药神》《西虹市首富》《红海行动》等热门影片的联合出品方。

## 二、网易公司

网易公司是我国领先的互联网技术公司,创立于 1997 年 6 月,于 2000 年 6 月在美国纳斯达克公开上市。公司从十多人的初创团队发展至今,拥有 18000 多名员工。

2020 年 8 月,网易公司市值达 5172 亿港元,在国内互联网巨头中居于前列。2019 财年财报显示,其收入仍然保持稳定增长的趋势,2019 年净收入达到 592.4 亿元,其中,大部分的收入来自在线游戏业务,达到了 462.2 亿元,同比增长 16%。第 4 季度游戏在线业务净收入增长 5%,连续 7 个季度净收入破百亿元。

从业务现状来看,网易已形成丰富的产品矩阵。业务主要涉及游戏、电商、新闻 3 大板块,其中,游戏板块是网易的主要利润来源。2001 年,网易正式成立在线游戏事业部,目前品牌价值超过 13 亿美元,跻身全球 7 大游戏公司之一,是国内少数拥有自主开发和运营能力的游戏运营商,旗下多款网络游戏多次获得"玩家最喜爱网络游戏奖"和"最佳原创国产网络游戏奖"等行业评选奖项。

电商板块主要以考拉海购为代表。考拉海购于 2015 年 1 月上线,以自营直采模式为核心,提供涵盖母婴儿童、美容彩妆、服饰鞋包、家居生活、营养保健、数码家电、环球美食、户外运动、水果生鲜等众多品类的高品质商品,是我国跨境零售电商的领军企业,在杭州、宁波等多个保税区的日均出单量长期稳居第 1。

新闻板块以网易新闻为主。网易新闻于 2011 年初推出,作为一款基于移动终端平台的媒体资讯产品,受众知名度、行业口碑遥遥领先同类软件。2015—2016 年,网易新闻用户满意度、最受白领喜爱新闻客户端等多项数据稳居市场第 1 位,人均使用次数和人均使用天数、DAU/MAU 活跃率等代表用户黏性的重要数据,均位居新闻资讯类 APP 的首位。

此外,在云计算和大数据业务方面,网易云是网易集团旗下云计算和大数据品牌,为客户提供云计算基础服务(网易蜂巢)、通信与视频(网易云信和视频云)、云安全(网易易盾)、全智能云客服(网易七鱼)等一系列场景化云服务以及一站式大数据管理与应用开发平台(网易猛犸)和企业级大数据可视化分析平台(网易有数)等一系列大数据产品。从网易的发展及未来规划来看,可总结 2 点。一是作为体量庞大的互联网企业巨头,网易的发展有综合、稳健两大特征。网易已构建多元、立体的产品和服务体系,涵盖互联网相关的各类业务。虽然这些业务有不同的侧重,现阶段为网易带来的收益也存在很大差异,但网易在互联网相关的各领域以及一些新兴领域都有投资和布局,以分散风险。同时,对于新业务,网易采取的策略是内部孵化成熟后再推出市场的模式,以减少风险。二是网易不仅是互联网技术公司,也是内容生产公司,对内容生产极为重视。数字创意的核心在内容生产,在内容之后再做延伸,最后做 IP 落地。例如,网易新闻与其他媒体合作,进行内容生产与传播,提供新闻阅读、跟帖盖楼、图片浏览、话题投票、要闻推送、离线阅读等功能。

## 三、浙江华策影视股份有限公司

浙江华策影视股份有限公司是国内目前规模最大、实力最强的民营影视企业之一,创立于 2005 年 10 月。华策影视于 2010 年 10 月在深圳证券交易所创业板上市,是国内第一家以电视剧为主营业务的上市企业。目前,华策影视有员工 1100 人左右。据华策影视《2017年年度业绩快报》显示,2017 年,华策影视实现营业总收入 52.05 亿元,营业利润为 6.36 亿元,利润总额达 7.1 亿元,同比分别增长 17.09%、37.98%、27.26%。但是,华策影视 2019年年报显示,其营业收入达 26.3 亿元,同比下降 54.62%。2019 年,文化影视行业仍处于行业调整周期。由于影视剧项目制作存在周期较长的特点,出现了公司规模化的前期投入处于相对高成本阶段,播出则处于价格相对理性阶段的情况,导致该部分项目的利润空间受到较大影响,毛利率下降。同时,行业政策预期进一步明确,产业链上下游价格逐步回归理性,上游成本下降,新开机项目的毛利率趋于稳定,定制剧模式快速发展。

从业务现状来看,华策影视借鉴好莱坞的模式,拥有一套完整的工业化体系,建立大数据中心,在 IP 采购、剧本创作以及开机前的项目评估、合同签订 4 个阶段设置 4 道评审,基于大数据的分析和支持以及项目制作、财务、营销、艺人、导演等多方的共同参与,提高影视剧制作的能力以及确定性。目前,华策影视电视剧年产量达到 1000 集,电影十余部,综艺十余档,规模产量、全网播出量、市场占有率、海外出口额稳居全国前列,在全国电视台收视和视频网络排名前 10 部电视剧中占比 30%,网络年总点击量破 1000 亿次;并以内容为核心全面布局泛娱乐产业,深度推动产业革新和生态升级,形成了影视内容的规模优势、国际合作的先发优势、品牌地位的领先优势、率先上市的资金优势、科技数据的工业化优势,引领中国影视行业迈向产业格局的新高度和"华流出海"的新跨越。

华策影视数字创意产业处于布局阶段,涉足新的技术领域并引入新的技术设备,如投资 AR/VR 数字多媒体产品制作公司兰亭数字。华策影视提出强内容是产业发展的核心,以内容为主与产业链的上下游开展合作。其中,上游合作包括与浙江传媒学院等共建华策电影学院,采取"2+2"的人才培养模式进行艺人培养;走国际化道路,作为第一个赴戛纳电视节参展的民营影视公司,在杭州举办戛纳电视节中国专场;建造摄制基地/摄影棚,目前处于筹划阶段,目标是建设具有规模效应的摄制基地/摄影棚。

通过海外发行渠道的拓展及平台建设,华策已与十余家海外媒体共同建设覆盖 30 个以上国家和地区的华语节目播出平台,不断搭建国际合作资源平台,并在多个渠道开辟"华剧场"。目前,华策在 YouTube、DailyMotion、Viki、华纳兄弟旗下 Dramafever 等播出平台均设立了自主运营专区,实现了影视剧内容的自主播出。此外,依托自身强大的内容优势,华策还与索尼、EndemolShine、Fox、CAA、ITV 等国际影视娱乐巨头达成战略合作,通过全球娱乐合伙人的模式,打造"华流出海"的朋友圈。当前,华策影视发展中遇到的困难包括资金和人才两方面。资金方面的困难包括企业税收负担偏重、外汇管制导致引入国外高端设备存在障碍等。在人才方面,华策面临人才流失的问题,招聘不到合适的人才,尤其是技术人才。在网生代兴起和消费者的文化娱乐消费水平不断提高的背景下,华策影视的发展思路是以内容为核心,实施 SIP 战略,即超级 IP 战略,打造广受消费者认可的精品爆款,从 IP 开发的最初即对剧目、电影、网络剧、游戏乃至电商衍生品等全产品线进行设计和一揽子运营。2015 年 1 月,位于浙江大学紫金港校区附近的中国(浙江)影视产业国际合作实验区杭州总部正式启动建设,由华策影视负责建设运营,总投资超过 10 亿元,占地 50 亩,建筑面积达 12 万平方米,是国家级的影视产业园区,设有创新产业总部、大师工作室、众创空间、明星商业街等。

## 四、美盛文化

### (一)企业简介

美盛文化创意股份有限公司创建于 2002 年 6 月,公司总部位于浙江杭州。2012 年 9 月,美盛文化在深圳证券交易所挂牌上市,成为中国文化企业上市公司。美盛文化被认定为"国家文化出口重点企业",美盛动漫创意基地项目被认定为"国家文化出口重点项目",公司还获得了中国海关 AA 类管理企业、"浙江省示范文化企业""浙江省文化出口重点企业""浙江省知名商号""浙江省信用管理示范企业"等荣誉。

美盛文化目前主要涉足 IP、动漫、游戏、影视、衍生品设计研发生产等领域,是一家跨领域、跨行业、跨平台的生态型文化企业。近年来,公司围绕文化产业发展,以衍生品为支撑,向文化产业其他板块拓展,先后对动漫、游戏、二次元、影视、衍生品、自媒体等产业链上下游进行战略布局,逐步形成全产业链生态一体化的核心竞争优势。目前,公司已形成"自有IP＋内容制作＋内容发行和运营＋衍生品开发设计＋线上线下零售渠道"的文化生态圈,并通过资源的充分整合利用和各环节的有效结合,实现不同文化产品的交叉推广,加快文化生态圈的构建,实现生态化运作,为大众创造更美好的精神消费体验。

**(二)经营发展特色**

美盛文化的发展,是基于文化创意行业产业链和泛娱乐经营模式进行的业务布局。一方面,基于自身优势的IP衍生品和新媒体业务,向泛娱乐其他业务版块延伸;另一方面,基于完整的泛娱乐生态圈,向产业链源头——IP延伸,从而构建起"自有IP＋内容制作(动漫、游戏、电影、儿童剧)＋内容发行和运营＋新媒体运营＋衍生品开发设计＋线上线下零售渠道"的文化生态圈。在17年的发展过程中,美盛文化形成了以下的核心竞争优势:

1.提升原创IP,与顶级IP合作,共享原创内容核心优势

原创内容作为产业发展和衍生的基础,在文化传播领域和动漫产业链中占据越来越重要的地位。原创内容的具体表现形式即IP,其来源主要包括动漫、游戏、影视、文学等原创性资源,通常具有独特的指向性和较高的识别度,易于被喜爱的人群所接受。在国内IP市场如此火爆的背景下,一方面,公司更加专注于开发和培育优质原创IP,提升公司原创IP的丰富度。美盛文化目前拥有"同道大叔"等国内知名原创精品IP,通过与亚朵酒店和亚米等国内外企业进行合作,在不断开发丰富原创IP的同时,也走上了IP国际化的道路。另一方面,公司与顶级IP进行深层次的合作开发。美盛文化不断深化与顶层IP——迪士尼、漫威等公司的深层合作,推出新的作品,同时也达到了深度开发国产IP的目的。

2.充分利用平台资源,发挥产业链布局综合优势

一是完整的衍生品分发平台优势。平台是内容的展示场所,是粉丝群体的聚集家园,是衍生产品转化收益的通道。美盛文化目前已经部署了丰富的平台资源,为公司各条产业链打造了立体化的出口。比如,美盛文化通过收购酷米网,打造美盛游戏与星梦工坊,投资瑛麒动漫,分别搭建了以儿童及家长为主要对象的动漫视听节目播出平台和互联网动漫娱乐服务平台,为自身优秀游戏作品提供了稳定的运营平台和为公司自身核心IP提供了舞台剧等新的展示平台,并建立漫画分发平台。二是新媒体平台优势。美盛文化牢牢把握近几年新媒体引起的传媒产业革命新浪潮,致力于打造新媒体平台。精准切入AR、VR领域,投资直播平台与二次元创作与阅读平台,投资大IP"同道大叔"。丰富的平台资源充分发挥了公司全产业链布局的综合优势,实现了产业上下游资源的整合,也为消费者提供了多元化的泛娱乐体验。

3.文化生态圈相关产业联动发展,突出IP衍生品领域优势

自公司上市以来,紧密围绕文化产业发展,重点开发IP衍生品产业相关业务。近年来,公司在不断加强和巩固国内IP衍生品龙头企业地位的基础上,重点开拓上下游业务,完善

产业链,在文化产业链包括动漫、游戏、影视、衍生品等上下游进行战略布局,实现转型升级,完成了"自有IP＋内容制作＋内容发行和运营＋新媒体运营＋衍生品开发设计＋线上线下零售渠道"的文化生态圈的构建。文化生态圈相关产业的联动发展又使得公司在IP衍生品领域的优势更为突出。优秀原创IP形象的推出将建立对最终消费者的情感代入,增强消费者对IP的认同度及黏性,同时也有助于提升广大消费者对美盛品牌的认知,对公司蕴含价值和文化的认同,不断为公司带来市场人气和用户沉淀,也将为文化生态圈下游产业输送创作源泉。

未来公司将对各类渠道进行持续整合,更好地与整个泛娱乐生态圈对接。一体化经营有助于公司实现IP资源的全产业链开发和运营,实现不同文化产品的交叉销售,从而提高用户黏性和付费水平,实现公司文化生态圈的闭环。

4.坚持以人为本,为产业链布局协同效应的发挥提供有力保障

公司始终坚持以人为本,多年来持续加强人力资源建设,注重人才引进和人才培养,目前已聚集了对公司文化和发展战略高度认同的优秀管理人才以及由国内一流的动漫、游戏、影视、儿童剧、衍生品等文化产业各领域的高级专业人才组成的具有高度凝聚力的人才队伍。公司的人才优势为全产业链布局协同效应的发挥提供了有力的保障。

**(三)小结**

美盛文化业务涉及的动漫、游戏、影视、新媒体等产业近年来也取得了快速发展,市场规模迅速扩张,且未来发展空间巨大。动漫及IP衍生品产业、游戏产业等、影视产业和媒体产业均面临市场规模快速发展的重要战略机遇期,公司文化生态圈各业务均拥有良好的市场前景。

美盛文化在大文化的背景之下,提出了向产业上下游延伸的发展战略。经过近年来的资源整合,公司一体化全产业链格局初步形成,已布局动漫原创、游戏制作、网络平台、国内外终端销售、儿童剧演艺等多个环节。公司先后投资并购了多个标的,由点到面,多方布局,已初步搭建起"自有IP＋内容制作(动漫、游戏、电影、儿童剧)＋内容发行和运营＋衍生品开发设计＋新媒体运营＋线上线下零售渠道"的文化生态圈。美盛文化的发展具有以下启示与借鉴意义:

1.立足主业,增强衍生品设计开发能力

美盛文化立足IP衍生品的开发设计主业,拓展IP衍生品开发范围,从IP服饰发展到相关产业。增加原创内容,而原创内容的具体表现形式即是IP,其来源主要包括动漫、游戏、影视、文学等原创性资源,通常具有独特的指向性和较高的识别度,易于被喜爱的人群所接受。在国内IP市场如此火爆的背景下,美盛文化更加专注于开发和培育优质原创IP,一方面提升公司原创IP的丰富度,另一方面加强捕捉优质IP的能力。

2.完善平台部署增强变现能力

整合现有不同类型的平台资源,打破各自隔膜,让不同类型的平台联动起来,发挥整体效益。建立一个互通有无、资源共享极具竞争力的整体IP变现平台,多维度、不同层次地将

公司自有优质 IP 以及合作方的优质 IP 传输给消费者。除海外衍生品销售渠道外,美盛文化还致力于打造新媒体平台。新媒体具有个性化突出、受众选择性增多、表现形式多样、信息发布实时等新特点,具有交互性、全息化、数字化、网络化等优势,新媒体平台的出现将成为打破公司现有不同平台隔膜的钥匙。

## 五、中南卡通

### (一)企业简介

浙江中南卡通股份有限公司成立于 2003 年。2015 年 8 月 19 日,中南卡通在新三板挂牌上市,是浙江省唯一一家高起点、高品质、大规模从事三维动画原创及制作、电视电影数码特技、电脑教育软件、电脑游戏软件制作及其他三维技术应用的专业公司。

在 16 年的发展过程中,中南卡通以打造原创动画为己任,目前的原创精品动画已有 58 部涉及 21 大题材,总计近 12 万分钟。《天眼》系列、《乐比悠悠》《魔幻仙踪》《郑和下西洋》等动画作品荣获国家精神文明建设“五个一工程”奖、国家动画精品一等奖、国产优秀动画片等各类国内、国际奖项 150 余项。位居全国前列的原创动画生产能力,使中南卡通的动画作品先后在国内的 400 多家电视台以及互联网、手机等媒介热播,并进入世界 90 个国家和地区的播映系统,影视动画出口稳居全国前列。

### (二)经营发展特色

中南卡通商业模式的特色主要体现在以下几个方面。

一是“创意+”:中南卡通坚持以“创意+”为核心,不断丰富内容体系,实现公司知识产权(IP)生产运营能力再提升。

二是“科技+”:公司坚持以“科技+”为支撑,积极推进科技文化融合,实现公司创新驱动发展能力再提升。

三是“渠道+”:公司坚持以“渠道+”为着力点,健全和完善动漫产业链,实现公司持续赢利能力再提升。

四是“品牌+”:公司坚持以“品牌+”为落脚点,发挥品牌叠加效应,实现公司整体竞争能力再提升。

公司致力于原创动画制作、影视节目发行、动漫品牌授权等动漫产业链运营。以自主知识产权为核心,不断提升完善创意、科技、渠道、品牌等创新能力,推进科技文化融合,打造以海内外动画发行网络、动漫品牌授权网络、动漫销售渠道网络为一体的“一核三网”动漫产业链。

1.构建有效“文化创业集聚园”模式,实现产业资源整合与集聚发展

(1)注重自主知识产权积累,规模化生产动画产品。从这个角度看,中南卡通较高产值的动画产品奠定其知识产权的基础,也避免了不必要的亏损。中南卡通至今已拍摄 58 部近12 万分钟的动画,涉及 17 大题材,可以看出其强劲的生产能力。

（2）依托中国本土文化与情怀，持续开发生产原创动画。与很多动画公司初始积累期做代加工不同，中南卡通在建立初期就生产自己的原创动画，有力保证独立品牌的树立。从魔幻题材的《魔幻仙踪》，到历史题材的《郑和下西洋》《郑成功》，再到魔幻与现实相结合的《天眼》系列《三星王国》等等，无不体现中国文化精神内核与民族核心价值观。

（3）建立良好业界品牌知名度，在业界做精做强。中南卡通多次获得原创精品、高新技术、示范企业等行业认可的荣誉称号。

（4）结合自身优势，主动出击投资海外市场。通过"引进来，走出去"创造新型国际发行模式，打造对接顺畅的产业链，从而构建"研发—设计—制作—后期渲染—衍生产品行销"一系列高科技、可持续、多元化的产业链模式。

中南很早就投入巨资，先引进欧美、日本等地的世界先进技术，创作了《天眼》和《魔幻仙踪》两部大型电视动画片，之后坚持参加国外影视展、动漫展、授权展览。目前，产品进入美国、英国等93个国家和地区，连续11年蝉联国家文化出口重点企业，动画片出口稳居全国前列。在中国动漫转型的关键时期，中南卡通抓住机遇，创建海外推广平台，把更多优秀国产动画片推向海外市场。

（5）不断完善的人才培养机制是企业充满活力的不竭动力。中南卡通在创业初期就非常重视创新人才的引进与培养，通过与高校、科学院所合作，以"产学研"方式，推动研发创作，保障人才储备。同时，聘请漫画大师蔡志忠为代表的一批顶尖创意人才加盟，制作内容积极向上，深根于中国文化的动画作品，保障动画的品质。

2. 注重高新技术的开发与创新，不断引进数字多媒体技术及产品

中南卡通拥有浙江省动漫产业首个省级研发中心和博士后工作站，开发以"光之影"为品牌的全息成像展示设备、增强现实、体感导览设备。设立"动漫云"数据运算和存储研发实验室、数字多媒体技术研发实验室、3D技术应用研发实验室、数字娱乐研发实验室等多个研发部门。

3. 注重产业合作、产业融合，开发成熟的一体化品牌授权服务体系

产业合作在中南卡通体现得尤为明显。在动漫产品积累的基础上，创建了一体化品牌授权服务体系，结合品牌形象进行整合推广。目前，中南卡通已与娃哈哈集团、西影数码、日本木玩世家、马来西亚Animasiastudio等多家企业展开项目合作。

4. 打造"城市文化体验中心"产业模式

在互联网冲击下，文创创意产业链迅速重构，整个产业链从一个链发展成一个圈，平台式生态结构得以建立，中南卡通也"不再作为纯粹的科技文创企业进行产品的生产和销售，而是变成集产品、技术、服务三者于一体的国际国内市场并重的综合性服务企业"。中南全面打通产业链，最终形成"内容＋平台＋终端＋应用"的发行与推广互联网生态圈。

围绕优质IP进行全产业链开发是一个很好的突破口，中南卡通紧紧把握自身内容资源这一法宝。2012年12月，全国首家原创动漫主题购物中心——中南购物中心在滨江落成。同时，为了增强中南文旅的产业布局，除中南卡通动漫小镇萧山项目以外，中南卡通还与陕

西省西安市高陵区政府合作,实现"IP＋旅游"产业链接,结合高陵区自然风貌,融入 IP 动漫、影视传媒、生态现代农业、丝路文创会展中心、丝路传媒学院、遗百工坊、生态现代农创谷等特色项目 11 大板块。在这个过程中,IP 元素融合了中南原创动画的人物、场景、动漫衍生品,与旅游产业融合,并且与当地特色有机结合,实现了优势共赢。2019 年,中南卡通不断实现内容创作、产业布局、商业模式的战略升级,创新推动动漫与教育服务、玩具、音乐剧等更多产业的深度融合,扩展泛娱乐生态圈。例如,中南卡通于 2019 年通过联合首掌传媒合作举办 FED 青少儿趣味英语配音风采秀,给予孩子自我展示与提升的平台,促进孩子领略学习英语的乐趣、自信展示英语风采,进一步拓展青少年市场。中南卡通还通过与百草味的合作,推出联名款的芝士鳕鱼肠,将此前低幼人群的消费场景从吃和玩 2 个维度结合在了 1 个维度,同时又满足了当下很多妈妈对健康饮食的需求。此外,中南卡通和百草味还将进一步强强联手,推动更多其他适合低幼人群及儿童的产品上市,真正给孩子们提供一些好玩、好吃、健康、有趣的产品。2019 年 5 月,在"扬国学之帆,绘动漫新篇"的产业发布会上,中南卡通揭晓了杭州动漫游戏协会与杭州萧山国际机场航站区管理中心的战略合作计划。作为杭州动漫游戏协会副会长单位,中南卡通促成了杭州动漫游戏协会与杭州萧山国际机场航站区管理中心的战略合作,计划将杭州萧山国际机场 T1 航站楼打造为一个动漫主题航站楼,以此彰显杭州市作为动漫之都的城市魅力。

在 16 年的发展过程中,中南卡通形成了以下的竞争优势:

(1)内容创意优势。中南卡通成立伊始,就与以漫画大师蔡志忠为代表的一批国际顶尖创意人才和编剧深挖内容,打造了一系列创意十足、健康快乐的动画作品。原创《天眼》系列、《乐比悠悠》系列、《魔幻仙踪》《钢甲小龙侠》等动画片,累计近 12 万分钟,屡获国际、国内大奖,先后在中央电视台、浙江卫视、湖南卫视等 400 多个国内电视台播出。

(2)国际合作上的先发优势。作为中国动漫行业的领军企业、首批国家重点动漫企业和十大最具影响力国家文化产业示范基地,中南卡通"走出去"步伐从未停歇,从 2007 年起连续 11 年被评为"国家文化出口重点企业""浙江省文化出口重点企业"。

(3)品牌地位上的领先优势。中南卡通是首批国家重点动漫企业,是十大最具影响力的国家文化产业示范基地,是全国精神文明建设"五个一工程"精神文明奖,是国家科技计划承担单位,是国家火炬计划重点高新技术企业,是浙江省文化产业示范基地,是浙江省版权保护示范企业。

(4)产业开拓上的创新优势。中南卡通打造了乐比悠悠品牌,品牌授权涵盖 6 大商业领域,分别为出版品及音像、主题商业、消费品、周边产品、舞台剧、童装衍生品牌,已开至近百家门店。

这些优势让中南卡通在开拓未来之路上有了更多"走在前列、创新创造"的底气和自信,也有了顺势成长、借势起飞的勇气和担当。

(三)小结

经过 16 年的精耕细作,中南卡通国际平台的定位逐渐清晰。这既是一个拥有年产数部电视动画、院线电影、真人影视、舞台剧等多元化作品矩阵的内容平台,也是一个具有最完整的动画生态链资源的平台;既是一个行业交流平台、平台沉淀平台,也是一个连接政府和国际资源的平台。中南卡通的发展经验有如下启示与借鉴意义:

1. 快和慢相结合。在快速迭代、日新月异的产业变化中,持续不断地制作最好的内容。创意要快、故事要慢,技术要快、制作要慢,意识要快、布局要慢。持续打造创意十足、健康快乐、高质量、高标准的动画作品。

2. 产业的引领和创新。从内容到观众,从产品到商业,整合产业生态上下游的能力和资源,让内容和产业各端相互赋能、相互协同,创造出更多的新兴生态、新兴产业,改变产业模式甚至人们的生活方式。

3. 品牌的价值创造。企业长远发展需要建立稳定的品牌,品牌塑造、拓展和经营是企业只争朝夕的责任和战略。用高品质的作品保证品牌效应,用作品的特色树立差异化竞争优势,用不断推出的新作品保持品牌的持久活力,以内涵拓展和市场终端、多元渠道、外涵延伸的不断扩大,进行深度的品牌运营和有效的品牌管理,创造品牌效应,提升品牌价值,形成进军国际市场的品牌优势。

4. 国际化的加速布局。现在的中国动画产业正在进入一个动画文化强消费、中国文化在全球进一步扩大影响和市场的机遇期。文化走出去的迫切感逐步增强,"一带一路"的国家大战略,中国实力和国际影响全面提升,全球化的变革和融合逐步增强,中国的动画需要抓住这个机会,让中国形象通过动画故事的全球传播在世界上更加闪亮。

5. 平台的链接。中南卡通既是一个产业交流合作平台、品牌沉淀延伸平台,也是一个连接政府和国际资源的平台。事实证明,平台的所有资源组成了强大的中南生态花园,可以生长出无数新的内容、新的团队、新的创意、新的IP。这些内容此起彼伏、相互支持、相得益彰,带来资源的整合性、开放性和扩张性,创造新场景、新生活、新空间、新商业。可以预期,这种基于多元内容的全产业链新商业模式将几何级地放大产业规模。

## 六、咪咕数媒

### (一)企业简介

咪咕数字传媒有限公司成立于2014年12月18日,是中国移动旗下开展全媒出版、人工智能、富媒体手机报业务的专业互联网公司。其前身是中国移动手机阅读基地,2009年初在中国移动浙江公司启动建设,主推手机阅读业务。2011年,中国移动与原新闻出版总署签署了战略合作备忘录,实现了与国家政策平台的进一步对接。2013年12月,中国移动发布商业主品牌"和",手机阅读业务更名为"和阅读",并在2015年正式挂牌转型成为咪咕数字传媒有限公司,"和阅读"也正式更名为"咪咕阅读"。2016年咪咕数媒建立了以咪咕阅读、咪咕灵犀、手机报为核心的三大产品体系,承担起中国移动在新媒体时代的产业化发展转型重任。

咪咕数媒紧随时代大趋势,致力于打造百亿规模产业,持续推动并创新手机阅读、新媒体业务的发展和用户体验,从而推动用户规模以及会员数量扩大;积极打造国内领先分发平台,提升智能化、社交化运营能力;努力构建多元化发展格局,拓展在线教育、有声阅读、全版权经营、海外阅读等领域;全力打造开放透明平台,构建融合、创新、共赢的手机阅读产业生态圈。经过 10 年的发展,咪咕数媒如今已经成为国内极具影响力的手机新媒体平台,打造了国内最大的数字阅读产业生态圈,合作伙伴超过 1000 家,与新华社、人民日报社、青年文摘、瑞丽等媒体强强合作,建立了超 200 种产品的手机报体系,覆盖全国多个省市;打造了最大的正版图书汇聚平台,累计超 50 余万册正版图书资源,涵盖了图书、杂志、漫画等产品,覆盖 90% 以上的榜单图书;并且是国内最大的读书俱乐部,其手机书友悦读会规模达 5000 万用户,会员超 6000 万,已在全国 200 多个城市举办超过 1000 场名家活动,邀请上百位名人名家分享读书感悟,全力服务于全民阅读发展,推动开创中国数字阅读崭新纪元。

**(二)经营发展特点**

1.在运营和产品上打造极致的用户体验

咪咕数媒在运营上一方面结合最新影视、游戏等娱乐热点以及对用户偏好的精准分析,为其推荐相关联的内容类型;另一方面,定期举办悦读咖系列的线下活动,并在线上同步直播,为用户提供与作家沟通交流的平台。在产品体验层面上,咪咕数媒做到基于大数据的千人千面。通过"人工智能+数字阅读"模式,对海量内容进行分析处理,为用户提供个性化的推荐和方案,解决用户找书难的问题;同时,能识别色情内容,拦截广告和暴恐信息,给用户提供健康无忧的阅读环境;此外,还开展精品图书制作,支持多种格式文件导入阅读,提供护眼模式、云同步等优秀阅读体验,支持各地方言朗读和调整语速,主页根据用户阅读轨迹进行智能推荐,打造个性化数字阅读,提升用户的阅读体验。此外,还通过与媒体进一步加深合作,对产品形态和业务模式进行深度创新,推动产品向本地化、行业化延伸,打造一省一报、一省一端、一企一报等产品,实现内容差异化竞争优势。

2.全媒出版的创新者,全民阅读的践行者,全新知识的传播者

根据市场形势和自身实际,咪咕数媒提出了"三全三者"的企业使命,即要做"全媒出版的创新者,全民阅读的践行者,全新知识的传播者"。

面向产业,做全媒出版的创新者。全媒体出版强调的是多渠道的同步出版,图书一方面以传统方式进行纸质图书出版,另一方面以数字图书的形式通过互联网、手机、手持阅读器等终端数字设备进行同步出版。咪咕数媒作为国内领先的数字内容汇聚和分发平台,创新地打造了纸质出版、电子出版、有声出版、视频出版、衍生出版五位一体的全媒出版模式,几乎囊括了整个数字阅读产业链,进一步带动了整个产业链,具有标杆性的示范意义。通过引进版权、自签约作家、自出版图书等方式,在构建正版图书汇聚平台的同时,建立起数字版权库。开展重点 IP 项目孵化,构建全 IP 产业链,不断放大产业价值。开展创新项目,如咪咕中信书店、咪咕京东书城、咪咕 Kindle 等。

面向社会,做全民阅读的践行者。随着数字阅读产业的发展,网络文学阅读用户不断增长,咪咕数媒为了推动全民阅读,需要不断提升用户的参与度以及满足用户需求。通过开展

"悦读中国""悦读会大家"等活动,并承办中国数字阅读大会等项目,来提升广大人民群众精神文化消费水平;通过挖掘用户的需求,推出多项有效且有趣的阅读方式,精准定位不同的用户群体,提供给用户全新的阅读体验,极大地助力全民阅读的落地。此外,咪咕数媒积极开展付费模式的变革,推出会员服务和包月模式,降低了阅读门槛;积极打造"悦读咖"平台,邀请知名作家参与,为作家与读者搭建沟通的桥梁,从而提升读者的参与性和互动性,更大程度上助推全民阅读的落地。

面向用户,做全新知识的传播者。咪咕数媒一直以来都以传播优秀文化和助力传统媒体转型为使命,通过咪咕阅读、在线教育、灵犀智能语音等多领域产品,以创新的方式传播知识;从传统数字阅读拓展到有声阅读、电纸书等全新内容形态,富媒体展现,优化用户的阅读体验。

3.利用内容资源优势,打造IP产业链

咪咕数媒内容资源极其丰富,涵盖了图书、杂志、漫画、新闻等产品,覆盖从中小学生到中老年人的广泛群体。基于内容优势,咪咕数媒在发展过程中突出运用IP策略,即用优质IP在咪咕文化体系内形成自循环,通过咪咕阅读、咪咕Kindle、咪咕灵犀智能语音等多领域产品,以创新方式传播知识,实现传统数字阅读向多种内容形态转型。相比传统出版企业,咪咕数媒的特色在于从时下火热的网络文学入手,注重内容的创新,有独立的"自签约、自出版"系统。以咪咕数媒的50多万册内容资源为基础,公司不仅能通过自己创作优质内容,还可以借助CP引入内容并将其IP化,例如改编成影视剧、游戏等等,构建起全媒体出版链。此外,未来的IP开发模式将不只是单纯地从文字改编成影游,还能从泛娱乐产业链的各环节上衍生出多种发展方向,比如将影游改编成文学作品。

4.深入版权维护,提供优质内容

作为数字阅读的龙头企业,咪咕数媒一直致力于数字和有声版权的保护,始终严格遵守先授权再传播的原则,在版权审核、运营、拓展和维护等各个环节都具备强烈的版权保护意识。但由于数字出版物具有搜索即使用、点击即阅读、下载即复制的特点,极易被大规模、快速、隐蔽地复制、传播和盗版,许多不法网站剽窃他人作品,通过虚假注册和链接进行非法传播,使得著作人的合法权利无法得到有效的保障。针对目前数字阅读产业中的版权纠纷,咪咕数媒带头移动电子书制作格式、版权保护方面的团体标准制定工作,从源头上预防和解决版权问题。咪咕数媒还着力于人工智能的技术开发和应用,通过语料收集和数据积累来辅助内容相似性的判断。此外,咪咕数媒还联合浙江省版权局成立"咪咕数媒版权服务工作站",通过咪咕文学网为广大作者提供作品版权登记和版权保护服务,为多位知名网络作者提供了版权登记服务,打造出一个面向全国的集作品登记、版权咨询、版权交易、纠纷调解、打盗维权于一体的综合性版权服务平台。

(三)小结

移动互联网的迅速发展,带动了移动网民数量的迅速增长,使移动阅读成为数字阅读的主要方式。作为新兴的互联网领域的细分行业,数字阅读具有良好的发展前景。随着中国数字阅读行业的逐渐成熟,传统版权机构也积极响应国家呼吁实施的"互联网＋"战略,寻求高效利用版权资源和创新商业模式,实现传统阅读与新兴数字阅读的深度融合。

咪咕数媒作为国内数字阅读行业领先者,敢于创新,并紧随时代的发展顺势调整,形成独特的企业运营模式,在用户规模、产品体验、内容资源、运营系统等方面都具有一定的竞争优势。咪咕数媒多年来一直专注数字内容产业,不断深耕,通过丰富的内容资源、优质的推广渠道、雄厚的资金支持,不断提升服务质量,建立了以咪咕阅读、咪咕灵犀、手机报为核心的 3 大产品体系,业务覆盖多个省市,成为极具影响力的手机媒体平台,未来还将依托中国移动在 5G、AI、超高清等技术上的优势,进一步探索基于 5G 场景的阅读方式,推动数字阅读和人工智能结合,全面提升用户的阅读体验。此外,"三全三者"的发展理念为咪咕数媒的创新发展提供了源源不断的动力,咪咕数媒在内容创作、产品研发、运营推广、便捷支付和衍生拓展五大产业环节发力,形成了全媒出版模式,还在 IP 运营商业模式创新方面进行不断的探索。

咪咕数媒对文化传播业态的一系列创新举措和发展模式极大推动了数字阅读行业的发展,但目前数字阅读行业竞争愈发激烈,未来在渠道、版权等核心竞争方面的投入会逐渐加大,电子书与实体书的结合趋势也在不断扩大。随着 5G 的到来,数字阅读领域也将进一步实现空间与场景的拓展,咪咕数媒要不断提升其核心竞争力,始终保持创新才能在激烈的竞争中保持领先的市场地位。

## 七、思美传媒

### (一)企业简介

思美传媒股份有限公司是一家以内容为核心的传媒集团,是全国 30 强文化企业,是中国 4A 副理事长单位,也是中国第一家在主板上市的民营广告公司。公司于 2000 年在杭州成立,在北京、上海、广州、杭州都设有分公司,现员工总人数达 800 余人,旗下设有思美广告、思美影业、思美科技、思美体育、思美创新等多个事业群,拥有掌维科技、观达影视、科翼传媒、智海扬涛等多家内容及营销领域的子公司。思美传媒成立初期仅为客户提供媒介代理中的购买执行服务,随着客户数量的增多和能力的提升,开始逐渐提高业务水平,拓宽业务范围,将媒介代理业务由单一的购买执行提升为全面的媒介策略服务,包括媒介策划、购买、监测评估等,在 2002 年创立了品牌管理服务,并从 2004 年起开始在全国各地设立分公司,将业务拓展至全国。之后几年内,思美传媒的综合实力稳步提升,业务结构也逐渐完善,为客户提供从市场调研、品牌策划、广告创意、广告设计到媒介策划、媒介购买、监测评估的一条龙服务,真正完成了从一个传统的媒介购买执行代理向一个具有自主研发能力的、技术过硬的全国性综合服务类广告公司的跨越升级。2019 年,思美更是迎来了一个重要的转变:四川省旅游投资集团成为思美的控股股东,开启了民营与国资优势互补、融合发展的混改新格局。

思美传媒目前致力于为客户提供从品牌管理与广告创意、娱乐内容营销、数字营销、全媒体策划及代理、公关推广到效果监测的全方位整合营销服务,主要业务类型有营销服务、影视内容、数字版权运营及服务。其中,营销服务业务包括电视、互联网、户外、广播、报纸、杂志等全媒体策划及代理,综艺节目及影视剧宣发,品牌管理与广告创意等;影视内容业务包括电视剧的策划、制作和发行,电影制作发行以及影视内容的相关服务;数字版权运营及服务包括数字阅读和音频运营。

思美传媒以"全景•精准•传播"作为公司文化,以"以需求为驱动,以内容为核心,以价值为目标"为战略理念,在消费升级大趋势下深度洞察目标群体的消费方式,紧紧围绕内容这个核心资源,提供精准的服务和合理的传播方案,全面提升客户的品牌价值。

### (二)经营发展特点

1.由区域性单一媒体服务类公司跨越升级为全国性综合服务类广告公司

移动互联网时代的到来和内容营销的发展给本土广告业带来了机遇。一方面,消费者本身的媒介接触渠道已经发生很大变化,从传统的报纸、电视向互联网及移动互联迁移,这相应地导致广告主预算分配的转移。另一方面,从公司本身经营的角度看,中国经济增长放缓,各公司都要追求KPI,所以需要去寻找一些新的生意增长点。这两方面都使得移动互联和内容产业成为广告公司青睐有加的领地。思美传媒以往属于相对传统的企业,在新形势下寻求发展,做了大量转型的准备,具体方向就是互联网和娱乐内容产业。

思美传媒面对新形势开始积极转型。在互联网方面,思美传媒收购了主营搜索业务的爱德康赛。搜索是互联网、移动互联的头一块,可以积累大量用户数据,而数据将是未来互联网发展的重要方向,思美传媒通过这一项收购,可以借助数据挖掘完善消费者的细分定位。在娱乐内容方面,思美传媒收购了两家公司,分别是掌维科技和观达影视,前者做文学IP,后者经营电视剧制作。此外,思美传媒还收购了主营综艺节目宣发和节目制作的科翼传播。由此可见,思美传媒正在努力布局内容生态,从文学IP开始,到编剧、制作、宣发,再到艺人经纪,打通整条产业链。

2.打造生态圈和产业闭环,外延内生共发展

思美传媒在广告文化产业中深耕十几年,一直专注于此,这是企业能够持续稳定经营的重要因素之一。在保持专注的同时,面对越来越多的竞争,思美传媒也在积极打造生态圈和产业闭环,从而在多维度的竞争格局中更具优势。思美传媒是一家以内容为核心的公司,通过内容打造产业链,为品牌定制专属内容,由此提高品牌和内容的契合度。基于这一逻辑,思美传媒从广告端出发,逐渐走向生态链上游,收购观达影视、掌维科技、科翼传播等企业,加速互联网整合营销行业布局,一条从IP源头到内容制作,到宣发及衍生品开发为一体的内容营销全产业链已然成型。

而思美传媒的外延内生式发展则遵循两条主线:一方面,通过外延并购行业内的龙头公司不断壮大自身,从区域龙头企业向全国行业领先者发展;另一方面,从传统媒体向新媒体延伸,进一步深化现有业务的专业深度和广度,提升综合服务水平和专业服务能力,从而成为中国一级综合服务类广告企业。

3.技术与创意相结合,不断寻求突破

广告行业发展 30 年来,随着产业结构升级、品牌消费需求和城镇化的推进,居民的购买力得到进一步提升,同时,信息化消费又对广告行业进行了细分深化与升级,我国的广告行业正走向快速发展阶段。如今,数据化、专业化已成为广告行业明显的发展趋势,顺应该趋势,思美传媒持续加大投入技术研发,积极引入、消化、吸收和创新技术,依托公司的技术优势,率先将创意和技术相结合,拥有了业内领先的媒介策划能力和具有自主知识产权的数据分析体系,获得多项软件著作权,汇聚成公司独有的竞争优势,并进一步构筑起思美传媒的媒介策略优势,推动公司的媒介代理业务迅猛发展,进而铸就规模优势等。环环相扣的核心竞争力使公司在瞬息万变的广告行业中始终常青,并获得高速成长。

4.深度分析,呈现品牌创意

广告行业是一个极具创新性的行业,能否把握客户需求的发展趋势、及时为客户提供创新服务,是影响一个广告公司能否快于行业发展的关键因素。思美传媒能够从一家民营的传统企业成长为国际化标准与本土化实践相结合的业界领跑者,不单是因为具有自主研发能力以及过硬的技术,更是因为思美传媒始终保持创新。目前,客户对整合式营销的需求不断增加,因此,思美传媒进一步优化公司的业务结构,在电视媒体之外,积极布局户外、广播、报纸、杂志等多样化的媒介形式,尤其是加大互联网等新媒体业务的布局,打通、整合传统媒体和新媒体,走向多元化业务发展。此外,在新的消费背景下,思美传媒洞察到"90 后"与"00 后"成为营销行业的受众群体,其消费观念、生活方式等会影响品牌推广程度与效果;新中产也是思美传媒极其关注的群体,该群体规模大,并逐渐成长为消费主力军,他们对内容、运动、奢侈品等事物的观点和需求,将影响产业未来的发展方向和消费升级的趋势。思美传媒凭借其敏锐的商业嗅觉,对这两个群体进行深入分析以及洞察消费需求,寻找创新点和突破点,在行业内始终保持快人半步的节奏。

在品牌创意呈现方面,思美传媒洞察到内容付费已经成为习惯和趋势,最直接的影响就是会员用户可以跳过广告,如此广告的接受群体就大大下降。思美传媒基于这一点通过深度传播方式,创意地在电影、电视剧或者短视频播放过程中呈现广告,不仅与视频内容契合度高,而且能够带给消费者深刻的印象,还可以借助场景营销,将品牌产品推广进入另一个领域。

**(三)小结**

近年来,互联网媒体的迅速崛起逐渐改变了人们的生活方式,广告主的需求以及媒体的竞争格局也在发生着巨大的变化。一方面,国民经济持续良好运行,下游各行业发展势头迅猛,竞争加剧,广告主逐渐重视品牌的建立和质量的提升,以品牌为核心已经成为企业重组和资源重新配置的重要机制;另一方面,媒体行业产业化日益加深,竞争加剧,如何优化媒体配置,精准到达受众也成为广告公司需要为广告主解决的难题。此外,政策的利导给予了广告行业一个优厚的发展环境,在国家政策支持,国民经济稳步快速发展,人民消费能力日益提高的背景下,我国广告业的发展潜力巨大,机遇也越来越多。

消费升级、技术革新,传媒生态正在不断变化中,思美传媒洞察趋势,以转型升级去迎接更多的挑战。思美传媒通过业务模式的创新与多方位的合作,以内容为核心,通过资源整合,不断完善产业布局,加强影视内容产业链的开发和拓展,同时向体育产业、内容衍生品开发、内容电商等泛娱乐领域纵深发展。2018年,思美传媒完成了组织架构的调整,将既有的整合营销传播服务团队整合形成思美广告事业群,内容及内容营销团队整合形成思美影业事业群,并伴随新业务的开拓成立了思美科技、思美体育、思美创新3大事业群。由此,以思美传媒为平台,开放式、多元化、五位一体的思美传媒生态圈体系雏形更加清晰地显现出来,并不断延展。围绕"内容"这个核心资源,思美广告、思美影业、思美科技、思美体育、思美创新5大板块独立运作,相互赋能,创造出更多具有价值的商业模式,实现业务创新,满足品牌需求,为提升品牌价值而贡献力量。

思美传媒清晰明确的发展思路给广告行业带来新的活力和气象,带动被低估的广告业整体市值的提升,成为全媒体整合营销领域的领先者。2019年是思美传媒继往开来的一年,思美深耕专业,锐意创新,不断提升服务能力和行业竞争力。同时,思美也迎来了一个重要的转变:四川省旅游投资集团成为思美的控股股东,开启了民营与国资优势互补、融合发展的混改新格局。在百年大变局的大时代,四川旅投在求变,思美也在求变,历史渊源、文化同向、时代大势让四川旅投与思美传媒走在一起。未来的思美传媒还将面对更多的挑战,也面临更多的机遇。

## 八、浙数文化

### (一)企业简介

浙报数字文化集团股份有限公司脱胎于中国报业集团中第一家媒体经营性资产整体上市的公司——浙报传媒集团股份有限公司。2011年,浙数文化在上交所借壳上市,是国内首家媒体经营性资产整体上市的报业集团公司,也是浙江省首家上市的国有文化企业。公司围绕上市前确立的"传媒控制资本、资本壮大传媒"理念,在国内率先践行"新闻+服务"商业模式,构建"3+1"大传媒产业格局,全力向"互联网枢纽型传媒集团"的战略目标迈进。2013年,浙数文化收购边锋网络、上海浩方两大互联网游戏平台,开始搭建数字娱乐平台。2016年,浙数文化投建包括浙江大数据交易中心、"富春云"互联网数据中心、"梧桐树+"数据产业园、大数据产业基金在内的"四位一体"大数据产业生态圈,同时成为A股市场唯一一家建设大数据交易中心的上市公司。2017年,浙数文化启动第二次重大资产重组,剥离新闻传媒类资产,全面向互联网数字文化产业集团转型。2019年,浙数文化依托于党报集团、上市公司的资源禀赋和技术积累,积极探索媒体融合发展新路径,以短视频为抓手,全力筹建集内容聚合、审核、分发、变现为一体的"融媒体云平台",注册资金5亿元的浙报融媒体科技(浙江)有限责任公司全新亮相。

浙数文化经营的业务主要有数字娱乐事业群、大数据事业群、数字体育事业群和文化产业服务及投资业务。数字娱乐事业群以边锋网络和上海浩方为核心,一边深入研究用户的需求，以此开发针对性极强的游戏，一边加大投资并购力度和推广力度，全力拓展国内市场。目前，边锋网络移动休闲游戏已覆盖全国多个省市，在全国多个地区市场份额均处于领先地位，位列国内互联网休闲游戏行业第一梯队。在大数据事业群业务上，浙数文化大力推进"四位一体"大数据产业生态圈及核心单元"富春云"互联网数据中心的发展，推动落实与中国移动的合作，大力探索新技术。同时进行业务拓展，大力投入国家级重点项目和参与杭州市"城市大脑"项目的建设研发。在数字体育群方面，浙数文化全力整合内外优质资源，通过举办赛事和开展节目等工作为用户提供优质的体验。在文化产业服务及投资业务方面，浙数文化大力推进原有业务发展的同时不断推动创新，开展电商视频融合、新媒体运营、新零售等新业务，积极构建电商生态服务集群，此外不断提高业务的服务质量，积累优质用户，文化产业服务板块的效益有较为明显的增长。浙数文化围绕着公司的战略目标，不仅做好了往期项目的工作，还将继续着力寻找与公司未来业务发展方向契合的优质标的进行新一轮布局。

目前，浙数文化以"浙江及国内传媒数字经济的领跑者"为发展目标，聚焦于数字娱乐、大数据、数字体育等核心业务，重点打造数字文化及政府数字经济赋能平台两大核心板块，同时发展电商服务、艺术品服务等文化产业服务和文化产业投资业务，大力推动公司高质量、可持续发展。

**（二）经营发展特点**

1. 前瞻性的战略规划推动发展互联网枢纽型集团

新媒体的冲击使得传统纸媒发展遭遇瓶颈，而游戏电竞与大数据行业愈发繁荣，顺应市场趋势，浙数文化的转型也势在必行，其凭借科学的战略规划，在同行业中始终走在深化改革、产业创新的前列。2011 年成功借壳上市后，浙数文化围绕"传媒控制资本、资本壮大传媒"的理念，在国内率先践行"新闻＋服务"的商业模式，构建"3＋1"大传媒的产业格局，并收购边锋网络和上海浩方，以这两者为核心开始搭建数字娱乐平台，深度布局互联网游戏和电竞格局，由此公司核心主业已转变为新业态，既发展线上媒体业务，又打造游戏、电竞全生态圈，更将大数据业务作为未来核心突破口，又在 2017 年剥离新闻传媒类资产，全力聚焦数字娱乐、大数据、数字体育等发展前景良好且已经完成深度布局的核心互联网新兴产业，同时通过投资、孵化介入了人工智能等高新技术领域，进一步完善各产业生态链。

浙数文化作为国内较早布局互联网数字文化产业的上市公司，充分利用了资本市场先发优势，在战略规划、经济实力等方面始终走在行业前列，每一步都朝着建设国内领先的互联网数字文化产业集团迈进。如今，数字娱乐事业群核心板块边锋网络是数字娱乐行业内领先的游戏平台，深耕互联网休闲娱乐领域，在互联网行业得到了高度的肯定评价。2019年，边锋网络保持强劲增长势头，稳固占据国内互联网休闲游戏行业主要市场并持续拓展，继续有力支撑公司业绩稳定和增长；数字体育事业群依托国内领先的行业资源，运营了战旗直播、上海浩方等电竞产业平台，同时举办各类电子竞技赛事，线上与线下用户资源的衔接和应用能力较强，在国内电竞行业中具有较强影响力；此外，富春云公司在互联网数据中心建设中取得突破,实现盈利目标,并积极开拓以优质 IDC 服务为基础的各类数据增值服务。浙数文化未来将继续围绕边锋网络这一主平台构建全产业链数字娱乐生态圈,实现全面互联网化发展。

2. 积极布局新市场,外延内生式发展

浙数文化数字娱乐事业群以边锋网络为基石,紧随市场趋势,将游戏市场朝移动端倾斜,通过几年的布局和打拼,游戏产品成功实现了从 PC 端跨越到移动端的目标。此外,电竞行业的火热促使浙数文化大力整合资源,聚焦电竞游戏直播并强化电竞赛事的内容制作和传播能力,并积极布局移动端、电视端市场,拓展传统体育赛事内容等领域。目前,休闲游戏移动端产品在浙江省内已实现深度覆盖,同时通过自研、并购等手段,和新加入的天天爱、乐玩互娱、北京梦启等十余个成员企业实现快速融合,抢占市场的协同效应凸显,在全国 20 余个省份完成布局且在其中部分地区已处于领先地位,为公司经营大盘整体保持稳定增长做出了重要贡献。边锋网络更是在海外市场等创新领域进行了布局,有数十款海外产品上线运营。

浙数文化的外延内生式发展战略对内启动了战旗直播整体转型,和以大数据和云计算技术为重要支撑的融媒体云平台建造、政务服务网事业中心拆分重组等工作;对外启动了对创业板上市公司"迅游科技"的股权收购工作。迅游科技的用户与产品有利于公司游戏业务的拓展和提升,而其团队的大数据技术能力则有利于推动公司大数据业务的发展,为公司后续发展注入动力。此外,浙数文化还与中国电信、中国移动等建立稳定的合作关系,引入阿里巴巴等优质合作伙伴,更是深度参与"数字浙江"项目开发建设,出资 3500 万元参与设立云栖城市大脑科技(杭州)有限公司。

3. 充沛的体制机制改革

浙数文化按照中央、省委精神,紧抓市场机遇,在国家大力扶持电子竞技和大数据产业的背景下,作为国企持续推进传统媒体转型升级,进行全面深化改革并将其转化为充沛动力。浙数文化在体制机制改革期间剥离纸媒业务,消除了纸媒下行风险、强化公司业务成长性与活力,迅速完成业务架构重组,在原有"3+1"模式上搭建数字娱乐、数字体育、大数据三大事业群构架,增强机制活力与竞争力。浙数文化以改革破解体制障碍和各种矛盾,建立完善符合市场规律、行之有效的公司管控模式,强化了公司全方位的精细化管理。同时,进一步优化管理机制以应对市场上的竞争需求并充分调动公司人员的积极性;在公司激励机制上进行创新,优化公司绩效考核体系,探索建立一套适应互联网数字文化集团的考核激励机制,实现公司事业发展和人才全面发展的有机结合、高度统一,从而进一步提升公司的市场竞争和持续发展能力。

(三)小结

由于网络技术的发展,依托互联网技术而生的新媒体不断受到关注,颠覆了传统媒体的商业模式,导致传媒格局发生了深刻变化,在新媒体时代下,传媒业已经突破了以前单纯的信息传播功能,而是向更多的领域渗透。在互联网等数字浪潮的冲击下,借力数字技术寻求报业的数字化生存空间,实现从新闻报道理念到运作流程再到经营管理体制的全面革新,进而改写传媒格局,成为传统报业集团必须要解决的问题。

面对当前新媒体的高速发展和传播生态的深刻变化,浙数文化作为全国第一家媒体经营性资产整体上市的省级报业集团,围绕"传媒控制资本、资本壮大传媒"的理念,在国内率先践行"新闻＋服务"的商业模式,并及时布局互联网相关领域,致力于推动传统媒体和新兴媒体融合发展,更在 2017 年完成重大资产重组后全盘剥离了新闻传媒类资产,全力聚焦拓展数字文化产业。浙数文化深刻认识到只有互联网和大数据才代表未来趋势,通过收购边锋网络和上海浩方,进一步聚焦数字娱乐产业,以边锋网络为核心顺利实现搭建数字娱乐平台的战略布局,初步构建起新闻传媒、数字娱乐、智慧服务和文化产业投资"3＋1"大传媒产业平台,同时加快布局影视、互联网视频和动漫产业,突破数字娱乐产业链两端的短板,建设完整的数字娱乐产业链,朝着浙江及国内传媒数字经济领跑者的目标迈进,建成具有较强综合实力和竞争力、高质量、现代化的新时代一流传媒集团。

新媒体的裂变式发展,带给传统报业极大的挑战和冲击。浙数文化顺应变革趋势,由传统报业向数字娱乐产业转型升级,成为浙江省传统纸媒数字化转型的范例。

## 九、华数传媒

### (一)企业简介

华数传媒控股股份有限公司(以下简称"华数传媒")是华数集团旗下专业从事数字电视网络运营与新传媒发展的上市公司,主营业务包括杭州地区的有线电视网络与宽带运营以及面向全国的互动电视、互联网电视、手机电视与互联网视听等在内的新媒体新业态业务。

2012 年 10 月 19 日,作为文化体制改革典型企业,公司通过借壳 ST 嘉瑞登陆深圳主板(股票代码:000156)。自上市后,基于良好的经营业绩及增长潜力,公司入选深市精选、深证成份等多项指数,并连续多年入选世界媒体 500 强。

华数传媒目前是全国领先的互动电视、手机电视、互联网电视等综合数字化内容的运营商和综合服务提供商之一,位居全国新媒体和三网融合产业发展的第一阵营。其服务覆盖全国 29 个省近百个城市的有线网络以及三大通信运营商与上亿互联网电视用户;主营业务为杭州地区有线电视网络业务、全国范围内的新媒体业务、宽带网络及智慧城市业务,重点包括以下业务:

(1)杭州地区有线电视网络业务,主要包含在杭州市区及各区县开展有线电视网络建设、节目内容传输服务。

(2)全国范围内的新媒体业务,主要指面向全国的新媒体内容、技术服务及运营,包括互动电视、手机电视、互联网电视,及互联网视听的内容、技术服务与运营业务等;新媒体业务通过电视机、电脑、手机等终端,为用户提供海量、清晰、双向个性化自主选择的视听节目内容及相关增值服务,满足人们日益增长的文化生活需求,是公司的重点业务发展方向。

(3)宽带网络业务为面向个人客户和集团客户(包括政府及所属部门、企事业单位)的宽带网络业务及基于宽带网络的信息服务业务。

（4）智慧城市业务，主要为围绕公司战略，以"慧政""惠民"为两大抓手，面向集团客户（包括政府及所属部门、企事业单位）开展的智慧城市建设相关业务。具体包括参与杭州"城市大脑"建设、智慧政务、智慧安防、智慧城管、智慧小区等重点业务。

**（二）经营发展特点**

**1. 发展战略**

基于现阶段外部环境和华数传媒的核心能力，华数传媒在保持和发展现有业务的同时，努力谋求公司业务跨网络、跨应用和跨媒体发展，积极探索"三网融合"创新发展的新模式，结合广电网络的自身特点和优势，制定了"跨代网、云服务"的三网融合发展策略。同时，华数传媒大力实施走出去、规模化的发展战略，通过市场化的方式实现了浙江省内各地市有线电视网络的业务联合，新业务范围覆盖浙江全省 600 多万户有线电视用户，凭着自身在互动电视技术、内容、应用、运营等方面的积累，华数传媒与北京、重庆、陕西、安徽、云南、新疆、河北、武汉、厦门、福州、南昌等全国 25 个省百余个城市的广电网络建立了联合运营的战略合作伙伴关系，共同推进"下一代广播电视网"（NGB）的发展。

**2. 多通道媒体内容运营平台**

目前，华数传媒已经建立起多通道媒体内容运营平台，主要包括互动电视平台、互联网电视平台、PC 平台、手机平台和 PAD 平台，通过不同的平台最大限度地覆盖受众，并借助多通道媒体内容运营平台更好地提升用户使用体验，为用户提供更优质的服务，塑造品牌形象。现主要介绍华数传媒在市场上占据有利地位的互动电视平台和互联网电视平台。

（1）互动电视平台。在国内，华数传媒的互动电视平台起步较早，并且通过华数研究院和有线电视网联盟奠定互动电视行业标准，发展迅速，占据国内互动电视市场的 90% 左右，处于垄断地位。华数传媒拥有全国最大的数字化节目内容媒体资源库，是全国最大的互动电视内容供应商。

华数互动电视平台所提供的互动电视服务首页均采用当地 LOGO，均可设置本地化个性内容按钮。其首页包括时尚影视包、新闻、体育、娱乐、家庭电影院、强档电视剧、高清、教育、财经、游戏、生活、政务和自助服务等栏目。在互动电视的运作模式上，华数传媒主要负责整个平台内容架构的搭建；在节目传输上，将协议定的片库底量传输至当地 FTP；在节目制作上，包括打点等工作；在节目更新上，包括审核、推送、编排、发布；在节目下线上，每周下线点击量低和过了时效性的节目，以便空出存储空间更新节目；在节目策划上，包括各板块的热点专题策划和上线（本地化热点建议双方配合完成）；在产品部署上，包括各项产品的规划、打包上线。互动电视服务当地供应商主要负责确认片库总存储量、扩容计划、临时存储空间大小；负责传输到位节目的测试并及时反馈；负责存储空间预警提醒，如存储库即将存满需及时提醒；负责每周提供当地影视的资讯，如院线电影的档期、正在热播的电视剧；负责及时提供当地新闻事件、活动等信息以便提供当地个性化内容策划；新产品上线时配合联测；负责专职策划人员配备，负责本地信息对接等工作。

华数传媒互动电视能够提供丰富的互动电视内容,并且采取华数传媒和互动电视服务引进方双方分工明确、便于协作的运作机制,从而不断推进自身互动电视业务的发展壮大。

(2)互联网电视平台。目前,华数传媒主推的互联网电视形态是基于浏览器形态的互联网电视。华数的互联网电视占据了国内整个互联网电视 70% 左右的市场份额,当前国内的 6 大电视机厂商同华数传媒合作的有 5 家,分别为 TCL、长虹、海尔、海信、创维。国外的电视机厂商同华数传媒合作的有 3 家,分别为索尼、松下和 LG。华数互联网电视的界面同互动电视风格大体一致,主要是为了树立"华数 TV"统一的风格,以便塑造和推广华数传媒的品牌。

华数传媒的互联网电视首页页面主要分为 5 个部分:关键字区、左侧点播区、首页大视窗轮播区、头条区域和热点专区推荐区。关键字区中关键字按钮有 5 个,从而丰富页面信息,此外,特色板块 LOOKING 全媒体是华数自己打造的,可以在电视机终端上搜索图片、文字、视频的搜索引擎。电视偷菜和宝石拼图部分,都可随时更新,并不固定。同时,通过在线营业厅用户可以查看账户信息等。在二级页面中,影视剧首页设有品牌专区,为各类不同喜好的用户提供服务,影视剧片库分类明确有序,主要分为偶像、情感、港台、刑侦、日韩、历史等栏目,同时,版块内设有影视剧关键词,聚焦影视明星,追踪影视热词,并提供完善的搜索功能,方便用户快捷找到所需要内容。在三级页面中,影视剧详细页提供评分和"鲜花鸡蛋"功能,增强用户使用趣味感和互动性,也便于公司更好地了解用户的喜好。

3.数字版权管理

华数传媒在内容选购、内容服务上形成精细化管理,采用数字版权管理方式,对内容进行更好的推广。数字版权管理(DRM)不仅是一种技术,更是一种数字内容管理和营销体系。它打破了一次订购永久拥有的传统内容订购模式,把高价值的数字内容分成多梯次的订购策略,以满足不同层次用户群体的消费需求,实现数字内容的定向营销。

华数传媒在引进内容时对内容资源进行有效分类,分别为全权独家、全权非独家、保底分成和纯分成,从而对内容资源进行重要度区分,确定推广程度和资费标准。华数传媒对内容资源所应用的平台也进行积极探索,TV 平台、PC 平台和手机平台进行各种优化组合,探索最利于公司内容推广的组合方式。对于不同的内容资源,华数传媒购买不同的授权期限,保证公司资金最优化利用,创造更大的价值。此外,近年来,华数传媒也不断合资拍摄优质内容资源,探索内容资源获取的新方式。同时,通过出售自有内容资源,为公司创造新的盈利点。

对于公司所拥有的内容资源,华数传媒根据数字版权管理对其进行有效分类,根据资源不同种类制定不同的资费标准,最大程度推广内容资源。DRM 技术使得数据业务内容的整个生命周期在内容商和运营者的掌控之中,可以实现更精细化的业务运营管理。

关于定价流程,首先,各节目部策划定价。其次,各节目部主管审批,大门户编辑部系统管理员绑定资费。最终,各节目部责编编排发布。资费构成中电影收费内容数量约 500 部,资费总体结构为 50% 收费＋50% 免费;电视剧收费内容数量约 200 部,资费总体结构为

50%收费＋50%免费。在保证标准包服务承诺的基础上,互联网电视内容构成根据点播数据及扣款实际情况做调整,实现互联网电视从免费向收费的逐步平稳过渡,并在后续运营中保持点播及扣款维持在相对良好的状态。

### (三)核心竞争力

#### 1.完备的经营资质

华数传媒是国内首家兼具有线网络与新媒体运营全牌照的上市公司。公司拥有开展有线电视网络运营业务所需的广播电视节目传送业务经营许可证,还拥有开展新媒体业务所需经营资质,包括互联网视听业务、互动电视业务、互联网电视业务、手机电视业务的信息网络传播视听节目许可证及开展互联网信息服务的增值电信业务经营许可证。上述经营资质和许可是公司利用有线网、通信网、互联网向用户提供视音频综合信息服务的政策保障,也是公司列居全国新媒体和三网融合产业发展第一阵营行业地位的优势保障。

#### 2.均衡的业务构成

公司主营业务包括有线电视网络相关业务、全国新媒体业务及宽带与智慧城市等业务。据统计,公司有线电视网络相关业务占总体业务收入比仅约1/3,互动电视、互联网电视等全国新媒体业务占比约1/3,均衡的业务构成使得公司在行业用户流失与严峻市场竞争的环境下,仍保持了经营业绩多年连续稳健增长的态势。

#### 3.多网融合的竞争优势

公司在杭州地区拥有独家的有线电视网、优质的宽带网络,并通过互动电视业务等新媒体业务的发展来提高宽带网络的使用率。同时,公司采用宽带网络服务与有线电视、新媒体业务捆绑销售的策略,为用户提供一站式的服务,有助于增强对用户的吸引力与服务黏性。多网协同发展、互相促进,是公司区别于其他网络运营商的竞争优势。

#### 4.市场先发优势

得益于起步早和市场化运营,公司通过多年努力,已与多数厂商、运营商形成良好的合作关系。在新媒体领域,华数为全国30个省市自治区及百余个城市广电网络提供互动电视内容、增值服务及解决方案,覆盖全国90%以上广电企业;互联网电视终端覆盖规模超过1亿台,激活点播用户超过8000万人。此外,华数拥有十余年的智慧城市建设与运营经验,致力于打造杭州城市信息化建设主平台,实现了电子政务、视频监控、应急指挥、智慧城管、智慧交通和"最多跑一次"综合自助机等信息化应用,在政府信息化领域已积累丰富的产业经验与良好的行业口碑。

#### 5.市场化机制和服务优势

公司在国有控股的资本构架下,实现了完全市场化的运营管理模式,在业务发展的过程中形成了以业务拓展和市场需求为导向的扁平化、市场反应迅速的经营管理优势。

#### 6.版权资源优势和内容服务优势

公司拥有庞大的版权节目资源,积累了800家全球内容合作商,并吸纳国内外知名节目内容供应商和众多普通节目内容供应商参与建设节目内容合作体系。公司拥有百万小时的数字化节目内容媒体资源库,包括电影、电视剧、综合资讯节目、娱乐综艺、原创动漫和音乐节目等。雄厚的媒体资源储备为与运营商和终端厂商的长期合作奠定了基础,为用户提供强大的收视保证。同时,除了购买版权,公司还通过参与投拍、股权投资等多种手段扩充公司版权资源,实现差异化的竞争优势。

7.混合所有制优势

公司通过非公开发行引入云溪投资作为战略投资者,成为第二大股东,是国内文化产业混合所有制改革的一次成功尝试。本次非公开发行的顺利实施,对公司增强资本实力、优化公司治理结构,引入互联网运营理念,加大产业布局,构筑垂直一体化的产业链优势,促进公司长远健康发展具有重要意义。

（四）小结

华数传媒拥有有线网络业务、手机电视与互联网电视等全国新媒体业务以及宽带网络业务方面的运营牌照或许可授权,是全国最大的互动电视、手机电视、互联网电视等综合数字化内容的运营商和综合服务提供商之一,位居全国新媒体和三网融合产业发展的第一阵营。

华数传媒良好的发展态势离不开其在发展战略、运营模式、多通道媒体内容运营平台和数字版权管理方面的成功经验。

首先,在发展战略上,华数践行"体制创新与产业创新相结合""文化与科技相结合""产业与资本相结合"的发展思路,紧抓我国三网融合快速推进及文化和信息消费快速增长的历史性机遇,积极响应建设"数字中国",贯彻落实国家广电总局推进"智慧广电"建设要求,在"新网络＋应用""新媒体＋内容""大数据＋开发"三大战略框架下,全面建设"智慧化新网络""融合化新媒体"和"数据化新平台",加快向智慧广电运营商和数字经济发展主体转型。并且,华数传媒能够根据外部环境不断调整公司的发展战略并制定出适合自身发展的公司战略以顺应趋势,不断推动自身发展。

其次,华数传媒逐渐建立起多通道媒体内容运营平台,通过众多平台尽可能实现对受众的全面覆盖,并通过增加内容投资和配置全类型内容节目,深化同内容供应商、电视机厂商的合作,以及认购其他传媒公司股票等措施不断促进平台发展。

最后,华数传媒在引进内容资源时充分考虑到自身需求和受众需求,根据不同的标准采购内容,采取数字版权管理方式,对所引进的内容资源进行精细化管理,从而使内容资源得到最大化利用,使投资得到最大化收益。正是基于以上措施,华数传媒收入和利润实现同步增长,其良好的公司运营模式为其他传媒上市公司提供了有益的借鉴。

（黎常　于小涵　张庆）

# 唐诗之路——浙江文化的新名片

## 一、项目背景与概况

2018年1月,浙江省政府工作报告指出,要"积极打造浙东唐诗之路和钱塘江唐诗之路"。2018年6月,浙江省委、省政府决策部署共建"诗画浙江大花园",提出重点打造"浙东唐诗之路、钱塘江唐诗之路、瓯江山水诗之路和大运河(浙江段)文化带"4条贯穿浙江全域的诗路文化带。"四条诗路"以中华传统文化精华的"诗"为线索,把浙江大地各型各类的历史文化资源、山水旅游资源有机串联起来,这在全国属于率先探索和创新实践,是对我国优秀传统文化的复兴和创造性的发展。

诗路文化带作为浙江省大花园建设的重要组成部分,已成为文化浙江建设的重要内容。为了推进诗路文化带建设,诗路沿线各地投入大量人力物力,启动一批诗路文化保护行动,实施一批诗路文化、旅游项目,开展一系列诗路宣传推广活动,取得阶段性成绩。据统计,目前全省诗路沿线已有262家重点文化企业、157个重点文化产业园区、249个重大文化产业项目、166个重点文化保护项目、137个重大文化活动、66个文化创意街区和62个服务文化产业发展的功能平台。

2018年6月,《浙江省大花园建设行动计划》正式发布实施,"打造唐诗之路黄金旅游带"作为浙江"全域旅游推进工程"重点内容,被列为大花园建设的十大标志性工程之首。唐诗之路黄金旅游带工程计划总投资2000亿元,建设期限为2018—2022年,通过深入挖掘1500多年前古唐诗之路的深厚文化底蕴,还原以萧山—柯桥—越城—上虞—嵊州—新昌—天台为主体的浙东唐诗之路,和以新安江—富春江为主线的钱塘江唐诗之路。

## 二、浙东唐诗之路

"浙东唐诗之路"是指古代剡中一条唐代诗人往来频繁、对唐诗发展有着重大影响的古代旅游风景线。它始自钱塘江边的西兴渡口,经萧山到鉴湖,沿浙东运河至曹娥江,然后沿江而行入,经天姥山,最后抵天台石梁飞瀑,全长近200千米。还有一条从新昌向东行经奉化溪口到宁波、余姚的支路,进入四明山和天台山水系汇注成的甬江到宁波,与浙东运河合江而出海,长130多千米。这条山水走廊覆盖了杭州、宁波、绍兴、台州、舟山5个地市,历经沧桑至今,仍清晰可辨。

在4条诗路中,"浙东唐诗之路"是目前建设最为成熟的。"浙东唐诗之路"这个概念最早由新昌学者竺岳兵于1991年提出,1993年经中国唐代文学学会多次论证命名。此后,"浙东唐诗之路"成为中国文学史上的一个专用名词,被称为继丝绸之路、茶马古道之后的又一条文化古道。

在经济繁荣的唐代,浙东的山水与文化令人们颇为向往与景仰。包括李白、杜甫在内的唐代大约有 450 多位诗人在此寄情山水、畅叙幽情,留下了 1500 多首唐诗,给浙东留下了一条唐诗之路。这条诗路不仅承载着丰厚的人文历史资源,而且沿途千岩竞秀、万壑争流、村野牧歌、清流舟筏,既有卧龙山、飞来山、蕺山、会稽山、东山、宛委山、秦望山、四明山、金庭山、石城山、沃洲山、天姥山、剡山、镜湖、若耶溪、曹娥江、小舜江、剡溪、灵溪等丰富优美的山水自然资源,又有炉峰禅寺、大佛寺、法华寺、云门寺、称心寺、国清寺等佛教与道教禅修圣地。此外,还有曹娥庙、孝子陵等儒家孝道文化感悟体验场馆和遗迹等等。唐诗之路集合了山水旅游资源、佛教、道教禅修文化、儒家孝道文化、诗路历史文化等,文化产业基础雄厚,文化市场广阔。

近年来,浙江频频"出招",推进"浙东唐诗之路"建设,地方政府通过修缮自然地理路径,挖掘沿途风俗文化,积极推进全域旅游,通过文旅融合助推乡村振兴,让其重焕生机。

## (一)萧山

作为"浙东唐诗之路"的起点,萧山义桥镇积极打造浙东唐诗之路旅游节点小镇,以重修渔浦老街为切入点,恢复老记忆,再现渔浦繁华风貌和山水人文美景。渔浦老街将在 2019 年 9 月底修缮完工,并通过重走浙东唐诗之路、举办渔浦文化节、出版有关文集等活动,进一步加大渔浦文化工程建设,全力打造义桥渔浦是浙东唐诗之路重要源头的标志性文化工程。

## (二)绍兴

绍兴是唐诗之路的精华路段,唐诗之路不仅是绍兴的一条山水诗路,还是书法、绘画、诗歌交相辉映的文化之路。为了让精美唐诗在绍兴大地上"活"起来,绍兴市旅委规划了"唐诗之旅"东线和西线游线。东线唐诗之旅沿途风景如画,湖光山色、茂林修竹,构成了如诗如幻的山水画卷,让游客"品读唐诗、寄情山水",循着"唐诗之路"领略绍兴秀美的山水风光。西线有许多古越遗址遗存,结合修禅礼佛、文化修学等主题旅游,整合沿途精华景点,让游客循着"卧薪尝胆""吴越争霸"等历史典故,以及范蠡和西施的传奇故事,寻访越国古迹,感受越地民俗。用"唐诗之路"串起绍兴全域旅游,既能让全域旅游有了文化品质内涵,也让全域旅游有了新的载体。2019 年,绍兴市文广旅游局将以鉴湖、曹娥江、若耶溪、剡溪、天姥山沿线精华段为重点,将"浙东唐诗之路(绍兴段)"打造成为最有影响力和体验度的文化旅游黄金线路。

## (三)新昌

2018 年,新昌围绕打造"浙东唐诗之路精华地"的目标,出台实施意见,启动编制浙东唐诗之路精华地总体规划和天姥山国家级风景名胜区专项规划,财政每年安排 1000 万元专项资金,并整合各线项目资金,向诗路建设倾斜。为积极打造"唐诗之路"品牌,成立了王羲之归隐地研究所,筹备设立天姥山文化研究会,推进学术研究和活化工程。目前,新昌已正式出版《天姥山唐诗三百首》等专业著作 14 本,发表相关研究论文 400 多篇,举办与唐诗之路相关的学术会议及研讨活动十余次,拍摄制作相关人文地理专题片 30 多部。

## (四)嵊州

以"浙东唐诗之路"核心区的建设提升为抓手,通过挖掘剡溪两岸自然风光和人文底蕴,嵊州市编制了"唐诗之路"剡溪风景旅游区规划,挖掘修缮了一批"唐诗之路"历史遗存,实施了 18.7 千米的诗画剡溪、沿江美妙三千米、访戴桥等项目,恢复了王羲之故居等诗路景观,整理了咏剡唐诗诗集,举行了"浙东唐诗之路"申遗暨剡溪文化系列研讨会、"我爱背唐诗"电视擂台赛和"走唐诗路、书唐诗情"名家唐诗之路采风行等活动,全面打造中国唐诗唐风体验旅游线。2019 年以来,该市根据我省打造"浙东唐诗之路"的目标要求,把"浙东唐诗之路"核心区打造纳入了省级全域旅游示范市创建的重要内容,制定了《嵊州市创建省级全域旅游示范区实施意见》,落实三年行动计划、一年具体举措,并安排旅游发展专项资金 3000 万元。

### (五)天台

天台致力于打造成为具有国际知名度的浙东唐诗之路目的地。近年来,天台县通过推进唐诗文化研究,赋予唐诗文化新内涵,做活了唐诗文化物化和产业化的文章。一方面,发掘诗路遗产,着力打造唐诗元素大花园。天台主动对接全省大花园建设,初步形成"一廊一馆两重点三小镇"格局:修建"百里和合唐诗廊",营造"百里游廊千首诗"景象;筹建唐诗之路博物馆集中展示诗路文化;聚力大琼台核心景区建设,打造具有文化感染力的核心景区;打造云端唐诗小镇、和合小镇、寒山文旅小镇,让唐诗元素融入小镇日常生活,致力打造农文旅融合的诗意田园。另一方面,聚力文旅融合,着力打造唐诗文旅经济带。杭州地铁 1 号线开通了"天台山号唐诗之路"专列,以"美景美图＋诗句"打造浓缩版"唐诗之路";推出"跟着唐诗游在天台"项目,开发研学游、考古游、体验游、修心游等旅游线路,吸引更多的海内外游客重游唐诗之路;推出"跟着唐诗乐在天台"项目,推进文化演艺、唐诗之路文化体验中心等载体建设;推出"跟着唐诗养在天台"项目,鼓励乡村创客建设高端唐诗主题特色民宿,推动发展旅居养老、流动养老、季节性养老。

### (六)仙居

以打造和推广"诗意仙居"文化品牌为目标,继 2018 年在仙居举办了首届神仙居"梦游天姥"文化研讨会暨 2018 中国名作家名学者"诗意仙居"品鉴行活动之后,2019 年 8 月,仙居县人民政府又在北京举办了以"论道天姥山·逐梦神仙居"为主题的第二届神仙居·天姥山文化论坛,整合各方力量,探索仙居文旅融合发展之路。在推进浙江省大花园建设的背景下,仙居正通过建设一批唐诗之路标志性工程,串起下汤文化遗址、皤滩古镇、桐江书院、高迁古民居等文化旅游资源,形成以永安溪诗路休闲文化带为主轴的唐诗元素旅游线路。同时,成立了仙居首档广播旅文化栏目《大话天姥》,作为仙居"文＋旅"具有地方特色的宣传平台和推进仙居全域旅游发展的重要宣传窗口。

### (七)临海

临海市结合拥有 2000 多年历史的古城文化,积极探索了"旅游＋教育"的深度融合。依托台州府城文化旅游区,市旅发公司计划投资 10 亿元,重点实施唐诗之路——台州府城全国研学游营地项目,挖掘古城文化、紫阳文化、国学文化等教育资源,把旅游融入教育,用研学创新旅游,拟建巾山诗词文化体验、府城写生、民俗体验、国学实践、影视文化体验、海洋文化体验等 6 个基地,高质量打造"可游、可学、可研、可做、可秀、可评"的府城研学品牌。

### (八)浙东唐诗之路建设重要事记

2018 年 1 月,浙江省"两会"政府工作报告中提出"积极打造浙东唐诗之路"。

2018 年 5 月,浙江省下发了《浙江省传承发展浙江优秀传统文化行动计划》,将"打造唐诗之路山水人文旅游精品"列为"实施浙江特色传统文化重点提升工程"的重要内容。

2018 年 7 月,正式发布实施《浙江省大花园建设行动计划》,将"打造唐诗之路黄金旅游带"作为浙江"全域旅游推进工程"重点内容,被列为大花园建设的十大标志性工程之首。

2018 年 8 月,"浙东唐诗之路"剡溪智库在浙江嵊州成立。成立当天,诗路沿线的萧山、越城、柯桥、上虞、嵊州、新昌、天台、仙居、临海等 9 个县(市、区)共同签署了"浙东唐诗之路"项目化建设框架性协议,并发出联动倡议:协同推进"浙东唐诗之路",共同做好"浙东唐诗之路"文化旅游研究及资源开发和沿线文化遗产的整理挖掘,重现"唐诗之路"的昔日光华。同时,为着眼申遗合作,各沿线县市将逐步建立"浙东唐诗之路"申遗工作会商机制,启动中国文化遗产申报工作。

2018 年 11 月 22 日,"共建大花园共享美生活"浙江省唐诗之路建设发展推进会在绍兴新昌拉开帷幕,共寻诗路文脉,共谋产业发展,共话文化兴盛。

2019 年 5 月 18 日,在深圳文博会浙江馆,浙江省文化产业促进会和浙江省文化产业创新发展研究院共同举行了"数字诗路 e 站"的发布活动。数字诗路 e 站利用影像、VR/AR、3D 全息投影等数字技术手段,整合开发诗路沿线地区的诗词、景点、历史遗存和非遗传说等 IP 资源,构建虚实结合的浙江诗路数字化平台,是浙江省诗路数字化平台工程的重要内容。数字诗路 e 站旨在建设成为浙江文化产业数字化样板地,实现诗路 IP 的深化、转化和物化,成为全省宣传文化系统"三服务"的有力抓手。

2019 年 6 月 17 日,"做优诗路文章助推大花园建设"2019 浙江"四条诗路"文化产业发展主题活动启动仪式在浙江天台举行。活动现场举行了首批"数字诗路 e 站"签约仪式,嘉兴、丽水、杭州富阳、温州永嘉、绍兴新昌、台州的天台和仙居等诗路沿线县(市、区)与浙江诗路文旅发展公司达成合作,共建数字诗路 e 站。活动现场还启动了浙江省诗路旅游目的地推选活动,和 2019 浙江省首届诗路诗词 IP 大会。

## 三、钱塘江唐诗之路

"钱塘江唐诗之路",也称"唐诗西路",或称"浙西唐诗之路",以"钱塘江—富春江—新安江"这条浙江的母亲河为主线,途经杭州、萧山、富阳、桐庐、建德、淳安、龙游、衢州、开化等地,是一条浙西山水之路,也是一条充满诗情画意的水上画廊,历来被人们称为"锦峰绣岭,山水之乡"。在唐代,秀丽的浙西山水成为唐朝 100 多名诗人"壮游吴越"的必经之地,他们或行或吟于江上,或寻踪于奇峰秀谷之间,留下了 500 多篇脍炙人口的诗篇,而他们吟咏的诗句,徜徉的足迹,踩出了一条闪光的浙西旅游之路。

2018 年 5 月,浙江省政府印发的《浙江省传承发展浙江优秀传统文化行动计划》明确提出了打造钱塘江唐诗之路的重点:以"隐居山水"为主题,整理发掘张若虚等126位著名诗人游历行迹,重现《春江花月夜》等500余首山水诗中场景,围绕千岛湖核心区块,以及"新安江—富春江"轴线,建设九姓渔村文化综合体、新安江5A景区创建等项目,保护开发沿途摩崖石刻等文物遗迹,构建集文化遗产、旅游、生态、民俗、美食于一体的精品人文旅游路线。

2017年,杭州提出以235千米钱塘江为主轴,实施"拥江发展"战略,打造"沿江开发、跨江发展"的升级版。"魅力文化带"是杭州"拥江发展"中重点打造的6条重要展示带之一。随后,杭州提出再续沿江的"诗词文化",构建一条钱塘江诗词之路文化带,以钱塘江沿线为主体,以数千年来积淀下的诗词文化为纽带,打造一条充满诗情画意、彰显吴越风情的精品人文旅游路线。2019年5月30日,首届钱塘江诗路文化带成果发布会暨钱塘江诗词品读会,在杭州钱江新城城市阳台举行。此次发布会正式推出钱塘江诗路文化带的成果:一首钱塘江歌曲《潮起钱塘》、一套《钱塘江诗词选》、一张《钱塘江历史文化旅游导图》、一本《流水的盛宴——诗意流淌钱塘江》。目前,钱塘江诗词之路的打造,与现在杭州扎实推进的拥江发展战略、城中村改造、小城镇综合整治、古镇保护、乡村振兴、综保工程、之江文化带建设、绿道建设等工作进行了有效结合,并提供更深层次的文化支撑。与此同时,钱塘江诗路沿线其他县市也在积极推进文化带建设,比如,桐庐发布了"唐诗西路景观带",建德乾潭在打造"浙西唐诗小镇"等。

### 四、唐诗之路助推文化产业发展的经验借鉴

浙江诗路文化孕育于吴越时期,发展于晋唐时期,成熟于宋元时期,繁荣于明清时期,在新时代提出诗路文化带建设,是对传统文化复兴的一项创造性发展举措。浙东和浙西两条"唐诗之路"贯穿了浙江省7个地级市,是省委省政府推进文化浙江建设的一项区域统筹谋划,通过文化与生态资源的高效整合,更好地实现传统文化的保护与振兴,同时也为文化产业的发展提供了新的内容、新的平台与新的路径。开发"唐诗之路"是一项文化传承,也是一次理念创新,具有很深远的意义,以下几点经验值得借鉴。

**(一)立足取之不竭的传统文化素材,推进诗路文化的跨界融合,拓宽"绿水青山就是金山银山"转化的通道,赋予"绿水青山就是金山银山"新的内涵**

唐诗之路不只是一条唐代诗人留下的山水人文之路,更是一座融合儒学、佛道、诗歌、书法、茶道、陶艺、民俗、方言、传说等内容的文化宝库。诗路中所提供的诗情画意、人文情怀、历史元素,是推进绿色发展取之不竭的素材。依托诗路文化开发乡村旅游、文化创意、健康养生等,让"绿水青山"的生态价值转化有了新的内涵。从这些宝贵的传统文化中提炼优质内容,引导文化创意团队或个人的参与,推进诗路文化与文学、动漫、影视、音乐、游戏、衍生品等的跨界融合,通过对诗路文化内容的生产、提炼与优化,构建以诗路IP为核心的文化全产业链,可以高效激活文化生产力,使文化创造力转化为直接推动生产力发展的核心要素。在唐诗之路建设的推进过程中,由浙江省文化产业促进会和浙江省文化产业创新发展研究院牵头,浙江诗路文化旅游发展公司负责开发管理,沿线各地政府联合共建的数字诗路e站

工程,为深入挖掘诗路 IP、助推诗路 IP 的转化和物化提供了服务平台。

目前,在互联网和信息科技的支撑下,诗路沿线各地兴起了许多以"文化＋科技＋资本"形式呈现的新兴文化业态,出现了许多城市文化综合体、文化产业集聚区、大型文化项目等。比如,天台县的"百里和合唐诗廊"以始丰溪古道景观为基础,沿溪布置了唐诗主题文化廊;投资超 20 亿元的"云端唐诗小镇"依托"文化云"将唐诗元素融入小镇的日常生活中;"跟着唐诗游天台"以研学游、考古游、体验游、修心游等多种形式丰富文化旅游业态。此外,与唐诗配套的文化体验旅游、旅游文创产品,还受到了商业资本的青睐,大国寺、大石华景区的"诗路文化"再现工程,通过 EPC 方式进行了刻石立碑、建馆塑像、建立唐诗书院等文化项目。"文化＋科技＋资本"正在不断丰富和创新唐诗之路的文化产业业态,文化产业新业态层出不穷。

**(二)落实区域协调发展的战略思想,辟出一条推进全域旅游融合发展的新路径**

全域旅游是指在一定区域范围内,把旅游业作为优势产业,通过对区域内的社会经济资源特别是旅游资源、公共服务、政策法规等进行全方位的提升,以实现区域内资源的整合、产业的融合和社会的共享等,让旅游业带动社会并推动社会发展,形成一种新的区域协调发展模式。唐诗之路文化带串起了浙江千村百镇,围绕"诗路"这一共同的主题,将山水风景与江南文化串联在一起,绘就了一幅现代版的"富春山居图",也辟出了一条推进浙江全域旅游融合发展的新路径。

时任省长的袁家军在调研浙东唐诗之路时强调,要以名人名居名城名镇为珠,以山水为纽带,以故事为灵魂,突出串珠成链,共建共享,高质量打造一条串联秀美风光,让人魂牵梦绕、展示文化自信的新时代诗画之路。可见,唐诗之路的建设,不仅加速了"文化＋旅游"的深度融合,显化了文化的经济价值,更推进了全域旅游产业的联动发展。文化与旅游的融合,不是简单的"1＋1",而是相互渗透、相互影响,通过促进彼此产业链的增值,产生巨大的社会经济价值,形成"1＋1＞2"的效果。而通过唐诗之路建设,在省域层面推行文旅融合的全域协作,将会产生经济价值增长的乘数效应。

目前,诗路沿线各地都对历代文人墨客留下的诗词进行了整理和出版,并一起举办了学术论坛和研讨会,开展了多项诗路文化产业发展主题活动,旨在共讲诗路故事、共传诗路文化、共创诗路品牌、共推文旅线路,共谋诗路文化带的整体发展。可以说,唐诗之路的开发战略,是浙江对党的十九大报告提出的"区域协调发展战略"在文化与旅游发展层面的行动,为省内各个城市和地区之间文旅产业的融合与协同发展提供了一个极具价值的平台。

**(三)通过理念创新和价值构建,触发一个新的文化产业生态系统的形成**

如果说浙江的大花园建设是维护一个优越的生态本底的话,那么诗路文化带建设就是在这个生态底图上绘制一幅特色鲜明的主题画。用专业术语来讲,绘制这样一幅主题画就是一种观念创新、理念创新。斯坦福大学的谢德荪教授,重新定义了新经济时代的创新活动,他把这类创新定义为"源创新",表达从无到有的源头的思想创造的概念。"源创新"的内涵,在于通过推动一种新的理念,结合现有的资源,触发、引导相关的经济参与者联合起来,共同为这种新理念提供新的价值,从而开拓出新的市场。"源创新"的价值,并不亚于我们通常认识的基于产业链改进或提升效率的过程创新(也称流创新)。在新经济时代,源创新的作用可能更强大。

浙江省委省政府提出的发展诗路文化带的决策,就是一种"源创新"战略。这种战略的核心在于如何以自身资源来最佳地整合外部资源,通过建立一个强大的产业生态系统来实现新理念的价值。例如结合诗路文化带的空间规划,通过整合所有沿线地区的资源,推出可定制化的文化旅游产品,可以面向儿童、青少年、中老年等不同消费人群,定制名人名家、孝道文化、养生哲思等不同主题,长线、短途相结合的多样化旅游线路;同时,吸引影视与动漫设计企业、新媒体企业的加盟,将这些旅游线路,通过动画片、纪录片、动漫游戏或 Vlog 等新媒体内容的方式加以呈现和宣传,与此同时,引导工业和艺术设计企业和个人加入合作,开发一系列配套的诗路文化创意产品,同时也能带动一系列制造加工企业的发展,最终就有可能形成一个持续创新、良性循环的文化产业生态系统。

概言之,诗路文化带建设作为一种全新的理念和创新尝试,通过整合诗路文化资源,将有可能创造出许多全新的文化产业价值链,这些新价值链之间会相互交织、相互作用,最终将会形成一个具有持续创新活力的文化产业生态系统。一旦这个生态系统建立,就能从真正意义上实现让文化成为推进区域经济社会发展新动能的根本目标。

## 五、唐诗之路文化产业发展的对策与建议

自省委省政府开始部署"唐诗之路"建设以来,诗路沿线各地市闻风而动,纷纷举办多种研讨会和推介会,进行相关的规划与项目论证,旨在抢占先机,为打造"唐诗之路"扩大话语权,增强影响力,烙上更多属于本地区的印记和符号。因此,各地市相互之间往往缺乏呼应,共筑平台、共享品牌的意识还有待加强。诗路文化带建设是一个全新的发展理念,对于发展的方向与路径、诗路文化与产业的结合等问题,各地市都在不断地探索,形成了几点具有共识性的对策与建议:

### (一)树立全局意识,加强系统谋划与顶层设计,实现区域协作共赢

用"唐诗之路"串起全域旅游与文化产业发展,首先要树立全局意识,加强系统谋划与顶层设计,形成全局"一盘棋"的格局。仅台州一地,就有国清寺等 10 处国家级文保单位、79 处省级文保单位。如何把分散的点连成线,就需要省级统筹和整体规划,积极整合资源,进行跨区域、跨部门协作的统筹安排,形成优势互补,发挥整体作用。目前,唐诗之路沿线各地联合举行了几场发展推进会和主题活动,但在实际的规划与建设开发过程中,仍普遍存在着各自为政的现象。比如,关于诗路上主要城市的定位,新昌亮出了"浙东唐诗之路精华地"的名片,嵊州打出了"浙东唐诗之路核心区"的旗号,上虞提出了"浙东唐诗之路发祥地"的概念,越城和柯桥也以"浙东唐诗之路起点"自居。此外,李白有《梦游天姥吟留别》,于是就有多个地方争抢"天姥山"所在地的名号。如果一条近 200 千米长的"浙东唐诗之路",沿线各地没

有"一盘棋"的全局观,不是携手同行,而是各打各的牌,就会削弱整条"唐诗之路"的文化价值和资源整合,从而错失了这次得天独厚的发展机遇。

因此,唐诗之路的开发,应本着协同、共享的理念,看全局,谋长远,通过建立联席会议制度和沟通机制,搭建起协同平台,协同深化唐诗之路的历史研究,统一进行"唐诗之路"开发的顶层设计和统筹安排,抓紧课题研究,科学编制区域性规划,做到"一张蓝图绘到底"。目前,《浙江省诗路文化带建设规划》正在紧锣密鼓地编制中。通过顶层设计,一方面,需要明确"诗路"重要节点的定位和特色,加强节点之间的关联性,共同呈现唐代诗人完整的游历路线,打造一体化、多样化的特色旅游线路,避免同质化和碎片化开发;另一方面,需要完善交通等区域性基础设施的全域布局和旅游公共服务设施的整合配套,强化"诗路"各节点之间的空间联系。此外,对于项目的投资开发,应通过省市统一部署,共同做好项目论证、规划设计、宣传推介等工作,聚抱团合作之力,取携手同行之势,走区域协作共赢之路。

**(二)做大开放和国际化文章,丰富宣传形式,提升知名度**

"唐诗之路"成功链接了西域丝绸之路与海上丝绸之路,积极参与两条丝路的形成,探索"唐诗之路"与"一带一路"在经济、文化发展上的关联,并积极融入"一带一路",从而有效提升浙江的国际地位。与此同时,积极开展以"唐诗之路"为主题的各类节庆活动,加强"唐诗之路"主题文艺精品创作规划,举办有关唐诗之路文化活动,出版相关书籍,在文学、舞蹈、戏曲、影视、书法、摄影、绘画、诗词等领域广泛开展唐诗之路文化主题文艺创作。制作推出唐诗之路纪录片、微视频、微信游戏、动漫、吟诵集,通过网络和多媒体等方式形成传播平台,开展海外宣传,提高唐诗之路的国际影响力。

**(三)加强历史文化保护,加快联合申遗工作**

"唐诗之路"融儒学佛道、诗歌书法、陶瓷茶艺、戏曲民俗、神话传说等为一体,其蕴含的历史文化价值,具备了世界文化遗产特征的区域文化路线,和"丝绸之路"一样,是极具人文景观特色、深含历史开创意义的区域文化。如果唐诗之路能够申遗成功,它将成为继丝绸之路、京杭大运河后的中国第 3 条世界性文化遗产,也使浙江拥有了另一张堪与西湖媲美的世界名片,为文化产业的发展提供了更广阔的市场和舞台,从而在更大层面上助推文化产业成为新时代经济发展的支柱产业。因此,各地市需要在省政府统一部署下,积极主动参与,联合做好申遗各项准备工作,强化"诗路"文化遗产保护意识,做好文化遗产的考察认定,加快相关景区唐诗文化元素的重建,加强相关物质和非物质文化遗产的保护和挖掘,避免过度的旅游开发。

自诗路文化带建设提出之后,由于缺乏前期的研究积累,再加上旧城改造和乡村整治的大背景下,诗路沿线一些地方历史文化遗存的抢救和保护工作没有及时跟上。因此,必须全面落实保护措施,防止破坏性开发建设,要提前划出红线,对"唐诗之路"沿线的自然资源和人文资源设定禁止开发区域和规划保护区域,要加强对沿线村镇建设的指导服务,落实沿线美丽乡村建设的规范性建设制度,防止"好心办坏事"。

**(四)加强诗路文化内容的创作与生产,拓展文化产业链,推进文化产业化和项目落地**

唐诗之路的建设、开发、推介和传播的整个过程,可以带动许多新的文化产业业态的兴起。围绕"诗路"的文化旅游、文化创意、文化传播、文化制造、文化投资运营等"文化+"领域都会出现不同程度的发展,从而推动文化产业化的进程。

唐诗之路是一条文化与旅游深度结合的黄金游线,文旅融合发展是核心,"文旅+"是一个开放的发展模式,"文旅+教育""文旅+体育""文旅+养生"等多方向、多元化的融合,提升了诗路生态资源与人文资源的开发价值,拓展了项目的开发领域,活跃了文旅的开发市场,吸引了更多资本与企业的加入。然而,文化旅游主要是通过刺激消费而获得经济价值,诗路丰厚的文化价值的转化远不止文化旅游这一条单一的路径。诗路隐藏的巨量历史文化素材,亟待进一步的深度挖掘、开发和利用。因此,加强经济与人才的政策导向,打造优越的创新环境,引资引智推动诗路IP的挖掘与开发,推进诗路IP的深化、物化与转化,带动内容创作生产、文化创意设计、新闻信息服务与文化传播、文化投资运营与娱乐休闲服务、文化制造业等文化全产业的发展,拓宽拓展文化产业链,把文化资源优势转化为产业发展优势,才是实现诗路文化价值最大化的根本路径。同时,加大招商引资力度,创造优越的开发环境,创建有吸引力的引资政策,吸引文化产业投资人在诗路沿线落实各类开发项目,促成产业落地,在唐诗之路上打磨出更多璀璨的"珍珠",才能实现"串珠成链",实现新时代诗画之路的最终目标。

(张庆)

# 大运河(浙江)文化带——面向世界的文化金名片

## 一、项目背景与概况

2014年6月,中国大运河项目成功申遗列入《世界遗产名录》。随着申遗的成功和可持续发展理念的深入,中国大运河迎来了一个新发展的历史契机。2017年2月,习近平总书记提出:"要深入挖掘以大运河为核心的历史文化资源,保护大运河是沿线所有地区的共同责任。"随后,习近平总书记又进一步指示,要充分挖掘大运河丰富的历史文化资源,"保护好、传承好、利用好"大运河这一祖先留给我们的宝贵遗产,通过推进大运河文化带的建设,进一步擦亮世界认可的国家文化符号。这是新时代党中央、国务院做出的一项重大决策部署,大运河作为连接"丝绸之路经济带"和"21世纪海上丝绸之路"的重要轴线被赋予了新的意义。在这历史机遇期,浙江省在第十四次党代会报告中明确提出要谋划大运河文化带建设,要从战略和全局高度出发,重新审视与把握浙江大运河的功能,突显核心位置,打造浙江范本,推动古老文化之河在新时代实现新发展。

中国大运河始建于公元前486年,包括隋唐宋时期以洛阳为中心的南北大运河,元明清时期分别以北京、杭州为起始的京杭大运河和从宁波入海与海上丝绸之路相连的浙东运河3

部分,地跨北京、天津、河北、山东、江苏、浙江、河南和安徽 8 个省市,是世界上开凿时间较早、规模最大、线路最长、延续时间最久且目前仍有 1100 多千米在正常通航的运河,发挥着重要的交通、运输、行洪、灌溉、输水等功能,被国际工业遗产保护委员会在《国际运河古迹名录》中列为最具影响力的水道。

大运河(浙江段)是中国大运河中全线通航、活态特征体现最为显著的河段,主要由京杭大运河的江南运河段和浙东运河两大段组成,途经浙江杭州、宁波、湖州、嘉兴、绍兴 5 市,涉及沿线 25 个县(市、区)。其中,浙东大运河又称为"杭甬运河",是一条连接钱塘江与姚江的东西向的人工运河,它起自钱塘江南岸,经绍兴市,跨曹娥江,东至宁波市甬江入海口。浙江大运河北接长江经带、南连海上丝绸之路,具有通江达海的地理特色和吴风越韵的人文特色。辖区内文化遗产丰富,文化底蕴深厚。整个河段共计有遗产河道 683 千米,其中有 327 千米河道列入世界遗产,并有 13 处世界文化遗产点。沿线还有 107 处全国重点文保单位、5 座国家历史文化名城和 7 家国家 5A 级景区。经过多年的保护开发,我省在沿线设立了杭州桥西历史街区、绍兴八字桥历史街区等为代表的一批运河文化主题街区,以及大量博物馆、纪念馆等工艺文化场所。同时,沿线拥有省级以上非物质文化遗产 400 多项,杭州运河元宵灯会、宁波妈祖信仰、湖州含山轧蚕花、嘉兴三塔踏白船、绍兴背纤号子,以及湖笔制作、黄酒酿造等传统技艺都得到了持续性传承,非物质文化遗产源远流长。

## 二、大运河(浙江段)文化带建设的现状与成效

大运河浙江段包括水网密集的京杭运河浙江段和"天工人巧各取其半"的浙东运河,在大运河发展史上占有重要地位。京杭运河浙江段为漕粮北运提供了便利的交通,浙东运河是中国大运河内河航运通道与外海连接的纽带。浙江的吴越文化、江南文化,以及"丝绸之府""鱼米之乡"等,都离不开大运河的哺育和滋养。可以说,大运河奠定了浙北的城镇格局,孕育了浙江的文化特质,为浙江的发展提供了源源不竭的动力。浙江省在大运河遗产保护、文化研究与传承、开发利用等方面均走在全国前列,经过多年的发展,取得了显著的成效。

### (一)大运河历史遗产保护的深度与广度日渐扩展

大运河文化带建设的工作方针是"保护优先、合理利用、融合发展、绿色生态",重点在于"保护优先"。浙江省运河保护开发工作起步较早、基础扎实,大运河历史遗产保护具有一定的深度与广度。

从内容上看,大运河历史遗产保护已由物质文化遗产的保护,逐步扩展到非物质文化遗产的保护与活化,将运河非遗与物质遗产深入融合。比如,杭州结合小河直街、拱宸桥西等历史街区举办运河元宵灯会,在塘栖古镇举行卫家班皮影戏表演;嘉兴通过省级运河文化旅游度假区这个平台举办国内唯一的水上庙会"江南网船会";绍兴立足越剧、黄酒酿制技艺两项非遗,开发了越剧特色小镇和黄酒特色小镇。

从结构上看,大运河历史遗产保护已由文化保护逐步扩展到运河水质水系及沿岸滨水景观带的生态保护、居民生活形态的保护。结合"五水共治"工程的推进,运河沿线城市认真

落实了大运河保护管理责任,通过截污纳管、工业污染整治、农村工业污染防治、河道综合整治等措施,运河水质得以全面改善,升天建设成效显著。杭州通过沿河整治,开发了一条全长 3.8 千米的古新河生态廊道,南连西湖,北通运河,串联起了西湖和运河两大世界文化遗产。市民游客只要沿河步行 40 多分钟,就能直接从大运河走到西湖边,沿途的城市家具及特色墙绘,让人从市井走向诗意。

从主体上看,大运河历史遗产保护从以政府保护为主逐步扩展到以立法保护为主,充分调动周边社区居民参与文化遗产保护与传承的积极性。浙江省于 2012 年就启动了大运河(浙江段)遗产保护规划的编制工作,为运河文化建设奠定了基础;为了加强大运河世界文化遗产的保护,于 2016 年出台了全国首部运河保护条例《杭州市大运河世界文化遗产保护条例》,随后宁波、嘉兴、绍兴都相继出台了地方性保护条例,为整个浙江段运河文化建设提供了保障。

从空间上看,从世界遗产成功申报的现有遗产点和河道的保护,进一步扩充到线和面的保护。沿线所有城市都编制了大运河遗产保护规划,划定了遗产河道沿线的保护空间,对一定空间范围内的历史文化遗产进行保护与修复。比如,杭州对运河沿线的小河直街、拱宸桥西、大兜路、塘栖水北街、市南街、三条半弄等历史街区,以及富义仓、桑庐、广济桥、乾隆御碑等一大批历史文脉进行了保护性修复,仅拱墅区就修复了 1000 余幢运河故居,总面积达 29 万平方米,初步形成了贯通运河沿线的文化遗产保护廊道;绍兴把运河沿岸 50—100 米划分为核心区域进行重点保护,其中包含了大禹陵、东湖、兰亭等重要节点。

**(二)大运河文化精品不断推陈出新,文化活动联盟日益增多**

通过系统挖掘、研究、整理运河艺术、风情、故事、名人轶事等文化遗产,杭州编纂和出版了《中国运河开发史》《杭州运河丛书》《画说运河》等一系列有影响力的书籍,共计 50 余部;绍兴编辑出版了《浙东古运河——绍兴运河园》和我国第一部《浙东运河史》;嘉兴编辑出版了《中国大运河》和《运河名城嘉兴》画册、《运河名城丛书》《重走大运河》等书籍;宁波编辑出版了《甬水遗韵》《大运河(宁波段)研究文集》;湖州编辑出版了《湖州运河文化》。

同时,通过扶持运河文化艺术与影视动漫作品创作,打造了歌舞剧《遇见大运河》、经典越剧《梁祝》等品牌剧目,成功举办了 8 省市联合的"千年韵•万象河"大运河文化之旅主题活动、2019 中国大运河国际钢琴艺术节、首届中国大运河国际高峰论坛等活动,并跨区域联合打造了多个大运河专题文化节、灯会、庙会、龙舟节、美食节等活动,不断唤醒市民的文化自觉。

运河沿线城市之间的文化活动联盟也在逐渐增多。在绍兴市举行的浙江省 2019 国际博物馆日主场活动上,杭州博物馆、宁波博物馆、嘉兴博物馆、湖州博物馆、绍兴博物馆和中国京杭大运河博物馆当日共同发起大运河(浙江段)城市博物馆联盟,共有近 30 家博物馆参加。联盟将在大运河文化传承创新、展览交流、美术创作、文创产业和宣传推广上形成合力。此外,2019 年 6 月,绍兴在宁波举办"一河同源、一脉相连"非遗展示活动,以文化为纽带加速深度联甬,同时开展了"宁波•绍兴周"主题活动,促进甬绍文化旅游交流成果的转化、落地、推广。

**（三）以大运河为纽带的城市文化空间走廊逐步成形，串联各县市的精品文化旅游线路逐渐多元化**

建设大运河（浙江段）文化带，打通区域发展的"任督二脉"，使其成为联通"一带一路"，连接京津冀和长三角两大城市群，以及杭州湾经济区的重要通道。沿线城市初步形成了以运河为纽带的文化空间走廊，推动着沿线各地经济社会文化的融合发展和共同繁荣。

经过十多年的保护开发，杭州已经在运河沿岸初步打造形成了 30 千米的"市民文化长廊"，将塘栖古镇、祥符桥、运河湾等历史文化街区，和拱墅区运河文化广场、下城区西湖文化广场、钱江新城"江河汇文化公园"等连轴呈现，形成了覆盖良渚遗址公园等著名遗产、景点的杭州运河文化大走廊。绍兴以古运河、新运河、鉴湖为脉络，打造了总面积约 300 平方千米的文创大走廊，沿途经过中国轻纺城、柯岩、东浦、兰亭、大禹陵、东湖、e 游小镇等重要文化节点，并进行了详细的文化产业空间布局规划，制定了相应的文化产业发展战略和行动计划。

立足大运河文化带建设，以提升运河文化遗产影响力为目标，浙江省统筹谋划了多条不同类型的大运河沿线遗产精品文化线路。通过省考古遗产展示园、良渚国家遗址公园、罗家角遗址公园、茅赛堰等遗址公园建设项目，打造"大运河国家遗产线路"；通过浙东运河博物馆、江海博物馆、湖州大运河世界文化遗产展示馆等展馆建设项目，打造"大运河专题博物馆廊道"；通过上林湖越窑遗址、永丰库遗址、保国寺等保护展示工程，打造"浙东运河海丝廊道"；通过南浔、乌镇、慈城、半浦等历史文化名镇名村保护整治项目，打造"大运河历史村镇精品旅游线路"；通过杭州大纶丝厂旧址、绍兴黄酒厂旧址、宁波三江口的和丰纱厂旧址等工业遗产活化利用项目，打造"大运河工业遗产活化展示线路"。

**（四）以运河沿线空间为载体的文化产业集聚不断加强，逐步实现文化、产业、生态三位一体融合发展**

伴随着城市化快速发展的进程，在城市"退二进三"政策的推动下，文化创意产业园已经成为运河沿岸现有旧码头、旧民居、旧厂房、旧仓库等重要的改造方式，并呈现出依运河而建的空间组织特征。这些产业园充分利用"文化＋"的融合发展优势，为文化产业的培育和空间集聚提供了绝佳的平台。如杭州的运河财富小镇、运河智慧网谷、运河天地文创园、创新创业新天地，绍兴的金德隆文创园、黄酒小镇、越剧小镇，宁波的文创港、和风创意广场、老外滩创意街区、国家大学科技园文创园，嘉兴的文化创意中心、国际创意文化产业园等等。这些文化产业园和特色文化小镇，集聚了创意设计、文化传媒、广告策划、会展服务等文化产业，呈现出许多新兴的文化产业业态，实现了运河生态保护、遗产活化利用、运河文化融入和文化产业培育的多元化融合发展。

## 三、大运河(浙江段)文化带建设的发展定位与路径

### (一)大运河文化带建设的总体定位与城市分工

2019年2月,中共中央办公厅、国务院办公厅印发了《大运河文化保护传承利用规划纲要》(下文简称《纲要》),为大运河沿线发展谋篇布局,也为大运河文化带建设指明了方向。

《纲要》中多次强调"以文化为引领推动区域高质量发展""以文化为引领促进区域经济高质量发展""社会效益和经济效益实现高度统一",其目标是要以大运河文化带特有的丰富文化资源,引领整个中国大运河区域的经济社会发展和高质量发展。关于大运河文化带的建设,已经达成了共识,那就是"在严格保护大运河文化遗产的基础上,推进大运河文化的有效传承、大运河资源的合理利用,实现保护、传承、利用的有机统一"。

2019年4月,时任省委书记的车俊调研浙江省大运河文化保护传承利用工作时强调,要坚决扛起大运河文化带建设的浙江担当,精心保护大运河遗产,有效传承大运河文化,合理利用大运河资源,把大运河浙江段建设成千年古韵、江南丝路、通江达海、运济天下的水乡文化经典呈现区,及运河文化精品展示带和水生态文化精彩示范段,努力在全国大运河文化带建设中走在前列。

车俊进一步指出,各地在推进大运河文化带建设中,要突出特色,发挥优势,整合资源,打造亮点。

杭州——可突出京杭运河南起点、"人间天堂"、南宋古都等优势,把杭州段打造成中国大运河文化核心展示区,力争使杭州段在大运河文化带中的地位达到八达岭在长城中的地位一样。

嘉兴——可突出革命红船启航地、世界互联网大会举办地的优势,推动大运河文化与革命文化、社会主义先进文化的有机融合,让人们在领悟革命精神、感受传统文化、体验现代科技中不断提高文化自信。

湖州——可促进"绿水青山就是金山银山"理念诞生地、太湖南岸清丽地等生态优势与文化优势的相互映衬,让人们在饱览太湖风光,领会"绿水青山就是金山银山"理念,体验湖笔文化的同时,切身感受生态文化与运河文化交融和"行遍江南清丽地、人生只合住湖州"的魅力所在。

宁波——可做足通江达海、河海联运、港口城市、"一带一路"连接地等方面的文章,让人们充分感悟海洋文化与运河文化融合交汇的独特韵味。

绍兴——可充分体现古越文化和名士之乡的地域特色,让人们在乘乌篷船、走古纤道、品黄酒、听越剧等过程中,体验浙东唐诗之路的意境之美。

### (二)大运河文化带建设的浙江路径

在大运河的实用性功能逐渐淡化而文化价值充分显现的时代,大运河文化带建设的提出无疑是使母亲河得到可持续保护的一条高效路径。大运河文化带建设是用文化来带动运

河城市与经济的发展,是一项综合性工程。作为全段通航、仍旧保存有原始功能的活态运河段,浙江的大运河文化带建设践行着以下几条路径:

1. 以最高的标准、最严的要求加强对运河世界文化遗产的保护,坚持"共抓大保护、不搞大开发"的理念

作为沿海发达省份,不断加速的城市化进程,强烈地冲击着城市文化生态,大运河文化遗产保护的成本也越来越高,为历史街区、文物建筑等运河遗产的保护和管理工作带来很大的挑战。在浙江大运河文化带建设过程中,始终把坚持"共抓大保护、不搞大开发"作为基本前提。坚守遗产保护规划的红线,恪守遗产保护条例等各项立法;摸清所有运河文化遗址遗存的底数,建立档案,实行分级分类管理;努力扩大传统民俗、节庆、曲艺、工艺文化等非物质文化遗产的传承人群,提高传承能力;加强运河水利设施保护与建设,完善防洪灌溉和内河航运等基础功能;加强对运河古镇、古村、古街与古设施的保护与修缮,维护历史文化风貌。

2. 推进运河文化的全方位传承与多元化转化,传递运河文化中蕴含的民族精神与浙江精神

"有文物可看,有故事可听,更有活动可体验",将大运河遗产的文化价值全方位地呈现在世人面前,是对大运河文化最有效的传承,也是唤醒民众对大运河遗产的保护意识和坚定文化自信最有效的方式。将大运河及沿线城市文化的价值与精神内涵进行深度梳理与挖掘,打造一批运河文化展示馆,形成一批文学、诗歌、论文、丛书等研究著作,创作一批反映运河文化的影视文艺作品,可以多元化地展示与传递运河文化中蕴含的民族精神和浙江精神。目前,浙江正在谋划提升杭州京杭运河博物馆并逐步推动建成国家级博物馆,建设浙东运河博物馆,以及策划乌镇数字运河博物馆等各类运河主题类公园;推进文化遗产活态展示与体验活动,吸引社区居民、中小学生积极参与;鼓励电影、电视剧、纪录片等多种艺术形式的运河题材创作,促进大运河文化的创造性转化。通过深化全社会对大运河文化的认识,向全世界展示中华文明、浙江文化的独特魅力。

3. 生态走廊建设与人居环境提升相互融合,让传统文化渗透进人们的日常生活

把大运河文化带打造成美丽浙江的重要生态带和诗画浙江的靓丽风景线,让运河文化渗透进人们的日常生活是浙江传承利用运河文化资源的重要方式。一方面,通过对运河进行水生态修复和沿岸绿化整治,提升运河水质,依托运河名城古镇,开发生态景观走廊,综合展示运河风貌、传统民居、生活美学、生产场景等,打造传承记忆、回味乡愁的文化旅游精品路线;另一方面,坚持共建共享,完善沿河绿道、自行车道及郊野公园等基础设施,开展大运河马拉松及自行车赛等各类走大运河、跑大运河、骑大运河体育休闲活动,让遗产保护、运河开发与提升沿线居民生活品质相结合,最终提升人民群众的归属感与幸福感。

4. 活化历史文化与文化产业发展相互推进,实现原真性保护与创新性发展的价值目标

文化是运河的首要价值,通过活化运河历史文化,将运河的文化内涵融合渗透到文化产业乃至一产、二产中,实现"运河文化有载体,产业运营有内涵"的运河文化开发模式,实现沿线城市与运河本身的共同发展,是对大运河文化传承利用的最好诠释。

浙江正处于后峰会、前亚运的历史机遇期,整合运河沿线城市文化资源、营销品牌,利用运河交通动脉和文化廊道的功能,发展运河旅游产业、文化创意产业,展示运河文化,输出文化产品,构建文化产业发展高地,能更好地传播运河文化,让全世界感知到中华文明的渊源博大。一方面,把大运河文化带打造成为浙江省文化创意产业的重要集聚区,是大运河文化产业发展的核心目标。主要以运河沿岸街区为切入点,对运河两岸现有旧厂房、旧码头、旧仓库、旧民居等进行修复性改造,布局一批文创产业园,以实现运河文化传承保护和文创产业集聚发展的互促互进。另一方面,注重让运河物质文化遗产和非遗文化交相辉映,打造运河文化旅游精品。全线旅游规划,让动态的非遗进入固态的物质文化遗产,在互动的基础上激发出新的活力,同时保护传承附着在物质遗产上的非遗文化。比如,在杭州富义仓开设琴棋书画讲座和学堂及在绍兴阳明故里举办全国阳明心学论坛等,将运河沿线的民俗民风、戏曲歌舞、书法绘画、文学艺术等各有特色的非遗,加以整理研究,融合到运河旅游项目中,把非遗通过运河旅游连缀起来,成为新的运河旅游资源,提升文化旅游的价值。

5.顶层设计统筹与各方联动协作相互结合,传承大运河通达天下、聚合八方的文化精神

大运河文化带的建设是一项复杂的系统工程,需树立全流域"一盘棋"的思想。在《大运河文化保护传承利用规划纲要》这项国家层面的顶层设计指导下,大运河文化的保护、传承和利用,需要沿线各城市、各部门的横向协作共建。结合浙江特色,构建合理的行政机制和市场机制,是推进浙江大运河文化带建设落地见效的必要保障。一方面,向上融入中国大运河文化带和长三角城市群统筹发展,向下构建统分结合的工作格局,强化统一领导和分级负责,实现系统推进与特色统筹,构建跨城市、跨部门的保护管理联动机制。另一方面,推动建立政府投入和社会力量共同协作的机制,聚合大运河沿线的社会力量,共建运河文化圈,形成一个推动运河文化、休闲旅游、创意产业发展的长效机制,联手扩大运河文化影响力,在传播运河文化与精神的同时,助推浙江文化强省的建设。

(张庆)

# 之江文化产业带——浙江文化产业发展主引擎

## 一、项目背景与概况

2018年,杭州文化产业增加值实现1862.9亿元,占GDP比重高达13.02%,成为全市第2大支柱产业,文化产业总体规模居全国副省级城市第2位。从整个城市的长远发展来看,文化产业已经成为城市发展的核心竞争力。2017年,浙江省政府工作报告首次明确将打造"八大万亿产业",在2015年省政府工作报告提出的"发展信息、环保、健康、旅游、时尚、金融、高端装备制造等七大万亿产业"的基础上,增加了文化万亿元产业。为加快推进浙江省文化产业发展,省第十四次党代会作出建设文化浙江、打造万亿级文化产业的战略部署。全省文化产业发展大会进一步明确提出要规划建设在全国具有引领示范意义的之江文化产

业带,为推动全省文化产业大发展大繁荣提供战略支撑。

钱塘江杭州段因江流一波三折,形如"之"字,又称"之江",以之江沿岸为主战场建设以富阳大桥到杭州经济开发区江段为轴线,以上城、江干、西湖、滨江、萧山、富阳等 6 个沿江分布的主城区为核心,并向上游和下游区域延伸拓展。该区域区位交通条件优越,以之江为发展轴带,以钱江新城、钱江世纪城和奥体博览城为中心,构成了杭州未来城市的新核心,战略地位显著。之江是浙江的母亲河,之江流域分布着良渚文化、南宋文化、吴越文化、钱塘江文化等区域文化,共同构成了浙江的文化"基因"。区域内自然人文要素荟萃,拥有国家级风景名胜区 2 个、国家级森林公园 5 个、国家 5A 级旅游景区 2 个、国家 4A 级旅游景区 10 个,以及中国历史文化名镇名村 2 个和中国传统村落 10 个。

之江文化产业带文化产业基础雄厚、创新创业氛围浓厚,是浙江省文化产业发展的前沿阵地。2016 年,之江文化产业带沿线 6 区的文化产业增加值合计达 290 亿元。区域内集聚了 10 个国家级文化产业园区,4 个省级文化产业示范基地和 13 个市级文创园,涌现出了网易、华策影视、华数传媒、思美传媒、宋城演艺等一批行业领军企业,形成了动漫游戏、影视传媒、文化休闲旅游、文化会展等富有特色和核心竞争力的文化产业集群。同时,之江沿岸集聚了众多高等院校、科研院所、特色小镇、文化场馆、金融机构,是重要的人才高地和科创策源地。

根据《之江文化产业带建设规划》,之江文化产业带将按照"5 年基本建成、8 年提升能级、远景繁荣可持续"的建设要求,依托"一带一核五极多组团"的空间布局,大力推进文化产业拥江发展,着力打造数字文化产业基地、影视产业基地、艺创设计产业基地和动漫游戏产业基地,全面提升区域文化产业竞争力、影响力和辐射力,力争把之江文化产业带打造成为全省文化产业发展的主引擎地带、全国文化产业发展的重要增长带。至 2025 年,之江文化带将力争实现文化产业增加值 1400 亿元,占全省文化产业增加值的比重达到 15％以上。

## 二、之江文化产业带的发展路径

杭州作为引领浙江文化产业发展的主战场,在集群驱动的力量推送下,离"国际文化创意中心"的目标越走越近。之江文化产业带的建设,是杭州打造"国际文化创意中心"的重要龙头,也是推进全省文化产业发展的主引擎。之江文化带的规划建设,走出了一条规模化、集群化、融合化与区域协同的创新发展路径。

### (一)极化发展,分工协作,协同并进

之江文化产业带打造了"一核五极"的产业空间格局,通过集聚沿江区域的优势产业要素,实现产业空间的极化发展,集中力量培育 6 个推进区域文化产业发展的主要支撑点和增长极。"一核五极"6 大增长极核在主导产业、功能定位上各有侧重,形成了专业分工与协同发展的区域产业发展格局。根据《杭州市之江文化产业带建设推进计划(2018—2022 年)》,未来五年,将重点围绕"一核五极"打造 6 个产业能级达百亿元的文化产业集群,并依托上下游延伸区域发展特色文化产业。

"一核"即之江发展核,以之江新城为核心(规划面积为156平方千米),包括之江转塘及紧邻的富阳银湖区块。该板块集聚了之江文化中心、中国美术学院、浙江音乐学院以及艺创小镇、云栖小镇、龙坞茶镇的创新要素优势,成为之江文化产业带承载创新功能的核心发展区块。

"五极"即滨江(白马湖)、奥体(湘湖)、上城、九乔和富春5大发展极。滨江(白马湖)发展极——以白马湖生态创意城为核心区域(规划面积为20.5平方千米),辐射滨江区。以创建国家级文化产业示范园区为目标,重点发展互联网文化、动漫游戏、数字电视、文化会展等产业,着力打造国内领先的文化和科技融合发展示范区。

奥体(湘湖)发展极——以钱江世纪城为核心区域(规划面积22.27平方千米),辐射萧山区。以国际化为引领,充分放大G20、亚运会等国际重大知名会议赛事活动的综合效应,谋划建设国家数字音乐产业基地,重点发展数字音乐、文化体育、演艺会展等行业,着力打造空间集聚度高、专业特色鲜明、联动效应突出、国际风范十足的大型都市综合体。

上城发展极——以南宋皇城小镇(规划面积为3.1平方千米)和望江新城(规划面积为4平方千米)为核心区域,辐射上城区。紧扣"南宋皇家文化"主题特色,以文化休闲旅游、娱乐演艺、创意设计、艺术品等行业为重点,打造兼有皇家古韵和市井风情的南宋文化体验中心和旅游国际化先行区。

九乔发展极——以钱塘智慧城为核心区域(规划面积为15.5平方千米),辐射江干区,联动杭州经济开发区。以数字出版产业为核心,带动内容创作、服务、技术、运营、体验等周边业态集聚,打造具有全国影响力的数字出版产业集群。

富春发展极——以富阳区东洲新城和江南新城为依托,主打"富春山居"文化品牌,突出黄公望"隐逸"文化和中国山水画艺术圣地2大主题,重点发展演艺娱乐、影视创作、文化旅游和文化金融等产业,着力建设成为国内知名的特色文化休闲旅游目的地和与世界名城相适应的人文发展新地标。

**(二)整合资源,集聚发展,特色培育**

之江文化产业带以数字文化产业、影视产业、艺术创作产业和动漫游戏产业为主导产业,整合了沿江区域内产业基地、文化企业、文化金融机构等各类文化设施,谋划打造11个特色文化产业组团,推动产业集群集聚发展,并采取"串珠式"的布局,将这些文化产业组团串点连线成面,实现沿江区域一体化发展。

以数字文化产业为主导的特色组团有之江数字文化产业组团、世纪城数字音乐产业组团和九乔数字出版产业组团。立足自身原有的产业优势,各组团之间形成产业功能互补的格局,分别定位为数字文化创新中心与全省数字文化公共服务平台、国际型的音乐产业集聚区、国内知名的数字出版产业集聚区。

以影视文化产业为主导的特色组团有之江—西溪国际影视产业组团、富春影视制作产业组团和馒头山影视产业组团,主要依托区域内原有的影视小镇和文化创意产业园(街区),以及各具特色的影视资源,打造针对不同层面和领域的影视产业集聚区。富春影视制作产业组团结合电影基地小镇、银湖文创园、浙报富春云等项目,以发展高科技影视制作为主,并向艺术品创作、设计服务等影视创意设计产业拓展。馒头山影视产业组团依托电影频道杭州基地等产业平台,重点打造 1905 电影小镇,专注于发展剧本创作、IP 版权、融资体系、展示交易、后产品开发、影院票务云技术等影视产业链的上游和下游领域。之江—西溪国际影视产业组团以打造全球影视产业集聚中心为目标,推进影视文化创作、国际节展交易、影视人才培养、影视外贸企业孵化、高科技影视制作和国际影视企业总部等 6 大平台的建设,旨在培育影视全产业链。

以艺术创作设计产业为主导的特色组团有转塘艺创小镇产业组团、上城凤凰山艺创产业组团和滨江高新区文化智造产业组团,依托区域内丰厚的艺术资源和坚实的产业基础,以"文化＋"加以整合,创新文化产业发展新模式与新业态。转塘艺创小镇产业组团,主要依托中国美术学院和浙江音乐学院等艺术高校资源优势,壮大艺术培训产业,打造以"艺术家村落""手工匠人村落"等为特色,集乡村旅游、文化创意、民俗体验、运动休闲等功能于一体的创客村落。上城凤凰山艺创产业组团以南宋皇城小镇、玉皇山南集锦小镇、山南国际设计创意产业园等平台为依托,以遗产保护、艺术品创作与交易和文化旅游为主要业态,打造特色文化艺术街区。滨江高新区文化智造产业组团,依托滨江物联网小镇、高新区海创基地等载体,将新一代信息技术与定制化创意设计相结合,打造信息经济与创意文化融合发展试验区。

以动漫游戏产业为主导的特色组团有白马湖—湘湖动漫游戏产业组团、之江演艺娱乐产业组团,依托已发展成熟、具代表性的文化产业项目,在做深优势文化产业的同时,拓宽和延伸文化产业链,实现所在平台竞争力与产业地位的提升。白马湖—湘湖动漫游戏产业组团,依托白马湖生态创意城和中国动漫博物馆等平台,着力打造国内首创、国际一流的动漫专业博物馆;依托华数数字电视产业园,打造全国数字电视产业发展孵化基地。之江演艺娱乐产业组团,主要依托宋城景区,利用虚拟现实技术,加快演艺娱乐产业线上、线下融合发展;抓住亚运会电子竞技比赛项目的契机,积极拓展集网络游戏开发、测试、体验、电子竞技赛事直播于一体的线上演艺娱乐竞技活动。

**(三)链接产业,融合发展,创新业态**

在产业发展战略上,之江文化产业带实施了 2 条创新路径。

首先,全力推进文化产业的全产业链发展,培育持续创新的文化产业大生态。比如,之江发展核,提出以之江国际影视产业集聚区等平台为载体,全面提升编剧创作、拍摄制作、后期发行、衍生产品研发等全产业链发展能级,大力发展影视产业;上城发展极,通过深化拓展非遗保护与传承创新,促进艺术创作、艺术拍卖、艺术会展、艺术培训、艺术鉴定、艺术典当等业态均衡发展,积极构建艺术品全产业链;滨江发展极,结合动漫产业优势,通过大力引进知名网络作家,以知识产权(IP)利用为源头,全力构建集作品创作、项目孵化、版权交易、作品改编、衍生开发等于一体的网络文学产业生态链;奥体发展极,以互联网技术为保障,策划打通音乐创作、制作、出版发行、教育培训、衍生品研发等纵向产业链,连接音乐与影视广播、动漫游戏、会展旅游、乐器生产等横向产业链,积极构建"音乐＋科技＋金融"的音乐产业新生态。

其次,深度融合科技、互联网、旅游、体育、金融等众多产业,拓宽文化产业发展领域,创新文化产业新业态,实现"文化＋"一体化发展。之江发展核,通过推进"文化＋科技＋互联网"深度融合发展,依托区域互联网、大数据、云计算、物联网、人工智能等技术优势,推动文化行业的数字化转型及文化资源的数字化采集应用,拓展文化产品个性化定制、文化产品融合推广新零售、人工智能教育等新兴业态,打造成为全球数字文化产业发展的制高点;上城发展极,紧扣南宋文化主题特色,促进"文化＋旅游"融合发展,通过办好南宋文化节、中国民间艺人节、杭州美术节等文化活动,大力推进现代演艺、文化体验、休闲娱乐等文化休闲旅游业发展,以创意设计为核心,做好"文化＋"文章,推进建筑设计、时尚设计、工业设计、广告设计等多个领域创新发展;奥体发展极,以筹办 2022 年杭州亚运会为契机,积极推进"文化＋体育"融合发展,促进体育赛事开发、推广与运营管理,体育衍生品的创意和设计开发,以及体育经纪、培训等相关行业的发展,培育文化体育产业链;九乔发展极,以数字时尚产业为核心,带动内容创作、出版服务、技术支撑、运营管理、数字体验等周边业态集聚,打造以"文化＋科技""文化＋金融"为特色的数字时尚产业集聚区。

**(四)提高站位,引领项目,塑造品牌**

通过助推大批项目落地,以重大项目引领高质量发展,创建文化新地标,打造文化产业品牌,提升之江文化产业带在全省乃至全国文化产业中的核心地位,是之江文化产业带建设过程中最核心的举措。

2018 年,浙江省在提出建设之江文化产业带之时,就围绕四大产业基地建设,落实了重点实施的 32 个重大文化产业项目,总投资逾 1000 亿元。数字文化产业领域着力建设之江数字文化产业园,推进国家数字出版基地建设,打造数字传媒全国高地,创建国家音乐产业示范基地,近期重点实施华数数字电视产业园、杭州国家数字出版产业基地上城园区、世纪城音乐产业基地等 13 个重大项目;影视文化产业领域着力打造世界级影视娱乐内容创意中心,建设之江国际影视产业集聚区,高起点谋划建设电影学院,近期重点实施中国(浙江)影视产业国际合作实验区杭州总部、浙江国际影视中心等 7 个重大项目;艺术创作涉及产业着力筑强国内艺术教育重地,创建全国创意设计集聚地,培育区域型艺术品交易中心,打响国际文化演艺品牌,构建世界级文化休闲旅游线路,近期重点实施之江文化中心、演艺小镇等 8 个重点项目;动漫游戏产业着力实施动漫游戏产业提升专项行动,高标准推进"一节一馆"建设,加大国际市场开拓力度,近期重点实施网易杭州研发中心三期、中国动漫博物馆等 4 个重大项目。

以之江文化中心为例,项目总体定位为文化和旅游融合发展、公共服务与文化消费结合、传统文化加有机活态的省级综合性文化中心,占地 258 亩,总建筑面积约 32 万平方米,总投资估算约 32.3 亿元,欲打造成为集省级图书馆新馆、省博物馆新馆、省非物质文化遗产馆、省文学馆等 4 大场馆的浙江文化新地标。

2019 年 3 月,伴随着之江文化中心的正式动工,之江文化产业带的重点项目库中已有 56 个动态发展的项目。其中,19 个项目已基本建设完成,20 个项目在建设推进中,17 个项目在开工筹备中。"一核"建设全面启动,之江文化产业带"五极"所在的杭州各城区,也正齐头并进,不断加快建设进度。上城发展及全国首个数字时尚体验中心凌笛数字时尚项目已签约落地,央视电影频道杭州基地、睿宸影视等企业纷纷入驻;滨江(白马湖)发展极的中国网络作家村签约作家达 107 名,首家"国字号"动漫博物馆——杭州中国动漫博物馆已完成主体验收;奥体(湘湖)发展极于 2018 年开始创建浙江国家音乐产业基地,萧山园区的钱江世纪城已与国家音乐产业促进会签订战略合作协议,共建音乐科技智慧城,网易云音乐、易尚春、放刺电音等已完成工商注册,新青年歌舞团运营的湘湖演艺产业园二期已基本改建完成;九乔发展极正在开展钱塘智慧城南区组团存量创新性用地报批和新禾联创数字文化产业园、东谷创业园等项目推进和环境改造工作;富春发展极与北影将共建北影(杭州)国家级电影产业基地,用地约 400 亩,拟投资 35 亿元。

（张庆）

第 五 篇

# 浙江省文化产业政策研究

## 一、浙江省文化产业政策

2017 年 11 月,浙江省委、省政府发布《关于加快把文化产业打造成为万亿级产业的意见》(下文简称《意见》),提出到 2020 年,力争浙江全省文化及相关特色产业总产出达到 1.6 万亿元,增加值近 5000 亿元,占 GDP 比重达 8% 以上,基本建成全国文化内容生产先导区、文化产业融合发展示范区和文化产业新业态引领区。《意见》要求,浙江省文化产业要坚持正确导向,把社会效益放在首位,实现社会效益和经济效益相统一;坚持内容优先,以内容优势赢得产业发展优势;坚持深化改革,不断解放和发展文化生产力,释放文化活力;坚持提质增效,推进供给侧结构性改革,优化文化产业结构;坚持传承弘扬,把优秀传统文化融入文化产业发展全过程,提升产业文化内涵;坚持融合创新,树立"文化+"理念,推进全行业文创化;坚持开放发展,统筹国际、国内 2 个市场,不断推动中华优秀文化走向世界。

新闻出版、广播影视、动漫游戏、数字文化、文化演艺、文化制造等行业在全国的领先地位更加突出;产业结构进一步优化,文化加快融入国民经济各行业各领域,在全省建成一批综合实力和示范带动力强的文化产业重点县(市、区);现代文化市场体系进一步构建,市场在文化资源配置中的积极作用得到更好的发挥,文化消费日益拓展;对外文化贸易规模进一步扩大,国际竞争力显著提升。

《意见》指出,浙江将实施影视演艺产业发展计划等 8 大重点产业计划,从深化文化体制改革等 6 个方面强化产业发展支撑,从加强组织领导、健全工作机制等 5 个方面加强政策制度保障。这是浙江深入贯彻《国家"十三五"时期文化改革发展规划纲要》,贯彻落实省第十四次党代会精神和全省文化产业发展大会精神,努力建设文化浙江、大力培育万亿级文化产业做出的重要部署。《意见》提出,文化产业市场主体进一步壮大,形成一批主业突出、实力雄厚的龙头骨干文化企业,和特色鲜明、集聚度较高的文化产业园区和街区;优势行业进一步巩固,新闻出版、广播影视、动漫游戏、数字文化、文化演艺、文化制造等行业在全国的领先地位更加突出;产业结构进一步优化,文化加快融入国民经济各行业各领域,在全省建成一批综合实力和示范带动力强的文化产业重点县(市、区);现代文化市场体系进一步构建,市场在文化资源配置中的积极作用得到更好的发挥,文化消费日益拓展;对外文化贸易规模进一步扩大,国际竞争力显著提升。到 2020 年,力争全省文化及相关特色产业总产出达到 1.6 万亿元,增加值近 5000 亿元,占 GDP 比重达 8% 以上,基本建成全国文化内容生产先导区、文化产业融合发展示范区和文化产业新业态引领区。

实施重点产业计划,包括影视演艺产业发展计划、数字内容产业打造计划、文化创意设计产业提升计划、文化新兴业态促进计划、工艺美术产业升级计划、文化制造业转型计划、文化旅游融合发展计划、文化体育产业推进计划等。

实施重大产业项目。依托钱塘江两岸的文化、人才、科技、金融等资源优势,规划建设数字文化产业基地、动漫游戏产业基地、影视文化产业基地、艺术创作产业基地等,打造在全国具有示范引领意义的之江文化产业带。加快推进一批重点文化产业发展项目,将其纳入文化领域供给侧结构性改革的总体安排,研究制定重大文化产业项目扶持政策,加快组织实施一批成熟度高、成长性好、具有先导性的重点项目。深入挖掘运河文化资源,充分利用两岸现有旧民居、旧厂房、旧办公楼、旧码头、旧仓库等发展文化产业园区,培育和引进一批文化企业,为大运河文化带建设提供产业支撑。实施文化山海协作,加快推动各地文化资源优势向发展优势转化。大力发展浙报集团富春云大数据中心、浙江广电国际影视中心、浙江数字出版印刷中心、宁波文创港和音乐港、海盐山水六旗、湖州龙之梦乐园等重点文化产业项目,推动之江文化中心、浙江自然博物园核心馆区、浙江省考古遗产展示园等省级重点文化设施建设。加快推进文化产业重点县(市、区)、文化类特色小镇、重点文化产业园区、文化创意街区和重点文化企业等产业发展平台建设,示范带动全省文化产业发展。建立全省重大文化产业项目数据库,加强对项目的定期跟踪、服务保障和业务指导。

2017 年 12 月,浙江省委宣传部、浙江省委人才工作领导小组办公室发布《浙江省文化产业人才发展规划(2017—2022 年)》(下文简称《规划》)。《规划》指出,未来 5 年将大力扶持影视、传媒、出版、数字内容、演艺、设计、广告、高端文化装备、工艺美术和文化经营管理等 10大重点领域人才发展工作,通过实施人才培育、人才引进、人才激励和人才服务 4 大计划,从加强组织领导、资金支持、政策保障、营造良好氛围等 4 方面为推进文化产业人才发展提供有力支撑。到 2022 年,浙江将初步建成一支以高层次人才为引领、高素质人才为中坚、专业人才为支撑的,规模宏大、结构优化、布局合理、素质优良的,与全省文化产业发展需求相适应的文化产业人才队伍,形成全省文化产业人才全球化竞争的比较优势,着力把浙江打造成为文化产业人才集聚之地、人才辈出之地、人才向往之地。

## 二、浙江省数字文化产业政策

数字文化产业是在互联网时代发展背景下,数字技术与文化内容融合形成的文化产业新业态,各国在产业布局、政策制定、技术创新等方面积极推动数字文化产业发展。目前对于数字文化产业的研究,主要集中在探究产业发展存在的问题以及促进数字文化产业发展路径,而结合政策工具视角集中于产业政策文本的研究较少。

### (一)研究背景

数字文化产业是文化产业的重要组成部分,自 20 世纪 90 年代起,逐渐成为许多国家的重点发展产业。1993 年,美国出台了《国家信息基础设施行动计划》,通过加强信息工业基础设施建设,为后来数字文化产业发展做好铺垫。之后《域名权保护法案》《北美产业分类系统》的颁布细分了数字市场,并从法律层面保护了数字内容产权。自 1996 年起,欧盟国家先后出台 4 个与数字文化产业相关的计划,分别为《多媒体信息计划》《多语言信息计划》《电子内容计划》《电子内容增强计划》。2000 年,英国正式提出《英国数字内容产业发展行动计划》,明确了对数字内容产业的具体规划。该行动计划从建立数字内容门户网站、论坛,为企业提供财政补贴,加强人才培训等方面入手,为英国数字内容产业发展搭建了初步的框架。① 爱尔兰于 2002 年提出《爱尔兰数字内容产业发展战略》,建立数字内容产业群。随后日本的《e-Japan 战略》和《e-Japan 战略Ⅱ》也将数字内容产业作为优先发展产业。2014 年,德国联邦政府颁发了《数字议程(2014—2017)》,提倡数字化技术驱动社会创新,将媒体业、出版业、音像业等传统产业与数字技术相结合。② 此外,德国政府还发布了《数字战略2025》,明确德国数字内容产业的分支主要包括广告业、图书数字出版、广电行业等。

纵观国外数字文化产业政策出台历程,可以看出,当数字文化产业处于萌芽阶段,产业的内涵、发展形势尚不明确时,为了抢占发展高地,政府会率先制定包含产业相关因素如人才、市场规范、资金扶持等政策法规,提高产业生存率。等到产业规模基本成型后,政府再整合相关规定,出台专门扶持数字文化产业的政策。

我国数字文化产业政策体系的建设可以追溯到 2003 年 7 月出台的《互联网文化管理暂行规定》,《网络文化经营许可证》标志着产业规范发展的第一步。之后《国家"十一五"时期文化发展规划纲要》第一次涉及数字内容。在"十二五"期间,国家层面并没有出台数字文化产业整体意见,只是针对动漫、音乐、游戏等分类出台政策,如《关于推动我国动漫产业发展若干意见的通知》《关于网络音乐发展和管理的若干意见》等。2016 年,《"十三五"国家战略性新兴产业发展规划》《战略性新兴产业重点产品和服务指导目录(2016 版)》《推动数字文化产业创新发展的指导意见》等政策的出台清晰地界定了数字文化产业的内涵和分支。这不仅完善了我国数字文化产业政策体系,还清晰描绘了数字文化产业的发展前景。

当前关于数字文化产业政策的学术研究数量不多,并且研究视角比较单一。第一种以对比研究为主,如《欧美国家数字内容产业发展政策模式比较》;第二种是以政策文本内容定性分析为主,如《我国数字内容产业政策演变及分析》;第三种融入了定量分析方法,如《我国数字内容产业政策演变及分析》。对于数字文化产业政策的分析尚处于摸索阶段,尚未形成完备的研究框架和路径。

国内外的相关文献都是重点集中于数字文化产业概念界定、现状、技术分析及存在问题、对策与建议等方面。有关数字文化产业政策的研究还存在空白之处。

第一,为了更加明确地反映浙江省数字文化产业总体情形,并体现政策的权威性和普遍

---

① 钟楚玲,马辉.国外信息资源产业发展对我国的启示[J].商场现代化,2008(03)138-139.

② 腾讯研究院.德国发布数字战略 2025,持续推动数字经济转型[EB/OL].(2016-04-01)[引用日期].http://www.tisi.org/Article/lists/id/4547.html.

适用性。本文只选取 2004 年 1 月 1 日至 2019 年 1 月 15 日内浙江省人民政府及相关职能部门颁布出台并在全省实施的以规划、意见、办法、细则、条例、公告、通知等为主的规范性省级政策文本,地方性政策文件不列入研究对象范围内。第二,关于文本筛选,由于目前尚未有专门针对浙江省数字文化产业政策的出台,政策分布比较零散,所以在文本内容中明确提到的数字文化(创意/内容)产业的相关内容,包括各分支产业,如数字音乐、数字动漫、人工智能等的政策均为数字文化产业政策,排除了意见征求稿等形式的非正式政策文本。根据以上条件筛选后最终确定 57 项政策。浙江省省级机关在 2004—2007 年出台的数字文化产业政策数量很少,这是因为这段时间数字技术还未成熟,产业发展尚处于孕育阶段。在 2008—2013 年,相关产业政策有所增加,增幅不大。浙江省数字文化产业政策数量在 2014 年之后有了急速增长,占了总数的 68%。2014 年作为全国文化体制深化改革的元年,为了度过经济转型的阵痛期,国务院与其他部门纷纷在这年出台了密集的文化经济政策。同时,国内各大互联网企业也开始跨界向全媒体集团化方向转型,数字文化产业发展进入了转折点。浙江省省政府和各部门把握政策风口,利用地理和资源优势发展数字文化产业。

　　浙江省数字文化产业政策从颁布各体汇总如表 5-1 所示。颁布主体主要有浙江省人民政府、中共浙江省委等 15 个部门。从颁发部门类别来看,原浙江省经信委颁布的数量多于原省文化厅,说明数字文化产业也是信息服务业的重要组成部分。从部门颁发数量来看,以浙江省人民政府颁布为主,占总数 77.19%。从颁布形式来看,79.31% 的浙江省数字文化产业政策为独立颁布;其他部门大多以联合颁布形式为主,占 19.3%。在颁布主体方面有以下特点。第一,以单个部门独立颁布为主,省人民政府独立颁布 40 项政策,其次是中共浙江省委,独立颁布 3 项政策。第二,以联合发文形式出台的政策数量较少。浙江省科学技术厅、浙江省经济贸易委员会、原浙江省环境保护局等部门参与的政策数量少,一方面是因为这些部门的职权范围与数字文化产业交叉不多,另一方面说明浙江省数字文化产业政策的制定主体比较单一,部门之间缺少合作,在政策落实方面存在一定的障碍。

表 5-1　浙江省数字文化产业政策颁布部门汇总

| 颁发部门 | 颁布总数 | 颁布比例(%) | 联合颁布总数 | 联合颁布比例(%) |
|---|---|---|---|---|
| 浙江省人民政府 | 44 | 77.19 | 4 | 9.09 |
| 中共浙江省委 | 8 | 14.04 | 5 | 6.25 |
| 浙江省发展和改革委员会 | 6 | 10.53 | 5 | 83.33 |
| 浙江省经济和信息化委员会 | 4 | 7.02 | 1 | 25.00 |
| 原浙江省文化厅 | 2 | 3.51 | 2 | 100.00 |
| 浙江省科学技术厅 | 1 | 1.75 | 1 | 100.00 |
| 浙江省经济贸易委员会 | 1 | 1.75 | 1 | 100.00 |
| 原浙江省环境保护局 | 1 | 1.75 | 1 | 100.00 |

| 颁发部门 | 颁布总数 | 颁布比例(%) | 联合颁布总数 | 联合颁布比例(%) |
|---|---|---|---|---|
| 浙江省海洋与渔业局 | 1 | 1.75 | 1 | 100.00 |
| 浙江省地震局 | 1 | 1.75 | 1 | 100.00 |
| 浙江省气象局 | 1 | 1.75 | 1 | 100.00 |
| 浙江省科学技术协会 | 1 | 1.75 | 1 | 100.00 |
| 浙江省财政厅 | 1 | 1.75 | 1 | 100.00 |
| 浙江省商务厅 | 1 | 1.75 | 1 | 100.00 |
| 浙江省统计局 | 1 | 1.75 | 1 | 100.00 |

首先,"通知"共有 32 份,占了总数的 56%。"通知"是一种具有知照性的公文,适用于上级要求下级办理某项事项的情况。"通知"运用普遍,具有一定的约束力,但是内容主要是宏观上的指导,在政策落实方面存在难度,实践性不高,往往需要制定明确的配套措施才能保障政策有效实施。

"意见"共有 21 份,占了总数的 37%。"意见"主要是指上级针对具体问题提出可行性的建议,比"通知"更具有指导性,但缺乏约束性。具有很强的可操作性的"决定""规划"数量很少。总体来看,尽管浙江省数字文化产业政策具有一定的约束力,可以带动数字文化产业的发展,但是政策内容还处于规划、探索阶段,缺少具体可行的实施细则,不利于政策在市县级地区的推广实施,可能会导致政策流于形式。

### (二)浙江省数字文化产业政策发展演进分析

十几年来,浙江省把握政策风向,顺应市场变化,出台了多项与数字文化产业相关的政策。从探索已有的文化产业业态革新模式到扩大数字文化产业规模,再到推动数字文化产业转型发展,浙江省数字文化产业布局逐渐完善,产业政策的因势利导作用愈发凸显。

随着数字文化产业外部环境不断变化和内部创新升级,为了回应不同阶段产业发展所需,浙江省对数字文化产业政策进行了阶段性调整。根据政策环境和政策导向的变化,本文将浙江省数字文化产业政策分为 3 个阶段:第一阶段为 2004—2007 年,以探索产业发展方向为主要特征,帮扶产业新业态萌芽;第二阶段为 2008—2013 年,扩大数字文化产业发展规模,政府在产业发展中的作用逐渐凸显;第三阶段为 2014 年至今,数字文化产业转型,业态融合加强,政策导向更为灵活。

(1)初步探索阶段(2004—2007 年)

我国在 20 世纪初首次提出"文化产业",并将其纳入经济发展规划纲要;在 2004 年明确了"文化产业"的定义以及产业分支。在这个阶段,全国各地区都在国家层面文化产业政策的引导下,开始出台文化产业政策,探索产业发展。尽管在这个阶段,数字文化产业的概念并不盛行,但是与数字文化产业相关的互联网和数字技术已经开始发展。随着数字技术和新网络媒介的发展,"数字＋产业"开始进入探索发展阶段。浙江省在当时作为网民数量大省,是互联网产业发展的主力军。经济优势、地理优势、资源优势为浙江省发展数字文化产业提供先天条件。这个阶段的政策内容主要以培育技术、摸索传统文化产业与数字技术相结合的发展模式为主,目的是引导企业向数字化转型发展,但是这段时期并没有提出具体的实施细则。

(2)扩大规模阶段(2008—2013 年)

我国的网民数量在这个阶段首次超过美国,开始进入第三次互联网浪潮,实现了从 PC 端到移动端的过渡。电商发展迅速,社交媒体多样化发展,数字文化产业以不同形态逐渐渗透到消费者的日常生活。在这个阶段,我国开始进行文化体制改革探索,为文化产业发展中的若干难点提出解决措施。国家层面的政策增加了对数字影视、数字内容、数字动漫等新业态的关注。浙江省的影视出版、游戏动漫、电商服务等产业已经在全国逐渐确立了优势。浙江省数字文化产业政策数量有了小幅度的增长。这个阶段的浙江省数字文化产业政策内容有着以下特征:第一,明确重点发展产业,政府在文件中明确提出该阶段要重点发展文化创意、动漫、影视等 8 大产业;第二,开始运用经济政策,利用财政补贴来鼓励企业落户、进行技术创新,并逐步探索适宜文化企业的融资渠道;第三,加强公共服务,通过设立各大产业基地、推进重点项目建设、搭建交流服务平台来为企业发展创造良好环境。这个阶段的政策导向逐渐具体明确,目的是扩大数字文化产业规模,为产业发展坚实基础。

(3)全面发展阶段(2014 年至今)

在此阶段,我国数字文化产业发展稳中有进。2015 年,我国首次提出的"互联网＋"催生了一系列文化产业新业态。各大互联网企业纷纷投向文化产业,产业跨领域融合成为趋势。3D、AR、人工智能等高新技术的发展推动着数字文化产业转型。在这个阶段,我国出台的国家层面的数字文化产业政策大量增加,数字创意产业被列入战略性新兴产业规划,文化立法实现重大突破。政策导向从发展单一文化产业转变为促进融合型文化产业发展,推动"文化＋"跨界发展成为政策的重要内容。同时,作为数字文化产业发展的前沿地区,浙江省的产业政策数量也呈井喷式地增加。该阶段的政策内容主要特征有如下:第一,注重产业布局,逐步形成以杭州为中心,宁波、金华、温州等多极发展的数字文化产业发展格局;第二,加强产业监管,原有的市场监管体系无法解决产业转型带来的问题,以转变监管思路、探索适应产业发展的监管体系为重要任务;第三,重视人才培育,浙江省加大文化人才培育、引进力度,并制定优惠政策来鼓励本省企业、高校、研究院多方合作培育产业人才;第四,强调融合发展,浙江省鼓励并引导各领域积极探索"文化＋互联网""金融＋科技""文化＋科技"等模式来实现创新发展;第五,扩大海外交流,面向海外市场推广浙江省数字文化产品也是产业政策的导向之一。通过加强文化进出口项目建设、设立出口基地、举办海外交流节展等扶持政策来打造数字文化品牌,扩大浙江省数字文化产品影响力。

### (三)浙江省数字文化产业政策的积极意义

第一,从发文形式和公文种类体现政府对数字文化产业发展的重视度。根据前文政策文本整体分析结果来看,浙江省政府重视发展数字文化产业,绝大多数选择独立发文的形式来体现政府在战略层面上的统筹引导。大多使用具有一定约束力的公文种类如"通知"来指导下级部门进行产业规划。

第二,政策制定因势利导作用有所体现。浙江省政府针对数字文化产业政策不同阶段发展的特点,有侧重地调整产业政策。在初步探索阶段,政策重心是探索产业发展导向、培育新业态以及鼓励原有企业向数字化转变。在扩大规模阶段,为了打好产业基础,政策重心向提供财政补贴和公共服务倾斜。进入全面发展阶段后,各个领域的政策融合加深,许多产业出现了"文化＋""数字＋"的转型趋势。以上政策的重点的变化充分反映了浙江省政府对数字文化产业发展前景和市场导向具有较强的洞察力。

第三,政策工具使用范围广。一方面,体现在使用种类丰富,15小类政策工具中除了政府采购、外包未使用,共使用了近87%的政策工具种类。另一方面,体现在涉及层面宽泛,涉及数字文化产业的不同活动阶段,从技术研发到消费,不同产业发展阶段均运用了不同类型的政策工具。

第四,政府在使用政策工具时在一定程度上回应了利益相关者的利益诉求。其中,政府着重考虑并积极回应企业作为产业政策的主要实施对象的利益诉求,一方面体现了政府与企业的信息沟通加强,另一方面减轻了企业负担,增强了发展信心。与此同时,研究发现浙江省数字文化产业政策还存在有待完善之处。

### (四)浙江省数字文化产业政策存在的问题

数字文化产业政策文本类型以"通知"和"意见"为主,占了全部政策文本的93%,实施细则、决定类型的政策数量较少,使得浙江省数字文化产业政策整体主要处在规划、指导的层面。在实际的实施过程中,可操作性弱,缺少配套规范政策以及应有的政策执行监督和结果反馈机制,导致政策的实际产出和影响无法得到有效检测和评价。此外,缺乏政策后续意见的反馈渠道,难以实现政策的改良和完善,这些问题都在一定程度上降低了数字文化产业政策的有效性。

同时,大部分数字文化产业政策都由浙江省人民政府制定和颁布,本该由主管部门文化和旅游厅制定的政策数量反而很少,政策制定的过程存在着政策制定者单一的问题。尽管由浙江省人民政府统一颁布体现了对数字文化产业的重视,但是由于之前数字文化产业概念不清,产业交叉明显,因而从侧面反映出浙江省对数字文化产业管理部门和具体管理方式的认识还是存在一定程度的模糊。同时,政策制定者单一会使下级部门和政府政策制定参与度低,只能处在政策执行者的地位,部门自主性较弱,各部门之间的分工也只能由政策制定者统一进行协调,降低了部门工作的灵活性和积极性。

## 三、国内对标省市文化产业政策

### (一)北京市数字创意产业重要政策

2018年8月,北京市发布《关于推进文化创意产业创新发展的意见》,包括"总体要求"

"优化构建高端产业体系""组织实施产业促进行动"和"保障措施"等 4 部分内容,聚焦重点推动产业结构升级,凝聚力量优化产业发展环境,协同联动完善服务保障体系;提出了产业创新发展的两大主攻方向,以及聚焦发展的 9 个重点领域及其重点环节。

两大主攻方向分别是数字创意和内容版权,前者强调科技创新的功能支撑,后者突出文化内容的价值引领。主攻方向的确立,主要基于北京文创产业自身发展的优势基础,以及高精尖经济结构的培育打造需求。对于数字创意,《"十三五"国家战略性新兴产业发展规划》把数字创意产业作为 5 大新支柱产业之一;北京作为科技创新中心,在数字创意产业的内容技术、规模质量上,都应当抢占主阵地,发挥引领示范作用。对于内容版权,文创产业作为内容产业,内容是发展核心,版权是转化基础;北京文化资源深厚,应当在内容版权转化上率先布局,着力打造内容原创中心、资源集聚中心以及版权运营中心,形成文化创新的策源地,放大内容产业的"首都、首创、首发"效应,吸引全国乃至全球现象级的艺术演出、影视作品、文化展览等在北京聚集亮相,实现价值转化和提升。明确主攻方向后,从产业链、价值链角度进行细分论证,提出了产业创新发展需要聚焦的 9 个重点领域,包括创意设计、媒体融合、广播影视、出版发行、动漫游戏、演艺娱乐、艺术品交易、文博非遗和文创智库。

在产业空间拓展方面,结合非首都功能疏解,提出加快文创产业功能区建设,加强老旧厂房保护利用,以及京津冀协同发展等有关内容。在重点企业扶持方面,针对近年来龙头企业缺失等情况,提出企业梯度培育,实施"旗舰计划""涌泉工程"和"滴灌行动",着力打造龙头企业、骨干企业和优质中小企业。在重大项目引导方面,提出从资源类、资产类、资本类不同维度,建立体现文创产业特点的项目投资引导体系。此外,早在 2007 年,北京市已发布《北京市保护利用工业资源发展文化创意产业指导意见》,提出坚持政府引导、企业为主体、市场化运作的原则。在推进工业资源的保护和利用过程中,政府主要通过制定发展规划和扶植政策、发布产业投资指导目录来加以引导,促进规范化管理;工业资源的开发利用则要坚持以企业为主体,按项目推进,实行市场化运作。坚持工业遗产保护与利用相结合的原则。对重要的工业遗产要按照《文物保护法》《北京历史文化名城保护条例》加以保护,对不同价值的工业遗产应采取不同的保护再利用方式。要在建立工业遗产评价、认定机制的同时,鼓励企业实行保护和再利用并举,保留原有的建筑框架,保护标志性的设施,并进行合理改造和创造性利用,充分发挥土地资源的价值,实现工业历史遗迹的有效保护和改造增值。建立工业遗产的评价、认定机制。由市政府有关部门和专家及社会中介组织共同建立工业遗产的认定体系,制定评价标准,明确保护要求,认定一批工业文物保护单位及建筑和设施,并对已认定设施的改造利用方案进行审定。遵循城市规划确定的用地性质的同时,兼顾对工业资源实施的保护与再利用。各有关审批部门及施工单位,要简化改造施工审批手续,节省建设施工周期。鼓励短期内为文化创意产业的发展营造出广阔的空间。

在文化消费提升方面,继续完善"季、卡、券、榜、空间"联动的文化消费促进举措体系。在文化贸易促进方面,支持北京文创企业通过各种渠道、方式"出海"远行,吸引海外优质文创企业总部、国际大型交易博览、品牌发布、贸易洽谈等活动落户北京。在文化金融创新方面,依托国家"文化产业创新实验区"和"文化金融合作示范区"先行先试,推动文创银行、文创板等重点工作,完善"投贷奖"联动机制等主要措施。

在文创品牌集成方面,着力打造内涵丰富的文创品牌体系,加快北京文化品牌塑造,提高品牌影响力。在服务平台共享方面,加强文化经济政策服务平台、功能区专业化服务平台、知识产权综合服务平台等平台建设。在文创人才兴业方面,完善文创人才的储备、评价机制,加大优秀杰出人才引进使用力度,提升居住证办理、购房支持、医疗教育等方面服务保障水平。

在文化金融方面,2012年,北京市金融局和市委宣传部发布《关于金融促进首都文化创意产业发展的意见》,提出坚持首都文化发展定位和方向,坚持中央统一部署与首都文化现状相结合,坚持政府引导推动与市场运作发展相结合,坚持文化创意产业特性与金融运行规律相结合,通过积极提升政策环境,创新文化金融产品,健全文化金融市场,聚集文化金融机构,吸引文化金融人才,完善文化金融政策,加强文化金融科技合作,构建全国文化中心城市。构建涵盖"文化信贷""文化保险""文企上市""文化要素市场""文化股权投资基金""文化投融资体制改革""文化金融综合试验区""文化信用增进""文化金融人才"的"九文"文化金融服务体系。健全文化金融政策体系,构建文化创意产业政策性引导体系、担保体系、风险补偿体系,完善文化金融监管体系,推进文化创意产业与金融产业的共赢发展。涵盖了加快完善文化创意产业信贷支持体系,加快创新文化创意产业直接融资体系,加快发展文化股权投资体系,加快培养和发展文化创意产业保险创新体系4大方向。

完善金融支持文化创意产业的公共服务体系包括:(1)推进文化创意产业投融资体制改革,完善现有财政资金的投资方式,建立北京文化创新发展专项资金,在整合资源的基础上,每年统筹资金100亿元,用于支持首都文化发展;(2)建设文化金融综合试验区,以现有各类文化创意产业集聚区为基础,加快聚集金融机构和中介机构,不断拓展辐射范围,形成文化金融机构聚集效应;(3)推进文化创意企业建立现代企业制度,在全国率先全面完成经营性文化单位转企改制,加快推进一般国有文艺院团和非时政类报刊出版单位转企改制;(4)加快发展文化创意企业信用增强体系,加大融资性担保支持;将文化创意企业信用信息纳入全市统一的企业信用信息系统,促进文化创意企业信用信息的采集、使用和共享,推动统一征信平台建设。

**(二)上海市数字创意产业重要政策**

2017年12月,上海制定了《关于加快本市文化创意产业创新发展的若干意见》(以下简称《意见》),从问题导向出发,强调产业属性和城市的关联属性,提出"新动能在文创产业中发生,新经济格局在文创产业中布局",发挥市场在文化资源配置中的积极作用,同时发挥政府引导作用、服务企业的作用;并提出目标——到未来五年,产业增加值占GDP要达到15%左右,到2030年达到18%,到2035年要全面建成具有国际影响力的文化创意产业中心。

《意见》从市场主体、重大项目、金融服务、节展活动等7个方面构建现代文化市场体系,强调重大项目的推进,引导资源要素向文化创意产业集聚。在重点领域部分,主要聚焦影视、演艺、动漫游戏、网络文化、艺术品交易、出版、创意设计、文化装备等产业板块,分门别类明确产业发展的目标、规划和措施。在市场体系部分,立足于加快构建现代文化市场体系,突出进一步增强市场主体发展活力,加大重大项目推进力度,加快金融服务体系创新,提升文创节展活动影响力,扩大对外文化贸易,促进大众文化消费,推进"放管服"改革等 7 方面的工作。在要素集聚部分,从发挥财政资金引导和杠杆作用,合理减轻企业税费负担,加强建设用地保障,强化人才队伍支撑等 4 方面,明确了促进文创产业发展的支撑保障。

《意见》具体涉及 8 个方面,影视、演艺、动漫游戏、网络文化、创意设计产业基础比较好,要进一步巩固和推动完善;出版、艺术品、文化装备制造上需要跨越式发展,加快文化体育和文化旅游的延伸融合发展。

在影视产业方面,《意见》提出打造全球的影视创作中心,重点培养一批技术领先的影视后期制作企业,支持企业参与国家高新技术企业认定。在演艺产业方面,《意见》提出打造"亚洲演艺之都",重点支持环人民广场演艺活力区等 8 个演艺集聚区建设,做大做强各具特色的驻场品牌,鼓励发展具有文旅特色的演艺产品,支持和鼓励社会资本新建、改建剧场和演艺空间。在动漫游戏方面,《意见》提出建设全球动漫游戏的原创中心,加快全球"电竞之都"建设,鼓励投资建设电竞赛事专业场馆、特色体验馆,发展电竞产业集聚区等等。在网络文化方面,《意见》提出以网络视频和网络文学作为重要的载体,重点扶持一批网络文学的企业落户上海。在艺术品方面,提出构建国际重要的艺术品交易中心。在文化装备方面,《意见》提出从产业链角度,完善文化装备产业功能布局,提升文化装备技术创新能力。同时,提高上海张江国家级文化和科技融合示范基地、国家对外文化贸易基地、国家数字出版基地等国家级基地的引领示范作用。围绕金融发展,希望完善补、贷、投、保的联动机制,和既有文化小贷公司的服务,还有商业银行的支持,包括发挥市中小微企业政策性担保基金的担保作用,以及进一步探索无形资产质押和收益权质押抵押的贷款业务。建立文创企业上市挂牌储备库,实现上市挂牌的多渠道。

2018 年 5 月,上海市发布《促进上海创意与设计产业发展的实施办法》,包括 4 大方向共 40 条,提出推进上海创意与设计产业健康快速发展,提升上海国际设计之都、时尚之都、品牌之都建设水平,打响上海"服务、制造、购物、文化"4 大品牌。在全市文化创意产业发展中发挥主力军作用,力争未来 5 年,创意与设计产业增加值增速快于全市生产总值增速 2—3 个百分点;到 2030 年,成为卓越全球创意城市。在产业布局方面,强化设计驱动,以大数据为支撑,以交互设计为手段,聚焦工业设计、时尚设计、建筑设计、广告设计、平面与多媒体设计等重点领域,发展服务设计等新业态,发挥创意与设计产业在经济转型升级中的引领和支撑作用。优化设计支撑平台。加强行业技术创新类服务平台建设,重点推进材料和色彩研发、人体工效研究、生物力学研究、人机交互研究、虚拟现实与辅助设计研究、用户体验测试研究。

2018 年 5 月,上海市发布《关于促进上海动漫游戏产业发展的实施办法》,包括 7 大方面共 26 条。在鼓励产业创新发展方面,提出大力扶持优秀原创精品项目;支持主旋律作品内容开发;提升动漫游戏创新技术应用;推动产业融合高质量发展。在优化产业载体布局方面,提出推动重点动漫游戏产业集聚区发展,加强电竞场馆和集聚区建设,多元拓展产业发展空间。在做大做强产业主体方面,提出建立动漫游戏企业分类评价体系;积极培育本土企业,引进龙头企业;扶持网络游戏、电竞领域中小微企业发展;进一步完善网络游戏产业链;支持企业"走出去"。在营造产业发展环境方面,鼓励参与行业标准制订;落实相关税收优惠政策;创新金融服务;引入社会资本投资产业。在做好公共平台服务方面,搭建孵化平台提供技术服务;搭建产业展示交易平台;完善电竞生态圈;搭建产业交流分享平台。

2018 年 6 月,上海市发布《关于促进上海文化装备产业发展的实施办法》,包括加强产业科技创新,推动重点领域设备研发,优化产业空间布局,集聚培育市场主体,建立公共服务平台,优化产业发展环境,强化人才队伍支撑 7 大方面 31 条内容。完善文化装备产业链布局,促进科技在文化创意领域的应用转化,提升文化创意领域产品设备的科技水平,将上海打造成在国际具有影响力、在国内具有引领示范作用的文化装备研发集成高地。

（于小涵　周佳筠）